立体教学 2017 年荣获广东省基础教育教学成果奖一等奖
立体教学 2018 年荣获国家级基础教育教学成果奖二等奖

立体教学探秘

孙春成　著

山西出版传媒集团
山 西 教 育 出 版 社

图书在版编目（CIP）数据

立体教学探秘 / 孙春成著. —太原 ：山西教育出版社，2019.8
ISBN 978-7-5703-0546-9

Ⅰ. ①立… Ⅱ. ①孙… Ⅲ. ①语文课—课堂教学—教学研究—中小学 Ⅳ. ①G633.302

中国版本图书馆 CIP 数据核字（2019）第 164790 号

立体教学探秘

LITI JIAOXUE TANMI

责任编辑	康红刚
复　　审	康　健
终　　审	杨　文
装帧设计	孙　超
印装监制	蔡　洁
出版发行	山西出版传媒集团·山西教育出版社 （太原市水西门街馒头巷 7 号　电话：0351-4729801　邮编：030002）
印　　装	山西人民印刷有限责任公司
开　　本	720×1020　1/16
印　　张	24.5
字　　数	435 千字
版　　次	2019 年 9 月第 1 版　2019 年 9 月山西第 1 次印刷
印　　数	1—8 000 册
书　　号	ISBN 978-7-5703-0546-9
定　　价	89.00 元

序一

钱梦龙

孙春成老师的新作《立体教学探秘》，回顾和总结了他35年探究语文课堂立体教学的历程，给广大教师提供了一个学习借鉴的机会。看完这本书稿，欣喜、感佩不已，想到了以下几个话题愿与大家共享、共勉。

理想是生命的灵魂。孙春成老师之所以能够成功，就在于他一直怀揣远大的理想和抱负。他曾立志当诗人、当漫画家，当他的人生最终定格在教师岗位时，就立志当一名教育家。面对教改道路上的各种困惑、各种阻力、各种艰难，他都不屈不挠，从未停下探索的脚步，这就是理想的力量和魅力。从他初登讲台到即将退休，从第1篇论文发表到第22本专著出版，从内地到特区，从一名基层教师到区教研员，从示范课获奖到教研成果获奖，无论他身处何时何地，他只有一个理想，就是坚持立体教学研究，以期获得大面积提高语文课堂教学效率的良策。这是一种精神，一份执着，更是一种人生境界。

敬业是立身的根本。敬业是对事业的忠诚，是一种责任担当。孙春成老师酷爱读书，勤于积累，谦逊好问，刻苦钻研，笔耕不辍，成果丰硕；他指导青年教师多次获得全国教学比赛大奖；他更注重身体力行，作为教研员，他下基层学校上示范课不计其数……所有这些，都是他敬业精神的体现。孙春成老师的教研成果“语文课堂立体教学策略体系”，2017年荣获基础教育广东省教学成果奖一等奖，2018年又荣获基础教育国家级教学成果奖二等奖，一个缺乏敬业精神的人，绝对不可能连续获得如此成就和殊荣。

实践是理论的源泉。孙春成老师长期从事的教育研究的实践，课题探索的实践，创立学会的实践，责编杂志的实践，教学观摩的实践，示范课的实践，教学指导的实践，教育演讲的实践……都是他的立体教学研究取之不尽的源头活水。波兰教育家奥根曾说："教学论不是凭思辨，而是凭先进教师的理论概括以及实验和观察，来揭示一系列规律的。"孙春成老师的立体教学论，正是基于丰富的教学实践所揭示的一系列规律的理论结晶，富有极强的生命活力。

在我众多优秀的弟子里面，孙春成老师无疑是其中的佼佼者之一。他的这本著作，既具有一定的学术性，又十分的励志和阳光；不仅生动展示了一条教育科研的成功之路，更给广大教师，尤其是青年教师以更多的人生启迪和励志教育，充满着正能量，其作用已经大大超越了语文教育范畴。

我诚挚地祝愿孙春成老师获得更大的成功，也期盼有更多的"孙春成"从基层教师中涌现出来！

2019 年 3 月 8 日于上海

序二

魏书生

孙春成老师的立体教学研究，一晃已经走过了35年的历程。35年里，为了探索大面积提高语文课堂教学质量的对策，孙春成老师脚踏实地，一步一个脚印，在语文课堂立体教学研究的道路上付出了许多。山西教育出版社约他将自己35年来探究立体教学的奥秘，所走过的道路，所经历的坎坷，所研究的心得，所克服的困难，所享受的喜悦，所坚守的初衷，所成功的缘由，做一回顾，做一总结，成书出版《立体教学探秘》，以供广大教师学习借鉴，这是一件很有意义的好事。他请我为这本书写个序言，我欣然答应了。我认真拜读了孙春成老师的书稿，倍感亲切，感觉书如其人。回忆和孙春成老师30多年的师徒交往、学术交流，我觉得有以下几点确实难能可贵。

一是不忘初心，执着坚韧。一个人，35年，一件事，不放弃，不动摇，不懈怠，这需要具备强烈的责任感和使命感，需要具备坚韧不拔的斗志。你如果阅读了这本书，一定会被孙春成老师执着的灵魂所震撼、所感动。我看了中国教育电视台《中国教师》节目对他的专访，特别敬佩他痴迷教改、矢志不渝、百折不挠的精神。他最初搞教改，许多人不理解他，甚至骂他是个神经病，但他都置若罔闻，潜心钻研，达到了忘我的境界。当时，连学校领导都认为他搞教研是不务正业，多次找他谈话，批评他："你要把业和余分开呀！"后来，孙春成在给我的信中也谈到了他搞教改所遇到的阻力和苦闷，我鼓励他："潜心工作处处可成净土，忘我科研时时能在天堂。”在特区这块物欲横流的大环境里，孙春成老师依然不忘初心，不畏艰难，心静如水地做着自己喜爱的事情，编织着立体教学的花环，这种坚韧不拔的精神确实难能可贵。一个人一辈子，只要把一件事情做到极致，那他就是专家；孙老师就是立体教学的专家。

二是勤奋好学，善于积累。他在《中学语文教学》发表文章《读书是我的责任》，把读书上升到作为一名教师的责任的高度，这是一种境界。刚就教席，只因他是综合性大学毕业，没系统学习过《教育学》和《心理学》，于是，他就恶补教育理论知识。他如饥似渴地阅读古今中外著名教育家的著作，学习他们的思想，感受他们的情感，广泛汲取营养。钱梦龙老师于1998年在语文出版社出版的孙老师的《语文课堂教学艺术漫谈》一书的序言里，也称赞孙春成老师热爱读书，尤其常常会读一些看似和语文教学没有直接关系的“闲书”，并肯定孙春成老师的知识渊博到已经形成了“T”形知识结构，这毫无疑问，是好学的结果。他7年就记教育教学笔记达30卷2000余万字，有的教育名著他也索性抄下来，甚至让自己的爱人也停薪留职，学习打字，帮他教研。厚积才能薄发，他能够出版20余本专著，都得益于长期的勤奋好学与积累。

三是不骄不躁，脚踏实地。孙春成老师1984年大学毕业初就教席，就和立体教学结下了不解之缘，立志献身于语文课堂教学本质与规律的研究。一路走来，他也并不缺少光环，国家级平面媒体和立体媒体不断地宣传报道，称赞他是立体教学的创立者云云；优秀论文屡获大奖，尤其是他的科研成果获得基础教育国家级教学成果大奖后，龙岗区教育局领导表扬他，这是龙岗区建区以来，龙岗教育取得的最高成就。面对成绩他从不骄傲，更不急躁，可谓宠辱不惊。孙春成在龙岗工作已经21年，虽然至今没有获得过任何荣誉，连年终考核都没当过一次优秀，但他指导过的老师，有的已经是特级教师，有的已经是正高级教师，而且他依然持之以恒，脚踏实地地“走自己的路”，在自己立体教学的王国里孤独求败。他这种不骄不躁、脚踏实地的精神确实值得我们学习。

四是勇于创新，自成一派。孙春成老师认为，追求原创，是语文教育的生命。他最勇于创新，也最善于创新。立体教学是一种创新，创立运城地区立体教学研究会是一种创新，教研员坚持送课下校是一种创新，举办全国“立体教学杯”课堂教学大赛是一种创新，将语文教师从繁重的作文批改中解放出来是一种创新……最近，山西教育出版社又出版了“孙春成语文课堂立体教学丛书”，丛书完整地体现了他的语文课堂立体教学思想，富有鲜明的时代特色，堪称当代崭新的语文教学方法论。这无疑标志着孙春成老师的语文课堂立体教学，独树一帜，自成一派。甚至可以说，在语文教育的百花园里，百家争鸣，百花齐放，争奇斗艳，而孙春成的立体教学正像《中国教育报》所报道的，是一朵艳丽的奇葩。时间一定会证明，孙春成老师在学术上的杰出贡献，在我国语文教育事业发展的历史上，具有里程碑意义。自从 1990 年我和孙春成老师在厦门集美中学，给全国第二届青年教改新秀同台讲课以来，我多次听过孙老师的课。35 年来，孙春成老师基于他独特的立体教学理论和扎实的语文课堂教学实践，他的语文教学已经达到了一个崭新的境界，一个常人难以超越的高度，可以毫不夸张地说，孙春成已经成长为一名名副其实的语文课堂教学艺术家。

孙春成老师的科研成果“语文课堂立体教学策略体系”，2017 年荣获广东省基础教育教育教学成果奖一等奖，2018 年荣获全国基础教育教育教学成果奖二等奖。应该说，孙老师获得这样的学术成就，是一种必然。在收获丰硕的成果之时，孙老师也收获了自己充实而有意义的人生。他仿佛就是为立体教学而生的，立体教学就如同他的生命。

孙春成老师的教研精神执着坚韧，孙春成老师的教研成果自成一派，孙春成老师的学术专著值得研读，孙春成老师的教育故事励志感人，孙春成老师的教育人生成功精彩！

衷心祝愿立体教学之花在更多校园的课堂上开放！衷心祝愿立体教学之花为更多教师、学生的成长带来快乐！

2019 年 2 月 18 日于琼海

目　录

第一章

出身于一个贫穷的农民家庭（1961—1984 学生时代）

一、和孙吉村结下了不解之缘

1961 年 3 月 5 日黄昏，我在孙吉接生院呱呱落地，从此便和孙吉村结下了不解之缘。孙吉是生我养我的家乡，是我生命的摇篮。

我小时候特别淘气，经常与同学打架，老吃教师的教鞭棍，记得柳家庄的付顺才老师，打我时把几根教鞭棍都打折了。上三年级的时候，本村民办教师孙满存老师给我们上语文课，竟然表扬了我一次："你们都看春成坐得有多端正，大家都向他学习，认真听讲！"这次表扬简直让我受宠若惊，几乎改变了我的一生。从此，我总是努力拿出最佳的表现给老师和同学们看，不久，竟然当上了班长，一路成绩优秀，一路凯歌，到初中毕业时还光荣地加入了中国共产主义青年团。孙满存老师，您是一个有爱心的老师，您的仁爱之心像太阳一样，照亮了我的心扉，我终生感恩您，终生热爱您！

1974 年，家乡大旱，庄稼颗粒无收。为了充饥活命，许多人家吃的是糟糠馒头，像柴火，一见火就着，吃了屙不下，只好用旱钉子从屁股眼抠。我饿得面黄肌瘦，坐在家门口吐黄水，差点要了命。对门改亮嫂子给我端了一碗高粱挂面，碗里还漂着几棵油葱花，我一口气就把它给吞了。这碗面是我一生中吃过的最美味的一碗面，胜过山珍海味，它里面盛满了善良与同情心。

高中毕业就到了谈婚娶妻的年龄了，可家里那像筛子一样的破房子，不翻修一下，成亲娶妻实在没有竞争力。但家里实在是太穷了，要钱没钱，要粮没粮。至今我都不知道父亲从哪里来的底气，硬是把房子给拆了，决心修房。等房子拆了，父亲就傻了，根本请不起工匠，怎么能把这房子修起来？父亲顿时瘫在了大门口，对门的聂建贞大哥把父亲搀扶了起来，鼓励道："房子肯定会修起来的！还有大伙呢，你放宽心吧！"果然，当我家修房时，大家都纷纷来帮忙。可是没料到的是，许多人都在自己家吃饭，却在我家义务劳动，最终把房子修好了。望着修葺一新的房子，我们全家百感交集，那屋里充满了大爱，充满了乡情，也充满了感激！

在孙吉高中苦读两年，我没给父母丢脸，每次考试都是第一名。每当学校在邮电局外墙发榜的时候，父亲都会去那里瞧瞧我的名字，无比自豪。1980 年我如愿考上了山西大学，困难随之而来，没钱上大学怎么办？又是乡亲们伸出的友善之手帮助了我。有人借我 15 元，有人借我 10 元，有人借我 5 元，有人借我 3 元，还有人借我 1 元钱，终于凑够了学费，真是雪中送炭，义重如山。此事至今我依然记忆犹新，就像昨天刚发生的一样！

大学毕业，我决心回到家乡，回报乡亲。我分配到临晋中学任教，一丝不苟，爱生如子。我发现了“立体教学”规律，立志献身于对它的研究。我从事教学研究的启蒙导师是张复芳老师。他博学、敏思、仁慈，而且诲人不倦。我最初的每一篇论文都得到了他的悉心指导。那时候我搞研究就像着了魔，经常不避风雨，骑车去孙吉中学向张老师请教，他从不厌烦，总是耐心与我交流讨论，给我指点迷津。张老师给我的谆谆教导，我时刻铭记于心：“搞研究，一定要懂得辩证法！”最后，他还把他仅有的资料都赠送给了我。张老师的无私，给我做人树立了很好的榜样。

1999 年，我作为专家从运城行署教育局教研室特招到深圳市龙岗区教育局，继续从事语文教学研究工作。从此，家乡变成了故乡，赤子变成了游子，“每逢佳节倍思亲”。偶尔回到家乡，第一件事肯定是上东坡拜谒父母。脚踏故乡的热土，我仿佛能够听到父母灵魂的召唤和教诲。父母都爱家乡戏蒲剧，小时候我也是听父亲讲戏剧故事长大的，所以我也酷爱蒲剧。每每思念家乡时，想念父母时，我就听几段蒲剧，仿佛回到了从前和父母一起看戏的时光，很是享受这种滋味。

孙吉，故乡，我怀恋您，怀恋至亲乡亲，怀恋浓浓乡情！乡亲就是恩人，乡情就是恩情。

二、父亲的灵魂一直感召我砥砺前行

父亲是一位农民，身上具有农民许多优秀的品质，勤劳、正直、善良而仁慈。

我的小时候还是农业社时代。从我记事起，印象最深的就是父亲经常披星戴月，起早贪黑，忘我地劳动，而且，父亲总是拣生产队里的苦活重活干。喂牲口就是个苦活重活，一天 24 小时都得照料牲口，马虎不得。那个时候，每个生产队里都有两个马房（集中饲养牲口的场所），一个是在村里，另一个是在村外四五里远的野地里，生产队里的人一般都不愿意干喂牲口这活儿，即使干，也不愿意到村外的马房干。父亲却长年累月地在村外的马房喂牲口，而且喂得牲口膘肥体壮，母牲口还经常下仔儿。所以，父亲几乎年年都当劳模，也成了方圆几十里的“名人”，我也特别地佩服他。其实，父亲喂牲口最大的诀窍只有一个，就是在当时极端困苦的条件下，家家都无米下炊，人人都食不果腹，父亲却从没有挪用、贪吃牲口的口粮。

后来，父亲虽然劳动仍然很卖力，却再没当过劳模，甚至还经常挨批，领张白旗回来。后来才知道缘由。父亲和一名副队长共同喂牲口，有一天晚上，副队长就伙同生产队的队长还有会计，每人扛一袋，偷了三麻袋牲口的饲料。一开始，父亲一直忍着没吭声，因为他觉得自己实在惹不起人家，生产队长的父亲还是村支书呢！况且，也没必要多管闲事。只要自己走得端行得正就好了。可后来，有一件事情却激怒了父亲。有一年，村里来了“工作队”，说要调查饲料被偷的事，副队长狗急跳墙，趁社员领活上工人多的时机，指桑骂槐地骂得很难听，不堪入耳，大意是说他何等的清白却被人诬陷。父亲听了这辱骂，很不是滋味，心想：“你们明明是贼，还装什么好人?!”他便忍不住举报了三人偷饲料的事实。竟敢在太岁头上动土？这一下麻烦可大了，正直是要付出代价的。那个生产队长，千方百计地给父亲“小鞋”穿。他们竟诬陷父亲偷饲料，把父亲叫到大队搞刑讯逼供，一晚上不让父亲睡觉，还被两个年轻力壮的小伙子殴打。后来听父亲说，他当时身心俱惫，实在受不了了，走茅房都想一头插在粪坑里死了算了，只是上茅房都有人跟着，死不成罢了。但是，不管坏人怎么整治父亲，父亲就是没有屈打成招。

父亲的举报行为大有“株连九族”的恶果。从那以后，生产队里派活，给我们兄弟都派最差的活干。当时是推荐上高中，我自然不会被推荐，便在村里待了一年半。我先后做过担茅粪、飚粪、拾粪、修地等农活。我哥和我堂哥最惨，那一年，队长派他俩刨苜蓿根喂牛。苜蓿常年生长，根深蒂固，很难刨，可队长就偏偏让他俩干这活，而且是论重量记工分。兄弟俩累死累活一天也刨不了几斤苜蓿根，于是就想出了歪点子，在苜蓿根里掺和土疙瘩充分量；因为验收兄弟俩劳动成果的人，正是那个饲养员，我父亲，他俩想着自家老人，即使发现了破绽，总会睁一只眼闭一只眼，讨个蒙混过关。其实，这就是心怀鬼胎的人导演的一出苦肉计。不料，我父亲铁面无私，发现这兄弟俩在苜蓿根里搞的名堂以后，竟然毫不留情，严词臭骂：“跟我捣鬼？做人能不能诚实一点？你以为你爹是憨憨？下次再敢胡来，看我不打断你俩的腿！”

终于等到土地承包制这一天了，农业社的生产资料要分配给每家每户。人家都申请的是牛、犁、铣、耙子等有助于生产的劳动工具，可父亲却偏偏要了一辆很破烂的小平车，车兜里的板子差不多都掉光了，拉什么都漏，这让我们全家人都百思不得其解，几乎怨声载道，责备声一片。后来父亲解释道：“我要它，不是干活用的，是拉你伯父的。”我伯父是个卖菜籽的小商贩，自己走路都很不利索了，还逢集必摆摊，我父亲视兄如父，集市天拉我伯父摆地摊，早送晚接，一直坚持到伯父离世前。父亲经常告诉我们：“日本侵略到山西运城时，我在泾阳躲难，你伯父在家对你爷爷非常孝敬，你爷爷早年瞎了，你伯父每日亲自端饭喂他老人家吃。我没赶上孝敬你爷爷，就把我哥当父亲看待吧！”

让我上大学，是父亲的夙愿。只要能让我上大学，父亲就是拼上老命也心甘。为了供我读书，父亲看尽了人间脸色，到处借钱，一直借到别人都怕，实在没什么可借的了，就只好变卖“家产”，连家里的小板凳都变卖了，弄得家里一贫如洗。我记得特别清楚，那年队里分了一斤棉籽油，为给我交学费，父亲把它卖了，得了七毛钱。借也借不到钱，卖东西卖到家里也没什么值钱的东西可以兜售的了，怎么办？老实巴交的父亲竟然开始学做生意了。他卖苹果，见谁可怜谁，给谁都称一斤就搭一个苹果，最后肯定亏本。他又尝试卖凉粉，一碗凉粉他恨不得给人抓两碗，入不敷出，也赔了。生意不会做，怎么办？那只好捡破烂了。田地里那些覆盖庄稼的塑料薄膜很多，父亲就到处去捡，不管酷暑严寒，风雨无阻，夏天经常会被雨水淋个落汤鸡，冬天手就会冻裂，但是，父亲不怕苦不怕累不怕脏，因为他心中有一个夙愿。

我在高中考试从来都是名列前茅，1980 年高考结束，学习成绩一贯不如我的同学的大学录取通知书都收到了，可我的却没收到，其实当时我心里有数，上大学绝对没问题，但是，父亲的心却着实沉了下来。一夜之间，父亲的头发几乎全白了。人常说，希望越大，失望越大。可想而知，我要是没考上大学，对父亲的打击是多么的严重，几乎是天塌下来了！可是，父亲却强装笑颜，故作镇定，若无其事，安慰我："没关系，大不了复习一年。今晚万荣蒲剧团在王午村唱《薛刚反唐》，我们俩去看戏吧？"我心知肚明，他的潜台词就是爹陪你散散心。王午村离我们村八里地，我和父亲步行，来回的路上，他给我讲了好多宽慰我的话，就怕我接受不了落榜的打击。谁知，第二天清早，通讯员突然到我家喊道："挂号信，大学录取通知书！考上了，山西大学。本来昨天你就该知道这个好消息的，不好意思，昨天我在邮局把你的通知书给落下了。"我和父亲顿时拥作一团，喜极而泣……手拿这份大学录取通知书，感觉沉甸甸的，从某种意义上讲，我的大学录取通知书就是父亲捡破烂捡来的，是父亲拿尊严换来的，是父亲拿命搏来的。

父亲虽然离开我们已经二十多年了，但父亲一直活在我们的心中。父亲的优秀品质就是不朽的灵魂，就是我们的精神财富，也是我们的精神支柱。父亲，我爱你！

三、这是我一生唯一的最大的“痛”！

母亲是一个典型的农村家庭妇女，也是一个文盲。她慈眉善眼，特别善良；满脸皱纹，历经沧桑。我小时候不懂事，总是因为一些事怨恨母亲，其实，都是一个“穷”字在作怪。

我是 20 世纪 60 年代出生的人。那个年代，由于天灾人祸老百姓难以糊口，度日如年。在我的记忆里，从来就没吃饱过肚子。

我们孙吉镇，每逢二五八都有集市。我在集市上玩耍，最垂涎的就是那些卖饭的了，因为我总想，他们卖饭肯定能吃饱肚子。有一次，大概是饿得实在撑不下去了，我看见一个老头卖油酥火烧饼，趁他不注意，就抢了一个准备充饥，谁知那老头眼尖手快，急起直追，一直追到我家门口，夺过烧饼，骂了几句，气冲冲地走了。也许是急着回去看他的烧饼摊子，也许是见我是个小孩子，就放了我一马，没有打我。正在我惊魂未定的时候，母亲听见骂声出来了，知道缘由后，把我拽回家里，二话没说，拿起扫帚，好一阵毒打，一边打还一边吼着：“我叫你偷！我叫你再偷!！看我不打断你的腿?!”打得我遍体鳞伤，嗷嗷叫唤，像个皮猴在地上直打滚，她也不理会，毫不留情。等她打得没力气了，便瘫在地上呜咽：“苦命人哪能逢上好娃娃……”顿时，我们母子哭成一团，两个泪人儿。一年 365 天，我月月盼，天天盼，时刻盼，就盼着过年那一天，因为大年初一早上，我才可以吃上一餐白面萝卜饺子，尽管吃不饱，只能吃几个。母亲看着我们吃饺子，自己却舍不得吃，只是喝点饺子汤。我就一直觉得，肯定是母亲把好吃的都藏起来了，其实根本就没有什么可吃的东西。回忆过去，相比现在，简直是天壤之别，难以想象，我是怎么长大的，父母是怎么活过来的。

我最盼的是过年，我最怕的也是过年。因为过大年都得穿新衣服，我却穿不起新衣服。那个时候，穷得哪里买得起新衣服，我总是穿姐姐剩下的旧衣服。印象最深的是有一年春节，我实在没新衣服穿，母亲就让我穿上姐姐的花棉袄，很暖和，我也很开心，谁知出去和小朋友玩，惹得人家都笑话我，很是难堪。

小时候，我从没穿过一双好鞋，也就是没有窟窿眼的鞋，新鞋就更别想了。

村里的废品收购站就在我们家附近，我总是在那里面挑鞋穿，所以，穿的鞋不是“大舅”露出来就是“小舅”露出来，收麦天，在地里，总是被麦茬子戳破流血。每当这个时候，我总会质疑，母亲怎么就不给我纳双新鞋穿呢？

母亲知道我有一个坏毛病，就是总在家里搜寻一些破烂，卖到离家不远的废品收购站，获取一点小钱乱花。最可悲的是，有一次，我把家里一捆破棉絮给卖了。过了没几天，母亲很着急地找我问话：“你是不是把咱家那捆破棉絮给卖了？”我若无其事地说：“是啊。”母亲马上晕了过去。等我把母亲唤醒，她指着我的鼻梁骨数落道：“你这憨娃，你这败家子，那里面有我攒的26元钱！”26元钱，在那个年代就是一笔巨款！于是，我陪母亲慌不择路似的就往废品收购站赶，到了废品收购站，工作人员说，前两天发了一批货，把所有的破棉絮都发走了。母亲和我只好望洋兴叹，失望而归。回家的路上，母亲像丢了魂似的，狠狠地骂了我一句：“你这个坏毛病什么时候能改?!”上大学的时候，每回去学校时，母亲总会把我唤到跟前，拿出她的小手帕给我，手帕里一层一层裹着钱，都是1分钱、2分钱、5分钱，最大的面值也就是1毛钱了，合起来也就一两块钱，这点钱都是母亲口挪肚攒的活命钱呀！她舍不得花，悉数给了我，还念叨着：“穷家富路。我娃不容易！”

1984年，我大学毕业，参加工作。继而结婚生子，我也体会到了为人父母的不易。我的信念就是，孝敬父母不能等待，孝敬父母不能讲条件，孝敬父母不能讲代价。那时候，刚改革开放，人们还不像现在这样富裕。我可谓人到中年，上有老下有小，还要投资种父母的责任田。一个月的工资只有56元钱，恨不得一毛钱顶两毛钱用。但我经常回家，没忘记给父母留点零花钱。有一次，我回家看望双亲，临走时照例给了母亲5元钱，母亲随口说了一句话：“每回只给5块钱！”这句话就像利刃一样戳到了我的心上，好心酸！母亲已经离开我们二十多年了，至今回忆起这句话，我都会深深地忏悔、自责：不孝啊！这不由使我回想起当年上大学母亲把积攒的零钱都给我的情景，想起那张熟悉的小手帕，真令我无地自容！如果苍天有灵，让母亲活到如今，我一定要好好孝敬您老人家！可是，世上哪来的如果?！真是“子欲养而亲不待”！这是我一生最大的“痛”！

四、朴素的师生情谊改变了我的命运

王克明老师是我的恩师。

王克明老师是一个善良仁爱的人。1977 年恢复高考制度之后，我村孙吉高中高考升学率闻名遐迩，能上孙吉高中是许多学生梦寐以求的理想。1978 年我还在临猗县艺术学校就读美术，文化课底子十分薄弱，想重新考上高中毫无基础，最理想的办法就是转学到某一高中，可是，两眼一抹黑找谁转学？转到哪所高中？正在一筹莫展之际，我二姐说孙吉高中校长王克明是她的小学老师，可以试着找找。于是，我们姐弟俩就抱着一丝希望找到了王校长，没想到王校长不仅欣然答应了我们，还把我放在了重点班 22 班。王克明老师这次接纳我，是我人生的重大转折点，彻底改变了我一生的命运。我苦学两年，每次考试都在全年级排名第一，终于金榜题名，1980 年考上了山西大学中文系，既遂了自己和家人的心愿，又无愧于王克明老师的好心。

王克明老师是一个充满正能量的有心人。大学时代，王克明老师曾到山西大学看望过我，他一方面鼓励我要树雄心立壮志发奋读书，成为国家的栋梁之材，将来报效国家；一方面要求我把自己在孙吉高中的学习经验总结一下，寄给他，可让学弟学妹们借鉴。我受到了极大的鼓舞，及时地把自己的学习心得写好寄给了王克明校长，后来学弟丁东顺在来信里告诉我，王校长在早操时间，给全校学生朗读了我的学习心得，大家很受启发，我心里十分温暖，获得了极大的成就感。

王克明老师是一个既勤奋又善于总结的人。大学毕业，我分配到临晋中学教书，离孙吉高中 40 里地，我经常骑自行车去孙吉高中向王克明老师讨教，深深被王老师高尚的师德所熏陶，被王老师高超的教育水平所折服。有一天，王老师突然提议我们可以合作出版一本关于学生学习方法的书籍。因为他始终认为没有学不好的学生，只有不会学习的学生；学习方法对于提高学生学习质量具有举足轻重的作用。我说“好啊”，但哪里有那么多的经验材料呢？王老师说我这里积累了好多我们孙吉高中优秀学生的学习经验，你只要好好把这些宝贝整理整理就是啦！说着，就从他的柜子底下取出了一大沓学生的学习经验材料。我当仁不让，整理好了一本《我是怎样学习的》小册子，联系出版社，和王克明老师联名出版了。

师恩如山。王克明老师不仅是我的恩师，也是一名名副其实的教育家。所以，我虽然现在远在深圳从事教研工作，但每次回到老家，我都会去看望王克明老师，一则是感恩，更重要的是向他老人家学习。

五、用镰刀割开了孙吉高中的大门

上大学，对于一个农家子弟而言，简直是一种奢望。然而，自恢复高考制度之后，父母最大的夙愿莫过于让我上大学了。

我的大学之门是用镰刀割开的。1978 年，一张高中入学通知书，给我们全家带来了忧愁。交不起 15 元钱的学费怎么办？父亲终于想出了一个好主意：割草。于是，我顶烈日冒酷暑，每天一个心思埋头割青草，不足一个月光景，割了共有几千斤！我和父亲把青草晒干，然后借来生产队牛棚里的铡刀，把干草铡碎，挑着卖给养猪的人家。担草担得我两肩又红又肿又疼痛；不知多少回割破了手，只在伤口上按一把土粉末止住血又接着割。一斤干草三分钱，我竟然挣到了 12 元钱。不知怎的，紧握这 12 元钱，我真的哭了。每每回忆往事，我总有一种感觉，大学录取通知书远没有高中录取通知书沉重和耐人回味！

父亲的夙愿是我用煤油灯点亮的。为了急起直追，我只好点起了煤油灯，晚上下自习放学回家后继续苦读。我渴望知识，就如盲人渴望光明一样。数九寒冬，北风呼啸，寒舍更无取暖设施，常有手指冻僵之时。夏夜闷热，身着短裤衩，脖挂湿毛巾，不乏火燎头发之日。功夫不负有心人，高中时代我在学校一直名列前茅，因此，1980 年考完估分之后，我心里很踏实，胜券在握。

有趣的是，随着发录取通知书日子的临近，巷里门前一些不如我考分高的同学的通知书都拿到了，偏偏就是我的通知书迟迟收不到，这就不免让父亲的心情一阵阵沉重起来。只记得那天晚上，父亲反怕我经不住“没考上”的精神打击，硬是领我到邻村看了一场蒲剧，想让我散散心。深夜，回到家里，透过暗淡的煤油灯光，我发现父亲苍老了很多，许多白发霎时爬满了两鬓；顿时，我的内心也犹如灌了铅一样的沉重。这一夜，父母的夙愿、我的希望一直悬在空中，没有着落，噩梦断断续续，那一张决定人命运的录取通知书呀，真害得人好苦！

第二天吃早饭时候，突然屋外有人喊“考上了！山西大学！”话音未落，大队通讯员进了家门，说是昨天送通知书时把我的落下了，很抱歉。一阵虚惊之后，我们终于如愿以偿。

我永远怀恋那柄铁镰刀，我永远难忘那盏煤油灯……

（本文发表于 1997 年第 12 期《中学语文教学》。原标题为《夙愿》）

六、怀恋孙吉中学

想当年，孙吉中学就是大学生的摇篮，升学率极高，好多农家子弟都是在这里改变了人生的命运，我是其中之一，所以我很怀恋我的母校——孙吉中学。

我上孙吉高中，纯属幸运。1977 年恢复高考制度，我还在临猗县艺术学校学习美术，文化课丢光了，若要凭本事考上高中，那简直是天方夜谭，毫无可能。但凭着姐姐和王克明校长的师生之情，王校长居然不经考试，把我插到了 22 班这个重点班学习，班主任昝春生老师很器重我，竟然让我当了班长。

一年级时我就确立了目标，学文科，所以，上理化课时，我都是在偷偷地自学数学和其他文科知识。理化老师见我像冤家，很是头痛，因为我理化考试经常吃鸭蛋，尤其是化学，我怎么也搞不定元素符号，物理最高就考过一次 51 分。所以，我这个当班长的的确很不称职，难以服众。可是，到了二年级，分了班，我在文科 25 班学习，班主任是张兆杰老师，我则判若两人，如虎添翼，一路顺利，总考第一名，自然成了学校和老师的宠儿。

一次下午，地理老师樊寅虎要专题辅导“日界线”，硬是找不到我，其实我因困乏在宿舍睡大觉。后来，樊老师知情后，很是生气，嫌我不重视他的课。结果，1980 年高考，地理果然考到了“日界线”知识，令我十分后悔。由于我一直考第一，就惹来了一些人对我的成绩的怀疑。于是，有一次考试，学校就把我一个文科学生单独放在理科学生的考场考试，这样我肯定无法作弊，成绩自然会被证明是真实的，结果我证明了自己就是当“状元”的料，很是开心。高考结束，先估分再报志愿，我估了 350 分，填的第一志愿是山西大学，历史老师高玉祥信誓旦旦地说：“不对！绝对不会那么低！要报北师大！”结果成绩下来，我果然考了 351 分，最后只录取到了第二志愿山西大学。高考决战获状元的是张忠义同学，据说还因为他的字写得漂亮，被录取到人民大学新闻系，现在忠义同学已高就国务院行政司，成了国家栋梁，成了我们的骄傲。

孙吉高中时代，我爱思考，好提问，敢想敢说敢干。一次上语文课，张兆杰老师给我们讲解一个词“棘手”讲错了，讲成了“辣手”，我坐在第一排，立即指出老师的错误，显然激怒了老师，他朝我吼道："就你聪明!"我毫不示弱，翻出手头的《新华字典》，说："老师，你看，就是读棘手，不是读辣手。"张老师拿过字典看过，马上纠正自己的错误，说："春成纠正了我的一个错字，非常好!"当时我很得意，现在回想起来，很是自责，怎么当初那么不懂事呢？为何不下课私下与老师交流，给老师留个面子呢。当时我是多么愚蠢啊!

我怀恋培养我的每一位老师，他们像园丁一样辛勤，像父母一样无私，像蜡烛一样奉献了他们的一切，才换来我们的前程。每当我回到家乡，我总会抽空看望培育过我的恩师。我先后看过昝春生老师、高玉祥老师、王克明老师、胡满福老师、王贞民老师、李善绩老师，等等。最令我难忘的是张复芳老师。张老师虽然在高中没教过我，但在我参加工作后，却是我进行"立体教学"研究的启蒙导师，他是那样的智慧，他是那样的仁慈，他是那样的谦卑，他是那样的高尚，他几乎影响了我的一生。我们师徒无话不说，亦师亦友，绝对知己。前年春节我去看望他，那是正月初二，他身体已经极度虚弱，说不出话，但能听得话，我给他汇报了我的研究新进展新成果，还给他汇报了我的生活情况，他欣慰地笑了，笑得好灿烂。不料，过了仅仅 3 天，我突然接到王克明老师电话，他说告诉我一件喜事，我很诧异，王老师说："张复芳老师走了。你代表学生在追悼会上发个言。"我顿时陷入深深的悲痛之中，冥冥感到，莫非老师就在等我看望他老人家吧？知道他一直关心的"立体教学"研究事业成果卓著，知道他挚爱的语文教育事业后继有人，他才开心并无憾地走了吧？正月初八，我冒着大雪，去北赵送了张老师最后一程，内心无限感慨，无限悲痛。好在张老师的精神是永恒的，灵魂是不朽的，他依然指引着我人生的方向。偶或，听闻张忠义同学给张兆杰老师过寿一事，很是佩服，如此尊师，后生可敬，懂得感恩，君子之道。佩服之余，不免惭愧，至今我还没看过我的恩师张兆杰老师，这一课必须要绝对尽早补上!

我怀恋那张旧书桌。那时上学，书桌要自己从家里带，我家那张破旧不堪的桌子居然派上了用场，成了我的书桌。我怀恋那盏煤油灯，是它陪伴我走完了高中历程。晚上上自习，经常停电，所以，秉烛夜读也就成了家常便饭，由于穷，煤油灯总是火苗拨得很小，害得我成了近视眼。晚上上完两节自习后，就十点多了，我又在家里苦读，夏穿裤衩，冬裹棉被，日复一日，毫不间断，陪伴我的就是那盏用墨水瓶做的煤油灯。我怀恋孙吉中学那 1500 米的跑道。为了强身健体，确保学业顺利，我每天在正常的上早操之前，都会提前在操场跑步 10 圈，然后再跟上同学上早操。体育老师孙进旺发现了此事后，还在全校早操时表扬了我。

我怀恋每一位同学，是上帝的安排让我们有了同学之缘、同学之谊、同学之情，我们在孙吉中学同吃同住同学习，结下了深厚的情谊，如同亲兄弟亲姐妹。我怀恋孙吉中学的一草一木，那里是我们理想的摇篮，是我们起飞的航站，是我们的母校，无论我们走到何处，孙吉中学永远是我们魂牵梦萦的乐园。

七、大学时代怀抱理想

1980年我考上了山西大学中文系，攻读汉语言文学专业。我是自1977年恢复高考制度以来的第四届大学生。八十年代，是大学生吃香的年代。和许多大学生一样，正值风华正茂的年龄，对人生充满着憧憬。应该说，我的大学时代是多姿多彩的。

当时，我报志愿，上中文系，是冲着当一个作家来的。因为对读书的渴望，所以对写书的人从心底里十分崇拜。入学不久，我就陷入了迷茫，感到作家离自己十分的遥远。于是，我就询问我的写作课程孙秀乾老师："大学四年能读多少书呢？上四年大学能学到什么真本事呢？有没有可能大学毕业成为一名作家呢？如果不能，那我们的前途是什么呢？编辑？记者？秘书？还有别的？"孙秀乾老师拍拍我的脑袋，微笑着告诉我："你刚来，先适应一下大学里的生活。再过一年，你就会明白大学是干什么的了。其实，一个人四年也读不了几本书，等毕业之后，能学会做学问就不错了。大学就是为你们将来毕业工作打个基础而已。"孙秀乾老师的回答应该说的已经很透彻了，但我还是听得云里雾里的，不明白其中的深刻道理，直到现在我都工作35年了，快退休了，才若有所悟。

在大学时代，我曾经热恋过外国诗歌，利用三年时间，几乎抄光了山西大学图书馆里的所有外国诗集，我的朋友都是纪伯伦、拜伦、普希金、莎士比亚、马雅可夫斯基、惠特曼、雪莱、彭斯、泰戈尔、裴多菲……

大学时代我从未间断过写作。或诗歌、或小说、或散文、或文学评论，坚持每天一篇。文稿一次次投出去，又一次次退回来，但我从不气馁。我觉得，世界上多的是路，此路不通，为何不去另选一条新途呢？

一个偶然的机会，我从《讽刺与幽默》上得到一则消息，中国截至1982年，老中青漫画家共102个。我们国家占世界人口的五分之一，而幽默艺术家竟然少得可怜。鉴于自己曾在临猗县艺术学校学习过两年美术，有一定的绘画基础，于是，当一名漫画家的理想在心田萌发了，我又画起了漫画。校园、柳巷、五一广场……整个太原留下了我的足迹——我用写生积累人物形象素材。我广泛搜集和学习有关讽刺与幽默的理论书籍。曾经受到全国著名漫画家、《文艺研究》杂志美编吴祖望老先生的二十余次书信指导。那时候，我依然是每天投出两三张漫画习作，却几乎每天都要收到编辑部的退稿。正由于我的孜孜以求和锲而不舍，吴祖望老先生 1982 年 4 月 27 日在给我的退稿笺上激动地写道：“您对漫画‘锲而不舍’使我十分感动，我曾在审稿笺上写过您可以算是‘中国将来的脊梁’吧！这也是我真正的感情流露。”1983 年 6 月 5 日，我的漫画评论《深入生活吧!》一文发表于《人民日报》副刊《讽刺与幽默》，1984 年 12 月 11 日，我的漫画处女作《无题》发表于《山西法制报》，这更坚定了我从事漫画创作的信念。我满以为自己得到了最终的选择，然而，正在我陶醉于讽刺与幽默的时候，我的人生新的选择竟悄然降临了。

第二章

初就教席发现了立体教学规律（1984—1991 临晋中学时期）

一、重新找到了成才的突破口

临晋中学是山西省首批重点高中，升学率一直居于全省前茅，在全省享有盛誉。拥有语文董焕金、外语冯祖华和政治何淑贤三名特级教师，五级教师三十余名。

来到临晋中学，特定的工作环境逼使我不得不放弃对漫画的追求——大学时代，想当诗人、漫画家的理想，变得遥远了。让一个人放弃他所热爱的事业，毕竟是一件痛苦的事情，但是，我不仅没有悲观失望，而且很快理智战胜了痛苦，重新寻找到了自己成才的突破口。

短暂的教育实践，使我深深地体会到：每一个教师既是教学工作者，又应该是研究工作者。于是，自 1985 年开始，我利用业余时间，结合教学实践，紧张地致力于“立体教学系统工程理论”的思考和探索，自设研究命题二百余项，建立了三十余种教学笔记、教育日记，所记笔记达两千余万字（如下图）。我的笔记类型有《教育理论》《作文教学》《文言文教学》《阅读教学》《赞可夫论教学》《思维与教学》《知识化能力》《新科学与教学》《各地教改经验》《教海拾贝》《教学评论》《教法研究》《教学理论》《布鲁纳论教学》《外国教育》《苏霍姆林斯基论教育》《非智力教育》《教育日记》《教学原则》《课堂结构与课型》《教育名言》《教育管理》《教学流派》《教学参考》《王序良议论文》《贾晓明议论文》，等等。

我的治学条件很差。我是一个老生子，父母皆年过七旬，体弱多病，需要照料，家里责任田需要播种收获，孩子小，每日需要烧火做饭干些家务活儿，再加上教学和班主任工作，困扰得我难喘一口长气。真正属于我思考和总结教学的时间，只是夜深人静之时，妻儿入梦之后。每当这时，静心顺气，进入境界，舒展稿纸，爬格耕耘，将自己的所思、所想、所言、所论，理出头绪，顺成文字，兴致来时，下笔如流，写到酣处，心随笔涌，偶有佳句，苦无知音，只好翘对星辰，其中妙处，自不待言。

每年的假日，无疑是我收获的季节。假日里，我总是独自在校，读书、学习、思考和总结。暑假，天气炎热，我则脖挂湿毛巾，身着短裤衩，反锁房门，挥汗写作；寒假，我只是大年初一回家同父母团圆半日，下午就返校工作了。我如饥似渴地学习各种教育理论和借鉴其他科学理论知识，执着地探索教育教学规律达到了入迷的境界。1985 年 5 月 1 日完婚，5 月 4 日就冒雨返校上课了；1987 年，母亲患青光眼，由于自己泡在教学和研究里，没及时回家为母亲治疗，致母失明。

我的论文，就是这样一字字、一行行、一篇篇地在阵痛中分娩出来的，在牺牲中诞生的，是用心血浇铸而成的。

第一次全校公开课，我锋芒毕露。1984 年 9 月一起分配到临晋中学的大学生共 8 人，其中有 5 名是山西师范大学毕业的，有 3 人是山西大学毕业的。山西师范大学毕业的就小瞧山西大学毕业的，认为综合性大学的毕业生在校期间并没学习过《教育学》和《心理学》，教书能行吗？结果，我们刚进学校，学校也许是想了解一下我们八个大学生的真实水平，就安排我们每人在一星期之内备好一课，在全校上公开课。要求不准请求任何外援，全部独立备课完成试教，而且讲课内容都是由学校教导处特别指定。我记得很清楚，当时让我讲冰心的散文《樱花赞》。我心里十分清楚，先入为主，这次讲课非同寻常，直接关系到自己的声誉。我几乎没睡一晚的安宁觉，先是把课文读得熟能成诵，然后对照教学参考书，消化理解教学参考书对课文的解读，最后确立教学目标，尤其是找准教学重点，然后写了一份教学详案，这份详案就像是演讲稿一样完整，完整到关注到了教学开头、过渡、高潮和结尾几个关键环节，关注到了散文的特点就是优美的语言和意境，所以必须指导学生有感情地朗读课文。结果我的人生第一节公开课颇受好评，我也立即得到了学校领导的认可和重视。

从此，我更坚定了当一名优秀教师的信念。也开始恶补《教育学》《心理学》知识。我把学校图书室所有的教育理论书籍都借了回来，如饥似渴，认真阅读，悉心钻研，吸取营养，就像一只饥饿的羔羊发现了肥沃的草原。

二、读书是每个教师义不容辞的责任

常言道：书到用时方恨少。此话当真。初涉教坛，格外生疏，尤其是自己并非师范院校毕业，在大学没有系统学习《教育学》《心理学》等基本知识，欲胜任教学工作，怎么办？读书！是书籍帮助了我。

闲人读书是为了消遣解闷；学生读书好像是尽一种义务；商人读书是为了寻找营销之道；教师读书是为了尽到责任。

书山高耸，学海无涯，人生有限，岂能尽读古今中外之书？常人读书，凭兴趣而随意者居多，我则认为读书应该有所选择，尤其是不能光凭兴趣，有时尚须自加压力，强制自己读一些与本职工作有关的益书。教学之余，我借阅了学校图书室里关于《教育学》《心理学》的全部藏书，八年如一日，所记读书和教学笔记达 30 卷 2000 余万字。有的重要书籍学校图书室里没有，我就托友人从山西大学图书馆里借出寄我，待我做完笔记或将书抄毕之后，再寄还给他们。来回的邮费大大高于书价，哪里顾得上计较。曾经抄完了布鲁纳的《教育过程》、苏霍姆林斯基的《给老师的建议》等名著。那时候，我经常废寝忘食、通宵达旦地苦读，却毫无倦意，读至酣处，如饮美酒，其乐无穷。读书，使我交上了许多良师益友：苏霍姆林斯基、布鲁纳、卢梭、尤克巴班斯基、凯洛夫、夸美纽斯、乌申斯基、杜威、洛克、赞科夫……面对这些伟人，我越来越认识到自己的肤浅和渺小！正是这些高尚的朋友谆谆教诲我如何做人，怎样教育和教学。可以说，阅读教育名著，给我的教学和研究打下了坚实的基础。许多名著里的基本观点，至今我依然记忆犹新——比如布鲁纳在《教育过程》里强调，使学生掌握每一“学科的基本结构”的观点，就对我启发很大，结合后来我学习的系统论的整体性原则，使我明确了教学应随时随处把握整体的道理。书籍，仿佛教海里的灯塔，指引我航向理想的彼岸；读书，使我养成了一种良好的习惯，大有一天不读书竟比一天不吃饭还要难受的感觉。

名师也是一部书，每一个名师都是这部书里精彩的篇章。我乐意向名师学习，不耻下问，因为名师坦荡无私，他们把自己辛辛苦苦积累下来的宝贵经验，都毫不保留地贡献给了我，并给了我许多有益的指点和帮助，这些都是从书本里难以获得的。张复芳老师是我步入教坛的启蒙导师，我最初的每一篇论文，几乎都要得到他老人家的指点和斧正。我俩相距40里地，但我经常为了某个问题，不顾风霜雪雨，蹬着自行车找他请教。我们一见如故，成为忘年交。至于于漪、刘国正、魏书生、宁鸿彬、钱梦龙、章熊、顾黄初、蔡澄清……这些名家，距我甚遥，我则书信请教；有时开会相聚，更是不失良机。每一个名师，就是一本活的教育专著，独树一帜，风格奇特。学习他们，博采众长，丰富自己，何乐不为？

课堂和学生，也是我每天必读的“活书”。我经常以各种方式虚心向学生学习，征求他们对教学的意见，是他们及时告诉我怎么教才好，如教学的缓与急、课堂上讲与练的多和少等。我时时处处留心思考课堂教学现象，发微探幽，研究教育教学规律，坚持写教育日记或教学札记。我常想，老师要求学生坚持写日记，自己也应坚持写教育教学日记。十余年如一日，或长或短，从未间断。我记教育教学日记，没有固定的模式，随身带着日记本和笔，随时随地都记，经常是半夜想出一些问题来就伏案书写，因此爱人戏称为“神经质”；有时出差，坐在火车或汽车上，忽然灵感来临，有所思考随手记下；甚至于去厕所时，忽发奇想，也不能自抑，必须记下。这样记的东西，点点滴滴，零零星星，极不系统，尚需仔细整理，理出头绪，顺成文字。记教育日记，需要时间和意志，贵在持之以恒，毫不懈怠，绝没有一蹴而就的美事。同时，积累便是学问。写教育日记，就是一个积累知识的有效途径，像滚雪球一样，日积月累，渐渐就丰富了学识。可以说，我最初的教研就是从记教育日记开始的。

1999年5月14日《中国教育报》发表了我的经验短文《怎样写教学后记》：

教学后记也称教学心得，是指课后教师对教学进行的反思、分析和总结，将心得记下。写教学后记，既是教学过程的一个必要环节，又是积累教学经验的有效方法。据了解，许多教师不写教学后记，究其原因，多数是因为缺乏写教学后记的意识，也有一部分则是因为不知道怎样写教学后记。写教学后记需要做到三点：

总结成功的经验。每一堂课部有成功之处，如有趣的对话、典型的实例、逼真的演示、巧妙的设问、幽默的讲解、传神的体态、奇妙的方法、有益的启示、灵感的火花、精彩的片段等。教学中，这些闪光的现象俯拾即是，只要我们肯做教学的有心人，就不难发现。长期积累，积沙成塔，教学经验自然日益丰富。

查找失败的原因。教学是一种遗憾的艺术。无论课堂教学设计如何完善，教学实践多么成功，总有疏漏之处。如表达含混、处理欠妥、方法陈旧、演示失败、指导不力，甚至是知识性错误等，课后静下心来，认真反思，仔细分析，查找根源，寻求对策，以免重犯，教学必然日臻完善。

记录学生的情况。教师要善于观察和捕捉学生的反馈信息，把学生在学习中遇到的困难和普遍存在的问题记录下来，以利改进；同时，学生在课堂上发表的独到见解，常常可以拓宽教师的教学思路，也应及时记录在案，以便教学相长。根据以上三点，构思下次教学便水到渠成。总结教学的目的，就是实现再次教学的创新和发展。下次教学能否获得进步、升华，关键取决于对上次教学反思的深度。因此，每位教师都应经常写教学后记。

1999 年第 3 期《人民教育》杂志发表了我的短论《呼唤“研究型”教师》：

时代呼唤“研究型”教师。“研究型”教师的基本特征是走教学和科研相结合的道路。

许多教师并非没有研究能力，只是缺乏研究的意识。一个教师若无研究意识，就不会有重大的发现，不会产生独到的见解，更不会有大胆的革新。

在教学过程中，有研究不完的规律。这些规律都会由一些教学现象表露出来，教师要善于捕捉这种教育教学现象，并对它思考一番，这就是研究。思考之后自然产生了自己的观点，写成文章就是学问。一边教学，一边研究，教学和研究相结合，久而久之，就会形成自己的教学思想和风格。

“研究型”教师必须做到三勤。

一是勤读书。读书的过程就是学习的过程，积淀的过程。现在是信息时代，知识不断更新，人的观念日新月异，不读书不看报，孤陋寡闻，何以从事教学研究！

二是勤思考。思考的过程也是研究的过程，去伪存真，去粗存精，探索规律，其乐无穷。

三是勤总结。总结自己或他人成功的教学经验，总结的过程就是提高的过程。聚沙成塔，日积月累，由量到质。

勤读书、勤思考、勤总结，是做研究型教师的三项基本功，三者互为因果，缺一不可。

苏联著名教育家苏霍姆林斯基曾说：“如果你想让教师的劳动能够给教师带来乐趣，使天天上课不至于变成一种单调乏味的义务，那你就应当引导每一位教师走上从事研究的这条幸福的道路上来”。展望21世纪，必将是“研究型”教师辈出的时代！

“读书”还要善读，读出效益来。我的体会就是边读还需边总结，总结教学经验，总结教育规律。许多教师一提起让他们写点东西就以没有时间为借口。鲁迅先生讲，时间就像海绵里的水，只要去挤总是有的，此话不假。

“书山有路勤为径，学海无涯苦作舟”。向书本学习，向实践学习，这是我的责任，钻研进去，做到多读、勤读、善读，才能真正体会到“读书”的快乐，达到“此中有真意，欲辨已忘言”的境界。“读书”能给人以智慧，而智慧就是财富，就是力量。不读书的人，他们的心灵一定荒芜；不读书的教师，他们的教学一定贫瘠。读教育名著，读名师、学生和课堂这三部“活书”，构成了我生活中一道美丽的风景线。

（本文发表于1998年第10期《中学语文教学》。原标题为《读书是我的责任》。本文有所改动）

三、第一篇论文发表了

记得我写关于《立体教学论》的第一篇论文《“立体教学”初探》的时候，曾向全县 16 名教师请教，有的人则请教数次。我先请每一位老师像给学生批作文一样给我提出批评意见，然后我将他们的意见详细研究，归纳整理，取舍改正，一直改得文稿密密麻麻，不能再改下去了为止，我便重抄一份，继续拜师请教。来来回回，反反复复达 13 遍，共 50 余万字，最终稿仅 3600 字，可谓沙里淘金！不料，一投即中。

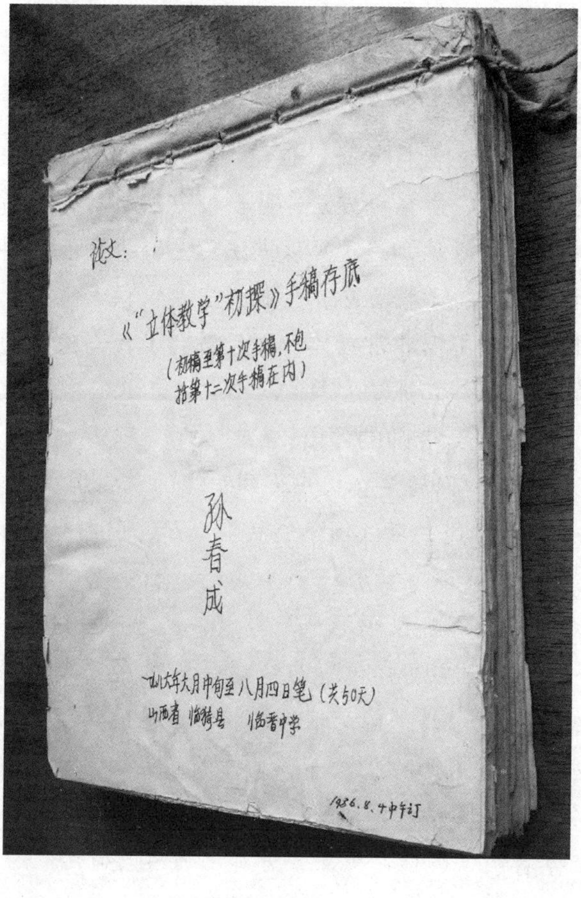

这里面无不包含着恩师的心血，不妨摘录几则如下：

1986 年 6 月 8 日教导处主任范西虹老师的评语：

1．论述不够清楚。不是不要形象思维，而是培养学生更好的形象思维。

2．语言欠精练，应少用长语。

3．这一点应讲透道理。

4．注意语气，温和些好。

5．层次应在前面。多重设计是对的，还得讲究逻辑。

6．解词原则是词不离句。

7．面上任务如何完成好，可再考虑。

8．难点要谈难在何处，此处似乎不应过早引申发挥。

9．本节分析教材与教学过程合起来写，眉目似乎欠清晰。

10．内容似应写在前面。

11．应有附图。

12．应当讲具体些。

总体说，内容可以，提法新颖，值得总结。你这样做了，正是年轻人积极向上、不断精益求精的表现，值得发扬。但全文结构欠佳，重点也欠明确。比如，着重讲理，就应以理构思，着重讲方法，就应按方法组材，分析与方法杂糅，易给人不够清晰之感。我的意见，这次可以方法为主，讲明有几种方法，如何运用就行了。妥否，很难肯定，不揣冒昧，大胆提出，仅供参考。

范西虹老师的指导，不仅非常具体，而且教会了我写论文应围绕一个观点充分论证，万不可芝麻西瓜一起抓。

1986 年 7 月 7 日张复芳老师的评语：

1．对别人可能质疑的问题要在文中得到适当的说明解决。

2．“引言”开头生动些，可以例子或教训说起，引出观点。

3．区别清文学和语文两个概念。

4．总体看，“擅长板书，以形写神”可以，其他部分说理欠厚实、欠丰富。

5．第一部分，应把“丰富知识”与“联系”的关系谈得深些。有人没丰富的知识，对一些抽象的概念，只能是抽象的、干巴巴的认识，而具有丰富知识的人，就最易把这些抽象的概念转化成许多具体的东西，使之形象化。“联系”还可以使知识系统化。

6．应把“立体教学”的概念定好，并加上通俗的概念。

7. 关于“点面结合”，要把点和面当作同一物体上的两个东西去理解，要同时立起来，要讲究完整感。“面”就像是蚊帐，“点”就是撑起蚊帐的杆子。要注重谈如何“点面才能结合”。

8. 关于“语言形象”，要多举自己的教学语言。这部分要条理。

9. 这个规律也适用于其他课程，我只是站在语文教学的角度来讲。

10. 所举例子要有典型意义，简洁而不啰唆。否则，将会冲淡文章的说理。能用一个例子说明道理的，就坚决不用两个或两个以上的例子。

11. 要强调“体态语”的辅助性。

12. 要注意谈每一部分的教学效果，对学生思维有何帮助？

13. “丝毫不会启发学生的智慧”应该为“是不利于启发学生的智慧的”。

张复芳老师1986年7月7日正好带领孙吉高中的学生来临晋中学参加高考，我顺便向他请教。他对我的文稿提出的修正意见是那样的具体，又是那样的深刻。那一晚，我们师徒俩几乎没有睡觉，聊了一个通宵。在一晚上的聊天中，张老师不经意说出的一句话可以说影响了我后来的所有立体教学研究，他说：“搞研究，一定要搞懂辩证法。”

也许正是由于我的执着，上帝竟是如此地慷慨和无私，很早地把成功赐予了我。1986年，我的教研论文处女作《“立体教学”初探》终于在全国中学语文教学研究会会刊《语文教学论坛》第6期上发表了。要知道，那仅仅是我就教席的第二个年头！

我先收到36元稿费，邮单上盖着《语文教学论坛》稿费的长方形的红章子。我当时激动不已，拿着稿费单一口气跑了六七里路，到爱人的百货大楼柜台时，我已汗流浃背了。爱人大惑不解，问我发生了什么事？我告诉她我的论文发表了，她丝毫不相信，我就让她看了稿费单，她脱口说道：“我终于知道天才是怎么回事了！”

从此，我的研究竟像奔驰的战马，一发而不可收，年年都有新的成果问世。

1997年11月12日，我收到《语文教学论坛》编辑马瑞老师的来信，才知道10年前，我这篇论文处女作为何能一投即中，很快就发表的原因了。马瑞老师在信中写道：

春成：

您好！记得是1986年下半年，我接到了您的论文《“立体教学”初探》之后，心情无比兴奋，当时看稿子，还以为是一个中年人写就的，整篇稿中充满了激情，立体教学的提法也是独树一帜，我当即与《语文教学论坛》副主编于忠孝先生商量，于先生当即拍板，于1986年第6期杂志上发表，对于我作为编辑来说，可能不是很激动，可对于您这样的年轻后生，可能就影响很大，也可能从此激起了您的写作热情和搞实验的激情吧。

1989年4月在张家界《语文教学论坛》召开第一届青年教师新秀座谈会时，我见到您这位热情洋溢、有棱有角的年轻人，我深深感到您是一位勇于探索的勇士，虽然当时是孤军奋战，但是百折不挠的精神是令人钦佩不已的。

从初探、再探到三探、四探，您从不同的角度探讨了立体教学的若干领域，同时也借鉴了信息论、控制论、系统论等三论思想。《“立体教学”初论》一书的正式出版说明了您对现代教学过程的基本规律及其内涵的深刻理解。

1990年在厦门我与您见了第二次面，并力推您作了公开课，并获奖，而且在青年语文老师中产生了深刻的影响。我希望您在立体教学研究领域中作更深的探讨，以启迪青年语文教师。

如果有需要我帮忙的话，请来函，我现在辽宁教育学院语文研修部负责教学研究工作，杂志由别人来搞。请来信联系为盼。

祝好！

马瑞

1997年11月12日

《“立体教学”初探》是我对语文课堂教学最初的基本理解或认知，应该说是十分肤浅的，甚至是十分幼稚的，但其中尚凝聚着许多老教师的心血与智慧，在我的立体教学研究历程中富有里程碑的意义，就像一个慈母生下自己心爱的第一个孩子一样。所以，我将其附录如下，以飨读者：

“立体教学”是指教师处理教材（包括一切教材内容）能给学生一种“立体感”。这是一种需要综合运用多种教学方式的教法。通俗讲就是：教学能把教材里那些理论性的抽象概念化为可视的可感的具体形象。“立体教学”可减弱知识难度，增强理解力和记忆力。加快学生接受知识速度，增大学生在单位时间内获得知识的密度，提高教学效果和学生的学习效率。

学生的心理特点是对形象的东西较感兴趣。“立体教学”使学生在抽象的概念同具体的事物之间建立了一种联系。这种联系，既让学生对抽象的概念容易理解和接受，又可使学生对知识获得较为牢固的记忆。

（一）丰富知识，注重联系

“立体教学”要求师生知识丰富，并注重知识间的联系。《庄子·逍遥游》里说：“水之积不厚，则其负大舟也无力。”讲课是一种再创造。只有具备丰富的知识，博采众长，方能拓展教材内容，标新立异。这需要学生密切配合，知识丰富。一个知识贫乏的人，只能抱住干巴巴的概念，绝不会把概念转化成生动的具体形象。反之，一个知识丰富的人，最易把抽象的概念转化成许多具体的形象，使思维立体化。可见，“知识丰富”是“联系”的基础。

知识的联系是多种多样的，既可横向联系，又可纵向联系；既可将已知与已知联系起来，又可将已知与未知联系起来。这样便于比较，同中求异，异中见同，有助于开拓学生思路，培养其综合能力和联想能力，激发学生的探索精神。我讲《泼留希金》，结合《守财奴》，与学生一道，把泼留希金和葛朗台的性格特征进行了比较，并从两人各自所处的国度、时代、阶级地位诸方面，分析了他们性格形成的原因，使学生对这两个吝啬鬼分别有了更深刻的认识。然后，我又与学生比较了两位作家刻画人物艺术手法的不同特点。最后师生共同得出了结论：即使是同一类典型，只要对人物进行深入细致的观察，把握住最富于个性的特征，借助适宜的表现手段，就能塑造出栩栩如生的鲜明形象。又如我指导学生根据教材单元编排特点来编写小说人物形象提纲，散文构思特点提纲，说明文说明方法提纲，记叙文选材特点提纲，议论文论证方法提纲；又指导学生根据教材的体裁特点，总结各种文体的语言特色，并编成提纲，明确议论文的语言逻辑性极强，小说、戏剧的语言注重形象性，散文与诗的语言不能缺乏哲理，说明文的语言不能没有科学性，等等。这样让学生亲自动手动脑，不仅能够培养他们的创造力，发挥其个性特长，而且能够引导学生将学过的知识联系起来，同中求异，重获新知。

（二）点面结合，撮要精讲

所谓“面”，就是从整体着眼，揭示作品内部的逻辑关系，使学生对作者的思路得到层次化和系统性的认识。画是从淡到浓一层一层地涂上各种颜料绘成的，文章是由字、词、句、段到整个文章这样富于逻辑地构成的。因此，解决了“面”的问题，可使学生的思维层次化、系统化、整体化，让学生基本掌握文章内在的逻辑关系。这需要我们注意引导学生进行多层次思维，把横向思维与纵向思维有机结合起来。所谓“点”，就是“重点”和“难点”。“向学生提出挑战性的问题，可以引导学生发展智慧。”这是布鲁纳发展学生思维的精辟见解。这种

“挑战性的问题”就是带有启发性和思考价值的问题，就是“重点”或“难点”。所谓“点面结合”是指导把“点”和“面”当作同一物体内的两个有机的组成部分去理解，同时联系起来，不能孤立看待。这是实现“立体教学”的关键。“点”和“面”怎样结合呢？这须借助联系、综合与归纳。利用板书极有效，它能调动学生的视觉。如教《改造我们的学习》一课，在分析文章结构特色时，先由学生概括四个部分的段意：一、回顾历史，肯定成绩；二、提出缺点，指出危害；三、对比说明，深入分析；四、提出措施，明确方向。亦即肯定成绩、抽出问题、分析问题、解决问题四个部分。再引导学生领会每一部分里所阐述的三个方面的内容，即研究现状、研究历史、应用真理。最后归结出本文结构上的特点是：纵横交错，反复论证，段落分明，线索清晰。全文四个部分属“纵”的方面，而每一部分都讲到的三个方面的内容，属“横”的方面；贯穿全文的红线是：理论与实践结合。我边讲边在黑板上绘出一个简单图形：

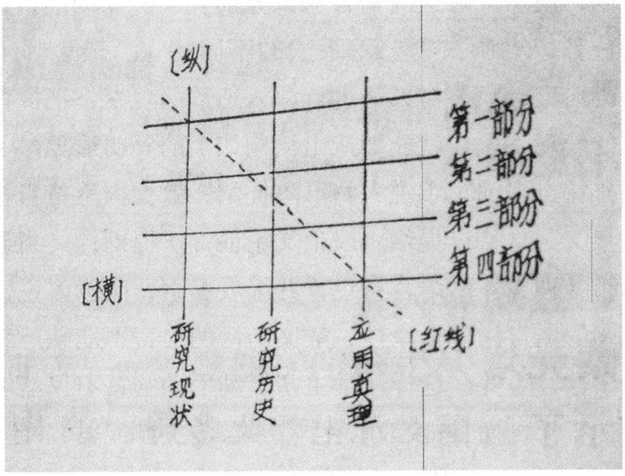

这一图形直观地展示了全文的结构特色，说明全文内容是怎样的既由经线与纬线交织起来，又由一条红线贯穿起来，形成一个有机的整体。这使学生不仅仅是体会到，甚至是看到了作者在建构文章时的匠心。

“立体教学”不仅以每一篇“教材”为研究对象，而且把每“一堂课”也作为一篇完整的艺术作品来看，并加以研究。成功的单位时间里的教学，本身就是一篇完整的艺术作品，必须有主笔与陪笔之分，详略之别。详则精雕细刻，略则取其神似，陪笔为主笔服务，不可平分秋色。在层次化和系统化的基础上再进行重点讲解，集中火力于一点之上，向纵深挖掘，方能凸显教学中心，使教学由平面直立起来。这正同加强素描作品的“高光”部分一样，能给学生一种鲜明深刻的立体印象。因此，每一篇教材，每一堂课，都必须“撮要精讲”。

（三）语言形象，激发情趣

所谓“语言形象”就是使教学语言形象化。这是达到活跃课堂气氛，激发学生求知情趣的重要因素。教学艺术的语言有其自身的规律性。我们必须追求教学语言的艺术性，就如同雕塑家要塑出立体的形象离不开雕具一样重要。我们要竭力寻求最能表达“立体感”的语言。如果一个教师仅用干巴巴的甚至是生硬的语言授课，很难取得良好的教学效果。只有运用形象化的语言，才能使教学具有“立体感”提高学生的想象力和理解力，活跃课堂气氛，激发学生的求知欲望。

语言形象，主要是借助比喻。何其芳同志在《修改文章》里谈了十二条文章常见的毛病。其中第八条是：“信手写来，离题万里，偏又爱惜，舍不得割弃。”怎样使学生对这一干巴巴的条文得到形象的感受和理解呢？我问学生：“谁头上长颗肉瘤，该割不该?”（有学生发笑）大家异口同声：“该!”我却反弹琵琶：“不该!”（有学生瞠目）我迅速补道：“它是自己身上的肉呀!”学生哄堂大笑。显然，笑声正是理解的回声。文章里那些“信手写来，离题万里”的话正如“肉瘤”一样无用有害，必须彻底“割弃”，绝不可“偏又爱惜”。这段比喻讲解，像甩开了相声艺术的包袱一样风趣幽默，既形象地说明了问题，又活跃了课堂气氛，使学生在笑声中轻松愉快地获得了知识，颇有“一箭双雕”之效。

《“立体教学”初探》发表后，我给分配到忻州师范的大学同班同学李效珍寄了一份杂志以做交流，李效珍的回信可以说给了我许多的启发和收获：

孙春成老同学：

能收到你的来信，并继而看了你发表的教学论文，从心里感到高兴，十分高兴！首先向你问好，再向你表示祝贺！

我们有幸是同行，还能够在今天互相探讨教学。读了你的文章，确实给我以不少启发（发自内心的话，绝非恭维之词）。最初，文章里阐述的教学理论以及与教学实践的结合实例，使我深感教师懂得教学理论有多重要，否则，实际做到了，但却总结不到理论高度，仅仅停留在“经验”的水平线上，若不注意积累，就更为遗憾了；因此，对于我们这些并非经过师范教育的语文教师来说，自修（或进修）教育学等理论性的东西实在是太必要了，不然就永远不会有多大出息！你在这方面做的是较好的，我还须再加努力，迎头赶上老同学！

再者，你在文章里有不少处谈到了利用美学原理进行教学的实践活动，发挥了自己所长，寓美育于语文教学之中，真是生动形象，妙趣横生，使人留下难以磨灭的印象。一个教师如果研究点美学，把其贯穿、融汇在教学之中，效果可谓佳矣！在这点上，老同学您可是走得挺“改革”的，现在不正提倡这种教学吗？我当时边谈边想，还边讲给冯阳保（李效珍爱人）听，边谈我的感想，边插点“小曲”讲了您的“艺术家气质”，我想，学生听你的课一定是一种享受，轻松、活泼地就把知识消化了，你讲课时的语调也一定抑扬顿挫吧，就像你平时说话时“演讲式”的表情、动作！这更能为你的讲课艺术增添羽翼。可以说，以上所谈是我一开始的一些感受，较浮浅。过后，我再细细品味，忽然悟到一点，题目《“立体教学”初探》似乎在追逐时髦，然而全文却实实在在，论述如何使语文教学形象化、生动化，将概念化的、抽象的、晦涩的东西化为具体可感的东西，传导给学生的问题，这完全依赖于教师对课文把握的程度及教学艺术，是一种踏踏实实的教学态度，很适合广大的中学语文教师采用，说透了，教师要自己在理解文章（尤其是难点上）方面下功夫，并用极好的方法教给学生。现在，大力提倡教改，出现了一些确实有成就的教改新手，他们积累了不少方法经验，总结出不少“法”，值得我们学习。可是，学习也该根据自己学生的实际情况，如果盲目地学习，光学表面上的“形式”，而不注重实际的效果，也叫“改革”的话，只能算是“失败的改革”“懒汉式的改革”，改革是为了提高教学效果，并不是打破了“满堂灌”，学了别人的一些方法就行了，不从文章本身着手，什么都是华而不实、胡来一气。我觉得，你的文章分量重就重在这方面，加之你的方法也独具一格，就更是别开生面了。现在，不是大叫“学生是主体”、要把学习的主动权交给学生吗？可是论实在的，这得从小学抓起，这几年内的中学生，吃惯了爹妈给嚼烂的食物，一下子是适应不了、也跟不上这种步子的，你让他“主动地学”，浅显的东西还可以，难点的就不行了。看的书又不多，根本想不透，教师非点破不可，点破了也得反复深入地讲。如果忽视了这一点，光采用几种程序，简单地用某种方法是根本解决不了主要矛盾的，只能把教学引向倒退。有的甚至干脆让学生自学，自己落个轻松。

杂七杂八，语无伦次，想到哪儿说哪儿，都是本人的感想，借几行与老同学倒腾倒腾，希望能再看到你写出有水平的文章！

很想知道你的生活情况，可以告诉老同学吗？切盼回音！

老同学：李效珍

1988年1月5日于忻州师范宿舍

四、“立体教学”系列论文的诞生

临晋中学虽然是享誉全省的首批重点中学，但有一个比较致命的缺陷，就是它是一所乡村中学，地理位置比较偏僻，所以很难留住人才。学校的中流砥柱靠的就是家在学校附近而且年龄较大的一批五级教师，年轻教师在那里待不了多久，都往城里奔。《“立体教学”初探》的发表，在全校产生了巨大的反响和震动。学校领导班子开会专门研究过此事，讨论的焦点就是担心我名气大了被县教育局或运城行署教育局调走，最后达成的共识是，既然是人才就按人才来培养，至于以后的事谁也说不准，顺其自然就好。我非常怀念在临晋中学的时光，因为它是我研究立体教学的摇篮，是我人生和事业光辉的起点。

至今我依然记忆犹新，那是一个下雨天，我刚吃完饭，走在学校食堂到我的宿舍的路上，走到学校教学大楼跟前时，忽然有一个人拍了一下我的肩膀，我回头一看是我们语文组里的宋高欢老师。他先说了许多夸奖我的话，大意是什么水平高超呀、年轻有为呀、前途无量啊云云，我也敷衍着没往心里去。但是，宋高欢老师给我提的建议，确实醍醐灌顶般点醒了我，印在了我的心田，触动了我的灵魂，说出了我正在想但还没想明白的心里话。他说：“你应该乘胜追击，继续探索下去，写出立体教学二探、三探、四探等许多探来，最后形成你自己的教学思想，出一本专著，成为大学问家。”正在我迷惘的时候，甚至是被赞美冲昏头脑的时候，宋高欢老师像一座光芒万丈的灯塔，给我指明了前进的方向。于是，我刻苦钻研，潜心治学，在 1986 年到 1990 年的四年时间里，连续发表了“立体教学”再探、三探和四探三篇重要的论文，使我对语文课堂立体教学规律的认知得到了升华，而且这三篇论文相继都在全国优秀论文评比中荣获一等奖。立体教学再探《关于“立体教学”理论的再思考》发表于《语文教学通讯》1988 年第 5 期，立体教学三探《教学过程中思维的立体性探幽》发表于 1990 年第 2 期《山西大学师范学院学报》，立体教学四探《知识积累与能力培养》发表于 1989 年第 1 期《山西大学师范学院学报》。立体教学再探《关于“立体教学”理论的再思考》基本上完整地论述了我的立体教学思想，可以说是后来的专著《立体教学论》的雏形，标志着我大学毕业就教席第四年就基本形成了自己独特的语文课堂教育思想。在此重新刊录，以飨读者：

黑格尔说，“规律就是本质的关系”，即事物内部固有的必然联系。教学的规律则是教师、学生和教材在教学过程中本质的必然联系。规律是可知的，只是由于考察事物规律的角度不一，得出的结论也就不尽相同。所谓“立体教学”，目的就是探究教学自身的立体性，认识教学的本质和规律，从而驾驭之，提高教学效率。

（一）艺术给予我们的启迪

艺术在教育科学中起着不容忽视的作用。所谓教学艺术，是指创造性地综合利用其他各种艺术，创设出富有感染力的教学情境。艺术同源。各门艺术形式之间存在着某种有机的联系。摄影艺术上讲“立体摄影”，绘画艺术上讲“立体图”，建筑艺术上讲“立体桥”，音乐艺术上讲“立体声”……教学艺术上是否也应具有“立体感”呢？其实，“立体感”正是教学艺术与其他艺术形式之间的“焦点”。

“立体教学”最讲求艺术性。倘若我们找到了“立体教学”与《教育学》或《心理学》的联系“基因”之后，便不难证明，从艺术的角度来探索教学规律，是有理论依据的。

1. 艺术具有形象性。“立体教学”要求教师利用学生的多种感官和已有经验，通过各种形式的感知，丰富学生的直接经验和感性认识，使学生获得生动的表象。从而比较全面、深刻地掌握知识。这一点与《教育学》的“直观性”教学原则相吻合。

2. 艺术具有生动性和感染力。“立体教学”要求教师充分调动学生的学习主动性，引导他们生动活泼学习，使他们经过独立思考，融会贯通地掌握知识，提高分析问题和解决问题的能力。这一点十分符合《教育学》的“启发性”教学原则。

3. 艺术具有审美性。“立体教学”是一种借助多种艺术手段的综合性较强的教学艺术，所以，它能够让学生受到艺术审美教育，增强学生的审美素质，培养学生具有正确的审美观点和鉴赏美、创造美的能力。这与《教育学》的“美育”原则是一致的。

既然教学是一门综合性极强的艺术，那么，我们就应分门别类地认真地具体研究各门艺术在教学艺术系统中的特殊功用，从而掌握和驾驭它们，创设出最优化的教学情境。

（二）从几何学得到的再认识

教学是艺术，又是科学。

辩证唯物主义告诉我们：教学是一项实践活动，是一种物质运动的现象，因此，教学也是有“体”的。虽然教学的“体”我们看不见也摸不着，但是，倘若要进一步地认识其规律，就必须明确而牢固地树立起教学有“体”的观念，这正是我们从几何学的角度研究教学的立体性的哲学支点和依据。

《近世几何学》（孙泽瀛 著）据其“维”的观念把几何学分为：

1. 一维几何学（直线）

2. 二维几何学（平面）

3. 三维几何学（立体）

“我们通常说的一维空间、二维空间、三维空间，就是空间有维的观点。”“空间是点所组成的，也可以说空间是点自由活动的范围。范围有大小，于是就有不同范围的空间。一维空间包含在二维空间里，二维空间包含在三维空间里。因此我们可以说空间的‘维’是那构成空间的基本元素，点的活动的自由度，更明确地讲，是点的坐标数目。比如说，点活动的自由度是一的话，就得到一维空间，也就是直线；点活动的自由度是二的话，就得到二维空间，也就是平面。”由此类比推知，教师、学生、教材好比立体坐标的三个坐标一样，构成了教学的三维空间，即立体空间。这就明白地告诉了我们一个结论，教学本身就是立体的。

由三维空间的理论不难推知：“立体教学”的三个立体坐标轴都应像坐标系的轴一样呈有序状态，即教师有教序，学生有学序，教材有编序，而教学过程的最优化，则是这“三序”合理的有机的相互立体交叉运动，所以，我们必须努力找出“立体教学”序列间相互立体交叉的“线型方程式”。

当然，我只是在简单和机械地借助几何学来解释教学，十分肤浅和蹩脚。未来我们是否会运用几何学来定量地分析教学，这自然是一个很大且带着十分浓厚的科学色彩的研究课题。

（三）“立体教学”的最优化结构

按照系统论的观点，客观世界中一切现实对象都是由内容丰富的各组成部分（要素）通过各种方式集合在一起（结构）所组成的具有特定功能的有机整体（系统）。因此，要素是系统的“物质”基础，而结构又是系统功能的内在根据。

对于要素—结构—功能这三个环节的认识和把握，是最优化研究的一项基本内容。

课堂教学是在时间和空间中进行的一种有目的的活动。苏联著名教育家尤·克·巴班斯基最早把最优化理论运用于课堂教学研究中，他强调指出，“必须分清什么是系统的成分，什么是过程的成分”。这就启示我们，要从时、空两个方面探究教学的要素及其运动的规律。

从空间看，课堂教学系统最基本的要素是教师、学生和教材三者立体交叉形成复杂的多边关系。要使教学系统的结构达到最优，必须使三者充分协调，所以它既不是“教师中心”“教材中心”，也不是“学生中心”，而是课堂教学的“系统中心”。这种“系统中心”的三要素协调结构，我们表述为：以学生为学习主体，教师为教学主导，理论知识为教材主线，其本质关系是客观的辩证统一的规律运动。

教学是教与学相互制约、相互作用的过程。在教学中，教师是指导的主体，与此相对，学生是被指导的客体。这个客体有其自身活动发展的规律。教师的指导时刻不可脱离学生活动的规律。因此说，教制约着学，学也制约着教。另一方面，学生是学习的主体，是学习教师和教材的主体。这里教师则变为客体。学生在学习活动中必然有大量反馈信息出现，学生在这里是主体，教师则是承受信息的客体。此时，教师要分析和处理信息，据之以调节学习活动和施教活动，那么，教师这时就是主体，学生则是客体。由此可见，在教学过程中主体与客体只是相对的，两者必然相互转化，随时易位。因而我们说，教学过程是教师和学生两个主体相互依存、相互转化、相互作用的过程。只有这样，才可能产生教学发展的上升式良性循环。

科学的教学结构的前提首先是科学的知识结构，这就涉及了教材的科学编制。教材在教学过程中起着举足轻重的不容忽视的重大作用，从某种意义上讲，教材制约着师生的双边活动，这当然取决于教材本身编制的内在结构是否符合教与学的运动规律（主要是需要符合学生的学习心理和状况）。现代认知心理学的研究表明，学生的认知结构总是与教材的知识结构密切相关。只要将学科知识的客观结构变成了学生的内在结构，就形成了智力。

从时间上看，课堂教学总是由若干阶段组成的独立段落，根据马克思关于任何有目的的活动都有目的、手段、结果三个成分的原理，我们可以把教学目的、教学手段和教学结果作为教学过程最基本的要素，至于教学内容则是一种输出信息，但教学过程不是一个线性的因果链，所以一次性地通过教学往往不能直接得到与目的完全一致的结果。这就需要运用反馈，使教学做合乎目的的运动。反馈是使教学过程走向有序和保持结构稳定性的必要条件，最优的教学过程就是通过反馈实现结果与目的的同一；采取多向立体式课堂结构，信息便能得到即时的反馈和评价，确保教学结果与目的的同一。这里需要着重指出的是，只有教师掌握目的，不让学生掌握的做法，也并不能体现师生之间的相互作用。

总之，一个完整的时空统一的课堂教学结构，应该是一种动态式的交叉立体型结构，且在课堂教学的任何发展阶段上都存在着教师、学生和教材围绕教学目标的有目的的协同作用。

（四）立体式群体信息交流网络

课堂教学结构直接制约或规定着教师、学生和教材在教学过程中的运动形式。

“注入式”的教学方法的信息传递是单向的，仅仅是“教师→学生”；“问答式”则开辟了“教师与学生”之间信息传递的双向通道，但获得的反馈信息是有限的；“立体交流”不仅有“教师与学生”，而且有“学生与学生”之间的信息传递，它有助于教学双方充分的信息反馈，能使学生从被动的接收信息状态转变为富于强烈的参与意识的主动、灵活的接收和即时地处理信息的积极状态，最大限度地调动了全体学生的学习积极性。这种“立体交流”的反馈信息网络的形成，有赖于实现教学的民主性原则，使教学呈开放性。在这里，教师要注意两点：一是设问要具有诱发作用。在课堂教学中，针对精确领域的设问固然需要，但针对模糊领域的设问更富有诱发作用和开发智力的意义。二是情感的媒介作用。教师亲切和蔼的教态，对学生的尊重、肯定和鼓励，会使整个课堂处于和谐状态，从而减少信息流通障碍。

“立体教学”最典型的教学模式便是“讨论式”教学。全班讨论，在讨论中让学生之间进行广泛的信息交流，形成一个多向立体式群体信息交流网。指导学生在这个交流过程中自己去分析问题，获取知识，培养能力。“讨论式”教学最忌教学过程与教学目的的游离，所以，必须重视教材在教学过程中对教学活动的制约作用。

（五）系统论对教学的透视

“教学的系统性原则要求遵循严格的逻辑顺序来教授科学基本知识，循序渐进地指导学生的学习劳动，力求使他们掌握系统的知识、技能和技巧”。（见达尼洛夫、叶希波夫编著的《教学论》)。在教学过程中体现了系统性就能付出较少的时间，获得较大的效果，这即“立体教学”的追求。

在教学实践中，系统性原则体现在制订课题和每堂课的教学计划过程中。在这一过程中，老师要规定课题中各个问题的学习顺序，理论作业和实验室作业的顺序，复习和检查掌握程度的顺序。

系统性原则不仅应当体现于教师的活动中，而且应当体现于学生本身的活动中，必须培养学生具有合理规划学习活动的技巧，编写逻辑严密的答案提纲、作文提纲的技巧以及做实验的技巧。

结构是系统中各部分的组成形式。系统不是部分的简单相加，而是按一定规则组织起来的。系统对要素的制约是通过结构起作用的。教学特别要处理好表层结构与深层结构的有机结合。所谓“立体教学”的“表层结构”就是指注重教学艺术，创设呈开放性的教学环境，启发激励学生的形象思维；所谓“立体教学”的“深层结构”就是指注重教学设计，使教学过程呈有序性，显示出其极强的逻辑性和梯度，有助于培养学生的逻辑思维能力。

研究系统，就是研究其生成和变化，在运动中把握系统，系统中的结构是相对静态方面的，而功能则是动态方面的。教学本身就是一个动态性极强的系统。在教学过程中，除了教材相对说来呈静态状况以外，教师与学生都处于活跃的运动状态，而且，这种运动应该是有序的。

每一个系统都有其内部结构和外部联系。通过两者之间的相关性，就可以拓宽教学思维的时空观念。教学内部结构的相关性是十分明显和密切的，教师、学生、教材在教学运动过程中，互相作用和被作用，而在这三者的相互作用过程中，教材常常是以其反作用力的形式来作用于其余二者的。这三要素，缺少任何一方，教学就丧失了其呈现动态的立体式的系统结构状态。如何使教学的三要素有机结合，体现出其间必然融合的相关性呢？这主要取决于三者的目标一致化。教学目标不能仅仅是属于教师的，还必须属于学生并体现在教材的有序里，这样才便于实现教学系统结构的最优化。

那么，如何通过教学系统的内部结构和外部联系之间的相关性来拓宽教学思维的时空观念？这主要须借助“立体教学”的“表层结构”来激发学生的学习兴趣，活跃学生思维，丰富其联想能力。

(六)“立体教学”的哲学思考

人们从事任何一项活动，都必然自觉或不自觉地受某一种哲学思想的支配。

目前世界上教学论的研究主要有两大流派。一派强调学生学习行为与结果，以教学目标牵制教学各个环节，并达到管理整个教学过程的目的。另一派并不把学习行为与学习结果放在首位，而把眼光投注在强化教学过程、优化教学环境以及美化教学语言上。教学论研究中的这两种观点都有其相当的合理性，并且都有其相应的哲学思维基础。当今世界哲学思维方法也有两大流派，一种是科学主义，一种是人文主义。科学主义的思维方法对周围客观事物的观察往往是理性的、逻辑的、分析的；而人文主义的思维方法则重视感知、灵感和综合。这二者观察世界的出发点是迥然不同的，归宿自然也不尽相同。前者力图依靠自然科学的力量把机器变成人，而后者则凭借展开丰富多彩的生活画面，以避免人变成机器。这两种不同点，形成对教学现状及其未来发展趋势的两种不同思考，实际上是两种不同的哲学思想的反映。

以科学主义哲学思想指导的教学与以人文主义哲学思想指导的教学能否结合，关键就在于它们之间是否有相似的“基因”。客观事实告诉我们：事物之间之所以产生相似现象，是因为具有相似的“基因”、环境和条件。这些所谓“基因”，是指构成相互关系的那些因素，而且主要是指微观结构与动态过程的相似。双方在客观上自然有许多相似之处。作用的对象都是学生，途径基本上都还是通过班级授课制的形式，等等。在教学过程中，二者是否具备动态相似的因素呢？持人文主义态度的教师，几乎都十分重视学生的情感发展，认为在整个教学过程自始至终充满着情感作用。主张教学必须走上科学道路的同志，也已经注意到制订教学目标仅仅停留在认知结构上是不完全的，他们从教学心理的角度研究，发现学生在学习活动中有两个心理过程：一个是感觉——思维——知识——智慧（包括运用）的过程；另一个是感受——情绪——意志——性格（包括行为）的过程。智能在获得和运用知识的过程中形成和发展，它的心理过程产生着情感和智慧。因此，知识、智慧和情感三者是截然分开的。

现代教学发展的趋势，必将是科学主义思想与人文主义思想的结合，以实现教学科学的艺术化和教学艺术的科学化——这正是我们研究教学立体性的出发点和终极目标。

五、幸运遇到了良师益友

一个人的能力是有限的。尤其是年轻人，他们向前迈的每一步都和造就他的时代，培养他的师长，关心他的前辈，支持他的同志分不开。

每当我有新的论文，我都会寄给一些专家、朋友，向他们讨教，向他们学习。我特别庆幸，在语文立体教学研究的道路上，遇到了许多良师益友，我由衷地感谢他们，是他们在我前进的道路上给予了我许多有益的指点和热情的帮助。有的来信更多的是肯定我、表扬我和勉励我，有的来信是给我提供立体教学研究的信息或资料，有的来信则是对我的论文提出宝贵的批评和改进意见，不一而足。

张复芳老师是我中学时代的老师，又是我步入教坛从事研究的导师，我的每一篇论文，几乎都要得到他老人家的指点和斧正，可以说，我的论文里也浸透着张老师的心血与智慧，这点大家在我的“第一篇论文发表了”的章节里已经领略到了。

魏传宪老师，是四川省南江县第二中学著名的语文教师，我与他是在 1987 年杭州“全国语文教育理论研讨会”上相识的。当时，我的论文《论幽默在语文教学中的功用》荣获优秀奖，所以应邀参加了这次盛会。这也是我就教席第一次出远门参加全国性的语文教学学术研讨会。会上结识了许多语文界的专家和学者。魏传宪老师的发言很有思想、很有水平，也很有激情，可以说，他当时征服了我，于是，我便拜他为师。这次会后，我们俩人就书信来往交流不断。至今，魏传宪老师的形象依然烙印在我的脑海里，他个子不高，长着一副娃娃脸，很精神很精干，锁着眉头，仿佛他有着一直思考不完的问题似的。

1987 年 10 月 25 日夜里，魏传宪老师给我写了一封回信：

小孙：

读了你热情洋溢的信使我惭愧。万望你不要称呼过高，就喊我老魏，最多喊个“魏老师”就成了。

现答复你的问题如下：

1. 我说的一切科学最终要能表述成数学形式（大意），见之于华东师大出版社的《教育论稿》，由于我到外地讲学，中途被盗，三本好书，三百多张卡片全丢。

2. 立体教学的研究，须先读读系统论方面的著作，此书我已丢失。我用的是北京现代管理学院的课本，此校每年三月招收函授生，你可去信索取简章。立体教学你应建成“教学论”中的一个独立体系，一个体系中应包括：教学观、教学原则、教学方法、教学（课堂）结构、教学模式。与之有关的问题，如整体观、系统观、控制论、网络观、结构性等都要研究。

立体教学，既是理论的，也是实践的。

《当代新科学手册》及续编有吗？《思维科学》有吗？《西方资产阶级教育流派》有吗？《科学发现的逻辑》有吗？

杂志要订《教育研究》《外国教育资料》。

就说这些了，寄文一篇，望斧正。

教安！

传宪

1987 年 10 月 25 日

1987 年 12 月 24 日，魏传宪老师又来信告诉我：“《语文教学通讯》1987 年第 11 期报道了内蒙古阿右旗一中庞文理实验‘立体教学’，请你去信联系一下。”我觉得魏传宪老师还是一个热心肠、心地十分善良的有心人。没过多久，魏传宪老师真的让我感动了，让我对他肃然起敬。他于 1988 年 4 月 15 日仔细认真地审阅过我的“立体教学”二至四探的文稿，并写了详细的《阅稿札记》。在他寄给我的《阅稿札记》中写道：

《再探》：

1.“教学规律”的定义有问题。加“某种”：“教学过程中某种”。

2.“艺术给我们以启迪”或“艺术给我们的启迪”。

3.“许多诸如”重复。

4.“教学艺术是……教学情境”定义不严密。

5.“立体声”不是电影艺术。

6.“表象”不是“深刻掌握”之因。

7.“节奏感强”的解释有误。

8. 注意：一切科学最终要用数学形式来表述。

9.“时、空两个方面”→“空、时两个方面”。

10.“用辩证唯物主义作指导来研究教学过程”似乎不应是这个主义。

11.“变成学生的内在结构”概念混淆。

12.“所以一次性地……完全一致的结果”病句。

13.“只有教师掌握目的……相互作用”表述不清。

14.“交叉立体型”仅交叉还不能完全表述。

15.“立体交流”还应有“学生与课本”“学生与环境”。

16.“有序”的解释用在这儿不当。

17.“内部结构和外部联系”一段，论据离了论点。

18.“具有相似的基因、环境和条件”后二者也是“基因”。

《三探》:

1. 最佳的相对稳定性的→最佳的动态稳定性的。

2. 寓于三种绝对性最优化运动中→不一定。各自不优的可组合成最优，各自最优的又可组合成不优，如三个能力强的人在一个领导集团就可能内斗。

3. 师生不协调问题→仅从形式上讲太肤浅。

4. 教材均属统编→基本上都用统编教材。

5. 教师思路的辅助作用→辅。

6. 这一大段→不简洁。

7.“缺乏……这根弦”→主宾不搭配。

8. 便会→才会。

9. 切合于学生思路→这一段的观点，否认教师思路对学生思路的能动作用、塑造作用，否认了“走在学生发展前面”。

10. 时间、空间→《再探》里只讲了三维，那里应该提四维。

11. 理论到实际→很难说是“正向”。

12. 大脑功能和结构→大脑结构和功能。

13. 输出——反馈→未讲明主体。

14. 立体教学不应该只是讨论一种方式。

《四探》:

1. 知识与能力互化→关系？

2. 难道我们……这不更好吗？→岂不更好。

3. 一般事物的转化总是→恐怕不一定吧。

4．只讲知识属性，没讲转化属性。

5．范畴→范围。

6．我认为→我们认为（这样，既谦逊又有力）。

7．结构与量的关系未阐述。

8．科学性和趣味性绝不矛盾→不合实际。

9．容易得多→得。

10．学习知识的基本结构→这里仅谈的是知识在头脑中所形成的结构。

11．落后五年→岂止五年？三十年！

总评：

再探、三探、四探真正进入了科学研究领域，与初探一起，基本形成了一个科学体系，从不同的角度较深刻地论证了“立体教学”。把系统论、信息论、思维科学、心理学、教育学、哲学等杂交了起来，有不少新颖独到的见解。读后不得不惊叹你的知识的广度和深度，惊叹你的研究才能和科学天才。

再探里的系统中心论，立体教学二重结构论，教学双化论；三探里思维三坐标论，双反馈论；四探里的学生双能力论，知识双结构教学论都是新颖独到的。

但由此可以看出你思维的缺陷：双向思维强，多项思维差。思维的严密性品质差。

三篇比较，四探差，比如其中第三节文不对题。

我逐句读了，依序批了。提出的问题大多是表述问题，你的研究能力强，语文能力欠。

恕我直言。也许我太苛刻了。我若宽恕，你就成不了教育家。

望能谈谈你对我这些意见的感受。

魏传宪

1988 年 4 月 15 日

郭全本老先生，是香港中语会理事、山西师范大学名誉教授。我和郭全本老先生也是在 1987 年杭州“全国语文教育理论研讨会”上相识的。他曾审阅过我的“立体教学”再探和三探的文稿，给我写信指导道：

敬爱的春成老师：

您和您的爱人、府上各位都好！

您 4 月 27 日来信和论文两篇，已收到好几天。今天凌晨 4：00 起来，我抽时间认真阅读。首先，我觉得您这种刻苦学习、认真钻研的精神是极其可贵的。

我像您这样年纪的日子，被沉重的教学工作压迫着，只顾备课改习作，绝少研究教学理论和为提高教学能力从事研究。您关于“立体教学”的研究第一篇论文，照我记忆力所及，是在杭州“中学语文教育理论研讨会”内发表的，印象很模糊。“立体教学再探”那篇揭示了教师、学生和教材三方面纵的、横的关系，给我很大的启发，难怪您这篇论文在“陕、甘、晋、川、冀中语研讨会”获奖。

关于教学过程中，什么人做主体的问题，过去有不同的说法，有人以教师为主体，有人以学生为主体；后来由于辩论，思想逐步开放，有人强调学生为主体，但老师却要起主导的作用。您在论文中揭示了教学过程中，主体和客体是相对的，两者必然相互转化，随时易位——这是您的独到之处，您掌握“唯物辩证法”，掌握得蛮好。

您认为课堂教学结构应该是一种动态的交叉立体型结构，而且在课堂教学的任何发展阶段上，都存在着教师、学生、教材围绕着教学目标的有目的协同作用，这理论大大地开拓了我们中学语文教师的眼界。不少教师把课堂教学看成机械的、呆板的过程，每一课都按照既定步骤去做，弄到学生兴致索然。

您提出语文教学科学的艺术化和艺术的科学化，鼓励我们多动脑筋多钻研，在教学园地中开拓新天地，实在很难得。在处理教师、学生、教材三者的关系上，您作了很精辟的论述。

您寄来的另一篇论文《“立体教学”三探》强调学生的思维，我非常赞成。我过去在中学语文教学方面，常常提出许多跟课文内容有关的问题刺激和鼓励学生思考。当时我没有像您那样想得这么深入透彻。您指出“在学期开始时，提示与单元部署时，突出课本编者的思路就很必要；在自学、讨论、迁移应用时，学生的思路发展就十分重要；在引导、点拨、纠错、小结时，教师的思路就要起主要作用。”这是很宝贵的见解。您又强调“这三种思路呈现出立体式的协调运动，在不平衡中不断发展”，这见解我也同意，但是，在实际教学过程中，您怎样贯彻和体现您这种立体教学理论呢？您怎样认识和理解学生的思路呢？恐怕您以后还要作“四探”和“五探”呢？

春成老师，您年轻热情，请您不要锋芒太露，否则便会遭人嫉妒，甚至暗算，至要至要。祝健康、愉快、进步！

您的忠实同志郭全本手上

1988年5月27日于香港

1987年杭州“全国语文教育理论研讨会”上，我还结识了时任广东省顺德县教育局教研室中学语文教研员钟德赣老师。1998 年钟德赣老师被评为广东省特级教师，现任顺德区教研室主任。钟德赣老师的“反刍式单元教学法”很有见地，也很有名气。当年的钟老师血气方刚，一表人才，谦谦君子。钟老师给我的立体教学研究也给予了热情的帮助，这从他的信中就可以感受得到。下面是 1988 年 3 月 30 日钟德赣老师给我的回信，他竟然把《教师报》上一段“关于立体教学”的介绍，抄录给我，其真诚着实令人感动不已。

春成老师：

大作《关于“立体教学”理论的再思考》早已收到并拜读，因本学期初搞下乡调查，忙了几个星期，现在才能抽空回信给您，请原谅！

大作中提出的一些想法、观点是有道理的，读了很受启发。只是全文逻辑思路还不够清晰，理论论述往往浅尝辄止，还未建立起一个完整、严密的理论体系来。请原谅我不会讲假话，其实，我也是一个理论基础很差的老师，我给你提点发自内心的意见，完全是善意的。你比我年轻，只要继续不懈努力，将来前程是无可限量的。

关于立体教学，广州市 62 中年轻历史教师江东老师也正在探索。江东老师是一位很有水平、很有探索精神的老师，去年他在第七届广州市中学特约教研员年会上发表了一篇《初一历史“立体教学系统工程”的设计与实现》，理论论述系统深刻，很有参考价值，您若能结识于他并索取到这篇论文，对您的研究会很有启发的（江东老师我不熟，所以无法为您引荐）。

《教师报》有一段“关于立体教学”的介绍，抄录给您，供参考：

现代化教学的最大特点是立体化，所谓立体化，就是教学要多角度、多层次、境界化、整体化、带开放性，而又综合性强，有空间感，其内涵具体体现在教学的内容、方法和手段等三个方面。

体现在教学内容上是：加大课堂知识容量；按情况传授最新科研信息；要把教学的知识放到知识总体的空间去，既要教学清楚知识本身，使其有一定的深度，又要显示其纵向联系，还要做必要可能的横向渗透；在教学知识的同时开发思维、培养能力；倡导学生在学好各科知识的基础上发展个人特长和爱好。

体现在教学方法上是：

1. 实行结合教学法。如自学与教学相结合，老师定向与指导相结合，学生学与练相结合，掌握与应用相结合。

2. 实行层次教学法，区别学生的不同程度，不同智力，不同能力，加以分别对待。

3．实行角度教学法。运用多维型思维，就一个问题多起点、多指向、多路线、多焦点地启发和讲解。

4．实行双向问题教学法。老师设疑问学生，学生质疑回问老师。

体现在教学手段上是：除使用传统的，可用的教具外，要配新的现代化教具，如录音机、录像机、电脑等。目前，在现代化教具普通不足或不完全的情况下，可先试行在教学的内容、方法和已备手段上做文章。

1．老师定向（布置教学任务，提出教学要求和预习纲目等）；

2．学生课外预习；

3．课上老师设问考察；

4．学生思考和讨论疑难问题；

5．老师启发、传授；

6．学生质疑；

7．师生辩论，老师总结；

8．学生练习、应用；

9．开展教学活动。

以上摘录仅供参考，能为已用者尽量消化，化为自己的东西，博采众长。

顺问教安！

钟德赣

1988年3月30日

下面这一封来信是1988年6月4日钟德赣老师寄给我的。

春成老师：

您寄来的两篇大作收到很久了。由于我五月初到湖北武汉及湖南长沙等地了解高考信息，交流高考备考情况，去了半个月，回来后又下乡去进行初中毕业班升学巡回辅导，又去了半个月，刚回来休息了一天，马上又要对两大考迎考复习进行分析和指导，一直要忙到七月份。因此，对您的大作我只是读过，还未能抽时间详细分析，暂时还提不出具体意见，请原谅！

粗读过两篇大作，觉得似乎比“二探”写得更好些，理论上讲得清楚，令人读后觉得有道理。只是我希望您不要光从理论上去论述，因为你比我更有利的是：您在第一线工作，占有了实践的有利位置。我希望您能从实践中加以验证，今后撰写论文要多从实践中的实例来证明。“实践出真知”，我始终认为这是真理。

寄上我新写的拙作一篇，请您斧正。此文曾给查有梁同志看过（查有梁四月下旬曾到顺德来参加中国教育学会一个专家课题组会议，我和他谈了几晚），评价尚好。写得太匆忙，不太满意，准备忙完了高考及中考改卷后静下心来再作修改。

顺问候您夫人安好！

顺祝教祺！

钟德赣

1988 年 6 月 4 日

1997 年我冒昧给中国语文教育家、北京大学教授章熊老师写信，邀请他老人家给我的专著《新语文课堂：探究教学法》题词，出乎意料的是，章熊老师特别热情，他居然给我的书题了词：“只有教师善于探究，学生才能学会探究。”看到他那遒劲且富有个性的墨宝，我贪婪了，心想，如果能让章老给我题一副字，勉励一下我多好？于是，我就尝试着给章熊老师写了一封求字的信，斗胆发了出去。万万没有料到，章老师很快就给我寄来了他的杰作，真的令我喜出望外，万分激动。这幅墨宝是章熊老师的一首旧诗作，他写给我，勉励我：“昨夜窗头月，今晨孺子心。风送浮云意，梦惊入眠人。臧否羞争辩，文章总断魂。晓影明灭处，山深情更深。”章熊老师在给我的回信中，对我的书稿也给予了中肯的指导：

孙春成老师：

提笔写信的时候，曾经为如何称呼你而斟酌——按古老的方式称“仁弟”未免太陈旧，称“同志”又显得生硬，“先生”有赶时髦的嫌疑，还是“老师”好，它有悠久的历史而又永远年轻。

坦率地说，刚读到这本书时，我是不以为然的。书的名称有点给人哗众取宠的感觉，翻翻目录，又觉得庞杂。但是，渐渐地我被你打动了，你的书有两个特点。

一是哲理性。这使你有比较开阔的视野，能站在更高的层次上进行抽象性思考。

二是激情。诗人的激情并不一定都用来写诗，但它是创造力的源泉。

同时，你还不成熟。科研和艺术创作一样，开始时门径清晰可见，最后则泯去原来的痕迹，自成一体。当你的著作中不再直接搬用控制论、系统论、认识论等框架，浑然成一体时，你就是“你”了（当然，不是不能用这些理论的概念）。把这些心得融入你自己的体系时，你就成熟了。

这是一个极高的境界，也是我期望于你的。因为你有着很好的素质，又有使我羡慕的年龄。

实际上，你是对语文教学进行多维性思考的。现在许多探索者提出了不少主张，但照他们的主张去做，往往收效不大，就是因为语文教学有许多侧面。只有一面，言之成理；施之于全局，则往往片面。

为此，我提两点建议供你参考：

第一，要把学生的认知规律纳入你的研究范围，并且要以此为“脊梁”。这正是你这本书所欠缺的；没有它，教学论就没有灵魂。

第二，要从现在流行的“××式”中跳出去，因为它只是一种静态的、僵化的归纳。跳出去，你就会发现你的思维天地又拓宽了。

最后，指出你的一处失误。来信称我为“先师”，它是称呼死者的。这说明你还要充实自己。

热情地握手。

寄上名片一张，上面有地址和电话。来京，欢迎到我家做客。

章熊

1997 年 12 月 4 日

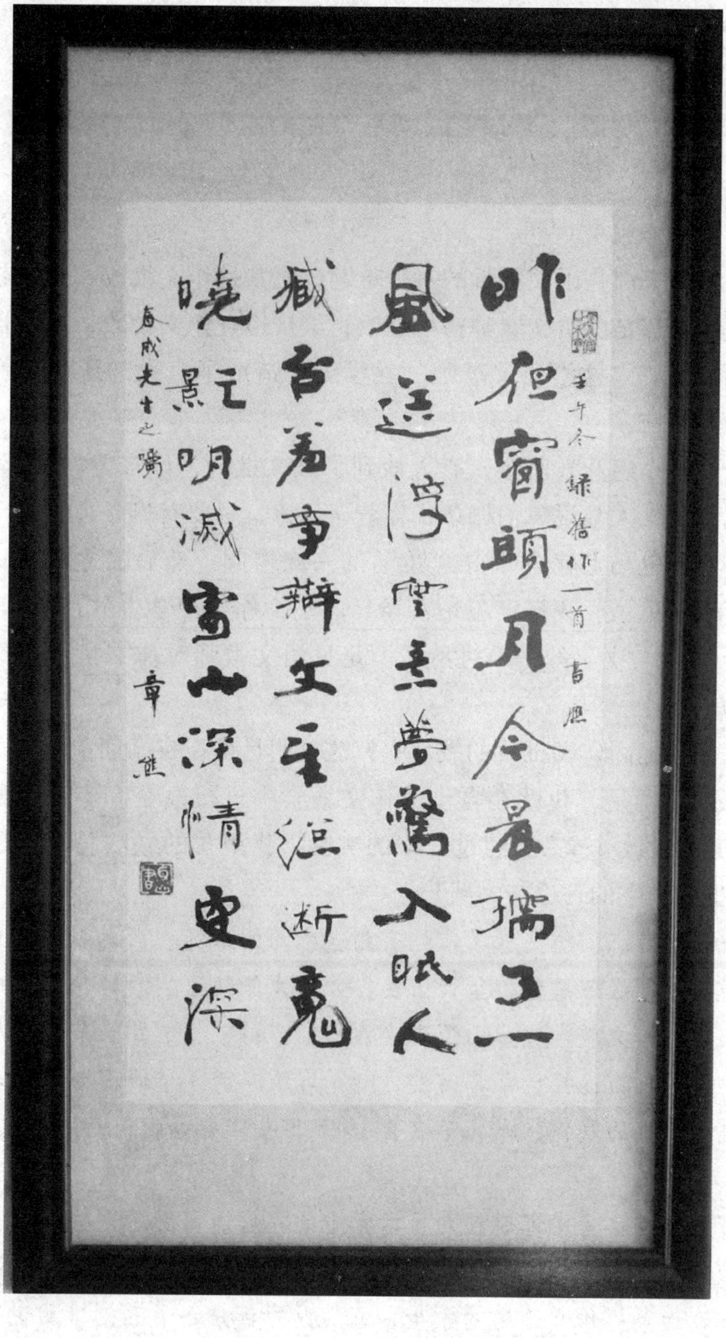

六、受邀参加“全国首届青年教改新秀座谈会”

作文教学历来都是语文教学的一个难题，尤其是作文批改。我刚就教席的时候，学生的作文都是由语文老师精批细改，学校检查作文批改，也是比谁精批细改得越精越细算好。这给语文老师的教学工作造成了极大的压力，因为很费时间，而且效果不佳。

一次语文科小组开教研会，有人谈到了作文批改，许多老教师都怨声载道。有一个老教师说，人都说鬼怕柳条，你若遇到鬼，只要有柳条就不怕了，因为你扬起柳条一甩，鬼马上就会吓得“吱”的一声惨叫，然后溜之大吉；不过，我如果死了，做了鬼了，我肯定不怕柳条，但是，你若用学生的作文本甩我一下，那我绝对会吓得“吱”的一声逃跑了。足见语文教师对作文批改已经达到了多么深恶痛绝的地步。

如何才能够提高作文批改的效率呢？这分明是摆在自己面前的一个逾越不了的严肃的课题。于是，我就在自己的作文教学中进行改革和实验，我的做法是“指导学生互相批改作文”。经过三年的实验，我把我的做法总结成了一篇论文《指导学生批改作文的理论与实践》：

时至今日，传统的作文教学依然有相当广阔的市场。面对卷叠累累的学生作文，语文老师无不疾首蹙额、望而生畏。如何才能使语文教师从繁重的作文批改中解放出来呢？作文教学实践的历史告诉我们：打破传统作文教学的模式，探求作文教学的最优化新途径已蓄势待发，刻不容缓。为了节时高效地培养学生的写作能力，提高学生的写作水平，笔者自1985年秋季开始，进行了作文教改试验，效果较好。

我初带八十七班语文课时，着重对学生的写作能力做了调查。我出了一道作文题《小议“人言可畏”》，要求学生在一小时内书面完成，字数不得超过一千。调查结果大致如下：作文跑题的学生占总人数的百分之十五；口头说不出自己文章论点的学生占总人数的百分之二十；说不清自己文章基本结构的学生占总人数的百分之三十；三项人数合计占到被调查人数的百分之六十五。我认为，造成中学生作文能力严重低下的原因，应从整个作文教学过程中去寻找。

作文教学本身也是一个系统。系统论告诉我们："结构合理的整体功能大于各部分功能的相加。"应用系统方法必须遵循"整体优化高于局部优化"的原理，注重系统各部分之间功能的有机结合，发挥系统的整体性效能——这便是"最优化"的真谛。因为事物各因素之间不是简单相加的关系，而是互相渗透，互相制约的关系。传统作文教学的根本弊端就在于割裂了作文教学的整体性，违背了系统论的整体性原理。

叶圣陶先生曾说："学校领导迷信精批细改，家长也迷信，实在有损于学生的是：学生的主动性阻碍了，这是最大的损害。……打破精批细改不容易……于是，老师只好永远做这劳而少功甚至徒劳无功的事了。老师辛苦了，学生吃亏了。"（给《语文学习》编辑部的信）这可以说是对传统作文教学的正确反思。我们可以将作文过程当作这样一个系统来看，即"作文——批文——修文——改文"。由系统论的整体性原理我们不难推知，学生既然会作文，也就必须会自批、自修、自改自己的作文。因为，作文的过程和批文、修文、改文的过程是一样的，即其思维过程是相同的，都是以写作的基本章法和所要表达的中心思想为依据，衡量自己的作文是否做到了文章的形式很好地为内容而服务，是否做到了内容与形式的有机结合。从这种意义上讲，学生对自己的作文修改了一次，无异于学生在深化了认识之后，重做了一次作文。然而，传统的作文教学，仅仅把学生囿于"作文"的基点之上，使学生不敢越雷池一步，批文权、修文权、改文权全部加给了教师，搞所谓的"精批细改"。这种耗费了教师大量的时间，却减少了学生写作实践机会的做法，无论是从实践论的角度还是从系统论的角度来言，都无疑有损于学生实际作文能力的培养和作文水平的提高。这种缺乏"系统性"学习和训练的作文教学，必然导致学生对作文兴味索然，导致学生作文能力的严重低下。

作文教学的出路究竟在哪里？如何才能既减轻老师的负担，又让学生获得实际的写作能力？看来，要实现这种两全其美的最优化结合，关键的问题就在于如何解放思想，还批改权于学生自己！作文批改是作文教学的一个重要的环节。叶圣陶先生精辟地说："着重在培养学生自己改的能力，教师只给引导指点，该怎么改让学生自己考虑决定，学生不就处于主动地位了吗？养成了自己改的能力，这是终身受用的。"（《大力研究语文教学，尽快改进语文教学》）这无疑给我们指明了作文教学的方向。新的《语文教学大纲》明确指出："要有计划地培养学生自己修改作文的习惯和能力。”因此，我主张加强作文教学的全程性训练，即实现培养学生“自作——自批——自修——自改”作文的综合训练。这就要求我们必须强化作文教学中学生批改文章的重要环节。

从教学思想的高度来考察，“精批细改”是传统的封闭式的教学思想在作文教学中的反映。教师耳提面命，学生亦步亦趋，实质上是作文教学中的“注入式”“满堂灌”。这种“精批细改”虽然用心良苦，但严重抑制了学生的主观能动性，不利于个性的全面发展。学生长期依赖老师，不可能形成作文的习惯和能力，难以真正去领悟写作规律，提高写作水平。系统论的有序原理要求作文教学必须是一个开放的系统，只有开放，与外界有信息交换，才能有序，即才能使系统由较低级的结构转变为较高级的结构，才能逐步提高学生的写作能力和写作水平。因此，我们必须重视学生在作文教学中的主体作用，充分调动全体学生写作文的积极性，发挥他们全部的聪明才智，为优化作文教学的整体系统服务，创造出良好的作文教学环境。

辩证唯物主义告诉我们，事物的质变都是由量变引起的。提高作文教学效率，还必须加大作文训练量，由“量变”产生“质变”。只有加大学生的写作量，才能使学生的写作能力产生有效“迁移”，才能使学生的作文水平产生质的飞跃。然而，要加大写作密度，就必须加快反馈速度。即要写得出来，还要批得过来。这无论如何，仅凭教师一个人孤军作战是束手无策的，必须发掘出全体学生的智力潜能，必须还批改权于学生！

我们强调在作文教学中发挥学生的主体作用，这是不是意味着削弱了教师的主导作用了呢？否！我发现，在教学过程中，教师让学生发挥出的能力量与替教师减轻的负担量是成正比的（纵然二者处于不平衡状态），即言教师能发挥学生的多少能力，就能替其减轻相应的多少负担。而替教师减轻了负担和削弱了老师的主导作用毕竟是风马牛不相及的两回事情。恰恰相反，只有这样，更有利于为教师变传统作文教学被动的“批”为主动的“导”创造充裕的条件，即赢得更多的时间，也有利于变学生单一的“作文”练习为既“作文”，又“批文、修文、改文”的综合性的系统训练。这样必然会导致作文教学效率的提高。

在全程作文教学中，教师的主导作用究竟体现在哪里呢？我们明白，任何有目的的活动都必须严格遵循目的与结果相统一的原则。作文教学也然。在指导学生“自作——自批——自修——自改”作文的时候，第一步工作就是制订目标，即将作文训练点按“有序性”列出来，将作文教学的全过程分解成若干个有序性的目标层次，指导学生按各目标层次的具体要求进行控制，即检查和调节，确保“目标”与“结果”相统一。教师在作文教学中的主导作用，主要就体现在制订目标上和促使教学目标与结果相统一的运动过程中。只有明确目标，才会消除师生在作文教学活动中的盲目性、随意性，获得有效控制，取得优化效果。

所谓作文教学中“教师为主导，学生为主体”的具体做法，有如美术教师指导学生做素描练习一样。当然，必要时，还得教师亲手画一画。但这有一个前提，就是美术教师首先必须有相当的绘画技术。同理，一个合格的语文教师，本身就必须具有相当的写作素养。必要时，也得下水作文，手把手地指导学生，为学生做出榜样。因为作文教学是一项实践性很强的教学活动。实践证明，如果每学期学生一篇一篇地做下去，老师也一篇一篇地批下去，完成七八篇半生不熟的文章，算是师生交了差，然而，效果却总是十分不佳。与其如此，还不如一学期指导学生认认真真地做一两次文为好。

我最初指导学生批改作文是以“小组批改”为主的。这有两种方式。一种是将学生的作文随便分发下去，自然组合几个小组。批改方法是：一个人读，大家听。在读的过程中将错别字，不通的句子画出来；在听的时候，把自己对文章的看法详细记下来。然后，针对某篇作文，经过小组发言讨论之后，大家轮流执笔，将小组人员的意见综合起来写出“眉批”和“总评”。小组的人数越多，学生接触的文章类型就越多，更便于学生比较和借鉴。常常是因为一个问题，学生争得面红耳赤，难解难分。最后，由各组推荐出典型的文章，即具有普遍性质的文章递给我，我在全班讲评。这些典型文章，有良好的，有较差的。对于良好的作文我们则取其所长，对于较差的作文，我们师生则开设“文章病院”。这种方法的优点是，点面结合，有利于培养学生的听、说、读、写能力。

另一种方式是教师预先将学生的作文统揽一遍，但不批不改，只是将全班学生作文情况进行周密的分析之后，大致分成若干个类型，然后将属于同一种类型的学生作文划归为一组进行批改。自然，这种分类愈细愈好，但这得有一个过程。其余方法略同前一种。这种方法的好处主要是，有的放矢，便于发挥作文水平较差学生的潜力，使他们容易享受到成功的乐趣，打消他们作文高不可攀的念头，培养他们的作文兴趣；利于作文能力较强同学之间的互相交流，使每一个学生都能看到自己明显的进步。尤其便于集中火力解决同一类型的问题，便于教师的具体辅导。因此，我认为，这种方法比较理想。

在学生批改作文的过程中，我则积极观察，轮流辅导，及时发现和及时地解决问题。我特别注意发现那些作文水平较差的学生的闪光点，及时地给予表扬和鼓励，大大激发了他们的学习热情。虽然这种批改方法刚开始的时候比较费劲，一周作文，一周批改，耗时相对较多，但是，这毕竟是一种有前途的做法。过了一段时间，学生的能力提高了，我则改为周周作文，当堂作，当堂批。又过了一段时间，我则由小组批改变为同桌交换批改。随着学生写作能力的循序渐进，以至到最后，必然达到只需教师点拨，学生几乎全部会自作自批自修自改自己的作文的境界——这就是作文教学的最终目的。这正说明，学生的写作能力形成了，作文教学达到了“教是为了不需要教”的境界。

实践证明，如此改革作文教学有许多独特的优点：一是能够发挥学生学习写作的主体作用，加快了学生的训练频率，增大了学生的作文密度，真正培养了学生作文的实际能力，加速了学生写作水平的提高。二是能够发挥教师教学的主导作用，增多了教师对学生的面批量（平均每学期对每一位学生的面批量至少在两次以上），易使教师个别辅导，因材施教，对症下药，易使教师灵活运用各种有效的作文教学方法。三是利于教学过程的有效控制，容易产生师生相互间的信息反馈，反馈速度快，密度大，准确率高。总之，的确收到了省时高效的优化效果，彻底将教师从“精批细改”的被动局面中解放了出来。纵然我们的改革时间还比较短暂，但是，已经取得了可喜的成绩。1987 年 12 月，我指导我们班四名同学参加了“北方七省中学生作文竞赛”，四名同学全部获奖：张惠娟一等奖，石红洲和张建玲获二等奖，马宏恩获三等奖。同时，我也荣获“优秀指导教师奖”。这不能不说是教改的结晶。

1989 年全国中学语文教学研究会和其会刊《语文教学论坛》联合举办首届“全国青年教改新秀论文评选活动”，我尝试着将这篇《指导学生批改作文的理论与实践》论文投了出去，没想到居然荣获了全国优秀论文一等奖。后来发表在 1989 年第 3 期的《语文教学论坛》“青年新秀获奖论文”栏目里。正是由于这一篇论文的获奖，我又赢得了一次很好的学习机会。我受邀参加了 1989 年 4 月在湖南张家界，由全国中学语文教学研究会和《语文教学论坛》编辑部联合举办的“全国首届青年语文教师教改新秀座谈会”。

当年，全国中学语文教学研究会就有三个会议在湖南张家界召开。一个是“全国中学语文名师教学展示会”，另一个是高原、刘朏朏的“作文三级训练体系课题结题会议”，再一个就是“全国首届青年语文教师教改新秀座谈会”。青年语文教师教改新秀座谈会主要是两项内容，一项是每个人都向与会老师汇报一下自己的教改经验，另一项也是最重要的一项内容就是与魏书生老师座谈。我参加“全国首届青年语文教师教改新秀座谈会”最大的收获就是，结识了赫赫有名的年轻的教育改革家魏书生老师，并有机会向他讨教语文教学方面的问题。

在我们座谈的过程中，忽然有人从“全国中学语文名师教学展示会”方面传来消息，说魏书生老师在语文课堂上教学生练气功，大家都睁大了眼睛，十分好奇，那眼神分明告诉人们：“真是不可思议呀！”我也特别好奇，语文课上教学生练气功是怎样一种状态呢？很遗憾，没有亲眼看到，耳听毕竟很虚。后来才知道，魏老师在语文课堂教学生练气功，是调节学生的学习情绪，创造轻松愉快的氛围，让学生轻松愉快地学习，真是艺高人胆大，并没什么可大惊小怪的。

我们这些所谓的青年教改新秀，表面上都在汇报自己的教改经验，其实，内心里都是奔着魏书生老师来的，想一睹年轻的语文教育改革家的风采，至少我是这样的心态。我做好了一切“追星”的准备，一是向魏老师讨教他的作文教学经验，据说魏老师从来不批改学生的作文；二是想让魏老师给我签名留念，三是想和魏老师合个影。主持人说，魏老师来了，大家全体自觉地起立，热烈鼓掌。我抢先提问：“魏老师，听说您从来不批改学生的作文，学生的作文能力还很强，请问您是怎么做到的呢？”魏老师说：“我坚持让学生写日记，并养成写日记的良好习惯，天长日久，学生的作文能力自然就提高了。”魏老师的回答很轻松，也很简单，让我若有所悟，这不正是我在《指导学生批改作文的理论与实践》里所说的“量变”产生“质变”吗？

座谈会上，并没有几个人向魏老师提出问题，所以，魏老师也许是因为很忙（毕竟全国中学语文教学研究会就有三个会议在这里召开），没坐多久就走了。我只好“望洋兴叹”，追星的希望就这样破灭了，留下的只有遗憾……

七、第一次上全国公开课

继1989年全国中学语文教学研究会和其会刊《语文教学论坛》联合举办首届“全国青年教改新秀论文评选活动”，我的论文《指导学生批改作文的理论与实践》荣获全国优秀论文一等奖之后，次年，也就是1990年，我又参加了全国中学语文教学研究会和《语文教学论坛》编辑部联合举办的第二届“全国青年教改新秀论文评选活动”，我的论文《浅谈语文教学的同步共振》再次荣获优秀论文一等奖。这一篇论文的获奖，让我又赢得了一次很好的学习机会，而且是一次历史性的里程碑意义的机会——因为这次机会，彻底改变了我的人生。

我受邀参加了1990年10月26日至11月1日在福建省厦门市集美中学举办的“全国第二届中学语文青年教改新秀座谈会”。要命的是邀请函的最下方有一行手写的大字“同意你参加教学表演赛”——天啊！我要和魏书生老师，这个享誉全国的教育改革家同台上课了！这个机会我绝对要把握好，千万不能像去年一样空手而归，一定要得到魏书生老师的签名，还要和他单独合影留念。那年我刚届而立之年，但那几天，我一直处于高度兴奋的状态，活像个过年里的娃娃一般。当时，我的《“立体教学”初论》的书稿已经完成，正在联系山西教育出版社出版，我灵机一动，如果能请魏书生老师给我的拙作写一篇序言，那该是多么美妙的事情呀！但我和魏老师毕竟还不熟悉，人家那么大的名气，会给我写序吗？嗨，何不求助于《语文教学论坛》的编辑呢？他们说话肯定管用。于是，我和《语文教学论坛》的副主编于忠孝老师进行了电话沟通，请求他帮我这个忙。于忠孝老师一听说我这样年轻居然就要出专著了，很惊喜，很高兴，就痛快答应我了。

兴奋归兴奋，但这毕竟是和魏书生老师同台竞赛，怎么说，这课也得精心准备，起码不能太差了吧？于是，压力打败了兴奋，我的思想不得不沉重了起来。

我先选好了课题，讲莫泊桑的短篇小说《项链》。然后认真备课，我写了非常详细的教案。然后反复试教，全校六个平行班，我在每个班里都上了两遍，这就12遍了，但依然觉得心里像一只气球，悬在空中，很不踏实，因为我无论如何都找不到自信：你怎么能和魏书生比呀?!

后来，学校将这件事情汇报给了临猗县教育局。临猗县教育局教研室的弋全珠主任坐不住、睡不着觉了。弋主任认为这是比天还大的事情，这也是我们县教育历史上破天荒的大事，直接关乎我们县教育的荣誉。我们临猗县是全国基础教育百强县之一，地处黄河流域，是中华民族文明的发祥地，有着悠久的历史和文化。弋全珠主任强调，这不是临晋中学的事情，更不是孙春成老师个人的事情，这是展示我们临猗教育最佳的机会，必须把这次的全国教学表演赛搞好。弋主任亲自组织全县 5 名语文教育专家，驻校蹲点一周，反复听课、评课、磨课，直到我出发前一天才罢休。我的教学设计，经过十多次的修改锤炼，早已面目全非。县专家组对我最大的帮助就是恢复了我一点点的自信。

我提前两天，背着行囊，带着排练好的《项链》一课，带着我的《“立体教学”初论》的书稿，带着满腔的热情，带着许多美好的愿望，踏上了征程，仿佛要去厦门赶考似的。

1990 年，我国的交通的确太不发达了。火车硬座票都买不到，我只好买了一张站台票。车厢里人头攒动，拥挤不堪，连个缝隙都很难找到。我只好躲在厕所里，忍受着难闻的臭气，足足疲惫地站了 30 多个小时，最后终于到了厦门——这个我追求理想的地方。

去会务组报到后得知，这次参加全国第二届青年教师中学语文教改研讨会教学表演的共有六人，分别是湖北的王赛艳、上海的姚关伦、辽宁的魏书生、山东的程翔、湖南的曾可平和山西的我。魏书生老师应该和我们五人不同吧，他应该是大会的特邀嘉宾，给与会代表上示范课的。

本来会务组安排我 10 月 28 日最后一个讲课，时间是下午 3：45—4：30，安排魏书生老师是第三节讲课，时间是上午10：45—11：30，不料，魏书生老师的飞机出了故障，飞行途中又返回沈阳，耽误了时间，所以，就临时变更讲课顺序，让我上第三节课，让魏书生老师上最后一节课。

应该说，我的这堂课，虽然课前准备很充分，但实际效果很不理想，甚至可以说是十分糟糕。课前设计的教学提问，几乎没有一个学生积极回答，可以说是启而不发，急得我浑身直冒热汗。最后，硬是坚持到了下课。感觉讲这一堂课，比爬泰山还累。回想自己也总会对他人的课品头论足，实在是有种看人挑担不知难之感。

时间离魏书生老师讲课越来越近了，直到3：30分，还不见魏书生老师的身影，会务组的老师，即《语文教学论坛》编辑部的老师无不焦急万分，我揣着自己的《“立体教学”初论》的书稿，紧跟在编辑部老师身边，更是心急如焚。离魏书生老师上课的时间只差7分钟了，忽然，有人喊道：“来了！”大家的目光都不约而同地朝喊声方向看去，果然，魏书生老师从厦门飞机场风尘仆仆地赶来了。我喜出望外，赶紧凑过去，向魏书生老师汇报：“我本来想出一本十分纯粹的《立体教学论》，就像美国教育家布鲁纳的《教育过程》那本书一样，可惜我的学力太差了……”没等我说完，魏书生老师就打断了我的话，他鼓励我说：“世界上就没有绝对完美的东西。这并不妨碍它的出版，出版了，诞生了，它才能够成长，在成长中，它才能够成熟。”短短这几句话，直击我的灵魂，就像电流一样，一股暖流传遍了我的全身，我刹那间受宠若惊，感受到了莫大的鼓励。我全然顾不得魏书生老师一路辛苦，而且马上就要上课，现在回想起来，觉得自己当时真是太不懂事了。编辑部的老师接过了我的书稿，友善地告诉我，写序的事我们来处理，先让魏书生老师在房间歇息片刻。谁知，魏书生老师却说：“不用！”然后便坚决地走上了讲台。

这是我第一次当堂聆听魏书生老师上课，深深地被魏书生老师的课堂教学艺术所折服。

魏老师一上讲台，先问学生刚学完哪一课了，学生齐声回答《潘虎》，魏老师接着说：“那我们今天就学习《潘虎》的下一课《反对自由主义》。”魏老师一边说一边在黑板上认认真真、工工整整地板书了课题“反对自由主义”，至今，魏老师那正宗的隶书体粉笔字依然清晰地镌刻在我的脑海里。这个似乎十分寻常的开讲，一下子就征服了我——这说明魏书生老师对初中六册教材整体内容已经烂熟于心了！

紧接着，在他和学生互动的过程中，有一个词出现的频率很高，这就是“商量”。魏老师凡事都和学生商量，充分尊重学生，把学生当朋友看，当合作学习的伙伴看，在课堂，他把教学民主演绎得出神入化，大大增强了学生的语文学习兴趣，以至于下课了学生都不想下课，个个向他讨签名，令学生爱上了他，也令学生真正喜欢上了语文课。正所谓“兴趣就是最好的老师”。

尤其是他联系学生实际，引入：“你们身上都有哪些自由主义啊？说说看。”这一话题，可谓一石激起千层浪，大大激发了学生的热情，学生七嘴八舌，个个争先恐后，积极思考，积极发言，教学骤然达到了高潮。真正把语文课上成了生本课和人生体验课，充满着人性的光辉，令人叹为观止。

魏书生老师在课堂上对学生，深入浅出，循循善诱，启发点拨，表扬鼓励，都恰到好处。魏老师的课就像一泓清澈的泉水流淌在我们的心田，是那样的自然，那样的原生态，给人以流动的美感；又像如花的少女，是那样的美丽，那样的充满生命的活力；又像一部哲学巨著，是科学思辨的结晶；更像一部动人心弦的交响乐，是艺术活动的写真。真乃“一睹大师风范，胜读十年寒窗”。

这一次，魏书生老师完全掠夺了我的灵魂，我完全被魏书生老师所征服，魏书生老师成了我心中非常伟大的偶像。我下定决心，一定要拜他为师！

果然，功夫不负有心人。魏老师下课之后，他的粉丝一齐涌了上来求签名，我冲在前面，终于如愿以偿。魏老师在我的笔记本上工工整整地用隶书写了一句格言：“一个心灵就是一个完整的世界。”然后，在教学表演赛的现场，我和魏老师照了一张合影。魏老师郑重其事地告诉我，他会给我的书写序的。我十分开心。

回到学校，没过多久，我果然收到了魏书生老师给我的拙著写的序言。魏书生老师在序言里充分肯定了我的研究的价值，指出了我需要努力的方向，并对我未来的研究寄予厚望。

后来，我和魏书生老师书信往来从未间断，都是我向魏老师讨教语文教学上的问题；每逢新年元旦，魏老师一般都会给我寄一张明信片，上面写着鼓励我的话语。我出版的著作基本上都有他的题词或者序言。

1997 年我发起成立了“运城地区立体教学研究会”，任法人会长，还特意邀请他到我们运城地区讲学，给我们全区的立体教学实验教师传经送宝。

一晃居然过去了十年，我因为在学术上取得的成绩，1998 年年底，经过“过五关斩六将”的严格考核，于 1999 年 3 月 1 日被招调到了深圳市龙岗区教育局教研室从事小学语文教研员的工作。2000 年 12 月 20 日我给魏书生老师写了一封信，汇报了我来到深圳的工作情况。从这封信中可以看出，我对魏老师的崇拜与日俱增，我向魏老师学习的诚意弥笃深厚。

尊敬的魏老师：

您好！

值此元旦佳节，我谨向您及家人致以节日的问候！祝您全家幸福美满！

魏老师，您就是我做人的楷模，是我真正的偶像——我崇拜您！自从认识您之后，我一直诚心诚意地向您学习，并有幸在您的教导、关怀和帮助下，沿着您的成功之路，勤奋治学——我幸福无比！您在去年元旦赠给我的世纪祝福：“潜心工作处处可成净土，忘我工作时时能在天堂。”已经成为我的座右铭。

我十分荣幸地从沈阳出版社邮购了一套您的“文库”，获得了截至现在您的全部著述，使我有机会详细地向您学习，太令我兴奋了。文库还收录了您给拙作《“立体教学”初论》撰写的序言和为拙作《“立体教学”再论》《立体教学论》的题词，太精彩了。遗憾的是，没有把您为拙作《语文课堂教学艺术漫谈》的题词收录进去，因为这一题词实在是精妙极了：“艺术活动的写真，科学思辨的结晶。”

魏老师，您在拙作《“立体教学”初论》序言里谆谆教诲并鼓励我：“好在孙老师今年刚届而立之年，到下一个世纪开始的时候，他才届不惑之年。相信那时他一定会献给读者一本成熟的《立体教学论》。”时间过得真快，屈指盘算，从您给拙作《“立体教学”初论》撰写序言至今，已整整十年了。十年如一日，我一直把您对我的殷切期望作为奋斗目标，不懈追求着。我所获得的一点一滴的成绩，都离不开您对我的鼓励和帮助！

魏老师，自去年到深圳以来，我一切都好，尤其是在立体教学的研究上取得了新的收获。今年 5 月 19 日《中国教育报》第四版整版加“编者按”，介绍了立体教学在龙岗的实验情况。立体教学已列为中国教育学会教育科研“十五”规划课题，我渴望您能届时参加我们的成果鉴定会。

我近期所做的工作就是，将立体教学理论模式化，以便广大第一线的教师便于操作运用。现在广西教育出版社正在出版我的专著《语文课堂立体教学模式》，大约 30 余万字。

在适当的时候我们将邀请您光临龙岗讲学。

致

礼！

您的学生：孙春成

2000 年 12 月 20 日

八、第一次听魏书生老师演讲

1992年7月19日，太原市教育学会邀请著名教育改革家魏书生老师，在太原市教育学院礼堂做了一场关于教育教学改革经验介绍的演讲，我有幸聆听了魏书生老师的演讲报告。魏老师采用谈心的方式，给与会的1000余名老师介绍了他自己的教育教学改革经验，内容丰富，观点新颖，深入浅出，幽默风趣，富有哲理，启人心扉，生动感人。我听了魏书生老师的演讲，更加坚定了自己向魏老师学习的信念。我很感谢上苍给了我无比的幸运，让我能够拜魏书生老师为师，成为他的忠实信徒。魏老师的演讲，丰富了我们的智慧，净化了我们的灵魂，洗礼了我们的身心，健全了我们的人格，升华了我们的精神，使我们彻悟人生之真谛。我觉得很有必要将魏书生老师的演讲好好整理出来，顺成文字，收录在我的书里，随时学习。这35年来，我从事语文教学改革，从事语文课堂立体教学研究，一路走过来，坎坎坷坷，遇到了许多的讽刺与打击，甚至是阻挠与暗算，每当我一蹶不振企图半途而废的时候，我就会翻阅魏书生老师的演讲，从中找到前进的力量。时至今天，距离魏老师这次的演讲已经将近30年了，但我们重新阅读他的演讲，丝毫不感觉过时，反而感到十分的亲切，有一种催人奋发向上的力量在召唤着我们，激励着我们。我将我整理的魏书生老师的部分演讲内容刊载如下，以飨读者：

第一，多改变自己，少埋怨环境。

这样比较合适，我们学校的青年教师总埋怨："什么学生呀！我都讲了，他也不会，怨谁？不怨他吗?！什么学生，这么笨，一样的教别人得90分，他才得19分。"我说："你这样埋怨他，你能得到什么？除了得到烦恼、急躁之外，什么都得不到。另外，你容易变得不想办法了。为什么呢？因为你全都埋怨他了，自己还想什么办法呢？所以那样想，你总也提高不了自己的教育教学水平。"一个当医生的有没有这么埋怨地说："你这个病人得这个病干什么？别得这个病了，我就会看感冒，你干吗不感冒呀！除了感冒别的我不会看。"实际上医生的医疗技术，得看疑难杂症，经常给人治疑难杂症，才能提高医疗水平。咱们教书的不也是这样吗？你经常接触各类学生，特别是难教的学生，都能教好，教学水平不就提高了吗？我给我们学校老师说：“咱们应该感谢这些后进学生，人家帮着咱提高教学水平。”我给学生也反复强调这些观点，我说：“大家生活在这个地球上，如果你凡事都养成埋怨环境的毛病，保证活得累。”我让一届又一届的学生都要写这样一篇文章，题目是《埋怨环境、天昏地暗；改变自我，天高地阔》，我说“你要千方百计从改变自我做起，你就会觉得天地相当广阔”，每年我都要带学生去旅游，到大海边、爬高山。每一届学生我都要带他们去莲花山，这是东北名山。这里的悬崖上有棵松树，就在大石头上长出来，树上面挂一块牌：“可怜松。”我说可怜松并不可怜，它活得很聪明，它就是改变自我的模范，它不是一遇事就说“这么大的石头块，我怎么活呀！这么硬我怎么扎根，怎么吸取营养呀！”它不埋怨，埋怨有什么用啊，“你不活就不活，不扎根就不扎根呗，最后把谁耽误了？不是把自己耽误了吗？这么大的自然界，少了万把棵松树算不上什么损失”。我说“它把这件事想通了”，当然这是拟人化的说法。就这样的环境，“扔”到这了，咱还得活，怎么办？改变自己呗！改变自己吸取营养的方式，改变自己扎根的方式。于是它活下来，无忧无虑地给许多人以启示。有的青年教师给我来信，“魏老师，我们也挺愿意搞教改，像您那样搞教改，我们也做出一点成绩，但不久烦恼也就来了，因为有了成绩，所以也就有了嫉妒，也就有了闲话，也就有了谣言。于是我们饭也吃不好，觉也睡不好，做梦都是烦恼”。问我怎么办，后来我见了他，我说“那怎么办呢？什么也不怨，怨你自己”，“怎么怨我呢？”我说：“怨你没把地球上这点事想通。地球上 50 亿人，分为不同层次，不是大伙都一个水平的，有的人就是干事的，有的人就是挑刺的；有的人就是助人的，有的人就是害人的或者是‘下绊’的；有的人善于向别人学习，有的人喜欢嫉妒，不就是这么回事吗？他能因咱不高兴，把好几十年形成的毛病在咱这儿就改了吗？人家不是还得照自己的生活习惯，在自己的运行轨道上运转吗？你想不通，是不是怨你自己呀？”“有个三言五语的闲话，就睡不着觉，吃不下饭，怨你胸怀小，就像一个茶缸子，扔进去五句，六句闲话就塞满了，塞得难受；你把胸怀整得像个洗脸盆，像游泳池、像湖泊、像大海那样，扔进里面三万、五万句闲话不当回事。结果谁合算，是不是自己合算。”“你就得千方百计从改变自我做起，别忙着把人家的嘴堵上，你堵住这一千个人的嘴，那一万个人还堵不住呢。”后来，他觉得魏老师这些话都是大实话。人活着，不埋怨环境，绝对上算。埋怨环境，埋怨一分钟，耽误一分钟，还强化了自己埋怨、牢骚、忧虑、烦恼的心理状态，遇事先牢骚、埋怨一番，后来牢骚、埋怨也改变不了。要知道现在是社会主义初级阶段，你埋怨就进入高级阶段了吗？所以一想，埋怨半天还得适应，你何不早点不埋怨，把事情看透，就这么回事了，千方百计适应。

第二，多挑重担，少推责任。

我向我们学校的青年教师说："你呀，本科毕业，一年以后转正，学校发的奖金不算，国家给的工资是200元7角。刚参加工作就200多块钱，国家给的不能长；学校给的奖金，学校好好办，校办工厂好好办还可能长点。面前有两副担子，你说挑哪副比较合适，一副100斤，一副200斤。"青年教师说："校长，你以为我们不识数，当然100斤合适了。"我说："100斤怎么合适呢？"他说："100斤多轻松、多省劲、多舒服啊！"我说："你这个大傻瓜，要是我的话，我一定抢那200斤的担。"他说："那不吃亏了吗？"我说："这才占便宜呢！"他问："占什么便宜？"我说："占增长能力的便宜。人的能力强是工作多逼出来的，肩膀硬是担子重压出来的，别眼看着别人能力强或弱，大家基本上都吃相同的一碗饭——社会主义大锅饭，但是你再往前看，顺应世界发展的潮流还是凭本事，有本事的人，有能力的人比较合适。"另外，青年教师还别光看着教师的地位低，因为地位低，所以就有气，不愿干。我说："据说国家不会继续降低教师地位，降了十多年，现在都已经低得不能再低了。"说要经过五年左右的努力，把教师的地位提高到倒数第6、7的位置，这样正数不也就7、6位了吗？现在教师工资地位在13个工资系列里倒数第3，说是"老九"，实际上跟"老十"也是画等号的。工商局、税务局、银行、保险公司、劳动局、人事局、外贸局，再干什么工作，56元一个价，谁也没有隐形收入，谁也没有额外工资，现在真比人家低一大块了。国家发现了这个问题，说是不降低，真要提高，提到倒数第6、7位，还说要经过8年左右的努力，提到倒数第11或12位，这不就是正数第2或第1位了吗？所以我说："青年人别近视眼，就算到下个世纪提到了正数第2或第3，你才三十四五岁，人生的黄金季节，到那时说不准很多人都抢着教书，像日本似的，5个本科毕业生抢一个教师职业，只有20%的人能抢上，那时候要抢凭什么，不就得凭本事、凭能力？能力和本事是睡一宿觉就有的？不得提前吗？提前怎么练？不得从现在开始练？现在怎么练，不得挑重担去练吗？"我又说："我没见过闲人能学习的，咱别把话说死了，反正我见到90%以上的闲人不会学习，忙人才会学习。要改变自己忙的现状，提出更科学、更高效的工作办法来，迫不得已才想方设法学习先进经验、学习理论、学习先进的技术。"我接着说："你年轻轻的有的是劲头，挑那100斤担子，晃晃悠悠，闲着一多半脑细胞，到年底一算账，搭进去一年的寿命，说这一年怎么活过来的？""净挑100斤担子来的"，问"脑子用了多少啊？""用了不到一半。""剩那一多半干啥来？""哎呀，剩着一多半干啥来，你说说不生闲气怎么过呢？不说闲话怎么打发时间呢？不发牢骚、不放怨气、没法过。"发发牢骚，放放怨气，打打扑克、修修长城，不就把时间打发了。算算是不是这么过来的。很多青年人，闲着的时光，真是这么打发过来的。我说："你傻乎乎的，还省下劲来，还把自己耽误了，还没增长能力、还多生闲气，窝囊不窝囊呀？"他觉得校长说这些话没骗他，都是大实话，还是挑重担对青年人合适，甚至再倒找点钱也合算。我问："你们家到学校，3里地路程，步行合适，还是骑自行车合适？""校长，当然骑自行车合适！"我问："骑自行车怎么合适呢？""骑自行车多舒服啊，多省劲啊！"我说："又错了，要叫我就步行，没看见我吗？我在市里（老区）开会、到宾馆、到剧场、五六里地，自行车往家一扔，全都是步行，全靠两条腿走。"他们都问："干什么呢？校长"。我说："占便宜呢！"占什么便宜呢？心、肝、肺、筋、骨、脾，白捡一次锻炼机会。你说我失去什么了？什么都没失去，就是捺一次锻炼的机会，身体还结实。

第三，少批判、多学习。

有些青年人爱批判。爱批判的人一般不容易学习。为什么呢？指责呀！"哎，他有什么毛病""这个领导不行，这个校长不行，那个主任不行，这个年级组长也不如我"。我说你这么活呀，累死你。实际上每个人比你行的地方有的是，但是你老挑人家不行的地方，要这么挑的话，那世界上什么都有不行的地方，这是肯定的。你天天这么挑，把自己耽误不说，还四面树敌，你瞧不起别人，别人就瞧不起你，人与人之间就这么回事。所以千万别那样活着，那样活着太累。学生也是，我带的两个班学生为什么说相对比较稳定，我在家也不管这个班，我这个班主任是甩手班主任，班级管理这些事都分给每个人，按学号分，是人就当班主任，是人就当班长。在家不管，出门一走半月20天，同学们关系还很协调。原因是我总强化我的这些观念，思考处理问题的方式；人嘛，别老埋怨环境，自习课学不进去，你就埋怨不安静，埋怨前面后面说话，埋怨他们商量题。我说你这样不是把自己耽误了吗？千方百计改变自己，兴许外面打雷你都听不着，影响不了自己学习。所以，我总是把这些观念想方设法向学生渗透，这样关系就比较和谐了。少批判、少指责、少排斥、多学习，这对谁都有好处，不然的话，两个班

140 多人，你批判我、我批判你、你排斥我、我排斥你，你说累不累，大伙关系整得挺紧张的。我说：“咱们班同学，人家有一百条缺点你没看着，你绝对不受什么损失，但他要有一条优点你没看到，你就受到了损失，损失了一次学习的机会，是不是这么回事？”所以我反复强调我的这些观点，我说：“人与人是这样、国与国也是如此，大家小家，有很多事都是一致的，并不很复杂。”你看，“文化大革命”，咱们国家总批判总排斥，北边批苏修，南面批朗诺、苏加诺，西边的老牌资本主义，东边的复活日本军国主义，批来批去，全地球好像就咱最革命。害怕老百姓说没有朋友，报纸上就总宣传，每天都有一个专栏：“我们的朋友遍天下。”那时候报纸都得“倒”过来看，一说遍天下肯定就不遍天下了，一数，就剩越南和阿尔巴尼亚两个朋友，后来这两个朋友也都“对不起”咱，阿尔巴尼亚使劲骂咱们，越南打咱的时候也不手软。我说这是干吗呀，一个国家累成这样，使劲批。现在想明白了，日本的社会制度咱不同意，政治上还有些反动地方，咱不理，可日本的资金不错，咱千方百计引进来，发展咱的经济。日本丰田汽车公司管理高明，引进来用于咱的企业管理；美国许许多多的观点，可以说是反动的，咱不用忙着批，美国先进的科学技术，什么高科技的生产领域引过来为咱服务，是不是上算呢?！现在报纸上再也不说了：“我们的朋友遍天下”，为啥？已经遍天下了，就不用说了。我说人同此理，一个大活人批了这个批那个，这个瞧不起，那个看不上，那个领导不符合你的心理，这个主任说的话又不符合你的心理，你就批判一通，我说你累不累、傻乎乎的。因此千千万万多学习、少批判，对自己绝对合适，包括我自己也是这样。过去有人批咱。我也愿批人家，为啥，我刚教书的时候，有人说“魏书生的教法，不符合凯洛夫的五大环节”。我说什么凯洛夫，啥叫凯洛夫。就学，学的目的是想批。我说凯洛夫算个啥呢，连点普教实践都没有，写出普教理论来，大伙死活就得照着办，这不是坑人吗？后来我觉得这思维方式实际上真是傻。凯洛夫咱批他，费一分钟的劲都不干，批他干啥，就想着哪块对咱有好处，把他拿来为咱们用，不就上算吗？我就研究凯洛夫教育、教养、教学三大块理论，真是博大精深呀，有多少可以引来为我所用，于是我才感觉到有些人认为五大环节就是凯洛夫，那是多么狭隘可笑，这实际上是把凯洛夫剽窃了。三大块理论把教育教养去掉就剩教学。教学讲了很多种形式的教学又切掉了，就剩课堂教学，课堂教学也讲了很多形式又切掉了，就剩五大环节，那还是凯洛夫吗？只是凯洛夫的皮，所以我后来就不批了。一些事，想人家合理的地方。

九、“你要把业和余分开！”

每年的暑假，我都是在学校学习、思考、钻研、写作。累了，困了，眼睛模糊了，我就走出房门，看看广阔的天空，呼吸呼吸新鲜空气。偶尔，也会和住校的老教师聊聊天，向老教师学习人生经验。临晋中学老教师家属院大门口，有一棵大槐树，吃过中午饭，老教师有一个习惯，就是在槐树下面乘凉聊天。1987年的一天，我和几位老教师聊得正酣，语文科组长许存虎老师郑重其事地告诫我：“做人要外圆内方，你定会有所大成。”忽然，学校的送信员给我送来一封信。我拆开一看，里面装着一份邀请函，是我的论文获得全国优秀论文比赛一等奖，论文比赛组委会邀请我中秋节去杭州参加颁奖大会，这是我的第一篇论文获得全国大奖。邀请函非常精美，大红色的铜板纸上印着烫金的“邀请函”大字，在我们那穷乡僻壤的乡村中学，见到这样装饰精美的邀请函，简直就像获得了无价之宝，令我超常兴奋，我一下子跳了起来，像范进中举一样喊道：“我的论文获奖了！”这时候，有一个老教师，是我们地区有名的英语特级教师，坐不住了，他竟然也突然从地面上跳了起来，朝我吼道：“你那根本就不是理论！你说的那些，《教育学》里都有！”吼完，便扬长而去。这突如其来的一盆冷水，浇得我心灰意冷，半天找不着北！我的心情一下子从沸点降到了冰点。等我缓过神来时，我不住地质问自己：“我究竟哪里得罪他了?!”一直无法找到头绪。

这件事情，让我自然而然地想起了前几天发生的一件事，这两件事里面是不是有什么蹊跷？是不是有人在学校领导那里说了什么我的坏话？前几天，学校领导专门找我谈了一次话，绕来绕去，其实，核心就是这一句话：“你要把业和余分开！”一个老师，究竟什么是“业”？什么是“余”呢？难道“教学”就是“业”？“教研”就是“余”吗？我在教学的同时，思考了教学，写出了经验性的总结，一边教学一边教研，这有错吗？在这素质教育的时代，青年教师究竟应该具备什么样的素质呢？我陷入了沉思，辗转反侧，夜不能寐，挥笔写下了《呼唤“研究型”教师》和《提高青年教师素质之我见》两篇论文。

《呼唤“研究型”教师》后来发表在1999年第3期《人民教育》：

时代呼唤"研究型"教师。"研究型"教师的基本特征是走教学和科研相结合的道路。

许多教师并非没有研究能力，只是缺乏研究的意识。一个教师若无研究意识，就不会有重大的发现，不会产生独到的见解，更不会有大胆的革新。

在教学过程中，有研究不完的规律。这些规律都会由一些教学现象表露出来，教师要善于捕捉这种教育教学现象，并对它思考一番，这就是研究。思考之后自然产生了自己的观点，写成文章就是学问。一边教学，一边研究，教学和研究相结合，久而久之，就会形成自己的教学思想和风格。

"研究型"教师必须做到三勤。

一是勤读书。读书的过程就是学习的过程，积淀的过程。现在是信息时代，知识不断更新，人的观念日新月异，不读书不看报，孤陋寡闻，何以从事教学研究！

二是勤思考。思考的过程也是研究的过程，去伪存真，去粗存精，探索规律，其乐无穷。

三是勤总结。总结自己或他人成功的教学经验，总结的过程就是提高的过程。聚沙成塔，日积月累，由量到质。

勤读书、勤思考、勤总结，是做研究型教师的三个基本功，三者互为因果，缺一不可。

苏联著名教育家苏霍姆林斯基曾说："如果你想让教师的劳动能够给教师带来乐趣，使天天上课不至于变成一种单调乏味的义务，那你就应当引导每一位教师走上从事研究的这条幸福的道路上来。"展望21世纪，必将是"研究型"教师辈出的时代！

《提高青年教师素质之我见》后来发表在1997年第9期《中学语文教学》：

加强素质教育，堪称跨世纪教育的奠基工程，实属战略之举。抓素质教育，首先应当从提高教师素质开始，没有一支精良的师资队伍，很难完成造就跨世纪人才的使命。现在，语文战线上青年教师已占绝大多数，许多具有远见卓识之士，无不把提高青年教师自身的素质当作头等大事，常抓不懈，可谓明智之举！那么，青年教师究竟如何提高自身的素质呢？我们认为，弘扬敬业和献身精神，树立教研意识，加强在职修炼，提高理论素养，十分重要。

人民教师，必须树立献身于党的教育事业的远大抱负，爱字领先，以苦为乐，崇尚和弘扬敬业乃至于献身精神。罗素曾说："凡是教师缺乏爱的地方，无论品格还是智慧都不能充分地或自由地发展。”没有对教育事业的忠诚和酷爱，就没有原动力，工作就缺乏自觉性；没有苦干实干精神，必然一事无成。魏书生老师之所以能以一个初中生的基础为起点，成为著名的教育改革家，原因就在于他有极强的敬业精神，有对教育事业特殊的钟爱和执着的奋斗精神，不愧为广大青年教师的楷模。爱的力量是不可战胜的，敬业精神是青年教师提高自身素质的先决条件。

教而不研则浅，研而不教则空。我们必须牢固树立教学和研究同步进行，互相联系，相辅相成，是不可分割的整体的观念。有人片面以为教研是研究工作者的事情，和一般教师毫无关系，这就把教学和研究对立起来了。古人云，处处留心皆学问，教育恰恰是需要处处留心的工作。课堂就是你的实验室，学生就是你的研究对象，凡看到听到的教育现象都对它思考一番，这就是研究，思考之后自然产生了自己的观点，写成文章就是学问了。一个教师，倘无研究意识，随时随处凡人凡事都不认真观察，不用心思索一番，就不会有重大的发现，不会产生独到的见解，也不会有超前的意识，更不会有大胆的革新！事实表明，缺乏研究意识的教师，很容易成为一个教书匠。因此，树立教研意识，走教学和科研一体化的道路是青年教师提高自身素质的重要原则。

大学生结束了四年的专业学习，毕业参加了教育工作，这并不意味着你的学习生活从此画上了句号。其实，你更需要进一步修炼。书到用时方悔少，如不学习新的知识以弥补自己的不足，很难适应工作的需要。况且，在学校里所学的知识同具体的实践脱钩较大，只有当其经实践检验之后，方能化成自己真正的知识或能力。故而，刚参加工作的大学生必须于学中干，在干中学，树立在职不断进修学习练内功的思想，这是自己得以成长进步的必由之路。也是提高自身业务素质的有效途径。

没有用科学教育理论武装起来的具有一定理论修养的教师队伍只能是低素质的教师队伍。因此，注意和提高教育理论素养，应是青年教师提高自身素养的基本方针。主要方法有二：一是多读书，读一些教育理论名著和质量较高的教育理论著作。教育理论名著集中反映了教育家的教育思想，是人类教育史上最宝贵的教育财富。教育家在教育名著中阐述的许多教育观点对于我们搞好今天的现代教育有着重要的指导意义。现在是信息时代，高科技迅猛发展，不读书不看报，孤陋而寡闻，何以从事教育工作！二是勤总结，要不断学习和总结自己或他人成功的经验，总结的过程也是提高的过程。有的教师懒于动脑动笔，一提起写论文就头痛，这种不良习惯应该克服。只要不断总结，聚沙成塔，集腋成裘，久而久之，就会做成大学问，就会产生飞跃。我建议大家坚持记教育日记或笔记，我在学校工作八年，记教育日记和笔记30卷2000余万字，现在都成了我教研的珍贵资料，真所谓积累便是学问。

总之，一个人的素质主要包括精神境界、学识修养和工作能力，青年教师肩负培养跨世纪一代新人的神圣使命，千方百计多渠道地提高自身的素质迫在眉睫，刻不容缓！

面对别人的不理解、嫉妒、非议甚至是打击，我曾向我校语文特级教师董焕金老师讨教，该如何应对？董焕金老师曾是大右派，坐了十余年大牢，在牢里他坚持读书学习，他似乎很有经验地鼓励我说：“要学会在夹缝中生长！”董老师的话给我指明了前进的方向，更给了我克服重重困难的巨大力量。

十、喜获临猗县先进教育工作者荣誉

1988 年，也就是我大学毕业的第 4 个年头，快放暑假的时候，临猗县委县政府发布红头文件，面向全县教育工作者评比先进教育工作者，为迎接第 4 个教师节表彰大会做准备。文件上有一个硬性要求，就是凡是各校上报的候选人，都必须有一篇经验材料，表彰大会后，要印刷成册，发给全县每一个教师学习。我大学毕业分配到山西省临猗县临晋中学任教，起初我带 74 和 75 两个班的语文，教的风生水起，成绩一直名列全县前茅，学生也很喜欢我。可是，到了高二末期，学校出现了一个很不好的状况，就是刚开始改革开放，有个别老师偷偷搞第二职业，成天心思根本不在学生身上。74 班的班主任成天往他老婆办的药厂跑，把这个班带乱了，班风很差，有偷东西的，有早恋的，还有打架的。孩子马上就要升高三了，就要参加高考了，怎么也不能让这种现象继续下去了，否则就会误人子弟，害了这班学生呀！学校领导张廷选教学主任找我谈话，说："现在 74 班处于生死存亡的紧要关头，需要一个有责任心、有上进心的老师来出马，挽救一下 74 班；这也是 74 班全体学生的呼声。"听罢张主任的话，我二话没说，痛快答应了。大家可以想象，遇到这样一个乱班，要拨乱反正，谈何容易？但是，经过我的倾心努力，在很短的时间里，就把 74 班的班风纠正了过来；早恋的不谈恋爱了，偷盗的改邪归正了，打架的臣服了。毕业高考，74 班考上了 24 名大学生，竟然居于全校之冠，这个成绩的确令全校老师对我刮目相看。真是天有不测风云，人有旦夕祸福。到了高三，只剩下几个月就要高考了，我们班出现了一个特殊情况，班长范明忠的父母，一夜之间被同村一个人杀害了，家里剩下 80 多岁的爷爷，还剩下一个弟弟、一个妹妹，都很小，摆在面前的现实是，范明忠，一个不到 20 岁的小伙子、高中在读生，马上要承担起上有老下有小的一个中年人应有的责任，范明忠的压力实在是太大了，他想辍学了。辍学又能怎样？有什么好的办法改变这个厄运吗？没有。那还不如好好读书，考上大学，靠知识去改变命运！好在范明忠还有一个明白事理的姑姑，我就一方面给他姑姑做工作，要她暂时把家里的担子挑起来，让明忠完成学业；一方面又安慰明忠，让他立志成才，考上大学，用知识去改变命运。我的努力成功了，明忠打消了辍学的念头，继续读书，继续当班长，终于考上了西北轻工业学院。鉴于学校领导的提议，我就写了一篇班主任工作经验文章《爱是根本，细是关键》，斗胆参加了这次全县先进教育工作者的评选活动：

1984年我大学刚毕业在山西省临晋中学初任七十四班班主任，有一件事情使我终生难忘。

班长范明忠同学的遭遇实在叫人寒心：高二期间，在一个晚上，他的父母在一起凶杀案件中身亡；不久，八十多岁的爷爷又不幸去世，家里就剩下正在上学的弟弟、妹妹和他了。这一个紧接着一个的沉重打击，对年仅十九岁的学生来说，无疑是致命的。我满以为明忠是非辍学不可了。然而，范明忠生性倔强、好胜，就在发丧了爷爷的第二天，毅然参加了期中考试。考试揭晓之后，我照例分析班级考试情况，猛然发现范明忠的成绩急转直下，由全班第九名倒退为第五十名。我瞪着眼睛，将成绩册看了一遍，又看了一遍，简直不敢相信这会是真的。然而，事实的确如此。莫非是范明忠既当家长，又任班长，还兼文体委员，担子过重，影响了学习？——这是我内心闪现的第一个念头。经过三思，考虑到范明忠本人的学业，我决定卸去他的班长职务，只让他负责文体工作。

我先将范明忠叫到办公室，简略说明了卸任原委，征求他的意见。由于事情仓促，明忠来不及多作考虑，便欣然同意了。于是，我又与团支部书记畅兆恒同学商定，请他兼任班长。当天晚上，我把这个临时决定告诉给全班同学。然而，冷不防我的话音刚落，明忠竟倏地站了起来回绝道："孙老师，我干不了文体工作！还是叫全红干吧。"这突如其来的挑战，无疑对我是一个考验。面对着全堂乱哄哄的学生，望着明忠怏怏的神态，我并没有火冒三丈，大发雷霆，而是委婉地将败局稍作收拾。

"那么，全红，你明天上操时就暂喊一下队吧！"我带着商量的口吻命令。

"凑合着呗！"全红连站也没站起来，冷冷地说。

顿时，明忠的回绝、同学们的哄吵、全红的冷落，都在我的脑海里起了化学反应。问题的症结究竟是什么？我打算和明忠好好聊一聊："同学们都休息吧。明忠到我房里来。"

我和明忠沉默地走着，到了房里，我让他坐下，而后又是一阵沉默。足足十几分钟溜过去了，我主动地问道："明忠，原来说好的嘛，怎么又变卦了呢？"

"真的，孙老师，我就是喊不了队，不是我不愿意干。"明忠的脸涨得通红。

“你言不由衷啊。既然喊不了队，那么，一、二年级时你是如何喊的？既然你干不了，那么，前两年你一身兼两职又是怎么干的？”我竭力将语调放得十分缓和，态度也格外和蔼。然而，这并没有使明忠改变沉默。

“明忠，难道你还有什么话需要对我保留吗？去年有一件事情你一定还记忆犹新。当时，你身患阑尾炎动了手术，我身为 74 班的临时班主任，提着饼干、罐头，代表全班同学到医院看望你。你正在输液，我坐在病榻前，握着你冰冷瘦削的手说：‘安心养病，不要考虑班里的事情。只要身体好了，一切都会好的。’你眼里噙着泪水，只是没有淌出。不一会儿，你的父母来了，他俩硬让我吃点心，我怎么也吃不下。望着放在你枕头旁边的课本，我从内心里感到你是一个十分刻苦而又讨人喜爱的好学生。我虽然仅仅代理了 74 班一个月的班主任，但是，我们两人却配合得十分默契。升入高三以来，我俩更是密切合作，勠力抓班。我们既是师生，又是朋友，无话不讲，心心相印。同学们称赞你是咱们班的‘内当家’，我觉得这话一点也不过分，并从心底里十分感谢你。鉴于你这次的考绩，我心里十分难过，想叫你少为班里做些工作，腾出一点时间，将落下的课赶上来。而你，今天却当着全体同学的面给我难堪。我的好‘朋友’，竟变成了我的‘小对头’，这怎能不叫我心如刀割？……”

“孙老师，我错了。可是……”

“尽管说吧——”

“我就是不忍低于人，哪怕叫我多做些工作。”

“这很好啊！如果我们班每一位同学都能像你这样热爱集体，积极上进，甘当同学们的‘孺子牛’，何愁我们 74 班的工作搞不好呢！其实也不全怪你，我的工作方法也有问题。”

这一晚上，我和明忠谈思想、谈学习、谈纪律、谈工作、谈做人……谈得十分知心入味，一下子竟谈到了晚上一点。

明忠走后，我躺在床上辗转反侧，久久难眠，我太粗心了。昨天排座位，本来按照顾眼睛有问题同学的惯例，明忠完全可以坐一个理想的座位，可他就是不肯，硬要坐在边上。我问他啥原因，他一直没有说。后来我听同学说，明忠见他考得太糟，没脸坐好座位。这件事不正暗示出，期中考试对明忠的思想压力很大，以至于影响到他的自尊心。在这种情况下，教师应该善于发现学生的闪光点，多表扬开导，从多方面为学生创造发挥自尊心的机会，鼓励他们重新扬起生活的风帆。“青少年都有强烈的荣誉感和自尊心，并且对于自己的失败很敏感。”

而我却忽视了这一点。做思想工作，最忌急于求成，因为人们的思想转化总得有个过程。我卸明忠的职务，虽然出于好心，但仓促了之，难免叫人不好接受，更何况一个时期以来，明忠的心灵上屡次遭到创伤。我十分后悔，感到好的动机并不一定与满意的效果相统一。

第二天上早操之前，我先将详情告诉了畅兆恒，博得了他的谅解。然后，当着学生的面，我向明忠同学道歉，并对他热爱班集体，热心为同学们多做工作的精神进行了表扬，鼓励同学们向他学习。最后，我宣布取消昨天晚上的决定，让明忠马上喊队上操。事后，我发现：明忠的工作热情更高了，同学们加倍地尊敬我了。

诚然，“与学生所发生的冲突是对教师的最大考验”（见布贝尔《品德教育》）。然而，要成功地接受这种考验，必须注意两点：一是要遵守一条原则，即感化是转化的前提，热爱学生，“动之以情”；二是须冷静，对学生进行具有针对性的耐心细致的教育，使学生“晓之以理”，力免“热处理”。

明忠毕业后考到“西北轻工业学院”深造，我们师生书信来往不断，互相鼓励，互相学习。在明忠给我的第一封信里，他这样写道：“孙老师，我一辈子也不会忘记您的。有时，我不自觉地想起高三那天晚上您跟我谈的话——您将您的爱全部融化在对我们每一个人耐心细致的教育里。咱们74班之所以能由原来全校知名的差班、乱班，节节进步，以至于变成全校的模范班，而且最终有24人考上大学，其间每时每刻无不浸透着您的心血。我们为您评上全县先进教育工作者而骄傲！”

不料，我居然评上了“临猗县先进教育工作者”，在1988年9月10日教师节那天，我受到了县委县政府的表彰。手捧鲜红的获奖证书，我激动万分，有一点幸福来得太快的感觉，毕竟我才参加工作4年，而且只有1年班主任的经历呀！县教育局曹文局长看了我的经验材料后，紧紧握着我的手，鼓励我说：“干得好！干得不错！继续努力！”表彰会后，我回到学校，踌躇满志。可是，学校里面出现了一些非议，争议不小，有的老教师根本不认可我这一荣誉。说什么怪话的都有，有人说：“他这个先进就是‘吹’上去的！”有人说：“他不过就是文章写得好而已，只干了1年班主任，就能当上先进，凭什么？”有人说：“仅凭一份经验材料就能当模范，这也太不公平了吧？”有的说：“凭那一点，他都比不上人家老张！”老张，是指我们学校的语文老教师张旭昌老师。张旭昌比我年长，教学经验很丰富，工作也很认真，我特别尊敬他老人家，也经常向张老师虚心请教。当时，县里给我们学校两个推荐指标，另一个被推荐的就是张旭昌老师，不知道什么原因，张老师的经验材料在县里没过关，落选了。也许是因为这个原因，学校里许多老教师都为张旭昌老师打抱不平吧？可见，每一个老师，即使是老教师，都十分珍视这份荣誉。我更加是把这个荣誉当作新的起点，从零开始，快马加鞭，敬业爱岗，认真工作，做出更加优异的成绩证明自己。

十一、成了大学生学习的楷模

在我的成长历程中，媒体对我治学事迹的宣传报道，一直伴随着我，激励着我奋发向上，奋勇向前。我发自内心的感谢宣传报道我的媒体与记者，是你们一直在我前进的道路上，给我加油鼓劲，给我无穷的力量，才使我一步一步得到了成长，扎扎实实地取得了成绩。

最早宣传报道我的治学事迹的是1990年4月14日的《山西日报》。当时的大学生毕业，人人都想留到大城市里工作，不愿意深入基层，扎根基层，锻炼自己。针对这种情况，《山西日报》1990年4月14日第四版推出了专版，大标题是：谁言寸草无浓绿，播向大地便是春。整版介绍了6位大学毕业生扎根基层艰苦锻炼的模范事迹。然后，这张报纸，当年山西省所有的大学毕业生人手一份，作为毕业分配教育的重要材料。6个人里面其中一位就是我，介绍我的事迹的标题是《孙春成任教五年，写论文三十多篇》。

他毕业于山西大学，被分配到一个中学当语文教师。在世俗人们的眼光看来，这是一个无所作为的职业，然而，他却做出了显著的成绩。

年仅28岁的临猗县临晋中学语文教师孙春成，教学之余致力于“立体教学系统工程理论”的研究，5年来共撰写论文30余篇，发表并获奖的论文达5万余字，被人们称为“教改新秀”。

1984年8月，孙春成毕业于山西大学中文系，被分配到临晋中学。大学时代做诗人、画家的梦想，变得遥远了。然而，他并没有因此而悲观失望。他开始重新寻求成才的突破口。教育实践使他感受到，每一个教师既是教学工作者，又应该是研究工作者。教学之余，他开始了“立体教学系统工程理论”的思考和探索。他以教育学、教学论、信息论、控制论、系统论、艺术论、几何学等10余种科学理论作为基础理论，吸取古今中外的教育理论精华，研究现代教学过程中的基本规律。1986年，他的论文处女作《“立体教学”初探》发表在《语文教学论坛》第6期上。1987年，他应邀参加“全国中学语文教育理论研讨会”，其论文《幽默在语文教学中的功用》荣获优秀论文奖；1988年4月，他参加“陕甘晋川冀中语研讨会”首届年会，他的《关于“立体教学”理论的再思考》荣获“优秀论文奖”；1988 年 8 月，他《教学过程中思维的立体性探幽》一文，在山西省中小学教学改革与实验研讨会上，博得省内外专家及与会同志的好评；在“1988 年全国青年教改新秀论文评选活动”中，他的《知识积累与能力培养》和《指导学生批改作文的理论与实践》同时荣获一等奖；1989 年 4 月，他应邀参加了“全国青年教改新秀座谈会”，将自己的教学研究做了汇报，受到著名语文教育家刘国正、魏书生先生的热情鼓励；在全国中语会和《语文学习》杂志社联合举办的 1989 年庆祝新中国成立 40 周年“全国中学语文教学研究优秀论文评选活动”中，他的《论语文教学的同步共振》获“山西省优秀论文奖”。

在研究方面取得成绩的孙春成，教学方面也令人瞩目。1988 年，在临猗县 2500 名班主任评比中，他荣获优秀班主任十杆旗之一称号，1987 年他指导的 4 名学生参加“北方七省作文竞赛”活动，分别获一、二、三等奖，他同时获优秀指导教师奖。

第三章

高中语文教研发展了立体教学
（1991—1998 运城行署教研室时期）

一、当上了运城行署高中语文教研员

俗话说：人怕出名，猪怕壮。此时此刻，我的出名，并不是因为教学研究和教学改革，而是因为我发表了许多论文，能写材料，号称笔杆子。于是乎，就被一些部门盯上了。我的人生或命运又将因此得到改变，这就是1991年，我居然拥有三次挑选决定自己未来命运的机会，也就是有三个单位几乎同一时间都抢着要我。

1991年5月，临猗县委办公室正好缺一个写材料的人，我们学校化学老师杨恩婵的爱人武锁堂，当时是临猗县团委书记，和县委办公室主任肖定虎关系很铁，又住在临晋中学里，比较了解我，就向肖主任推荐了我。

有一天，县委办公室给临晋中学电话通知，要我去一趟县委办公室见见肖主任。肖主任见了我，开门见山，直奔主题："武书记说你是个大笔杆子，而且很有思想。嵋阳镇上有我一个老同学叫贾军，在镇上开了一个诊疗所。我给你写一封介绍信，你找一下我这个老同学，采访一下他，写一篇报道，交给我看看。"我说："好！"然后，马上坐公交车到了嵋阳镇，当我找到贾大夫的诊疗所的时候已是黄昏时分。我想贾大夫说明了来意，并亲手把肖主任的介绍信交给了他，贾大夫说他知道这件事，然后给我倒了一杯白开水，很有歉意地告诉我："你看病人这么多，等病人都走了，咱俩再聊，好吗？"我说："好！"贾大夫的生意特别好，病人排着队等待看病，等到快晚上12点的时候，才送走了最后一个病人，我也才开始了采访。

我向贾大夫提出了几个问题：谈谈你的经历？在什么情况下办起了诊疗所？办诊疗所最大的收获是什么？在治病求人的过程中遇到过什么挫折或困难？你感到最幸福的事情是什么？你最大的愿望是什么？爱人对你事业的支持有多大？贾大夫都一一进行了回答，我也做了详细的笔记。等采访完，就深夜12点多了。我匆匆赶回了学校，一夜未眠，将采访的内容归结为三大类，并起了三个小标题，最后完成了一篇3000余字的人物报道《小草的奋斗》。等我把稿子工工整整地誊写一遍后，已经是早上7点多钟了。我顾不得休息，直接乘车去县委找肖书记。肖书记看了我写的《小草的奋斗》，称赞道："你确实能写材料，而且出手特别快。你先回去吧，等候通知。"

过了一星期左右，我又接到了县委办的通知，叫我明天早上 8 点准时到县委办报道。通知也没说什么事由。我准时赶到了县委办。只见已有大约 100 人都提前到了，人人穿着都十分整洁。过了一会儿，肖主任来了，招呼大家都坐下。等大家都坐下，安静了，肖主任说话了："今天来的 100 多名人员，都是我县各行各业的秀才，都是笔杆子，现在我给大家布置一份作业，要求在一周之内完成，就是采访一个先进人物，写一篇报道。人多，把大家分成 5 个支队，由专人负责带队，分别到全县不同的乡镇去采访。"我被分配到了采访闫家庄大队书记秦存善这一支队伍里。短暂的会议刚结束，我们就被专人带领赶赴闫家庄大队，采访闫家庄大队书记秦存善。

到此为止，我恍然大悟，原来上次让我采访贾大夫，只是小试牛刀，还有更大的挑战今天就摆在我们面前啊！

秦存善书记是闻名远近的好书记，有许多媒体都报道过他的先进事迹，尤其是他们闫家庄大队的敬老院办得特别好，群众有口皆碑。秦存善书记很谦虚，给我们简单讲了一下他的业绩，然后给我们每个人发了一些有关他的宣传资料，剩下的文章就靠我们这些所谓的秀才去渲染了。秦存善书记是在闫家庄大队的敬老院接待的我们，采访结束，县委带队的领导则安排我们住在闫家庄大队的敬老院完成作业，谁的作业交了，谁就解放了。

我又熬了一个通宵，认真阅读了提供给我们的所有资料，联想白天秦书记的汇报，立刻打好了腹稿。我列了一个写作提纲，共 4 部分，四个小标题，然后大标题是《大疑山下创业人》。等天亮时分，我就完成了作业。我是第一个交卷的"秀才"。肖书记看了我写的这第二份人物报道，当着我的面直接表态："你肯定会调到县委办公室工作！"果然，1991 年 9 月 1 日开学，县委办直接下了调令，让我去县委办上班。

有趣的是，等县委办 5 月份考核完我们，并没有立即下调令，肖主任的承诺我也是将信将疑。在这中间，也就是 7 月份，学校里的数学老教师潘家祯，和我是同村人，他的老同学兼亲家孙力战，也是我们同村人。孙力战刚从临猗县工业局局长的位置调到运城地区洗涤剂厂当厂长，正需要一个办公室主任，前提条件是能写材料。潘老师就好心向孙厂长推荐了我，并且向孙厂长引荐了我。孙厂长和我一见如故，看了我发表的论文，当着潘老师的面，马上拍板："明天就来上班！”我说，县委办已经考核了我，而且肖主任也口头答应我去县委办，这怎么办？潘老师开导我：“到县委办不还是在临猗打转转？哪有到了地区好？临猗县怎么能和运城市比？再说，你到运城，全家就都到运城了。你老婆那供销社都倒了，还不趁这机会调到洗涤剂厂。这可是国有大企业，有奔头。另外，县委办那还不是没影的事，哪有跟上咱村人踏实？”我说：“那如果县里卡我，工作调动不放我怎么办？”孙厂长接过话头说：“你先过来上班，工作调动的事交给我，我有办法。”我说：“那好，我回家再和老婆商量一下吧。”老婆知道我是个直性子，说话不过脑，容易得罪人，根本不会和人钩心斗角，根本不适合在党政机关工作，所以坚决反对我去县委办，支持我去洗涤剂厂；更何况，潘老师和孙厂长把话都说到那个份上了，得席就座吧！

正好放了暑假，我也没给学校打声招呼，就到洗涤剂厂办公室上班了。运城洗涤剂厂是一座拥有3000余名员工的大型国有企业，主产奇强牌洗衣粉，另外还有8个分厂，制造什么酒精、磷肥、芒硝、包装袋等产品。我一到厂，先是去每一个分厂体验工厂生活，在不到一个月的时间里，我已经摸透了企业“产供销一条龙”的规律，给孙厂长写的讲话稿已经走上了轨道，大获孙厂长青睐。可是，基层工人张口闭口总说脏话，这一点我实在是忍受不了，总感觉得不到工人的理解，甚至有辱自己大学生的斯文，内心有时候真的憋得发慌。

机会总是等待着有准备的人。我梦寐以求的工作是到运城行署教育局教研室当一名中学语文教研员，进行有创造性的工作。不料，有一天，周末，我骑自行车在运城街上游玩，正好在运城行署教育局门口和运城行署教育局教研室分管文科的副主任谢文佑老师撞了个正着。谢文佑老师和我是同乡人，我们两家距离就六七里地，而且我二姐也是谢文佑老师曾在孙吉中学教书时的学生，可以说乡里乡亲的。同时，谢文佑老师在运城行署教育局教研室是分管文科的副主任，非常了解我的教研能力，非常了解我的写作水平，因为我的写作能力在全地区是挂得上号的。谢文佑老师关心地问我：“听说你到了洗涤剂厂，感觉怎么样？”我直言不讳：“感觉很差，和工人根本合不来！”谢文佑老师说：“杜局长叫我给他推荐一个写材料的人，你愿意来吗？”我激动地说：“我当然愿意了！不过，我得征求一下孙厂长的意见。”谢文佑老师表示他等我的回音。我马上使出浑身力气，一口气骑车找到孙厂长。孙厂长听了我的意思后，痛快地表态：“行署教育局是个好单位，我支持你！我和运城行署教育局尉世秀局长关系很好，叫车，咱们现在就去见尉局长。”孙厂长司机开着蓝鸟轿车，一小会工夫就到了尉局长家。孙厂长指着我说："这是自家孩子，大笔杆子。听说你们教研室正需要一个写材料的人，这孩子行！"尉世秀局长说："好啊！这是个好事情。恐怕还得试用几个月？"我与孙厂长表达了谢意，告别了尉局长。

第二天，我就借调到了运城行署教育局教研室。教研室主任杜双春给我安排了一项工作。运城行署管辖13个县市，运城行署教育局教研室刚刚组成6个检查组巡查了全区各个县市的常规教学情况，6个检查组有6份检查报告，杜双春主任说："下一学期开学，我们要召开一个全区常规教学总结表彰大会，你就根据这6份检查报告，给杜局长写一份讲话稿吧。这6份材料都给你拿去。"我说："好！谢谢！"心里十分清楚，这对我无疑是一次新的考验、新的挑战；同时，这对我实现自己的理想是一次绝好的机会，我必须抓住这个千载难逢的好机会。

我回家后，认真研读了这6份报告，分门别类，条分缕析，最后概括出六条成功的经验，三条需要努力的方向，列了一个提纲，大标题是《加强常规教学，深化教学改革，把全区教学质量推向一流水平》。我先写了一个初稿，然后反复修改，反复加工，反复润色，反复提炼。我写稿子，还从来没有遇到过如此巨大的压力和挑战，整整20多天，我反锁房门，没有出门，在家里除了吃饭睡好觉，就是反复地推敲琢磨，修改这个讲话稿，一直到我自己满意为止。终于，完成了这个讲话稿，共12000余字。

运城行署教育局分管教研室的杜广师副局长，是中国作家协会会员、山西省著名的作家，出过3本小说集，号称三部曲，眼界一定是极高的。我怀着忐忑不安的心理，将讲话稿交给了杜局长，等待我做梦都想要的结果。不料，杜局长果然好眼力，他看完我写的讲话稿之后，连声称赞道："这娃能下苦。这娃能写材料。"

功夫不负苦心人。就这样，在我而立之年，我的的确确、实实在在地当上了运城行署教育局教研室的高中语文教研员，成了全区13个县市的高中语文教师的"教头"，实现了自己的理想。

县委办公室肖主任见我去行署教育局基本已成定局，居然十分执着地3次到我爱人的工作单位临晋百货大楼，找我爱人，让我爱人给我做思想工作，让我去县委办公室上班，而且一再表示："在县委上班有前途。"但是，我还是选择了从事教育教学研究这条道路。

的确，人生会遇到许多的十字路口，究竟应该向左，还是向右，向前，还是向后，完全取决于你的志趣、理想或奋斗目标。人生也充满着许多的选择，选择走什么样的道路，都会决定你的人生或者人生的某一个阶段。大学毕业，我没有选择留城，而是选择了回老家的乡村中学教书；没有选择当漫画家，而是选择了当一名普普通通的人民教师；这一次，我没有选择当官、当企业家，而是选择了当教研员——我们的人生我们做主。一旦选择了，无论遇到什么艰难险阻，都义无反顾，始终如一，坚持不懈地走下去，因为诗和远方就在前面。

二、第一本专著《“立体教学”初论》出版了

我的《“立体教学”初论》的书稿是1990年就完成了的，内容就是我从教6年来所发表的论文。书中的论文均在有关专业杂志上发表过。其中，《幽默在语文教学中的功用》荣获1987年“全国中学语文教育理论研讨会”论文奖。《关于“立体教学”理论的再思考》（即第一章、第二章、第五章、第六章、第十一章的部分内容）荣获1988年4月“陕甘晋川冀中语研讨会”首届年会优秀论文奖。《知识积累与能力培养》和《指导学生批改作文的理论与实践》在1988年“全国青年教改新秀优秀论文评选活动”中，同时荣获一等奖。在全国中语会和《语文学习》杂志社联合举办的1989年庆祝新中国成立40周年的“全国中学语文教学研究优秀论文评选活动”中，《“立体教学”与思维》荣获优秀论文奖。在全国中语会和《语文教学论坛》杂志社联合举办的1989年庆祝新中国成立40周年的“全国青年教改新秀优秀论文评选活动”中，《浅谈语文教学的同步共振》荣获一等奖。

按理《“立体教学”初论》应当1990年出版，但在出版过程中走了一段弯路。我大学的一个同班同学就在某出版社工作，而且是个领导，我就放心地把出书的事托付给她了，没想到她把这件对我来说很大的事情给忘了。我一气之下向她要回了书稿，直接找了山西教育出版社的原社长任兆文。任社长当面看了看目录，然后认真看了魏书生老师给我的书写的序言，又看了刘国正老师题写的书名，当即就拍板出版了，并且很热情地给我安排了一个责任编辑李健老师。所以，实际上我的第一本专著出版的时间是1993年12月。

魏书生老师在给我写的序言里，给予了我真诚的肯定和热忱的鼓励：

1989年4月孙春成老师应邀到湖南张家界参加“全国青年语文教改新秀座谈会”，这时我们相见并相识。今年在福建厦门，“第二届教改新秀座谈会”上，我们重逢，孙老师将他写的《“立体教学”初论》的底稿送给我看，看了这份书稿，我受到多方面启发，其中主要有以下四个方面：

第一，语文教学需要立体的思维方式。孙老师提出：教学内容、方法和手段

都要努力做到整体化、境界化。要达到立体化、整体化，就要多角度、多层次去分析教学内容、方法和手段。我和许多教得很累的青年教师谈心，发现老师们累的一个重要原因，在于不能多角度、多层次去分析教学内容、方法和手段，而是用整齐划一的内容，我讲你听的方法，千篇一律的手段，去强迫基础不同，性格各异，能力相差悬殊的学生们做出统一的反应，统一的接收姿态，结果当然是事与愿违，时间长了当然感觉很累。我反复学习于漪、钱梦龙、欧阳黛娜、宁鸿斌等全国著名语文教师的经验，觉得他们一个共同的特点就是眼界开阔。他们能从哲学、政治、经济、社会学、伦理学、教育学、心理学、美学等各个不同的角度、层次去看待自己、学生、教育、教学、语文教学以至语文教学内容、方法与手段。这样他们的教学内容才易于为学生接受，教学方法才千变万化，教学手段才不拘一格。他们才由语文教学的必然王国进入了自由王国，他们才不是教书匠而是语文教育家。我想青年教师若要跨入语文教学的自由王国，就必须学习立体的思维方式。

第二，语文教学需要实现教学科学的艺术化和教学艺术的科学化。不少教育家都认为教育学是研究教育艺术的科学。吕叔湘先生也多次指出：语文教学既是一门艺术，也是一门科学。是艺术，就要百花齐放，百家争鸣，千姿百态，因人因时因地而异，培植自己独具特色的教学之花，而不能千人一面，众口一腔。是科学，就要探索并依照学生认识、分析、解决问题的规律，依照学生提高听说读写能力的规律去培植自己的教学之花，而不能近百万语文教师都没有大致相同的教学内容、方法、手段，于是大家都愿意怎么教就怎么教。孙老师在书中写道：“实现教学科学的艺术化和教学艺术的科学化——这正是我们研究教学立体性的出发点和终极目标。”如果青年语文教师能认真思考、研究孙老师的这一观点，那么一定能把自己的教学之花培植得更艳丽，更富有生命力。

第三，语文教学需要民主。孙老师把教学民主的原则列为创造性教学六项原则之一。他写道：“民主、平等、活泼、愉快才是创造之芽萌发的温床。”语文教师要树立学生是学习主人的观念。树立了民主的观念，教师就会诚心诚意地为各类学生服务，就能千方百计地到学生的心灵世界中去寻找自己的助手，就能和学生建立和谐的互助关系，就能遇事同学生商量。这样教师教书就能左右逢源，从容自如，学生也能学得快乐。有的青年教师在自己读书的时候，也喜欢民主型的老师，不喜欢甚至厌恶专制型的老师。不知怎么，他参加工作当了老师了，却扮演了当年自己所不喜欢的角色，像警察一样看管着学生，像监工一样监督着学生，甚至用对立的眼光，审视着学生。结果呢？他当然难以得到学生的理解、支持，越教越累。时代呼唤着民主，历史愈向前进展，人们的民主意识就愈强。民主不仅是学生单方面的需要，从长远意义上讲，老师比学生更需要教学民主。一位学生遇到一位专制型的教师，顶多在专制冷酷、封闭、对立的气氛中生活三五年就毕业了，而一位专制型的老师呢？他不是一辈子都要品尝专制酿就的苦果吗？我真诚地希望青年语文教师们学习并实践孙老师写的教学民主的原则，从学生的心灵中找到自己的助手，以提高语文教学效率。

第四，语文教学需要科研。孙老师说："把科学研究引进教学过程，将使教学改变其单纯的传授性，使教学在充满着发现问题，分析问题，解决问题的探讨气氛中进行，使教学更具有创造性。"我想从科研的角度进行教学，能提高教学效率，降低劳动强度，使教师不断感受到教学的乐趣与幸福。孙老师就是一位善于从科研的角度进行教学的人。今年 4 月 14 日《山西日报》专门为孙春成等六位大学生发表评论员文章《论大学毕业生应走的路》，报上还介绍孙春成的事迹："教学之余致力于'立体教学系统工程理论'的研究，5 年来共撰写论文 30 余篇，发表并获奖的论文达 5 万余字。"由于科研与教学相结合，他的教育教学能力也提高较快，1988 年在临猗县 2500 名班主任评比中，他荣获优秀班主任十杆旗之一称号，他指导的 4 名学生参加"北方七省作文竞赛"活动，分别获一、二、三等奖，他同时获优秀指导教师奖。我看了他写的后记，知道了他治学条件的艰难，就更加佩服他。觉得他走的路，确实能给大学生以启示，特别是能给青年语文教师以启示、鼓舞。

当然，孙春成同志的这本书还不成熟，基本上还算是一本论文集，这样章节之间的逻辑联系自然不严谨。但这并不妨碍"她"的出版诞生，出版了，诞生了，"她"才能成长，在成长中，她才能成熟。

好在孙老师今年刚届而立之年，到下一个世纪开始的时候，他才届不惑之年。相信那时他一定会献给读者一本成熟的《立体教学论》，相信那时他一定会奉献给读者许多首诗歌，许多幅漫画，许多篇文章，给我，给语文教师，给追求高度文明，高度民主的社会主义理想的人们更多的启示。

魏书生

1990 年 12 月 19 日于盘锦

《"立体教学"初论》的出版，产生了巨大的反响。运城教育学院教授、著名演讲艺术家景克宁先生为之写了书评《教学论领域的一个新突破——〈"立体

教学”初论〉简评》:

《“立体教学”初论》是青年教师孙春成第一部教学论的论著。

本书在教学论的论证与结构上都力求突破传统的模式，在教学内容、方法和手段的思考和设计上都务求做到层次化、角度化、境界化、整体化、立体化，论证了教学的最高境界和实现教学科学的艺术化和教学艺术的科学化的完美融合，从而使学生达到培养能力、开发智力、获得创造之目的。基于这一基本立论，《“立体教学”初论》对一些传统的教学法进行了抛弃，提出了一系列新颖的观点。如他以几何学、信息论和思维科学为基础理论，把教学类型科学划分为“线型教学、平面教学和立体教学”三种，提出“作为完整的时空统一体的课堂教学结构，应该是一种动态式的纵横交错的交叉立体型结构，且在课堂教学的任何发展阶段上都存在着教师、学生和教材围绕教学目标的有目的的协同作用”，这种“系统中心”的理论，对多年来教学论领域关于教学过程究竟什么是“主体”与“客体”的讨论，做出了比较科学的解释。又如，他对教学过程中思维的立体性结构及其最优化运动进行探究，提出“教学过程中，教材编者、学生、教师三者思维的立体性最优化运动，必然导致师生立体思维的形成和发展”。这一观点，对培养创造型、开拓型的人才有着现实的历史的指导意义。再如，书中论述的知识与能力双结构论，教与学双转化论，立体教学二重结构论，多向反馈论，思路同步共振论及三坐标论，民主化、多角度、创造性教学原则论等见解，既有新的认识论，也有新的方法论，因而在教学论认识上给人以丰富的启迪，同时在教学实践上亦提供了可操作的实用性。

教学需要科研和立体的思维方式，孙春成同志在这方面做出了有益的探索。他在探索中借鉴教育学、心理学、教学论、信息论、控制论、系统论、艺术论、几何学、思维科学、优化论、哲学等十余门科学理论的成果，以十余年来中学教改的实践为依据，从艺术和科学相结合的角度，全方位地系统阐述了教学立体性的理论。由于教学与科研相结合，他的教育教学能力提高较快，1990 年 10 月，在厦门召开的全国青年教改新秀第二届研讨会上，他应邀向与会代表做了教学表演，荣获优秀奖。因此，《“立体教学”初论》的问世，无疑对广大教育工作者理论视野的开拓和教学实践的创新都具有借鉴意义。

《“立体教学”初论》是教学论领域的新贡献，孙春成同志刚届而立之年，他勇于探索，善于思考，卓有所成。从本书的后记里可以了解他治学的艰难和他锲而不舍的坚韧精神，确能给大学生以启示和鼓舞。相信他会在立体教学论这一课题的研究中继续深入下去，有所开拓，有所发现，有所创造，在不久的将来奉献给读者一本更新的《立体教学论》。

景克宁

1993 年 4 月于河东

著名作家韩石山先生也在给我的复信里对我进行了肯定与鼓励：

春成方家：

大作收到，您能结合实际工作写出这样的教学理论专著，是令人钦佩的。人只要有志气有毅力总会有所成就的。我们家乡有文化的人不少，可惜大多心有旁骛，业余致力于文化者寥寥，故难说文化氛围多么浓郁。当此之际，你的努力尤显得可贵。还望能不懈地干下去，以期有更大的成效。

谨颂教安！

韩石山

1993 年 11 月 7 日

第一线的老师也对我的《“立体教学”初论》给予了良好的中肯的评价，这个通过他（她）们给我的回信就可以领略得到。不妨选载几封以飨读者。

郝静老师的复信：

孙春成同志：

您好！

读了你写的《“立体教学”初论》，受益匪浅。给人一种实用且不说大话、套话的亲切感，说出了我们想说而说不出的话。我们学校 20 个教学班，四轨制，三个年级，共 13 名语文教师。高兴地告诉你，我们校语文教研组利用每周五的活动时间，已学完了《“立体教学”初论》的大部分章节，物理教研组的同志也借去此书学习了有关章节。大家之所以喜欢这本书，就是因为你是来自教学第一线的实干家，总结归纳的东西大理论少，而实用性强。青年教师争问书前照片哪个是“孙春成”。一本书能在同行里引起反响，我也替你高兴的。

致

礼！

芮城县大王乡新兴中学郝静

1994 年 4 月 24 日

石平老师的复信：

春成君：

北京一面只留下了一个豪爽、幽默、热情、执着的印象，而收到赠书读罢又多了一个严肃、崇高精神，有着献身经历的伟人的印象，这绝不是恭维。从没有一本教育理论书能使我爱不释手。《“立体教学”初论》使我魂牵梦绕。

我们虽有不同经历，却有同种追求，即想在语文教学改革的大潮中搏击。但我十几年来，却走了许多弯路，至今仍无建树，想来悲哉。读罢赠书，又重新鼓起了我奋斗的勇气。我觉得身边有了一位可信赖的朋友、可交流的同志。（但愿不是自作多情）

书中写道的教材思路、教师思路、学生思路统一的观点很具指导意义。另外，关于整体结构研究教学，立体结构教学诸原则新颖独到，又有现实的指导意义，是一本有实际指导性的好书。因刚读完一遍，故写不出成形的体会，有不当之处原谅。我本是内向之人，不善交际，但我却很想写信告知读书后的快乐之情。谢谢赠书，望能多多帮助我。

祝

教安！

石家庄市第二中学石平

1994 年 8 月 24 日

赵慧婵老师的来信：

我有幸拜读了孙春成著的《“立体教学”初论》。由于写论文的需要，我只是匆匆地翻阅浏览，选择为我所用的观点。不读则已，一读顿觉大开眼界，马上就有一种“相见恨晚”的感觉。

书中新的意识，新的角度，给人一种耳目一新的感觉，非常吸引人。书中的理论是《教育学》《心理学》等理论书中找不到的，它来源于以上理论书籍，但又是它们在新的教育形势下的发展。对现阶段教改有很强的指导性。同时，又觉得书中的理论实实在在。不是纯理论性的原则性的阐述，而是理论与实践相结合的结晶。可以看出作者是个有志于教育事业的人，多年的辛勤耕耘，摸索、研究，上升为理论。因此，对教改的指导更有其直接意义，给教师教改指出了一条捷径。

由于时间仓促，我没有细读，体会肤浅，但我确实体会到本书对当前教改有着不可估量的指导意义。我希望广大教育工作者踊跃研读。

中条山有色金属公司子中赵慧婵

1994 年 10 月 9 日

赵合作老师的复信：

孙老师：

您好！

亲笔信收到。有幸与你相识。平易近人的面孔、滔滔不绝的言谈给我留下了难以忘却的印象。又特赠《“立体教学”初论》，归后我如鱼得水，爱不释手，细细品味，受益匪浅。

我佩服您对教学方面的种种见解，我惊叹您苦钻深深的拼搏精神。您曾有过多少次的失败，您曾有过多少次的徘徊，也恰似您书中所云：“我不仅没有悲观失望，而且很快理智地战胜了痛苦，重新寻找到了自己成才的突破口。”功夫不负有心人，汗水伴随着甘甜，痛苦换来了成功，您终于敢自豪地说，我的教研论文处女作《“立体教学”初探》终于在全国中学语文教学研究会会刊《语文教学论坛》第六期上发表了。看到您这些发自肺腑之言，想到您当时兴奋的情景，我都激动得流出了热泪。

您不愧一位教坛上的千里马，我迟遇的一位贤师。年过 40 的我，如今两手空空，羞愧得简直无地自容，但我又感到无比的骄傲，因为我从此得益于贤师指点，也会在教研上大显身手。

孙老师，您的《“立体教学”初论》将会成为我以后教学、教研工作上的一盏明灯，您的理论来自您的教学实践，它将会指引我的教学实践，将会在我校生根——开花——结果。

再次感谢您给我一本“真经”。

若有事务必来信，我一定尽力照办。

祝贺您事业的成功！

祝愿您身体康健！

致

礼！

垣曲新城初中赵合作

1994 年 11 月 16 日

尚骥强老师的复信：

孙老师：

您好！

久闻您在立体教学方面见解颇深，又亲自聆听了您的几场报告，给我的教学带来了极大的启示。半年前，梁勉之老师听完我的课后告诉我，我的教学风格很接近您的立体教学观，但还不成熟，需要理论的指导，他便把您的杰作《“立体教学”初论》推荐给我，读罢全书，我顿感思路豁然开朗，尤其您在书中反复讲到的“教学要充分发挥教师的主导作用”对我启示极大，由于我带的是复习生，我便苦苦探索教师的主导作用如何去发挥，教师应如何去引导学生，才能正确处理好“教材”“教师”“学生”和“高考”四者的关系。经过半年多的探索，终于掌握了“一材多用，翻出新意，注重实用”的复习方法，在不久前我校教师大赛讲活动中，我的课堂教学得到了全校老师的肯定，荣获第一名。我心里清楚，自己教学的成功离不开孙老师的指导。

祝好人一生平安！

学生尚骥强

1996 年 9 月 25 日

继《“立体教学”初论》出版之后，我一发不可收拾，连续出版了《“立体教学”再论》《“立体教学”三论》，一直到比较完整、系统的 68 万字的《立体教学论》的出版。我在《立体教学论》的后记里，回顾和总结了《立体教学论》这部巨著的诞生历程：

“立体教学系统工程理论”的研究，至今经历了两个阶段：自 1985 年至 1993 年属孤军奋战、个人探索阶段；从 1993 年开始便步入了集思广益、群体研究时期，其分界标志就是《“立体教学”初论》的出版。

曾记得 1986 年，我关于立体教学的第一篇论文《“立体教学”初探》发表在《语文教学论坛》（现更名为《新语文》）的时候，我是无比的激动，其激动之情难以言状。1989 年在湖南张家界参加全国青年教改新秀首届座谈会，会上我把自己的学习、工作和立体教学研究情况向与会代表做了汇报，刘国正老师当场鼓励我说：“干得好！期望您继续搞出立体教学再探、三探、四探……来，就是要有这样一直探下去的精神，这条道路没走错。”我没有辜负先生的鼓励和期望，凭着原始的热情、勇气和干劲，竟然一鼓作气，一路探了下去，并且，有关立体教学研究的论文，连续四年在全国青年教改新秀优秀论文评比大赛中荣获一等奖。每每想起往事，我就由衷地感激刘国正老师，也感激那些帮助过我和鼓励过我的领导们、师长们和朋友们！

无论做什么事情，贵乎得法。记得我初搞立体教学的时候，我的论文连年获全国优秀论文大奖，组织单位时常邀请我开会和领奖。当时，就有许多教师（尤其是上了年纪的教师）不服气，总认为一个刚毕业没有几年的大学生，教龄才几岁？岂能搞出什么名堂来！甚至有的老师当着我的面说："你那玩意儿就不是理论！""你说的写的人家《教育学》里都有！"面对冷嘲热讽，我没有气馁和沮丧。我深深地知道：最有价值的知识是关于方法的知识，一个教学得法的人与一个教学不得法的人相比，其教学效果大相径庭。从这个角度而言，有的人纵使教了一辈子学，但若不得法，可能到老还是一个不称职的教师；相反，有的刚就教席的年轻人，只要得乎教学之法，也未必不能大器早成，成为教学的行家里手，甚至成长为一名赫赫有名的教育家。看来，一些老年人不善于接受新生事物的习惯是应该转变转变了。

每一个人都应该在生活中领略到这样的真谛——嫉妒纯属无知，模仿无异自杀。尽管在广漠的宇宙充满了创造的机会，但是，如果一个人不在属于他的那块土地上付出辛勤的劳动，他也就不会得到丰收的果实，甚至一事无成。在每一个人的身上都蕴藏着不可估价的能量，只有他自己知道他能够做些什么，也只有在他进行尝试之后，他才能知道他究竟能够做些什么，所以，尝试是重要的，它是走向成功的桥梁。我愿倾毕生之精力做无数次的尝试，去赢得令人惊喜的成功！——纵使屡遭失败，我也无怨无悔，因为我只有愧于我的才能，我永远无愧于我的尝试和努力。在历史的长河里，一个人的一生是非常短暂的，在这有限的时间里，要想真正干成一件事情，的确不易。同时，一个人的能力也是有限的，立体教学的研究每向前迈进一步，都和关心它、支持它的同人们分不开的。在纂修本书的过程中，得到了全国各地共 60 余位立体教学实验教师的帮助，广大实验教师一篇篇的论文给我以启迪，前辈们的成果给我以研究的条件，第一线教师的实践给我以研究的源泉，同行们的高见给我以滋润，使我的灵感放射出了光彩。在修订本书的过程中，我前后搜集和阅读有关资料达 500 余本，2000 余万字，最后可谓沙里淘金，才提炼出这本册子来。长达半年的时间里，我每天早上 5 点多就起床从事分类、整理、编排、审校、修正本书的工作，并常常是在晚上 12 点之后才敢休息，有时为了一部分内容，还需通宵达旦。仲夏酷暑，炎热难当，为了赶在七月一日前完成书稿，我头昏了，就闭目养神片刻，然后醒来再干，又昏了，身体倦了，我则稍躺一会儿，然后又醒来继续干……简直有一种死去活来又活来死去的感受。正是由于长时间地伏案工作，积劳成疾，引起我的颈椎肌肉神经痉挛和脑血管痉挛性头痛。最严重的一次就是1997年5月27日，我作为山西省跨世纪学术带头人应省政府对外办公室之邀赴香港进行国际学术交流，在太原疼得我四肢散架，肌肉抽搐，我唯恐丧失了一次难得的国际交流学习的机会。好在有神医相助，才使我免了一灾。我们虽然经历了十月怀胎的艰苦，体验到了一朝分娩的阵痛，但却品尝到了成功的喜悦和轻松，我们的心情是兴奋和激动的。

本书共3大部分，20章，145节，完全是按照拙著《“立体教学”初论》里的“立体教学系统工程理论思路”编写的，自然，《“立体教学”初论》的内容全部吸收在本书中了。因为，立体教学本身是一个系统，而教学艺术和教学科学分别是其支系统。教学艺术和教学科学是互为条件的，艺术本身就需要科学，另一方面，科学更需要在艺术的土壤上生存。没有艺术，使我们常常找不到科学的教学方法，即使找到了，也常因缺乏艺术而难以实行；没有科学的教学艺术，永远是一种自生自灭的野花，难以大面积培植和推广，因此，教学科学和教学艺术是不可分的，二者的完美结合，是立体教学的最佳境界。只有教学艺术和教学科学相辅相成，浑然天成，才能构筑起立体教学的宏伟大厦。

顾黄初先生在1987年杭州“语文教育理论研讨会”上说：“任何理论，都必须归结到方法上。”这句话的意思我是这样理解的，即教学理论再好，必须变为操作性极强的教学方法。要让第一线的教师一见就会用，一用就有效。很显然，追求立体教学的具体化、可操作性、灵活性、实用性，正是我们的宗旨。比如，一开始我设计了“立体教学评价表”，但经过实验教师的检验，总觉得这个评价表还不够理想，还不便于操作，于是我便在“评价表”的基础上设计了“课堂教学评估表”，这个“评估表”有两个特点：一是明确提出“课堂教学评估表”，这就使人一目了然，明确狭义的立体教学就是专指课堂教学；二是比“评价表”更加明晰条理和科学。听课观摩，取长补短，是教师相互学习的方法。评课是提高讲课和听课效益的重要一环，听课而不评，于执教者和听课者都是一种损失。评课务必科学、客观。如何才能使人们进一步深入认识和了解立体教学，评课是一个重要的环节和很好的时机。我们设计“评估表”的原则就是要努力把“理性”的成分原则化、公式化，以便于广大第一线的教师接受和使用。现在，全国各师范院校的教育学、教学论、心理学、学科教材教法大多与实际教学脱节，立体教学论愿为克服此弊端做出贡献。

本书对《“立体教学”初论》（以下简称《初论》）里尚未涉及的领域进行了新的探索，但更多的是对《初论》里的许多观点的内涵进行了深入挖掘、开拓和进一步的完善，是对立体教学的丰富和发展。巴甫洛夫说：“事实是科学的空气。你们不凭借事实，就永远不能飞腾起来。没有事实，那你的‘理论’就是徒劳。”立体教学论每提出一个新的观点，都有大量的教学实践的实例作证，而这些新观点也是从许许多多的各种各样的经验材料中（从特殊）概括出来的（到一般）。所以，用事实说话，立论有血有肉，正是我们追求的研究风格。

提高教育教学效率，这是所有教育工作者的理想。我们认为，提高教学效率的核心是课堂教学，因为课堂教学是教育的主战场，不在 45 分钟里做文章，做大文章，提高教育教学效率永远是一句空话。因此，要提高教学效率，首先要研究如何提高课堂教学效率。立体教学就是专门研究 45 分钟里的学问，研究如何上好课，因此唯愿立体教学能成为教学艺术活动的写真，教学科学思辨的结晶。（教学）现象是一切认识的根源，思辨者不以事实、感性材料为基础，作近乎抽象的辩解是缺乏说服力的，西方教育理论研究多侧重于从客观方面去寻求规律，而我们则多取主观思辨手段，所以理论不易壮硕发达。这是我们理论研究的顽症。让研究“回归自然”，赶快抛弃那些闭门造车的金科玉律吧！要提高教师的教学水平，如果光是口头上喊“教师要学者化”“做实验型的教师”“做教育家不做教书匠”恐怕还是无济于事，我们应该做好理论的普及工作，使更多的教师熟悉理论、消化理论，积极选用理论，倒是十分紧要的事。理论绝不应长期只是少数人手中的玩具。

陈金明老师看了本论书稿，赞叹这是一本“活的教学论”，我以为所谓的“活”大抵就是由于它雅俗共赏，既有一定的理论深度，也体现出一定的艺术上的可操作性，便于大家在汲取理论营养的同时，借鉴具体经验，自行进行尝试、探索与创造。

任何有价值的理论都是发展中的理论，任何教学艺术都必定是发展的艺术。我国有教育史以来，始终没有自己完整的教育学，我们立体教学人奋斗的理想，就是要建立具有中国特色的现代教育理论体系。教育固然是一种见效比较慢的工作，这就更要求我们的教育工作者务必具有超前的战略眼光。我们清楚地认识到，本书的再版，仅仅标志着我们的研究离我们的理想接近了一步，但与我们理想的实现还相距遥远。比如说，我在《初论》里把“教学语言”归为 13 性，即

"准确性、简洁性、含蓄性、针对性、哲理性、逻辑性、真实性、比喻性、亲切性、节奏性、幽默性、生动性、审美性。"而在本书里仅仅对"审美性与形象性"进行了具体的探讨，这显然是不够的。很显然，有的章与节之间或同一章里的节与节之间依然缺乏严密的逻辑性，这都反映出了我们对立体教学认识上的局限性和不尽成熟。在《"立体教学"初论》付梓再版之际，我们虽然对内容做了很大的修订和补充，但仍然深感才力困乏，力不从心，不能把它雕琢为一块倍加受人青睐的无瑕美玉，这无不使我们惝然。比如，有的同志建议我"走出语文教学"，我认为这个建议很有见地，只是害怕立体教学在走出了语文教学之时，也就是它失去个性之日，而没有个性的理论自然缺乏生命力。不过，无论如何，"走出语文教学"，使立体教学成为一个对任何学科都实用的真正的完善的教学方法论，必定是我们立体教学人未来的追求。为了便于大家了解立体教学的成长历程和发展轨迹，我把《"立本教学"初论》的"序言"和"后记"也附上了。立体教学尚有大量的子课题等待着我们去发现、研究。《立体教学论》如同《"立体教学"初论》一样，仍仅仅是"立体教学系统工程理论"大厦的一部分。愿一切有志于立体教学研究的同志，加入我们的队伍中来，共同探讨，一起构建立体教学的宏伟大厦！毋庸讳言，立体教学的研究还是一棵柔弱的小草，还要仰仗许许多多前辈名师的扶持，还要期盼许许多多有识之士的帮助，还要求得许许多多行政领导的爱护。

最后，请允许我向所有关心和支持立体教学研究事业的领导、老师、同事和朋友们，向支持本书出版的山西教育出版社的领导和同志们表示深深的谢忱！尤其是要感谢语文界的老前辈、全国中语会理事长、人民教育出版社总编辑、教育家、诗人刘国正老先生，是他又一次伸出了友谊和热情的双手，亲笔为本书题写书名；感谢全国著名教育改革家、辽宁省特级教师魏书生老师，是他一如既往地对立体教学的研究给予了真诚和有力的支持，亲自为本书题词；感谢全国著名教育家、全国中语会秘书长陈金明老先生和山西省教研室副主任、《教材教法研究》主编贺斌老师，他俩在百忙之中欣然审阅了全部书稿，并亲自为本书作序；感谢全国青语会理事长、山东省特级教师程翔老师和全国青语会副理事长、河北省特级教师许建国老师为本书的出版祝贺题词。

倘若因为本书的出版，能够使更多的教师对立体教学得到进一步明晰的认识和了解，甚而产生兴趣，主动在自己的课堂教学中去进行尝试，也就是对我最大的鼓励，我将为此而真正获得快乐与幸福！再过不足一小时的时间，香港就要回到祖国的怀抱了，翘望北京、香港，已是灯火辉煌，如潮的欢腾声正向我们振振扑来，我们心花怒放，激情澎湃，热泪如雨……一切，一切的一切，都在泪中，都在不言之中。值此百年盛事，举国欢庆的大喜而又神圣的时刻，谨以此书作为我们立体教学人庆祝香港回归的一份礼物，献给伟大可爱的祖国！立体教学论的研究已开始了崭新的历程，愿我们满怀理想，共同铸造新的辉煌，一起阔步跨进21世纪的大门。“路曼曼其脩远兮，吾将上下而求索。”

全国中语会秘书长陈金明（后为全国中语会会长）老先生为《立体教学论》写的序言：

我与春成同志是1989年4月在张家界初识的。当时，他的论文荣获“全国青年教改新秀优秀论文评比”一等奖，应邀到湖南张家界参加首届“全国青年教改新秀座谈会”。会上，春成同志向与会代表汇报了他立体教学研究的情况，给与会代表留下了极其深刻的印象。他性格坦率，思想敏锐，见解独特不同凡响，尤其是他探求真理、刻苦治学、坚忍不拔的品质无不令人信服和感动！当时我就看出，这小伙子是个做学问的人，一定会干出一番事业来。

果然不出所料，时隔5年，他寄赠我一本《“立体教学”初论》，这是他在山西教育出版社出版的第一部专著。我振奋不已，一口气读完了他的宏论，倍感新鲜和亲切。在《初论》里，春成同志敢发前人所未发，立前人所未言，创前人所未创，举前贤之未及，提出了好多富有价值的观点，透辟地揭示了教学的本质和规律，令同道耳目一新。他多角度地借鉴和移植系统论、信息论、控制论、教育学、心理学、教学论、艺术论、几何学、思维科学、优化论、哲学等科学理论，以中学语文教学改革的实践为依据，吸取古今中外的教育理论精华，提出了系统中心论、教学二重结构论、双反馈论、双转化论、思路三坐标论、知识双结构论、学生双能力论等新颖独到、富有创见的立论，并且基本形成了一个科学体系，从各种不同角度论证了立体教学思想。可以说，春成同志的理论个性鲜明，独树一帜。

正当我们为春成同志的成果津津乐道的时候，又在五年后的今天，他竟推出了《立体教学论》，总计近60万字，并给我寄来了书稿，嘱我写几句话，这真是快节奏、大密度、高效率，可以想见，春成同志从事立体教学研究，是何等的废寝忘食、呕心沥血！

毫无疑问，《立体教学论》是对《初论》的丰富和发展，标志着立体教学理论的进一步完善和成熟。其最大特点是，对《初论》里的某些观点的探究更仔细、更具体、更富有操作性。在《初论》里，春成同志对课堂教学的二重性作了精辟的阐释，即由于教学既是艺术又是科学，这便导致教学具有“表层结构”和“深层结构”，“所谓‘立体教学’的‘表层结构’就是指注重教学艺术，创设呈开放性的教学环境，启发激励学生的形象思维；所谓‘立体教学’的‘深层结构’就是指注重教学设计，使教学过程呈有序性，显示出其极强的逻辑性和梯度，有助于培养学生的逻辑思维能力。‘立体教学’系统结构的这种‘二重性’，对发展学生的思维能力，对进一步认识教学反馈的层次性都有重大的意义。”（摘自《初论》）紧跟着，春成同志便由其“二重性”立论自然推理出教学“反馈”的二重性，即教学具有“艺术反馈”和“科学反馈”两种形式，并对这两种反馈下了比较科学的定义。很显然，在《立体教学论》里，春成同志对教学结构的二重性认识更进了一步。他写道：“一堂课就是一篇文章，就是一篇流动的艺术作品。”并把这个立论专设一章用20个分论点进行详细论述，令人叫绝。语文课，就教学内容而言，这算是一个结构层面，如讲朱自清的《背影》，课文本身就是一篇完整而优美的艺术作品；但是教师如何通过自己的教学和艺术手段，在45分钟里，让学生领悟《背影》的内涵和外延呢？这个教学的过程，实质上等于教师借助《背影》原作重新做了一篇欣赏《背影》和帮助学生学习《背影》的文章，这便可以理解为教学结构的第二个层面。《立体教学论》里所揭示的教学过程的这种二重性，意义重大。因为多数教师在教学中只满足于实现第一层面，即把教材内容讲清了为止，而忽视第二个层面，忽视做45分钟的大文章，忽视教学的艺术组织、设计、发挥和运用。而春成同志从文章学、系统论的角度出发，高屋建瓴地提出了“一堂课就是一篇文章，就是一篇流动的艺术作品”的崭新观点，使同行大开眼界。

本书的另一最大特点就是理论与实践相结合，力戒空洞的说教。孙老师每论述一个观点，都有大量的教学实例作证，有血有肉，有理有据，使人觉得它简直就是一种“活”的教学论。静心沉思，立体教学所论都是我们司空见惯的内容，并且有许多人在平时的教学中都有意或无意地在尝试着立体教学，而他们却不能像孙老师那样，提出令人振聋发聩的观点，原因何在？就是因为大家缺乏思考，没有上升到理性的高度来解释多种多样的教学现象。孙老师理论思维的触觉灵敏之至，令常人惊叹！只要读一读《立体教学论》，你就会感悟到这种理论不仅仅属于语文教学乃至所有教学，而且在其他方面都具有实际意义。立体教学论会帮助你思考生活，给你多方面的启发，这是因为它是一种方法论，是一种深刻的思想，近乎哲学思考。

立体教学思想的提出，立体教学理论扎实深入的研究，立体教学论著的面世，都足以证明春成同志是一个造诣颇深、建树卓然的有追求、有理想、有才华的教改才俊。他立志毕生献身于立体教学事业的精神，更是值得称赞的。

《立体教学论》值得一读，我谨向各位老师推荐这本好书！并望春成同志精益求精，继续拼搏，深入钻研，在不久的将来奉献给我们一本更加成熟的《立体教学论》来！

陈金明

1997 年 8 月 10 日于北京

山西省教研室副主任、《教材教法研究》主编贺斌老师为《立体教学论》写的序言：

1993 年秋天，春成同志来省城开会，赠我一本《“立体教学”初论》，拜读后颇多获益。时隔五年，春成又推出了《立体教学论》，并把初稿寄我，嘱我写几句话。有幸先睹为快，感触甚多。

立体教学论的提出是时代的产物。20 世纪中叶，系统论、信息论和控制论相继问世。“三论”主张把事物、对象看作一种系统进行整体的研究，研究其成分、结构和功能的相互联系，通过信息的传递和反馈来实现系统之间的联系，达到有目的地控制系统的发展，获得最优化的效果。“三论”给教学论的研究提供了新的思路和方法，引起了教学实践和教学理论的发展和深刻的变化。孙春成老师综合吸取了系统论、信息论、控制论和教育学、心理学、美学、思维科学、几何学、优化论等学科理论的研究成果，提出了立体教学思想，强调在课堂教学中乃至一切教育教学活动应该是多要素、多渠道、多角度、多层次、整体化、科学化、民主化、艺术化的，即提倡教学结构的安排要进行立体思考，以收到最佳的教育教学效益。

近三四十年来，教学论的发展在世界范围内出现了前所未有的新突破。从我国来看，80 年代以来，在教改领域中，百花齐放，百家争鸣，各种教学改革实验和理论主张，如雨后春笋般地破土而出，十分活跃。就语文教学而言，各种教学方法、模式、流派、体系令人目不暇接。然而总体来看，在教学上卓有建树，能“开宗立派”者寥寥无几。孙老师的立体教学论在教育界异军突起，独树一帜，令人振奋。

春成老师的贡献和努力是可敬可佩、难能可贵的。

一是勇于探索、锐意创新的精神难能可贵。春成老师勇于抛弃一些传统的观念，勤于思考，勇于实践，力求进取，锐意创新，立于未来的高岸审视眼前的航线，从明天对人才需求的角度调整今日育人的视野。多年来，语文教学效率不高、少慢差费的问题一直困扰着广大师生。如何走出困境？很早就有人提出向45分钟要效率，那么，如何向课堂45分钟要效率呢？孙老师怀着火一样的热情，忘我的奉献精神，以透辟的哲学思想，紧紧围绕如何提高课堂教学效率这一关键问题潜心研究，大做文章，从理论到实践，从原则到方法，由系统到局部，由模糊到具体，由宏观到微观，思前人之所未思，创前人之所未创，努力揭示课堂教学的本质及规律，不断推出新的思路，新的构想，新的设计，新的方案，新的改革，寻找冲出困境的突破口。他进行立体教学专题研究已达14年，而且大有继续探索下去的势头，这种锲而不舍、奋斗不息的执着精神令人感动。

二是刻苦治学的精神和勤于积累的习惯难能可贵。梅花香自苦寒来，做学问是件苦差事，若不苦字领先，难以有所作为。登高方能望远，厚积才会薄发；做学问又贵在积累，不积累也难以有所大成。春成老师十余年如一日坚持记教育笔记和日记达30卷，600余万字，为研究立体教学，先后搜集和研读有关资料达500余本，2000余万字，这里有多少个寒窗苦读的不眠之夜，多少次殚精竭虑的奋斗拼搏，的确非常人所能。作者有《“立体教学”初论》在先，《立体教学论》于后奉献于世，无不得力于刻苦治学，勤于积累，着实令人钦佩。

三是坚持教学理论研究与教学实践相结合，坚持为教学服务、为教师服务的工作态度难能可贵。做学者型、研究型的教师，做专家型的教学研究人员，是实践的需要，时代的呼唤。万紫千红才是春。教育教学理论的发展，大面积教育教学质量的提高，需要一大批学者型、研究型的教师。作为一个教研人员，春成老师不仅自己坚持教学实践和教学研究两手抓，而且坚持为教学服务，为教师服务，带动并指导广大教师一同投身教学改革的大潮中去，互相学习，共同跋涉由教书匠到教学艺术家的道路。春成老师借助成立立体教学研究会的方式，总结推广立体教学的研究成果，大力推进教学改革实验，使立体教学理论指导教学实践，又通过教学实践不断丰富、发展立体教学的理论，从而形成教学与科研相互促进、协调发展，出成果、出质量、出人才的良性循环机制。一批青年教师以极大的热情投入了立体教学的实验和研究，在大面积提高教育教学质量上取得了令人瞩目的成绩。立体教学论的逐步成熟和推广，令人欣喜不已，这首先要归功于春成老师的努力。

而今，立体教学已被许多名家所肯定，也逐步被广大教师所接受，这就充分证明了它的科学性和具有极强的生命力。立体教学理论是一个很有创见的理论，立体教学研究会是一个个性鲜明的学会，立体教学实验也是一个极富特色的实验。立体教学理论的价值还在于它不仅仅属于语文学科，其他各门学科进行立体教学实验，相信同样能够收到省时高效、事半功倍的效果。借《立体教学论》出版之际，我衷心祝愿立体教学能够在三晋大地、大江南北开花结果，造就更多的跨世纪的优秀人才，为推动我国的教育教学改革不断发展做出贡献！衷心祝愿春成老师继续开拓进取，不断创新完善，在不久的将来奉献给我们一本更新的《立体教学论》来！

贺斌

1997 年 8 月 1 日于山西省教委教研室

三、创办全区教育专业杂志《教研向导》

1992 年我在山西省运城行署教育局领导的支持下，创办了全区教育业务专刊《教研向导》。

先是跑刊号。我到了山西省新闻出版局，找期刊处的领导，向领导汇报我们

的想法。运城地区作为全省最大的一个文化地区之一，运城行署教育局管辖 13 个县市的教育教学业务，需要一个专业的教育业务杂志，一方面可以上传下达，起到一个教育局和学校甚至是第一线的普通教师的桥梁作用；另一方面，可以给全区广大教师提供一个互相学习、互相交流教学改革经验的一个良好的平台。期刊处的领导说，你们的想法很好，但是空口无凭，你们最好出一本创刊号，也就是给我们提供一个样刊，我们才能准确地了解你们杂志的内容和办刊目的，我们也好进行研究。

我回去给教研室杜双春主任汇报了山西省新闻出版局期刊处领导的意见。杜主任非常支持，让我亲自着手创办创刊号。

于是，我先是到各县教研室组稿，创刊号的稿件有了。

我又得给教育局尉世秀局长写“创刊词”，创刊词写好了。

我又得千方百计找关系，让地委书记吴昂为创刊号题词，表明地委对我们创办杂志的态度，书记的题词有了。

我又得找个在全国有影响的教育家为创刊号题词，于是，我就给魏书生老师写信，请他这个全国著名的教育改革家为创刊号题词。

一切准备就绪了，总得设计个像样的杂志封面吧？我就试着设计封面。

身为责任编辑的我，审稿、校对、编辑、排版、发行一条龙，都是我负责。

那个年代，印刷厂还是铅字排版，十分落后。印刷厂在郊区，离教育局又很远。费了很大的力气和心劲，终于在 1992 年出版了《教研向导》创刊号。

创刊号出版后的第一件事情就是，尽快去省城，找山西省新闻出版局期刊处的领导，送上我们的《教研向导》创刊号，以求刊号的批准，以求杂志的正规出版和发行。期刊处的领导看了我们的创刊号，答复是：“我们研究研究。”我心里想，这是不是打官腔？是不是一个托词？

1993 年 2 月 22 日，我们居然收到了山西省新闻出版局的一份公函：

运城地区教育局：

你局报来的关于申请创办《教研向导》期刊的报告收悉，经研究，同意创办《教研向导》。请于近日携此件来我局办理手续。

此复

山西省新闻出版局期刊处

一九九二年三月十七日

收到批复，我立即奔赴山西省新闻出版局期刊处办理了手续。《教研向导》的刊号是：山西报刊准印证（期）第0105号。从此《教研向导》是山西省运城行署教育局主管，山西省运城行署教育局教研室主办的全区教育教学专业刊物。办刊宗旨是：宣传党和国家对教育的指示精神，为全区广大教师传递教改信息，提供备课资料，帮助教师进修提高，并交流同仁的教学改革经验，引导全区教学向正确的轨道健康发展，为全面贯彻党的教育方针，全面提高全区教育教学质量做出应有的贡献。

我去信请求魏老师给我们《教研向导》杂志题词，他很快就给我寄来了题词："愿青年教师在《教研向导》引导下进入科研的广阔天地。"还写信鼓励我：

尊敬的孙老师：

您好！

来信收悉。太原相会，未及详谈，我亦甚憾。想来日方长，定能有向您详细讨教"立体教学"具体实施方法的机会。

信中谈及您头痛已愈半载，现正用药，我建议您能练练气功，练习放松入静，用时不多消除疲劳较快。效果当会比用药更好。

知您在办《教研向导》，且组稿、改稿、排版、跑印刷厂、发行均您一人在忙，我觉得青年人，就该这样千方百计勇挑重担，以增长自己的能力。

遵嘱，为刊物写了几个字，寄上。

此致

敬礼！

衷心祝您：工作顺利！精神愉快！

魏书生

1993年9月2日

四、发起成立“全国青年语文教师联谊会”

20 世纪 90 年代初，在老一辈语文教育专家的引领下，新一代的青年教师伴随着语文教改的蓬勃发展，逐渐崭露头角，这些被后来称作“新生代”的教师，在“文化大革命”期间饱受了无处读书，无书可读之苦，而一旦“天降大任”，他们很快自发地走到一起，书生意气，指点江山，无所顾忌地展示自己的才华与追求。他们的热情和对语文事业的挚爱，成就了 30 年语文史上一段激情燃烧的岁月，也成就了一代优秀的语文人。这一群体至今仍深深影响着我国的语文教学，成为当前语文教改的中坚力量。我就是这个群体里面的一个积极分子。

全国青语会，是在中国语文教育教学研究会的领导下的青年语文教师学术团体，正式成立于 1995 年泰山脚下。该团体的名称最初叫“全国青年语文教师联谊会”，后更名为“全国中语会青年语文教师研究中心”，后又更名为“全国中语会青年语文教师发展研究课题组”。2005 年 10 月停止运行。尽管这个团体现在已经不存在了，但是当我们把她作为改革开放后中国语文教育发展全局中的一颗棋子来看待的话，就会感到全国青语会的十年历程，在中国当代语文教育史上还是书写了辉煌的一笔。

从发起成立全国青语会，到后来的每届年会，我都是常务理事，并积极参加了青语会的所有学术活动。

为什么要成立全国青语会？首先，老一辈语文教育工作者非常关心青年语文教师的成长，热切盼望新秀辈出，并希望能够有一个这方面的学术组织来做点具体工作。其次，各省、市青语会希望能够有一个全国性的青年语文教师的学术组织。1994 年全国范围内已经有部分省市成立了省（市）级的青语会，并在本省（市）中语会的领导下，团结了一大批青年语文教师，开展了丰富多彩的活动，一部分青年新秀崭露头角，起到了带头模范作用。可以说，当时成立全国青语会的条件已经具备。第三，全国各地的青年语文教师也希望在他们和全国中语会之间架设一道桥梁，沟通信息，开展活动，有利发展。1994 年 8 月山东青语会在《中学语文教学》杂志上发表了《致全国青年语文教师的倡议书》，倡议成立全国青语会。1994 年 8 月 2 日至 4 日，来自山东、河北、上海、内蒙古、北京等地的优秀代表在北京召开全国青语会筹备会议，决定于 1995 年 8 月在山东省泰安市召开“全国青年语文教师联谊会”（以下简称全国青语会）成立大会。北京会议后，许建国老师在《中学语文教学》上发表了《世纪之约》，在《语文教学通讯》上发表了《青年语文教师宣言》，这两篇文章与《致全国青年语文教师的倡议书》在全国青年语文教师中引起了强烈反响。400 多封来信表示积极响应并参加全国青语会成立大会。

1995 年 8 月 15 日至 18 日，来自全国近 20 个省（市）的青年语文教师 500 多人云集泰山脚下，参加全国青语会成立大会。开幕式由陈军主持，程翔致开幕词。全国著名语文教育家于漪老师应邀到会，并做了《让生命在教坛上闪光》的报告。于老师用了整整一天的时间介绍自己成长奋斗的经历，阐述了对教育工作的深刻理解，表达了对全国青年语文教师的无限期望。报告受到与会者的热烈欢迎。这次会议，成立了“于漪语文教育思想研究课题组”。也就是这次盛会，我聆听了于漪老师的报告，深深地被于老师的精神和学识所感动，我拜于漪老师为师，并和我敬爱的于漪老师合影留念。

刘国正先生发来贺信。陈金明先生代表全国中语会做了报告，吴心田老师代表山东省中语会做了报告，孙移山老师代表语文报刊做了报告。几位青年教师在发言中介绍了自己曲折的成长经历，很是感人。大会还请陈爱平、崔粲、王征、程翔四位老师上了公开课，倡议全国青年语文教师认真学习“三老”的语文教育思想；评选优秀论文。会议期间还安排了一个联欢会，大家各展才艺，充分表现了青年语文教师的虎虎生气和勃勃生机。大会选举产生了全国青语会第一届理事会、常务理事会、副会长、会长，成立了秘书处，选出了秘书长、副秘书长；通过了《全国青年语文教师联谊会章程》。常务理事会研究决定，邀请几位德高望重的前辈担任顾问，指导学会的工作；学会每两年召开一次年会，每四年进行一次换届选举；秘书处设在《中学语文教学》编辑部。

全国青语会的成立，团结了一大批青年语文教师，为语文教育事业的发展和青年语文教师的成长起到了积极推动的作用。这些工作，离不开老一辈语文教育工作者的呵护和引导。于漪老师把自己保存数十年的宝贵资料拿出来供青语会的同志学习和研究。

《中学语文教学》杂志开辟“青语园地”专栏，发表各地会员的文章，为一批优秀青年教师发表高水平的文章提供了机会。

全国青语会时代，是一个跨世纪的记忆，青葱而如火如荼的岁月，证明我们曾经年轻过，我们曾经团聚过，我们曾经拼搏过，我们还将要继续拼搏！从 1995 年第 1 期《中学语文教学》发表的许建国老师的《世纪之约——全国“青语会”成立断想》一文，依然可以强烈地感受到我们当年的沸腾的热血和燃烧的激情：

既然世纪敲响了相约的钟声，我们便如约而来。

从繁华的都市，从偏僻的乡村，从辽阔的草原，从蔚蓝的海边，带着如歌的渴望，踏着时代的旋律，欣然相聚在北京。

青年的朝气冲淡了一路的风尘，青年的热情浸染着相聚的氛围。山东的程翔，上海的程红兵，安徽的黄晓峰，北京的张雪梅，山西的孙春成，内蒙古的刘亚军，河北的张国生，我们一见如故，开怀畅谈，我们灵犀相通，一拍即合：成立组织，团结青年，立志改革，献身教育。

中国正在经历着一场前所未有的变革：从农业文明走向工业文明，从计划经济走向市场经济，从贫穷落后走向富足先进。中国教育也期待着一场革故鼎新的创新：由知识传授转为能力培养，由教师主导转为主体参与，由三尺讲台转为大千世界。

我们是初生的牛犊，我们是方升的太阳，我们敢于向过去说声“再见”，我们也敢于向未来发出挑战。

我们不是纸上谈兵，确定筹委，发出倡议，起草章程，已经分步实施。

我们更不是孤军奋战，南京喻旭初，安徽陈军，常州赵忠和，上海钱汉东，早已举旗在先，《中学语文教学》已伸出热情之手，许许多多青年语文教师在翘首以盼。

我们将用真诚招引无数的智者，我们将用汗水浇出一个绚烂的春天。

古往今来，有多少圣贤曾经汗洒讲坛，又有多少豪杰曾经受教于名师，这恐怕难以数计。然而，时至今日竟有许多人厌弃教育，追名逐利，这不能不说是一种悲哀，一种倒退。

有人说：真正的痛苦是精神的痛苦，真正的贫穷是精神的贫穷。

历史告诉人们：教育是立国之本。而青年，正处在一个继往开来的时代，尤其对选择教师这个“太阳底下最光辉的职业”的青年来说，理应觉出一种自豪感、责任感和使命感。

我们拥有五千年的华夏文化。我们的祖先曾有过令国人自豪的发明，有过令世界瞠目的创举。我们没有理由坐享其成，停滞不前，更没有理由忘却前人的丰功伟绩，无视时代的昌盛繁荣。

我们信仰过，也曾迷惘过。但我们只承认一个事实：历史是先辈们用汗水、鲜血、成功、失败、生命、灵魂铸成，未来靠青年们用热情、真诚、辛勤、挫折、青春去创造。

由此，我们可以理解几千年来的教育者付出的艰辛，可以理解把青春和生命寄托于教育的“人类灵魂工程师”，可以理解历经文化浩劫却久久不息的教育圣火。

由此，我们可以无畏任何保守的观念，可以大胆设计教育改革的蓝图，可以坚信21世纪的教育必将出现一个崭新的局面。

“青语”的创立，不是几个青年在突发奇想。自20世纪50年代初便有人设想过她的未来，也曾有人为之呐喊奔波，但直到今天，经过了半个世纪的酝酿，才像破土的新芽，发出新绿。这或许应感谢这个繁荣昌盛的时代，更应感谢无数为此付出辛劳的先师的努力。

毋庸讳言，“青语会”还是一棵柔弱的小草，还要仰仗许许多多前辈名师的扶持，还要渴盼许许多多有识之士的帮助，还要求得许许多多行政领导的爱护。

中外历史证明，任何一件小事乃至一项事业的成功都不是孤立的，都是一个时代政治、经济、文化的聚合和交融，斗争与冲撞的结果。我们生活在改革的大潮中，便无可推托在风浪中弄潮。虽然风险浪高，但我们有智慧的导航和不屈的信念。

我们的导航人有孔子、荀子、韩愈等，也有梁启超、陶行知、叶圣陶。

我们的信念来自《论语》《劝学》《师说》，也来自“变法之本在育人才，人才之兴，在开学校”“千教万教教人求真，千学万学学做真人”“凡为教，目的在达到不需要教”。

我们找到了雨露，我们吸到了奶汁，我们也承受着阳光。

同时，我们更感到了压力，感到了责任，感到了神圣。

教育不只是使人增长知识，学会生存，教育的根本使命是变本能的人为理性的人。自从人类有教育以来，便用各自的学说教化学生，儒学博大，道学精深，通贯中国5000年。而今，一种强国富民、光耀千秋的思想代替了儒道两家的纷争，教育已开始了崭新的历程，它使人们想到母亲，便萌发爱心；想到国家，便立志献身；想到私利，便感觉耻辱；想到奋斗，便为之光荣。

教育，尤其是语文教育，应该突出它的广泛性，深刻性和德育性。事实上，我们的教师还在对字、词、句进行艰难的雕琢，而忽略了文章的整体艺术和思想内涵。审美教育和育人教育，仍仅限于理论探讨和政策法规。因此，语文教学显得无序，显得零乱，显得呆板。这是由于过去只注重细节，而不重视整体的结果，这是历史的错觉和现状的误区。我们必须尽快矫正自己的想法，迅速走出教学的误区，让语文课焕发生机。

这是一项伟大而艰巨、烦琐而系统的工程，要靠一代或几代教育者去完成。因此，我们这一代青年教师要勇于担此重任，让新一代学生既懂得过去的辉煌，又懂得未来的灿烂；既懂得屈原、巴金，也懂得汉武帝、毛泽东；既懂得如何珍惜这个世界，也懂得怎样美化这个世界。让我们的国人带着知识和修养、物质享受和精神追求进入21世纪。

我们开始了新的起步。

不再是各自为战，不再是伸手无助，不再是奔波呐喊。

我们拥有一个共同的名字叫青年。

我们抱定一个终生的心愿去追求。

我们的脚下奏响奋斗的乐章。

我们的耳畔回荡着远方的召唤。

为了世纪之约，我们一同携手，奔向未来，奔向辉煌。

五、创立了“运城地区立体教学研究会”

自1993年山西教育出版社出版了拙著《“立体教学”初论》以来，我仍然一如既往地执着地探究着立体教学，但是，由于自己学识的浅陋和能力的局限，我多么渴望能有更多的人和我一道，共同进行立体教学的研究啊！荀子在《劝学》篇里早就说过：“君子性非异也，善假于物矣。”正是由于《“立体教学”初论》的出版，促使更多的人有机会了解或认识立体教学，在这些人中间，便产生了对立体教学感兴趣和对立体教学爱好的人，也正是这些人，在立体教学的研究遇到了困惑或挫折的时候，给了我希望、勇气和力量。可谓“山重水复疑无路，柳暗花明又一村”。

我们一见如故，一拍即合：书信交流，频繁不断，探求真理，孜孜不倦，互相启发，携手共进。既然我们的热情和执着已招来许多的知音，为何不团结起来，共同描绘出一个绚烂的春天？于是，我们便确定筹备委员会，起草章程，发出倡议，成立组织。在运城地委宣传部、运城行署教育局和地区民政局领导的支持下，我们终于在1997年4月17日成立了“运城地区立体教学研究会”。

“研究会”如心灵的桥梁，缩短了我们中间的距离，像金色的纽带将我们紧紧地联结在一起。

“我们开始了新的起步。

不再是各自为战，不再是伸手无助，不再是奔波呐喊。

我们拥有一个共同的名字叫青年。

我们抱定一个终生的心愿去追求。

我们的脚下奏响奋斗的乐章。

我们的耳畔回荡着远方的召唤。

为了世纪之约，我们一同携手，奔向未来，奔向辉煌。”（摘自许建国《世纪之约——全国“青语会”创立断想》）“研究会”刚一成立，就显示了其极强的生命力，我们首先在全区中学语文学科进行实验，初次便建立联系点 58 个（县、校）、实验点 104 个，参加实验的教师达 232 人。有的学校还成立了专项实验课题组。实验教师对立体教学实验投注的热情，令我们始料未及。1996 年 10 月 16 日，我们召开了“运城地区立体教学研究会二届年会”，与会代表共递交实验报告和论文 39 篇，其中获优秀论文一等奖者就有 20 篇，二等奖者 13 篇。论文涉猎了语文教学的各个领域，范围之广、内容之丰、水平之高令人惊喜和振奋。群众的智慧是无穷的，在实验不足一年的时间里，这些实验教师就提出了自己对立体教学的真知灼见，给了我们多方面的启发，难能可贵！我由衷地感受到了群众的伟大。这些实验教师都从不同的侧面，不同的角度对立体教学进行了丰富和发展。所以，立体教学的研究已经凝聚了群众的智慧。事实胜于雄辩。实践有力地证明，立体教学对提高教学效率作用巨大，而且其操作性极强，完全可以大面积推广。我们推广立体教学成果的基本形式就是广泛开展“讲、说、评”活动，即实验教师“讲”公开课，然后向大家“说”自己本课是怎样组织教学的，运用什么教学方法，哪里体现了立体教学思想，最后是大家共同“评”课，通过你评我议，便产生了共识，对立体教学也就有了直观的感受和具体的认识。立体教学第二届年会上，康杰中学的焦宝兰和盐化中学的李玉翠两位实验教师都讲了公开课，随即也进行了说、评，大家一致认为“讲——说——评”是推广立体教学比较理想的方法。因此，我们将坚持这样搞。立体教学研究会就是要给实验教师搭台子，让实验教师各显身手唱大戏！1997 年 5 月 9 - 10 日，我们在夏县中学召开了“运城地区立体教学实验专题研讨会”，会上，夏县中学的韩创业和运城市实验中学的皇甫彩虹两位实验教师又做了观摩课，获得成功！自立体教学论创立以来，许多专业杂志和报纸都做了报道和宣传，其中《中学语文教学》称我为“立体教学理论的开创者”，《中国教育报》也在1997年6月18日及时报道了“运城：孙氏‘立体教学’出国交流”的通讯，对立体教学成果给予了充分的肯定。

更令人欢欣鼓舞的是，《立体教学论》在1997年被评为《山西省教育科学“九五”规划课题》。我们将团结所有的立体教学爱好者，进行本项实验和研究，我们的队伍将会更加壮大，何乐而不为！我甘心当一名小学生，向所有志同道合的朋友们虚心学习，以弥补我天生的愚笨；我情愿做一头孺子牛，任劳任怨，为立体教学的研究搞好周到的服务。自《“立体教学”初论》出版以来五年多的时间，我在全国和本地区做立体教学报告33次，听立体教学实验课和评课400余节。这与立体教学的发展和教学实践的需要相差甚远。特级教师杨恩选同志在给立体教学实验教师做《三十六年来我是如何走过来》的报告时，说她最深刻的体会是“三十六年从未喘过一口气”，看来，我难能喘一口气的时候也来临了。在1987年杭州“全国语文教育理论研讨会”上，陕西师大《中学语文教学参考》原主编李峰同志在听了我的研究汇报后，说我是“语文界的‘希特勒’‘玩命三郎’”，我为他诙谐的评价而感到自豪！从《运城地区立体教学研究会章程》就可以知道运城地区立体教学研究会的主要宗旨和任务了。《运城地区立体教学研究会章程》：

第一章　宗　旨

第一条：“运城地区立体教学研究会”（以下简称“研究会”）是运城地区教育工作者研究立体教学的群众性学术团体。

第二条：“研究会”团结并扶植全区的立体教学实验者、研究人员和实验团体，对立体教学进行理论研究与实践指导，通过总结实验经验与推广实验成果，使理论不断武装群众，群众不断丰富发展理论，以便在课堂教学中落实素质教育，提高教学质量，从而促进教育教学的改革和发展。

第二章　任　务

第三条：“研究会”坚持四项基本原则，遵守国家政策法规，注重研究教学过程中的新问题、新特点、新规律；要求会员善于钻研，勤奋总结，博采众长，在教改中起模范带头作用。

第四条：“研究会”一年一届年会，切实开展多种学术活动：①交流立体教学研究和实验成果并推荐其在《教研向导》或全国专业报刊发表。②论文评优。

③教学观摩和大赛。④学术报告。⑤编辑《立体教学研究简报》，互通信息，交流经验。⑥与其他学术团体进行学术交流。

第三章　会　员

第五条："研究会"奉行自愿互利原则，采取团体及个人两种会员制，凡承认本会章程并自愿入会的单位及个人均可申请成为会员。"研究会"组织评估会员单位实验业绩，择优予以挂牌。

第六条：会员对"研究会"的工作有讨论、批评和建议的权利，有选举权和被选举权，有受表彰、奖励、宣传的权利，有优先参与"研究会"各项学术活动的权利。会员有宣传"研究会"宗旨、介绍其他同志与单位入会的义务；有参加"研究会"各项活动的义务；有遵守"研究会"章程、执行"研究会"决议和接受"研究会"分配工作的义务。凡违背"研究会"章程者视为自动退会。

第四章　组　织

第七条："研究会"最高权力机构是会员代表大会。会员代表由基层推荐。代表大会的职责是：决定"研究会"的工作方针和任务，通过和修改"研究会"章程，选举常务理事会，通过提案。代表大会每四年举行一次，同时进行换届选举，成立新的常务理事会。

第八条：代表大会聘任顾问、名誉会长若干人，作为"研究会"的参谋，指导工作。推选常务理事若干人，组成常务理事会，为代表大会闭会期间的执行机构。常务理事任期为四年，可连选连任。常务理事会推选会长 1 人、副会长若干人、秘书长 1 人，在常务理事会闭会期间行使常务理事会的职责，领导"研究会"的工作。

第九条："研究会"实行会长负责制。

第五章　经　费

第十条："研究会"经费由团体捐赠或运城地区教育局划拨一定的教研经费解决。

六、山西省交口县推广立体教学

1997年11月21日，山西省吕梁市交口县召开了孙春成语文课堂立体教学观摩活动，全面推广立体教学。回忆起交口县推广立体教学的经历，就像昨天刚发生过一样真真切切。

1997年11月初，有一天晚上，我在家里突然接到一个电话，对方说他是交口县教育局穆志森局长，想请我到他们县传经送宝，给交口县的老师讲讲立体教学，并上一堂示范课，看我有没有时间，我立即就答应了。因为这是运城地区进行立体教学实验以来，第一个运城地区以外的地区要求推广立体教学的县，对于立体教学实验意义重大。

穆志森局长一再强调，到时候他会亲自去运城行署教育局接我。我觉得，就在本省，自己又年轻，自己坐公交自行前往就可以了，没必要这样兴师动众，就坚决拒绝。但是，不管我怎么拒绝，穆局长就是不答应，坚持要亲自来接我，我只好客随主便，应允他了。交口县地处吕梁山脉，山里的人就是实诚，你拿他还真没办法。

11月20日，穆志森局长如约而至，我问他有多少人参加会议，他递给我一份会议通知让我看，说一切都准备好了，万事俱备只欠东风。《关于举办孙春成语文立体教学观摩活动的通知》：

各中学、联校、县直小学：

为了推动我县教育教学改革的深入开展，促进语文教学由应试教育向素质教育的转轨，使广大教师能够进一步了解我国开展素质教育的先进经验，提高自身的教改能力与教学水平。县教委决定在全县中小学推广“立体教学”。邀请全国青语会常务理事、立体教学论的创立者、立体教学研究会会长孙春成先生来我县进行观摩教学，并做学术报告和教改专题讲座。

本次观摩采用示范课、研究课（既有小学课、又有中学课）及现场评课、专题讲座、学术报告相结合的方式进行。紧扣课堂教学中的素质教育这一主题，力求使与会者能够受到深刻的教育和启迪，望各校接通知后，认真选拔优秀语文教师参加活动。

观摩活动的有关事项：

1．报到时间、地点：11 月 30 日上午 8：00—8：30 县宾馆二楼会议厅。

2．活动时间：11 月 30 日上午 8：40—12：00　下午 1：30—4：30。

3．因会议厅最多能容 250 人，因此希望各校严格按分配名额参加，不得增加，亦不得减少。

附：参加活动教室名额分配（略）

交口县教育委员会

一九九七年十一月二十一日

我一看参加会议的老师并不多，而且都是特意选拔出来的优秀语文教师，我就给穆局长说："十分感谢你们对立体教学这样巨大的热情，这样真诚的心愿，这样大力的支持，我给这次参会的每一位老师赠送一本我的拙作《立体教学论》。"局长说："那不行！我们给老师每人买一本。"我十分清楚交口县是个贫困县，一本《立体教学论》简装本都要 45 元钱，几百本书对他们无疑是个负担，所以我就据理力争地说："你看，我死活不让你亲自来接我，你非要来，我答应你了；这次赠书，你是不是应该也听我一次呀，这样我们就扯平了吧？这也算是我们运城地区立体教学研究会给贫困县教育事业做的一项公益活动。何况，我们赠书是常事，也不是专门给你们县赠书。"穆志森局长只好答应了。

紧接着，我也万万没想到的是：堂堂一个县的教育局局长，竟然坐一辆十分破旧的北京吉普车，四扇车门全是很大的缝隙，走起来晃晃荡荡的，给乘车的人直接的损害就是两大点，一是脏，一路上，尘土都钻进了车厢里，等到交口，我们都成了一个土人儿；二是颠，尤其是遇到了不够平坦的路程，颠簸的人就像摇汤圆，又像坐过山车，叫人只想吐。我本来想着，在一个省内，应该很快就到交口的，可就是到不了，仿佛与车外面隔了一个世纪似的，十分煎熬，还不好吭声，心想：局长都没意见呀！我感到十分费解，就问穆局长："你作为一个县的局长，就这待遇啊？"局长无奈地说："没办法啊！我们是贫困县。你嫌这车破，还有不如我的呢！有些局，根本就没有车。"我心里油然产生了一种敬意：在这偏远的山区，在这国家级贫困县，居然对教改怀着如此巨大的热情！

终于到了交口县宾馆，穆局长没有安排我在县宾馆吃饭，而是领着我到了县城里一个小巷子里的一家小餐馆，说是请我吃交口的特色美食——莜面窝窝。说实话，我非常不习惯，又不想辜负了穆局长的好意，只好象征性地吃了一两个，便谎称自己吃好了。

第二天的观摩活动，上午：我给与会老师上了一节示范课《送东阳马生序》，交口一中的郑锦萍老师上了一节公开课《天上的街市》，然后我对郑锦萍老师的课做了点评；下午：我做了一个专题讲座《语文课堂立体教学的价值》，然后和与会老师进行了互动交流。与会老师拿到我赠送的《立体教学论》，如获至宝，有的人在听会时就急不可耐地翻阅起来了，仿佛刚出生的婴儿，急需要吮吸奶汁，获得营养。

活动结束，许多老师都捧着《立体教学论》让我签名留念。

交口之行，是我在立体教学研究道路上一次十分特殊而有意义的经历，让我亲身感受到了偏远山区老师对于教学改革的渴望与热情，感受到了我所从事的立体教学研究工作的实际意义和不可估量的价值。

七、研究“学法”比研究“教法”更重要

学习活动，是人类生存和发展的基本活动，也是联系客观世界和主观世界的重要活动。如何改进学习的条件和手段，使人类通过科学、高效、创造性地学习活动，开发智能，发挥潜力，以提高人类认识世界和改造世界的能力，这显然是一个极有意义的命题。

古今中外的有识之士和卓有成就者，都很讲究学习方法。正如达尔文所说："最有价值的知识是关于方法的知识。"早在两千多年前，我国《礼记·学记》就对学习方法的重要性作了透辟的总结："善学者，师逸而功倍，又从而庸之；不善学者，师勤而功半，又从而怨之。"大意是说，善于学习的人，老师很省力，学习可以事半功倍，并能学以致用；不善于学习的人，老师很费力气，但学习效果是事倍功半，老师还要受到埋怨。这里所谓"善学"与"不善学"，就是指学习得法或不得法。

前人和先哲在学习过程中，总结出了许许多多的很有价值的学习方法，颇值得我们学习和借鉴。例如，儒学家子思的"五之法"，即博学之，审问之，慎思之，明辨之，笃行之。郑板桥的"精读法"，他认为，过目成篇必然会眼中了了，心下匆匆无济于事。孔子读《易》三绝，不知翻阅几千篇，只有如此，书中的微言精义才能愈深愈出，愈研愈入，愈往而不知所穷，因此，读书贵在精。史学家吴含的"笔录法"，他认为读书读到精彩处，如获至宝，有所激动，有所彻悟，必须把瞬时的灵感随笔记录，以免时过境迁，精美绝伦之处得而复失。数学家华罗庚的"勤学法"，他说："勤能补拙是良训，一分辛苦一分才。"读书是"厚积""薄发"的一个完整过程，书由厚变薄是阅读能力提高的标志，知识与勤奋是俊美的情侣。理学家朱熹的"三到法"，他主张读书要心到、眼到、口到。陈毅元帅的"劳逸法"，即有劳有逸，劳逸结合，科学用脑，顺应规律，合理膳食，充足睡眠，滋补保护大脑，以提高读书效率。俄国作家列夫·托尔斯泰的"思维法"，他说："知识只有当它靠积极思维得来而不是凭记忆得来的时候，才是真理。"他认为"理想的书籍是智慧的钥匙。"法国大作家巴尔扎克的"反

问法”，他说：“打开一切科学的钥匙是问号。”英国哲学家培根的“酿蜜法”，他认为读书要像蜜蜂采百花酿甜蜜一样，精工细作，提炼升华。生理学家巴甫洛夫的“渐进法”，他认为读书像开车一样需要初始调节，克服惰性，由慢到快。脑细胞开始工作也要克服一定的惰性，方能达到最佳状态。在“学日”“学周”“学年”之初，更需注意循序渐进，逐步增加学习的难度和强度，以提高学习效率。大教育家洛克对学习的“渐进法”也做了精辟的概括：“学到很多东西的诀窍，就是一下子不要学很多东西。”正是由于这些先哲们找到并运用了科学的学习方法，所以在成功的道路上他们才走了捷径，促使他们早日成才并做出了伟大的成就。

谁都希望自己早日成才并做出成就，特别是青年时期，这种欲望更强烈。那么，有志者就应该像先辈那样，在学习活动中讲究科学的方法，找到通往成功的捷径，实现自己的理想。当代的中学生，应该清醒地认识到，上了中学，就意味着进入了学习生活的黄金时代，这个阶段的学习生活比起小学阶段，有着明显的特点：一是知识量大，中学六年就要开设二十余门课；二是难度大，抽象概括性强，综合性强，往往要理解或解决一个问题，需要综合运用各科的知识，靠“单打一”不灵了；三是系统性强，一个环节学不好，就会影响以后的学习；四是理解性强，不动一番脑子，很难掌握基本概念的实质和范围，更难以抓住事物之间的内在联系和区别，想不通过理解就去记忆或运用现在的结论行不通了；五是能力要求高，要想真正搞好学习，就要具有较高能力才行，如观察能力、阅读能力、记忆能力、思维能力、想象能力、表达能力、操作能力等。要感受到进入中学后老师对学生的学习愈来愈放手了，学习中的不少环节，需要自己独立去完成。要看到在同一个学校，同一个班级，同样的时间，同样的老师教导，学习同样的功课，不同的学生由于采取不同的学习方法，学习效果却大不一样。这正如法国著名生理学家贝尔纳所说：“良好的方法能使我们更好地发挥天赋的才能，而拙劣的方法则可能阻碍才能的发挥。”总而言之，中学阶段改进学习方法至关重要，每一个中学生要想取得学习的成功，都必须积极探索和改进自己的学习方法。有效的学习方法，是我们学习的有力武器，是我们打开知识宝库的金钥匙，是成功的捷径。

怎样才能获得科学的学习方法呢？关键是要有自信心，要坚信科学的学习方法人人都能找得到。中华人民共和国成立前，曾有一位中学教师，看到当时国民党政府的腐败，大多数学生不求上进。他出于“科学救国”，毅然从数百名学生中找了六十人成立了一个“振华班”。他经常教导这些学生：“你们之所以被选为这个班的学生，是因为我认为你们是人才。你们也应当相信自己是人才，相信‘振华班’的学生个个都是好样的。”这些学生进了“振华班”后，对自己的前途充满信心，处处想到班级的荣誉，严以律己，努力学习，与以前相比简直判若两人。四十年过去了，当年这个班的学生有不少人成为人才，其中包括美籍华人物理学家钟致榕教授。1992 年，钟教授回家探亲期间，特意拜访了这位老师，并谈起了当年的事。这位已经退休的年迈老师兴奋地说：“说实话，那时我只是随便挑了一批学生，主要是培养你们的自信力。你们全靠这股力量的推动，才成为栋梁之材的啊！”

著名的心理学家罗森塔尔，他做过一个有趣的实验。他在一个小学的各个班级里，做了一个学生能力“预测”，然后将“预测”到将会有显著进步的学生的名单告诉各班老师。实际上，罗森塔尔并没有进行真正的预测，只是做做样子而已，学生的名单是随便指定的。八个月后，他再次来到这所学校，进行了一次认真的测验，发现列入名单的学生真的有了显著的进步。这就是著名的“罗森塔尔效应”。上述两个实例有力地说明，一个学生只要有自信力，就会劲头十足，从而更好地调动主观能动性，充分发挥自己的潜能，每个学生，即使是小学一年级学生，都有自己的天赋和才能，他们在自己的天赋和才能所涉及的领域里都能最充分地表现自己，并取得优异的成绩。要树立起自信心，信心百倍地探求，科学的学习方法是会探索到的，学习是会获得成功的。

有了自信力，就具备了良好的心理状态，就意味着成功了一半。在长期的教育实践过程中，我们坚持组织学生回忆总结各自的学习经验和教训，并在全班、全校互相交流，大大促进了学生学习的改进，对提高学习效率起到了不可估量的积极作用。在每个学段完结之后，如期中、期末、年终考试之后，要求每个学生都进行“回头看”，即对这段学习实践活动进行认真的回忆总结，静心仔细想一想，自己哪个时期兴趣浓、劲头足、成绩好，为什么？在自己现有的知识中，哪些掌握得牢固，运用得较好，这又是为什么？经过这样反复地回顾和总结，就一定会发现适合自己的学习方法，从而加以不断地完善和发展。如王秀娟同学，平时学习很刻苦认真，升入中学后发现考试成绩往往不佳，在班里位于下游。但她通过回忆总结，发现凡是在学习时经过自己认真思考后，又和同学交流过的知识都掌握得较好，特别是与同学争论过的知识掌握得最牢。于是她在学习中，坚持自己多思和同学们多谈的方法，这样一来，她的学习成绩提高很快，中学毕业后，以优异的成绩升入大学哲学系。还有位叫王青霞的同学，中学一年级时体弱多病，误课两个月之久，学习成绩很差。升入二年级后，她竟居全班第四名，特别是英语成绩高出一般同学一大截。她成功的经验是，坚持在老师授课前自学。

因此，同学们要善于一点一滴地积累自己的学习经验。这种积累如滴水穿石，有一个发展变化的过程，同学们要发扬一饮一啄、不拒点滴的精神去探求。要时时处处留意，哪怕是看书时的某一点的顿悟，做题时的某一种灵感，写字时某一笔一画的流畅，学习成绩的某一点小小的进步等，每种苗头，只要有益就即刻记下来，随着时间的推移，日积月累，科学的学习方法就会逐步地被我们找到和掌握了。路就在自己的脚下，只有一步一个脚印，一步一个回头看，不放过任何讲究方法的机会，不原谅自己的丝毫懈怠，自始至终朝着探索科学的学习方法的目标前进，就一定会达到胜利的彼岸。在此最忌一日曝之，十日寒之，三天打鱼，两天晒网，其结果必然是半途而废，前功尽弃。

1994 年 7 月，我和我的母校孙吉中学校长王克明老师，组织编写了一本《高中生学习方法荟萃》，所辑 58 篇学习方法和经验，便是我们历年来组织学生总结学习方法和经验的结晶。其中，“方法篇” 34 则，都是实践学生的学习方法荟萃，史、地、政、数、理、化、语、外、生各科的学习方法都涉及了，具体朴实，可读性强。“经验篇” 12 则，是高中在校学生的学习经验荟萃；“校友篇” 12 则仍属于“经验篇”范畴，即仍是高中学生的学习经验，所不同的是，这些学习经验，都是这些学生上了大学以后才总结出来的。我们每年都向考入大学的同学去信，请他们给母校的校友介绍他们成功的学习经验与体会。这些上了大学的人，回头总结在中学的学习经验，显然立足点较高，别有创意。这些同学给母校的回信，并不是一封封普通的回信，而是一颗颗飞回母校的心。他们虽然久别母校，远离老师和校友，但眷恋之情、怀念之意仍然溢于言表，相信每一个同学读了他们的学习经验，无一不会被他们诚挚的拳拳之心所感动，无一不会被他们成功而引人入胜的学习经验所折服。的确，这些同学联系自己的学习实际，从学习的目的、态度、方法、毅力诸方面介绍了各自的经验与体会，读来叫人既很有收获又倍感亲切，是这本书里难得的珍品。它也的确使许多同学激动不已，得到了鞭策和鼓舞！

相信这些同学的学习方法和经验，一定会给每一位中学生启迪和借鉴，使大家在学习中少走弯路，找到捷径，如虎添翼，大获成功。倘若同学们读了这本《高中生学习方法荟萃》，都或多或少地找到了适宜自己的学习方法，并积极尝试，从而获得了益处，我们就由衷欣慰了。

在此书的编辑过程中得到了许多同仁的帮助和支持，尤其是著名诗人、教育家、人民教育出版社总编辑刘国正老先生，亲自为本书题词：“过河要有桥，学习要有法。”全国著名教育改革家、特级教师魏书生老师亲自为本书题写书名。书中也收录了我在孙吉高中的学习经验《我是怎样学习的》：

我是学文科的，对理科科目当然不能班门弄斧。不过我首先要说的是，不论学文还是学理，都必须树雄心，立壮志，要把眼光放远，目标要大，胃口也要大。目标对于应考的人，就是力量、速度和生命。要有不服输的精神，有“野心”，千万不能将就。假如你说你想考个中专，这样就会缺乏高标准、严要求的动力。的确要站得高，才能看得远。我不是吹自己，在高中的两年，我每天都坚持练长跑到五千米，打了上操铃，我又跟上同学上操，因为在那时，我就认识到了“体育乃载知识之车也”，干一番事业，必须有健康的身体作保证。同是一个脑袋，同是一样地接受教育，人家能办到的事情，我们难道办不到吗？

目标、理想、志向云云明确了还不行，还要实干，包括苦干和巧干。苦干为主，巧干相助，巧是苦干的基础上摸索出来的。

读书要会读。我在学习里，是讲效率，不讲形式。我对一句谚语总是记忆犹新：“读书不知意，等于啃书皮。”这大概是我的学习方法和概括。我每读一本书，看一页，看一句，看一字，都要问一问写书的人，写这一字一句一段是什么意思？对表达中心思想起何作用？这一谚语确实比喻贴切、准确。同学中，盲目啃书的人很多。比如有的人看小说，先看热闹，有的甚至一目十行；可是，你若问一问那本书的语言特点、中心思想、表现手法等等，他却一概不知。这样的看书学习，纯粹是对书本的欺骗。

在中学里念书，我认为语文是关键，语文之道一通，则其余之道皆通。可恨的是，一些无知的人把语文课当“橡皮课”而忽视了。这些人是将要吃后悔药的。语文学得好，理解水平高。不是有的理科学生到了考场，连人家出的题意都不理解吗？人家问某地区与某地区的气候有何异同？你不理解“异”这个生词不行，若只理解“同”字这个词，不行！这不得不使人啼笑皆非，然而，卷一交，场下，其苦难状，早已悔之晚矣！我在中学，把语文、地理、历史、政治书本都抄过一遍，我不希望你们这样蛮干，但我还想让你们学一点这种苦干的精神。语文学习分两个部分，一是现代文，二是古文。二者皆不可忽视。现代文主要包括“现代汉语”基础，即语法、修辞、字词等；再包括课外阅读，即为作文打基础，明确了这两点，就要基础抓牢，杂志多看，我推荐《中国青年》报上的一些短文章请大家看，万万不可看长篇巨著，因时间紧迫啊！古文说难也不难，难在它孤僻少见，易在它有规律，如句法上有宾语前置、状语后置、定语后置的规律。不过，古文要着重注意虚词，具体讲，要注意文言助词，文言助词关系重大，但我主张联系具体的文章学虚词，不要把虚词单独隔开学。

搞文的人往往忽略数学学习。认为数学对搞文的是辅科，要懂得红花虽好还得绿中扶！考学人家看总分，不是看你的哪一门好而录取，数学添分是啥样，拉分又是啥样，望大家细细思量、斟酌、权衡。至于对数学复习的具体妙方，我不懂，没有，但我只知道，数学确实不同于语文，它必须多演题、抓类题、触类旁通。语文只看不多写不行，数学这也是硬关口。

历史学习，首先要弄清概念，把大的事件年代有个准确的了解，学习要对比着学，历史就必须对比着学方轻松。历史分世界史和中国史，这二者是有联系的。对比着学会学得牢。再注意，历史学习要注意各朝代交接处，经常在这里有重大的事件，如农民起义、变革等。

地理学习要联系地图，地理复习说透了可以说是地图学习，把世界和中国的各种地图必须死背在脑子中。看文字，也要联系地图，这样记得快、活、牢。地理学习也要对比，比如学习气候，对比某地区与地区之间，国与国之间有何异同。必须会联想，这对学文的来说最重要，其实学习也需要形象思维。

学政治，必须把基本概念记准确，在此基础上，才能运用它来解决问题。学政治、历史、地理，必须博览。

外语必须重视，记单词要对比着记，如 ear 前面加个 n 就接近了（near）。要手、脑、眼——各器官都调动起来，一边念，一边写，一边记。这点也可推广到学习各学科上。

另外，我想谈谈关于参考资料的问题。首先声明，我考上学校是一本外来资料没有买。连朋友给的都没多看，我总觉得必须把课文抓好，在此基础上多看一些资料也是必要的，往往有很多人善于买资料，但善于买资料的人并不等于是真正爱学习的人，这些人大都当了读书保管员了。学习是个苦差事，比体力劳动要苦的多，这一真理望同学们明确再明确。

重复是学习的母亲。一个人对一个问题并不是一见就能记牢的，需要反复才能记牢。古人云温故知新，我深有体会，每当我重温过去学过的知识时，总有新的收获。从某种意义上讲，重复的过程往往会把各种知识联系起来；相辅相成，互相补益，才能学好，复习还能检查以前所学的知识，若以前知识掌握不准确则立即改正。有的知识在脑子里只是个印象，但一重复就会在脑子里留下难忘的印象。

回忆是学习的妙方。这点尤其在学习史、地、政治上突出，如学历史，怎样才能记牢呢？这要把握住时间概念。学地理要把握住空间概念，从古到今回忆，这样记牢了，再从今到古回忆，两次都过关了，则基本的东西就抓牢了。地理也可以从大处往小处回忆，又由小处往大处回忆。学地理，抓各章的总论概述是关键。

最后，我认为，各门学科都不是孤立的，是互有联系的，如果你把它们联系的东西找出来了，则就抓住了要害。语文、地理、历史、政治、外语、数学都是联系的，要弄清其间之关系，需要探索和苦战。再一点，学习必须永远保持清醒的头脑，不要打“疲劳战”，打此战不合算。这又牵扯到提高效率了。

想说的话甚多，还是少说的好，不一定起作用。假如能起到抛砖引玉的作用，那就是我的一点心愿了。

八、请钱梦龙老师为拙著写序言

1997年9月，刚开学不久，我曾以运城地区立体教学研究会会长的名义，邀请钱梦龙老师到我们运城地区讲学，主题是“全国著名语文特级教师钱梦龙学术报告会议”，主办方是运城地区立体教学研究会，内容是上一堂示范课，做一场讲座。钱老师竟然愉快地答应了，这让我们着实受宠若惊，喜出望外，因为当时我还不认识钱梦龙老师，联系讲学的电话还是从朋友处讨来的，怕觉得我们冒失。让我记忆犹新的是，飞机票都买了，开会通知也发下去了，只剩两天就要开会了，晚上我忽然接到钱梦龙老师的电话，说实话，当时我的心都提到嗓子眼那里了，怕钱梦龙老师会因为各种原因说他来不了。我下意识地提醒自己要有最坏的心理打算，全心全意地聆听钱梦龙老师的电话：“春成，是春成吧?”我说：“是，是，我是春成。钱老师，出现什么情况了吗?”

“没有出现什么情况。我给你电话，是想叮嘱你一件事情，我讲课，请在课前不要提前告诉学生我讲什么内容。晓得了吧?”钱老师提醒我。

我马上回道：“好的，您放心，祝钱老师一路顺利!”

钱梦龙老师为什么讲课之前不让学生知道他讲什么内容？这个问题我琢磨了好长时间，最终自认为悟出了其中的深意，即给学生一种新鲜感，至于课堂上对学生的启发、点拨、引导、激励等，就全赖老师的教学艺术了。从此开始，我在任何地方给学生上课，都不让学生提前知道教学内容。

我不放过钱梦龙老师运城之行这个很好的机会，真诚地拜钱老师为师了！我请钱梦龙老师为我的专著《语文课堂教学艺术漫谈》（1998年语文出版社出版）写序，钱老师痛快地答应了。钱梦龙老师在序言里，给予我极高的评价，实在令我汗颜：

这是一本实实在在的语文教学“谈艺录”。全书70章，总共列出了70种不同名目的教学艺术，林林总总，凡语文教学中可能触及的“艺术”问题，大致都已包罗。这本书对许多正在为语文课引不起学生的学习热情而思索着对策的老师们来说，确是能够使人开窍的“法宝”。

什么是“艺术”？

理论家好下定义，这大概是研究理论必要的能力，然而，无论何种艺术，经过定义的“蒸馏”，提纯出一串抽象的概念，人们便再也无法感受到艺术固有的鲜活和灵气，艺术家又往往视艺术为独得之秘，说得云遮雾障，玄之又玄，使不知深浅的初涉者只能望之而却步。好在人们还有一个退路，就是援引那句从古到今不知被多少人重复援引过的名言：只可意会，不可言传。

在对待语文教学艺术的问题上，情形也差不多。

这就是为什么人们对语文教学科学性的谈论和研究甚多，而对语文教学艺术性的谈论和研究相形之下要寂寞得多的原因所在。人们似乎有一种普遍的看法：语文教学作为一门科学，是客观的、实证的、可知的，而作为一门艺术，则关乎教师的修养和气质，带有鲜明的个人印记，因而是主观的、非实证的、不可知的。几年之前，我曾有幸观摩一位名师的示范教学，就听到几位观摩者一边赞叹“这简直是艺术享受”，一边却发出了“好虽好，可我学不来”的感喟。问他们为什么学不来，几乎众口一词的理由是：因为没有名师的修养和气质。

对教学艺术的这种认识，既不利于开展教学艺术的研究，事实上也不符合教学艺术的实际。诚然，教学艺术要能娴熟自如地运用，跟教师多方面的修养乃至气质有关。但教学艺术自身总有其内在的规律，正如任何艺术门类都有各自的艺术规律一样。即使是抽象主义的现代绘画，无论其抽象甚至怪诞到什么程度，总还要受色彩和体积感两大因素对立统一规则的支配。我们观摩、欣赏名师的示范课往往目迷五色，叹为观止，而自问无名师的修养和气质，于是便以为教学艺术确实深不可测，高不可攀，这其实只是一种对名师盲目崇拜的心理在作怪，只要我们能够排除这种有害的心理，透过名师们教学过程中异彩纷呈的艺术表象，追寻其教学思路的轨迹，就不难发现他们运用教学艺术所以成功的根本。这根本，就是规律，就是对名师的教学艺术起着支配作用的普通法则。名师之所以高人一筹，只是由于他们个人独到的素养和丰富的实践经验，使他们能够比一般教师更娴熟，更自如地掌握和运用这些普通法则而已。

因此，我想，如果我们能以自觉、客观的态度去研究教学艺术的规律和普遍法则，使之科学化、有序化，成为可以把握和操作的原理、原则、方法、技巧，那么，名师们达到的教学境界不就不那么深而不可测、高而不可攀了吗？语文教坛上不就“人皆可以为尧舜”了吗？自然，要进行这项研究，困难的程度是可想而知的，它不但要求研究者对教学艺术有实践的体会和深刻的理解，而且还要积累丰富的感性材料，具备相当的研究能力。我有志于此项研究久矣，但考虑到时间和各方面条件的限制，至今未敢贸然动手。

令人欣慰的是，这项功在语文教学的研究工作已经有一位年轻人在做了，而且已经做出了斐然可观的业绩。这位年轻人就是本书的著者孙春成老师，本书就是他已经取得的业绩中的一小部分。说是“一小部分”，因为在本书之前，他已先后出版了《“立体教学”初论》《“立体教学”再论》《“立体教学”三论》以及集大成的《立体教学论》；不但出了书，而且还在运城地委宣传部、运城行署教委和运城行署民政局以及许多志同道合者的支持下，于 1997 年 4 月成立了“运城地区立体教学研究会”。今年经山西省教育科学“九五”规划课题领导组评审，孙春成同志的《立体教学论》已被正式批准列为山西省教育科学“九五”规划课题，孙春成同志担任课题组组长。参与研究和实验的老师达 2000 多人，其影响所及，实际上已经不限于运城地区，甚至超越了山西省界，正在向更大的广度辐射。春成的业绩，不仅在于理论上的建树，还在于他的理论正在转化为群体性的实践，这就使他的研究比起同样已经有所建树的其他人的语文教学研究来，显得更富活力，更有后劲。

为了全面地向读者介绍本书，我想先说几句关于“立体教学”的话，因为本书所涉及的内容，就是春成所建构的整个“立体教学”系统中最重要的一个子系统。

何谓“立体教学”？春成在《立体教学论》里下过一个定义：“所谓‘立体教学’，是指课堂教学具有一种‘立体感’。或者说，能给人一种‘立体感’的教学便是立体的教学。”如果我们不是用逻辑规则去苛求这条定义，而凭我们经验去“感知”，那么它的意思是很清楚的。我们听名师或优秀教师的课，常常会感到教学容量的厚实；这样的课上，知识传授、能力训练、情感陶冶、意志培养、个性发展……浑然交融，汇成一股推动学生积极上进的巨大影响力，学生在这股力量的驱动下，无知者变得有知，少能者变得多能，愚笨者变得聪明，懒惰者变得勤奋。这是教学艺术的运用达到极致的境界。听这样的课，既感到目标明确而集中，但又无法仅指其一端，只觉得一堂课是一个完美的整体，其功能是综合的、多维的、全方位的。这种感觉就是“立体感”；这样的教学，就是“立体教学”。我推想，春成在建构“立体教学”理论体系的工作中，虽然综合利用了多门理论学科的研究成果，但归根结底还是立足于他自己以及许多优秀教师（包括名师）的生动的教学实践。我很赞成波兰教育家奥根的话：“教学论不是凭思辨，而是凭先进教师的理论概括以及实验和观察，来揭示一系列规律的。”春成洋洋 58 万字的《立体教学论》，正是从大量的成功教例中“揭示一系列规律”的产物，也正因此，它和那些关在玻璃窗里仅凭思辨写出的理论著作异其旨趣；它具有可贵的实践品格，当然也就有很强的可操作性。我想，这大概就是春成的“立体教学”理论为什么拥有众多的支持者和实验者的根本原因吧。

现在可以说说这本《教学艺术的法宝》了。它实际上是《立体教学论》的“精华本”：从母本《立体教学论》中精选专谈教学艺术的章节，重新编目，增补纂辑，使之自成一个独立的整体，就成了这本《教学艺术的法宝》。看书名便可以大致了解此书选编的宗旨：只谈教学艺术，不做一般的理论探讨。与厚厚一册的《教学艺术论》相比，薄了不少，理论色彩也淡化了，但作为一本语文教学方法的“谈艺录”，内容更集中于艺术方法的介绍，因而实用性明显增强了。这一点，读者只要浏览一下本书目录就知道了。我只想提请读者注意作者在《后记》中表述的一个观点，他说：“一堂课就是一篇文章，就是一篇流动的艺术作品。”这个比喻对我们运用教学艺术很有启发。写文章要讲究艺术，“言之无文，行而不远”，这里的“文”指的就是文章的艺术性。写文章的过程，就是作者借助于语言文字、艺术地构思和表达的过程，用它来比喻教师的备课和上课，的确再也恰当不过了。上课时的挥洒自如，正是备课时惨淡经营的结果，一堂课如何开始，如何承接，如何推进，如何收束；何处设悬念，何处求照应，何处掀波澜，等等，都跟写文章一样，在下笔之前要周密考虑，胸有成竹。而凡是好文章，无论用了多少艺术手法，给读者的感觉总是如行云流水，全无刻意雕琢的痕迹，这种浑然天成的整体感，也正是一堂好课要追求的效果。我们如果用这样的观念来看本书介绍的林林总总的艺术方法，就会发现各种艺术方法之间精神上的内在联系，到具体运用的时候，就有了“主心骨”，就有可能创造出自己的艺术个性。

最后，还想用一点篇幅向读者介绍一下本书的作者，尽管这篇序已经写得很长了。作者孙春成，青年语文教师，现任山西运城地区语文教研员，到今年为止从教 13 年。12 年前，也就是踏上讲台的第二年，就凭着“初生牛犊”的那股可爱的傻劲，一头扎进了“立体教学系统工程理论”的研究。那时他才 24 岁。没几年，正值“而立之年”的他就出版了第一本论著：《“立体教学”初论》，然后就像“三级跳”似的，《“立体教学”再论》《“立体教学”三论》以及《立体教学论》一本接一本地相继问世，现在又把这本《教学艺术的法宝》摆到了读者面前。每“跳”一步，都留下一个坚实的脚印。一个年轻人，为什么能够在不太长的教学生涯中取得如此令人瞩目的成绩？这对广大语文教师，尤其对青年语文教师又有哪些启示呢？

如果允许我放开写的话，我不假思索就可以写出好几条，例如他对教育工作的挚爱，例如他对选定的目标的执着追求，例如他的刻苦勤奋，等等，每一条都可以好好发挥。但这样写，这篇小序肯定会尾大不掉。我只能选择自己最感兴趣的一条，即春成的知识结构与他获得成功的关系问题，谈些粗浅的想法。为什么选定这个话题？因为我常看到有些青年教师主观上也很想有好的作为，然而他们平时除了看几本有关语文教学的书和杂志外，几乎不看别的书，尤其对那些被他们认为和语文教学“无关”的书，从不翻一翻。他们在教学工作中也许能够获得一些小小的成功的喜悦，也可能发表几篇文章，但知识面狭窄的限制，最终使他们难成大的气候。春成则不同。从他的主要研究成果《立体教学论》所涉及或隐含的知识门类看，他的涉猎颇广；他在建构立体教学理论体系的时候，综合吸取了系统论、信息论、控制论以及哲学、教育学、教学论、心理学、思维科学、美学乃至几何学等多门学科的研究成果。看得出，他的知识面在横向拓展上已有一定的广度；再从纵向的楔入看，他在教学理论领域的钻研尤有心得，达到了相当的深度。横向的“广度”和纵向的“深度”相结合，形成了学者们所说的“T”形知识结构。这种知识结构，使他的研究工作既有宏观的视野，开阔的思路，又能深入研究对象的里层，发微探幽，显示了很大的优势。我想，那些既希望在语文教学上有所建树，又不重视拓宽知识视界的老师们，是可以从春成的成才历程中吸取一点经验的。

如果这篇序不但引发了读者阅读本书并进而研究教学艺术的兴趣，而且由于我对本书作者的介绍而激起了青年朋友励志成才的热情，因而有许许多多像春成一样优秀的青年教师涌现出来，那么，我作为这篇序的作者，一定会从春成以及所有成才者的大快乐里分得一份属于自己的快乐。

1997 年 12 月 28 日于沪郊之两误轩

凡是有大学问的人，恰恰都十分地谦虚。钱梦龙老师就特别的谦虚，也特别的实在。他洋洋洒洒 3000 余字的序言，一笔挥就，他将原稿寄给了我，而不是复印件。我看了序言，深深感受到了钱老师的真诚，更是为他的书法感到震撼。随序言，钱老师还给我写了一封信，这封信让我感动不已：

春成：

首先要道歉，因为杂事的干扰，短短一篇序写了好长时间，才勉强完成。期间写写停停，文思屡被打断。我又缺少一点“捷才”，写作中从来没有体验过“文思泉涌”的快感，有时甚至像“挤牙膏”，写得很累、很苦。所以凡约我写东西，我一般都要事先打招呼。

拜读了惠寄的大作，确实从心里钦佩，脑子里首先“蹦”出的三句话是：后生可畏，后生可爱，后生可敬。我的感想基本上都已写进了“序”中。21 世纪的中国语文教学就要靠你们了！

关于拙序中提及的“立体教学”的定义，建议你再琢磨一下，你下的定义中，对“立体”这个最关键的概念没有给予必要的定义，表述中采取概念“循环”的办法（立体教学就是给人以立体感的教学），而根据一般逻辑规则，定义是不得循环的。

拙著《导读的艺术》另用挂号寄上，你还要等几天才能收到。那是近几年一些文章、实录的结集，卑之无甚高论，只是几个教例，对你的研究也许有点参考价值。精装本都已赠完，只能寄平装的了，请谅。并请指正！

向你介绍一位年轻的朋友，他叫杨青松，尊著中也屡次提到过他。他原在四川绵阳工作，后经我介绍进上海师大进修硕士研究生。现已结业，就在嘉定进修学院任教。我跟他说起你，他很高兴，很想和你交个朋友。你能否寄一本《立体教学论》给他，作为“订交”的开始？杨青松的地址：上海市嘉定区教师进修学院。邮编：201800

拙序中如有不妥之处，请尽管删改。

祝百尺竿头，更进一步。在 1998 年取得更丰硕的成果！

握手。

钱梦龙

1997 年 12 月 29 日晨

钱老师给拙著《语文课堂教学艺术漫谈》写序的时候已经 68 岁了，但从字里行间，我们依然可以感受到他的激情。钱老师在信中指出的立体教学概念“循环”的问题，一针见血，一语破的，指出了当时我们对立体教学的认识是多么的幼稚和极不成熟。他扶携后辈，甘当人梯，令人钦佩！并寄赠我他的新作《导读艺术》，他古道热肠，乐于助人，向我介绍新朋友，可亲可敬。

2000 年 10 月，钱老师来到深圳罗湖区讲学，我专程前往学习，并和他老人家合影留念。

从 2000 年 10 月 26 日我给钱老师的信中，就可以了解当时的情况：

尊敬的钱老师：

您好！

终于有幸在深圳和您老人家重逢，并得以亲耳聆听先生的学术报告，内心的激动难以言状。我是无意中，因 10 月 23 日给黄觉副局长打电话，才知道您来深圳的。我便买了一卷胶卷，做好与您老合影留念的准备；又和教师调了课，准备次日专程拜见恩师：这是我积久的夙愿，我一整夜都难以入眠。刚步入会场，我一眼就认出了您，因为您赠给我的《导读的艺术》一书的折封与扉页有您两张照片，我不知道端详了多少遍。钱老已 70 高龄，但依然步履铿锵，精神矍铄，风度翩翩。我由衷地祝福钱老精神焕发，永远年轻！

我能够走上语文教研这条幸福的道路，完全得益于像钱老这样的前辈们的指点、鼓励与帮助。在电话里，您老人家曾说："我永远是你立体教学的支持者!"这种鼓励是无价的，是我最大的精神财富！说实话，我纯粹是您老所说的那种"傻子"！我唯一能够对得起钱老的，就是我一直没有放弃自己的追求！

在"立体教学"理论基本形成的情况下，我结合立体教学实验的新成果，完成了"立体教学"的模式化工作，使之更具操作性。《语文课堂立体教学模式》一书，近30万字，可望在明年由广西教育出版社出版。为了攻克我的立体教学模式，我研究各位名家的教学模式，积累了许多资料，又编著了两本书，即《中学语文课堂创新教学模式》和《小学语文课堂创新教学模式》，将由中山大学出版社出版。我下一步的目标是向钱老学习，亲自登台示范自己的教学模式。

钱老师，我坚信，您的成就和您所培养的学生会使您永恒！我及我的全家都十分地感激您！

请代问师母好！

此致

敬礼！

您永远的学生：孙春成

2000 年 10 月 26 日于深圳立体教学书屋

2003 年第 7 期《中学语文教学》杂志开辟"立体教学"课例研讨专栏，我给钱老写信，希望他能够为我的教例——《扔掉可惜》猜读续写一则简评，钱老在电子信箱里及时给我回复：

春成：

稿件已收到。请放心。

我早说过，你的舞台在全国，这是个"大舞台"，可供你更充分地展示才华，纵横驰骋。把自己局限在深圳一隅，斤斤于鸡虫的得失，必然限制了自己的发展。看到你目前的发展，真为你高兴！

大作已存入 U 盘，待手头几件事告一段落后就拜读。过去为你作序的那本漫谈教学艺术的书你手头还有吗？能否立即寄一本给我（最好用快递），那篇序我写作时要用。你过去给我的那本书被一位老师借去看了，至今未还，可我又忘了是谁借的。真没办法。

握手！

梦龙

2003 年 3 月 24 日

九、《中国教育报》报道《建树“立体教学论”的人》

1998年1月2日《中国教育报》第3版刊载了中国教育报驻山西省记者站站长杨书华写的一篇长达1000余字的报道《建树“立体教学论”的人——记山西省运城行署教育局教研室干部孙春成》，全面反映了我从教14年来的基本情况：

1997年9月，一部系统的《立体教学论》专著正式问世。在此之前，关于研究立体教学的初论、再论、三论也曾相继出版。谁能想到，写出这些教学理论专著的作者竟是一位30多岁的年轻人，山西省运城行署教育局教研室干部、运城地区立体教学研究会会长孙春成。

他年轻，1984年从山西大学中文系毕业。毕业后被分配到临晋中学任教，一干就是8年。1991年底调至运城行署教育局教研室从事语文教研工作。

常言说，人生青春最美好，正值橙黄橘绿时。大学时期的孙春成爱好广泛，富于幻想，自从分配到临晋当上教书匠后，才使他变得实际起来。尽管是短暂的教育实践，而他这个心怀抱负的青年，从未放过点点滴滴的业余时间。他顺应教学规律，开始致力于“立体教学系统工程理论”的探索。那时，他为自己设计研究命题百余项，建立起教学笔记、教育日记数十种，所记文字达2000余万。每当暑假来临，无疑是他紧张拼搏的时刻：房门反锁，脖子上搭条毛巾，光着膀子，挥汗写作；寒假，除了写作，就是如饥似渴地学习各种教育理论。他借鉴中外教育科学理论，充实自己，为了探求课堂教学规律，竟执着到痴迷忘我的地步。与心爱的恋人成婚旅游度蜜月，是一个最幸福的时刻，可他于1985年5月1日完婚三天后，就冒雨返校登上课题研究实践的课堂。他把个人做出的牺牲，视为对事业的播种。

收获的季节终于来临。1986年12月，他的教研论文处女篇《“立体教学”初探》在全国中学语文教学研究会会刊《语文教学论坛》第6期上发表了。从此，他的研究竟像奔驰的战马，一发而不可收，年年都有新作问世。1990年10月在厦门召开的全国青年教改新秀第二届研讨会上，他的教学演示，博得听课者的掌声，并荣获优秀奖；1993 年山西教育出版社出版了他的《“立体教学”初论》，得到教育界的好评；之后，再论、三论，一直到 60 余万字的《立体教学论》专著的出版，只经过了短短 5 年时间。

一枝独秀不是春。他在期盼着一批青年骨干成为立体教学的能手，成为他共同研究领域中的伙伴。1995 年初，在他的倡导下成立了“运城地区教育学会立体教学专业委员会”。为了打破全国各地各自为战、互不沟通的局面，他跑遍运城各县，深入学校，发展会员 300 余名；为了给广大青年教师提供思想火花直接碰撞的机会，为了让理论从学员们的手中解放出来，他上山下乡，直接服务教学，向香港和贫困县区赠书千余套，并于 1997 年 4 月成立了“运城地区立体教学研究会”。11 月 1 日，展示全国青年教师教学风采的大会召开，全国青语会立体教学实验课题组的优秀教师在大会上分别做了示范课。

一枝奇葩，引来春花满园。面对掌声和荣誉，孙春成感到的却是一种压力、动力和心中的那股向上力量的冲动。他在等待着来年的拼搏。

十、登上了《语文教学通讯》封面人物

毫不夸张地说，作为一个语文教师，能够登上《语文教学通讯》杂志的封面人物，是一项巨大的荣誉，也是所有语文教师梦寐以求的理想，因为都是在语文教学方面有所建树的人才有资格登上《语文教学通讯》封面人物的。封面人物当然是放在杂志最显赫的位置的第一个专栏里，一般有两个内容，一是刊登能够体现或代表封面人物语文教育教学思想最高水平的一篇论文；二是对封面人物的介绍文章，一般都会是有一定影响的人执笔。我光荣地登上了1998年第5期的《语文教学通讯》封面人物（如下图）。

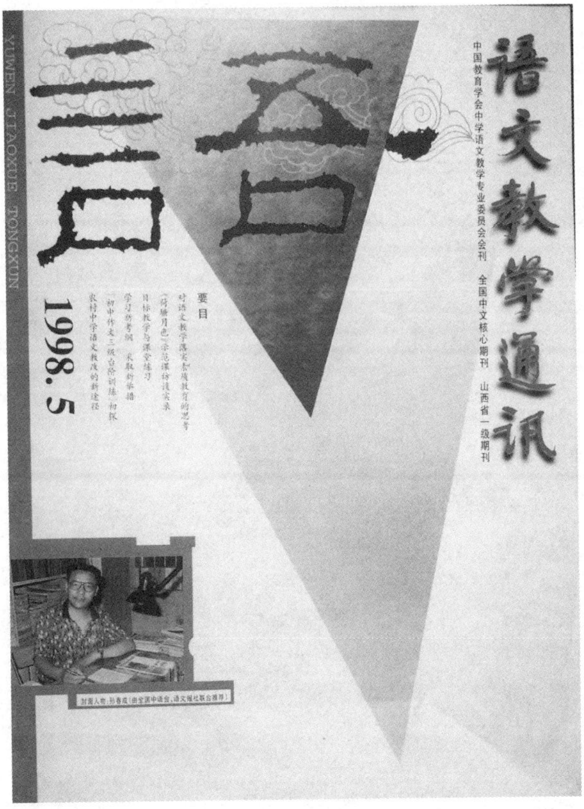

上面刊登了我的立体教学三探《思维的立体性结构及最优化运动》。还刊登了山西省教研室主任贺斌的介绍文章《孙春成和他的“立体教学论”》：

孙春成同志自1985年开始致力于“立体教学系统工程理论”的思考和探索，自设研究子课题达200余项。他关于立体教学研究的论文多次在全国获大奖，其中有四篇连续荣获全国优秀论文评比一等奖，见诸各专业杂志的立体教学专论达50余万字。1990年10月，在厦门召开的全国青年教改新秀第二届座谈会上，他应邀向与会代表作教学表演，获得了好评。他的治学事迹多次被有关报刊介绍和宣传。孙春成同志现任全国青语会常务理事、立体教学实验课题组组长，运城地区立体教学研究会会长，《语文周报》《山西电教》特约编辑，《教研向导》责编。1993年山西教育出版社出版了孙春成同志的《“立体教学”初论》。时隔三载，又推出了立体教学的再论、三论和《立体教学论》，共计150余万字，系统科学地论述了立体教学思想，被誉为“活的教学方法论”。1997年经山西省教育科学规划领导小组批准，《立体教学论》已被正式列为山西省教育科学“九五”规划课题，孙春成同志任本课题主持人，这一切为孙春成同志作为“立体教学论”的创立者奠定了坚实的基础。

多年来，语文教学效率不高，少、慢、差、费的问题一直困扰着广大师生。那么，如何向课堂45分钟要效率呢？孙春成同志怀着火一样的热情和忘我的奉献精神，以透辟的哲学思考，紧紧围绕如何提高课堂教学效率这一关键问题潜心研究，大做文章。由实践到理论，由原则到方法，由系统到局部，由模糊到具体，由宏观到微观，思前人所未思，创前人所未创，努力揭示课堂教学的本质及规律，不断推出新的思路、新的方案和新的改革，寻找冲出困境的突破口。他进行立体教学专题研究已达13年，这种锲而不舍、奋斗不息的执着精神令人感动。登高方能望远，厚积才会薄发；做学问贵积累，不积累难以有所大成。孙春成同志13年如一日坚持记教育笔记、写教育日记达30卷子，2000余万字。他有《“立体教学”初论》《“立体教学”再论》《“立体教学”三论》和《立体教学论》奉献于世，无不得力于他平日的刻苦治学、勤奋积累。其治学事迹已被收入《中国当代教育名人辞典》。他还借助成立立体教学研究会的方式，总结推广立体教学的研究成果，使立体教学理论指导教学实践，又通过教学实践不断丰富、发展立体教学理论。现在，一批青年教师正以极大的热情投入立体教学的实验和研究，在大面积提高课堂教学质量上取得了令人瞩目的成绩。

而今，立体教学已被许多名家所肯定，也逐步被广大教师所接受，充分显示了它具有的科学性和极强的生命力。立体教学理论是一个很有创见的理论，立体教学研究会是一个个性鲜明的学会，立体教学实验也是一个极富特色的实验。立体教学理论的价值还在于它不仅仅属于语文学科，如果其他学科进行立体教学实验，相信同样也能够收到省时高效、事半功倍的效果。

1997 年 5 月，孙春成同志应山西省政府对外办公室之邀，作为全省跨世纪学术带头人赴香港、泰国进行了立体教学学术交流和考察，使立体教学跨出国门，走向世界。《中国教育报》于 1997 年 6 月 18 日报道了《运城：孙氏“立体教学”出国交流》；又于 1998 年 1 月 2 日对他的治学事迹做了报道《建树“立体教学论”的人——记山西运城行署教育局教研室干部孙春成》。有名气了，邀请孙春成讲学的单位也更多了，但是，孙春成同志总是以“决不收讲学费”为先决条件，他感动地说道：“大家能耐心地听我的立体教学，这就足够了，我得到了比金钱更重要的东西，这就是大家对立体教学事业的肯定和支持!”他还多次向全国的同行及贫困地区赠送自己的论著，同时还设立了立体教学热线电话（0359－2092884）和传呼（128－1921849），热情同全国各地的立体教学爱好者互相学习、切磋和交流。

我们衷心祝愿立体教学能够在大江南北开花结果，为造就更多的跨世纪的优秀人才，为推动我国教育教学改革的不断发展做出贡献！

其实，早在 1995 年第 1 期的《中学语文教学》就报道了我的治学事迹。在第 1 期“青语园地”栏目里，该刊记者阿英发表了一篇报道《梅花香自苦寒来——记立体教学理论的开创者孙春成》：

很久以前就收到过署名孙春成寄来的稿子，但并未引起注意，后来看其他刊物多次出现他的文章，还以为一定是个有城府的学究了。直至去年 8 月在北京人民大会堂召开“全国青语联谊会”筹备会，方知道他是这么年轻，讲起话来像开机关炮，风驰电掣，给人一种活力。然而因公务繁多、加上会期太短，我们始终得不到机会长谈，这件事至今仍令我耿耿于怀，心存不快，因为那毕竟是一次极好的向他学习的机会。

就是这个来去匆匆、办事麻利的小伙子，大学时代曾迷恋诗歌。因家贫买不起书，他就在三年间几乎抄遍山西大学图书馆的全部诗集，并且坚持每天一篇作品的创作：或小说，或散文，更多则是诗歌。一次次寄出却一次次遭退稿，但是他并不气馁，此路不通就寻他途，转而进行漫画创作，依然是每天寄两三张习作，依然是日复一日的退稿。终于尝到作品发表的喜悦时，却也离毕业分配不远了。

命运使他来到了一个遥远的农村中学——临晋中学。特定的环境使他不得不搁置起他的诗人梦、画家魂。面对一张张渴求知识的脸，他开始承受起一个教师的全部。教学，使他对那个“一桶水与一碗水”的道理体会得越来越深刻。尽管孩子们佩服一个诗人，也想有一个是画家的老师教他们语文，但他们首先需要的是一个称职的语文教师。认识到此，从 1985 年起，孙春成开始写教学笔记、教育日记，并自设命题200余项，致力于“立体教学系统工程理论”的思考与探索。然而，上有年过七旬、体弱多病的父母，下有几岁的孩子，且有责任田需要耕种等许多外部困难，加上教龄短、经验少等内部因素都一股脑地压下来，容不得他喘一口长气，他感到很累、很疲倦。但他横下一条心，发笔于夜深人静时，常常是彻夜不眠。假期本可以稍事放松，但他却更加勤奋。烈日炎炎做不得“君子”了，就挂上条湿毛巾，仅穿一条短裤——赤膊上阵，挥汗如雨；即使北风呼啸使身上发抖也顾不上坐家里的热炕头，大年初一上午给父母拜过年，下午就回到学校伏案写作了。艰苦的耕耘，终于结出了丰硕的果实。1986 年 12 月，一篇题为《“立体教学”初探》的论文的正式发表，掀开了教学论新的一页。从此，孙春成的人生里程中也记下了成功的喜悦，收获的欢欣。1988 年 4 月《关于“立体教学”的思考——“立体教学”再探》在“陕甘川晋冀中语研讨会首届年会”上获优秀论文奖；1988 年 8 月《“立体教学”与思维——“立体教学”三探》被选入山西省教学改革与经验研讨会交流；同年，他的《知识积累与能力培养——“立体教学”四探》又获“全国青年教改新秀论文评选活动”优秀论文一等奖。其间他还发表过多篇教学、教育论文。

从初探、再探到三探、四探，孙春成从不同角度探讨了立体教学的若干领域，同时他还借鉴了信息论、控制论、系统论等三论思想以及教学论、艺术论、思维科学、教育学、心理学等多学科知识，并以自己几年教学、教改实践为依据，深入研究了现代教学过程的基本规律及其内涵。以“四探”为经，以科学的、艺术的、思想的多种积淀为纬，孙春成构筑了他的理论大厦——立体教学理论。而《“立体教学”初论》一书的正式出版，则是这大厦的第一方奠基石，著名语文教育家刘国正先生欣然为该书题写书名，教育改革家魏书生则为该书作序。社会各界对该书出版也给予了高度评价。一时间，各地要求进行立体教学实验的多达两千余人。于是，孙春成发起成立了全国唯一的研究立体教学的组织——运城地区立体教学研究会。

梅花香自苦寒来。孙春成以他的艰苦努力，开创了教学论研究的一个新的时代。尽管“立体教学”这枝幼苗还很嫩，尽管他走过的路还不长，但凭借他的勤奋与思索，定会使这枝幼苗成长壮大为一棵参天大树。他所走过的路，正如他的专著《“立体教学”初论》一样，会带给青年教师们许多启迪，会带给青年学子们许多动力。

十一、成功背后有一个贤内助

1998 年我荣获了山西省“运城地区首批青年学术技术带头人”荣誉。成功的背后都是因为有一个贤内助在默默地支持着我、帮助着我，任劳任怨，无怨无悔，她就是我的爱人常爱珍。应该说，军功章上有我一半，也有她的一半。

1984 年 7 月，我从山西大学毕业，分配到家乡临晋中学教书。当年我已经 24 岁，在农村就是大龄青年了。可是还没有对象，父母非常心急，想抱孙子。学校领导也特别关心我的婚事，想给我找一个靠谱的媳妇，让我能一心一意扎根临晋中学，服务当地人民。我也把找女朋友的大事交代给了临晋镇上我唯一的女同学王丽娟，王丽娟是我的结拜兄弟潘虎生的老婆，肯定靠得住。

20 世纪 80 年代，我们国家还很落后，临晋中学只有学校大门口那里才有一部像电影里用的手摇电话机。1984 年 11 月初，有一天下午四点多，学校看大门的老范，在学校满世界地找我，说在镇上五交化公司上班的我的同学打电话，叫我马上去她那里一下，有急事。由于学校在郊外，离五交化公司还有六七里地，所以，我赶紧借了一辆自行车，往五交化公司奔去。

到了王丽娟那里，只见房间里坐着 3 个女同志，一个是王丽娟，其余两人我都不认识。但其中有一个女同志微胖，身着一身蓝色的外套，里面穿着红色的毛衣，毛衣领扣那里绣着一朵铜钱大小的黄色的菊花，很精神的样子。我坐下根本没说几句话，另一个女同志指着那个穿蓝色外套的女的说：“丽娟同学来了，我们走吧?”于是，3 个女同志一起出去了，把我一个人晾在那里。我心里说，这哪里是有急事呀？莫名其妙！

过了不一会儿，王丽娟回来了，问我：“刚才那个穿蓝色衣服的女孩，你愿意和她谈（恋爱）不?”我说：“符合我的条件吗?”王丽娟说：“符合。你不是就想找一个正式工嘛，这女孩在临晋供销社上班，正式工，全家都是非农业人口。至于长相嘛，你刚才也见啦。人品没得说。文凭你又没要求，她就是初中毕业后就招工参加工作了。”我说：“好。那就试试。”于是，就约好我们第二天在五交化公司见面。

其实，另一个女同志也是在五交化公司上班，名字叫程小亮，是穿蓝色外套的初中同学、闺房密友。第二天就安排我们在五交化公司程小亮的房间见面。最多就8平方米的一个房间，摆个床，摆个桌子，再放一把椅子，就没空余的地方了。她坐在床边，我坐在椅子上。我净说些大实话，大致就是我家特别穷，怎么个穷，我想现在这里教书，把父母养老送终，然后再一步一步地奋斗到中型城市或大型城市里；我还告诉她，学校何淑娴老师也给我介绍了一个高中毕业生，在永济商业银行上班，她妈是临晋幼儿园园长，她爸是临晋派出所所长，只是还没有见面。她一句话也没说。

第二天，我下晚自习后，回到宿舍，发现有人从窗户外给我的办公桌上塞了一封信。信中写道："虽然我们初次接触，我对你的印象谈不上是爱，也不能盲目地说是了解，可也算是一种好感吧，你不像有些青年那样去追求衣着的华丽，食物的美味，而你有你自己的理想和信念，你把事业上的成功看成是最大的乐趣，这大概是我敬佩你的原因。如果有一天你做出了你人生的选择，我也将会为你的一切做出牺牲。"啊！能为我的"一切做出牺牲"，这需要多大的勇气和力量？我自言自语地说："就是她了！"我的终身大事就这样水落石出了。

她从1985年5月1日嫁给我那一天起，就是一个不折不扣、无可挑剔的好媳妇。我家在孙吉村，离临晋中学40里路程，她每次从临晋回到孙吉，总要给我的父母买好吃的，然后给些零花钱。有时间的话，也给父母洗洗衣服，剪剪脚趾甲。如果长时间不回家，碰到熟人，便买些东西让别人给我的父母捎回去。我们的经济确实困难，但在这种情况下，她逢年过节都要给我父母做衣服。后来母亲去世后，父亲随我到运城，她经常给老父亲洗脚、洗头，买他喜欢吃的东西。有一晚上，我父亲病得很严重，卧床不起，我又不在家，她守护了我父亲一夜，自己一夜没合眼。我父亲临终之时，大约有一个月的时间瘫在床上，一切都无法自理，需要人24小时照顾，当时，我和我的两个姐姐都各忙其事，在这危难之际，她自告奋勇，专门请假侍候父亲，为他接小便，送大便，饭熟时，先把老人喂饱后自己才吃。我的爱人，是一个彻头彻尾的善良的人，天底下难找的孝敬公婆的好媳妇。

在我的父母健在的时候，我家里还有父母的4亩责任田。每年种一季小麦，犁地、耙地、播种、施肥、收割、晒麦，样样跟着我干！那真是泥里来，雨里去。她到底是个城里人，哪里做过这些脏活、累活、重活，但她从无怨言。

从结婚那天起，她把所有的家务活儿都包了。做饭，洗衣，打扫卫生，照顾孩子和老人。我在家就是甩手大掌柜，什么也不会做，唯一爱好的就是读书、写作。我外出讲学，穿西装，至今都不会打领带，每次都是她给我打好。我从来没擦过皮鞋，都是她帮我擦好。

在我做研究最繁忙的时候，用手写字太慢了，必须要使用现代化的办公手段了。她毅然决然地停薪留职，在电脑打字培训班学习五笔打字，目的是帮我打字。从一开始一分钟能打 10 余个字，到一分钟能打 50、80 余个字，到最后一分钟能打 140 余个字。我做研究的很多资料，都是她帮我一字一句录入电脑的。

她不愧为我的贤内助，是我的立体教学研究事业的得力助手。

常老师的事迹在 2004 年 5 月 29 日的《晶报》上有两个整版的宣传报道。

第四章

小学语文立体教学实验享誉全国（1999—2002 龙岗区教研室时期）

一、一篇论文改变了命运

运城行署教育局教研室，负责运城地区的省级学科带头人的考察工作。1999年1月28日，我们刚刚结束了为期40天的山西省学科带头人的考察工作，我拖着疲惫的躯体回到办公室，坐在椅子上，发现桌子上有《中国教育报》的一封信件，打开一看，就有一张1999年1月8日的《中国教育报》，再仔细翻阅，呀，上面发表了一篇我的论文《如何成为“研究型”教师》：

时代呼唤“研究型”教师。“研究型”教师的基本特征是走教学和科研相结合的道路。

许多教师并非没有研究能力，只是缺乏研究的意识。一个教师若无研究意识，就不会有重大的发现，不会产生独到的见解，更不会有大胆的革新。

在教学过程中，有研究不完的规律。这些规律都会由一些教学现象表露出来，教师要善于捕捉这种教育教学现象，并对它思考一番，这就是研究。思考之后自然产生了自己的观点，写成文章就是学问。一边教学，一边研究，教学和研究相结合，久而久之，就会形成自己的教学思想和风格。

“研究型”教师必须做到三勤。

一是勤读书。读书的过程就是学习的过程，积淀的过程。现在是信息时代，知识不断更新，人的观念日新月异，不读书不看报，孤陋寡闻，何以从事教学研究！

二是勤思考。思考的过程也是研究的过程，去伪存真，去粗存精，探索规律，其乐无穷。

三是勤总结。总结自己或他人成功的教学经验，总结的过程就是提高的过程。聚沙成塔，日积月累，由量到质。

勤读书、勤思考、勤总结，是做研究型教师的三个基本功，三者互为因果，缺一不可。

苏联著名教育家苏霍姆林斯基曾说：“如果你想让教师的劳动能够给教师带来乐趣，使天天上课不至于变成一种单调乏味的义务，那你就应当引导每一位教师走上从事研究的这条幸福的道路上来。”展望21世纪，必将是“研究型”教师辈出的时代！

再仔细翻阅这张报纸，在第4版的最下方，有一条来自特区的招聘广告十分醒目，十分抢眼，标题是：深圳市龙岗区面向全国省会城市地级以上城市诚聘教育教学管理精英。开篇写道：

龙岗区位于深圳市东部，面积940平方公里，人口100余万，是深圳市大工业、大农业、大旅游、大流通基地。1998年全区国内生产总值已达136.6亿、工农业总产值178亿、财政收入10.01亿。我们正致力于“建教育强区、办一流教育”的事业，竭诚欢迎全国省会城市、地级以上城市的教育教学管理精英参加竞聘。

其中第二项是招聘“教育科研培训中心主任”，条件是：

全日制本科以上学历，现任教育教研机构（或教研室）负责人，高级职称，45岁以下。硕士、博士学位者优先。

看了这条招聘广告，我动心了：我人生的第三次选择竟是这样不期而至。我觉得我比较符合条件，一是我是全日制本科毕业，即山西大学中文系毕业；二是我现任“运城地区立体教学研究会”（法人学会）会长，也可以算是“现任教育教研机构（或教研室）负责人”吧；三是我年龄39岁，在要求范围之内。唯一不足的就是我不是高级职称，但是，我有专著是否可以弥补这一缺憾，尤其是语文出版社出版了我的《语文课堂教学艺术漫谈》一书，首先语文出版社是国家级权威出版社，另外有钱梦龙、魏书生和宁鸿彬等名家的序言或题词，这可是许多高级职称的老师所没有的。我决心试一试。

回到家，我立即和爱人商量此事，我爱人说：“你连高级教师都不是，硬性条件都不够，人家怎么可能要你？还有一点，你要知道，那是深圳，是特区。”我说：“正是因为是特区，我才想去那里发展我的事业啊！虽然我不是高级教师，也不妨碍我试一试吧？”爱人说：“试一试，可以。不是我给你泼冷水，不要抱太大的希望，不然，自己会很受伤。”我说：“没那么严重吧，试一把，行就去，不行就拉倒，好不好？”在爱人默许的情况下，我就斗胆试了一把。

由于离截至2月5日收应聘资料的时间只剩下一周的了，所以我就通过快递，按照招聘广告上的地址，寄了两本我的专著《立体教学论》和《语文课堂教学艺术漫谈》，然后就寄了一封十分简短的信，实质上就是一句话“我愿献身于龙岗的教育事业，特应聘‘教育科研培训中心主任’一职。”还留了一个人名和一个联系电话。没想到，过了没几天，即 2 月 14 日，我便接到了龙岗区教育局邀请参加笔试、面试的电话。

笔试都是委托深圳市人才交流中心组织的，面试则是由深圳市龙岗区人事局、组织部和教育局联合组织的。可以说，经过了过五关、“斩六将”的严格考核，我终于考上了“教育科研培训中心主任”一职。

1999 年2 月8 至9 日，我在深圳市龙岗区龙城中学如约参加了“龙岗区招聘教育教学管理人员考试（准考证标题）”，考试非常正规和严格。我竞聘“教育科研培训中心主任”过了五关：①教育学、心理学笔试；②行政职业能力倾向测验；③智力反应速度测试；④不得少于 5000 字的论文笔试，“教科培训中心主任论文题——谈谈如何管理一个集教研室、科研所、电教站、培训部、体卫艺部为一体的教育局的直属机构”；⑤2 月 9 日的面试，面试小组由 9 名领导组成，主考官杨刚勇局长共提出 20 个有关教育教学与管理的问题，每一个问题要求面试者必须在 2 分钟之内回答完毕。

我经过五关的笔试、面试，回到家里没多久，就接到了深圳市龙岗区教育局人事科的电话，通知我 1999 年 3 月 1 日携带档案到龙岗区教育局报到，商调函很快会寄给我。

考上了，还要经过半年的试用。这半年的试用期是最难熬的，牵扯到处理好原单位的关系，牵扯到处理好新的工作环境的人际关系，牵扯到处理好家人的关系，等等。半年试用，我称之为“斩六将”。

我记得特别清楚，1999 年 3 月 1 日中午，我和湖南的王中舟、米久奇同时都在龙岗区政府的后门（北门）询问保安：“龙岗区教育局在哪里？”随后，我们三个人就不约而同地来到了龙岗区教育局。人事科科长廖远基领我们三人到了杨刚勇局长的办公室，杨局长很热情地接待了我们，他叮嘱我们三个人：“既来之，则安之。好好干，我们会正式调动你们的工作的。在试用期里，要处理好三个关系：第一个是和原单位的关系，第二个是和现在工作单位同志的关系，第三个也是最重要的一个，就是要处理好和爱人的关系，你们的爱人的工作我们也会想办法解决的。”

从杨局长办公室出来，人事科安排我暂时负责龙岗区的小学语文教研工作，并领我见了教研室的负责人，安排了办公地点。我和美术教研员魏伟、小学英语教研员兼教研室副主任王振朋、音乐教研员周雅丽、小学数学教研员薛石锋同在一个办公室。

薛石锋老师安排了我的食宿。在龙岗区政府后门对面的一个小吃店，我吃了一盒肠粉。然后，薛石锋老师骑着摩托，先拉我去龙岗镇买了枕头和被褥，再把我送到龙福一村的过渡房里。

过渡房是为刚来深圳工作还没有买房的人员提供的临时住处。里面十分简陋，地板没铺瓷砖，单人木板床，洗澡是冷水澡。

我就这样开始了我新的生活，至于未来会是什么样子，不知道。

二、《中国教育报》专版介绍了“立体教学”实验经验

我接任龙岗区小学语文教研员一职，应该说对我还是巨大的挑战，因为我毕竟对小学语文教学不熟悉，但是，我一边学习，一边教研，虽然在小学语文教研员的位置上仅仅干了三年，但所取得的成绩可以说十分惊人。

我首先引进名师讲学，将全国著名的特级教师请到龙岗传经送宝。先后请过宁波的贺诚、天津的靳家彦、江苏的于永正三名特级教师来龙岗讲学。其次，加强教学立体教学实验。在教育局杨刚勇局长的亲自批示下，我们以区直属小学龙城小学为中心，辐射 10 个镇，教育局给全区 10 个镇的 6 所学校挂牌，作为立体教学实验基地。定期开展立体教学观摩活动，开展优秀论文评选活动。再次，狠抓课堂教学指导。龙岗区自建区以来，在深圳市的课堂教学比赛活动中，从来没有获过一等奖，但是，我指导沙西小学覃亮老师，执教《詹天佑》一课，在深圳市小学语文课堂教学比赛中荣获一等奖。

2000 年 5 月 19 日的《中国教育报》第 4 版，专版介绍了我们的立体教学实验经验，而且还加了编者按：

自深圳市龙岗区教育局的孙春成同志 1985 年创立“立体教学论”以来，全国共有 21 个省、市、自治区的 2000 余名中小学语文教师进行了这项实验，各地相继成立了研究“立体教学”的课题组和专业委员会。据各地实验教师反映，立体教学实验，通过多角度、多侧面的质疑、探究，激发了学生的创造性思维，是一项具有创新性的教改实验。我国著名语文特级教师魏书生、钱梦龙等认为，这项实验有利于开发学生的智力，有利于在课堂教学中落实素质教育。深圳市龙岗区近年来积极推广这项实验，取得明显效果。现将他们的经验体会刊登出来，供广大读者学习、借鉴。

中国教育报

发展思维培育创新型人才
——立体教学的指导思想

"四步骤"教学模式
——立体教学的教学程序

让学生全员参与教学
——立体教学的多角度多层次提问

深圳市龙岗区龙田小学立体教学研讨会

尊重学生
鼓励质疑
——立体教学的民主性特点

"活"中求变"实"中求新
——立体教学的艺术性和科学性

转变观念 学以致用
——立体教学实验的三个步骤

提高教学的艺术性
——精心设计教学环节

设置悬念 激发思维
——立体教学的导读质疑

实施立体教学 提高教师素质

基础教育部主办
基础教育
教学专版
第612期

整版报道了我和实验教师的 9 篇实验经验总结和体会。其中刊登了我的《“四步骤”教学模式》，这一篇文章的发表，标志着“立体教学论”从理论走上了模式化、可操作化的道路，便于第一线的老师学习和运用。

依据立体教学思想，以发展学生的立体思维，培养学生的创新精神和创新能力为宗旨，我们构建了“开放性四步骤立体教学模式”。

所谓“开放性”，主要是指在整个课堂教学过程中，自始至终都要坚持民主性的教学原则，保持师生之间建立起一种平等、亲切、和谐的关系，以保证学生心情舒畅，思维敏捷，使各种智力和非智力的创造因子都处于最佳活动状态。民主、平等、活泼、愉快是创新之芽萌发的温床，也是立体教学过程中的主旋律。

立体教学的教学程序由“四步骤”组成，即“导读质疑→立体探究→评价归纳→训练迁移”。其内在机理简括如下：

教学程序	第一步骤	第二步骤	第三步骤	第四步骤
教学活动	导读质疑	立体探究	评价归纳	训练迁移
思维活动	启发思维	发散思维	收束思维	发展思维
学习活动	发现问题	探索未知	比较认同	获得新知
教学效果	培养学生的创新精神和创新能力			

第一步骤：导读质疑。学起于思，思源于疑。质疑是创新的源头。教师引导学生阅读课文，目的就是要诱发学生探索，发现疑难，提出问题。然后教师要对学生所提问题进行筛选，围绕教学目标，确定有讨论价值的重点问题，准备探究。在这一教学步骤里，教师要千方百计激发学生的求知欲望，侧重培养学生好疑善问的习惯。如教《年关》，教师先解释“关”字，学生就自然而然地提出了疑问：为什么过年如过关？当学生回忆起自己过年时的幸福情景，而对旧社会穷人怕过年的畏惧心情大惑不解时，新课便开始了。

第二步骤：立体探究。这是本模式的重头戏，也是立体教学的实质及高潮所在。所谓立体探究，就是充分发散学生思维，针对一个问题，从多个角度进行讨论、争辩、探究，以达到发展学生智力，培养学生创新能力之目的。想象力和求异思维是创新能力的核心。在这一教学步骤，教师要侧重培养学生的想象力和求异思维的良好习惯。要鼓励学生不迷信老师，不迷信书本，不迷信权威；勇于标新立异，探索未知，大胆地尽情地发表自己的意见。理越辩越明。要展开争鸣，让学生的思维迸发出智慧的火花。教学《荷花》，老师问学生：花为什么会开？有的说：花睡醒了，想看看太阳。有的说：花一伸懒腰，就把花骨朵顶开了。有的说：花想和小朋友比一比，看谁穿得漂亮。有的说：花想看看大家会不会把她摘走。有的说：花竖起耳朵，想听我们唱歌。老师准备的答案是：花开了，因为春天来了。受到学生求异思维的启发，老师也改变了初衷：“花特别懂事。她知道大家都喜欢她，就仰起她的小脸，笑了！”这比花还美的故事，正是师生立体探究的结晶。

第三步骤：评价归纳。这一教学步骤是立体探究的收束，是第二步骤向第四步骤过渡的一个必要环节。通过比较评价，梳理思维过程，归纳概括出规律性的知识，并提出新的学习目标。在这一教学步骤里，教师要有意识地引导学生总结科学的思考问题的方法。如引导学生想性状——“是怎么样的”；想缘由——“为什么会这样”；想疑点——“不这样将会怎么样”；想联系——“若干事实、现象、问题或观点彼此之间有什么联系，包括异同、因果、发展，等等”；想规律——“这些事实、现象、问题或观点中包含着什么有益的启示”。这将让学生受用一辈子，实现叶老“教是为了达到不教”的理想境界。

第四步骤：训练迁移。所谓训练，就是进行创新性思维能力训练。教师要善于在思维的发散点、连接点和生长点处，精心设计课堂练习，努力做到设计的习题具有启发性，一方面使学生通过迁移获得新知，一方面有助于发展学生思维，培养学生的创新能力。如教《不合群的小蝌蚪》，便可设计这样一个练习：青蛙妈妈和蛤蟆妈妈丢了自己的孩子，请替它们写个“寻儿启事”。学生表现非凡，思维活跃。不但把两种蝌蚪描述得惟妙惟肖，而且充分发挥了想象，写上了联系地址、电话号码等。这个教学环节，是对学生是否读懂课文的检验，是适时摆进去的动笔训练，更是一种创造性思维能力的训练。

概括讲本模式主要有三大特点：一是贯彻了学生探究为主体，教师点拨为主导的教学思想。二是教学过程已转化为充满“发现问题、分析问题、解决问题”的科研过程。三是极大地调动了学生的主动性和探索性，有利于学生创新品质的养成。

三、登上了《中国小学语文教学论坛》封面人物

继《中国教育报》刊发了立体教学在龙岗区的实验经验之后，我又登上了2003年第6期的《中国小学语文教学论坛》封面人物。

上面刊登了我的徒弟潘斐老师的一篇《习作教学》，刊登了我的阅读教学设计《放弃射门》。刊登了我和《中国教育学刊》高级记者王增昌老师的《发展立体思维，培育创新英才——关于“立体教学”的对话》：

王增昌（以下简称王）：孙老师，您好！近两年在一些国家媒体上报道了有关您教学创新的事迹，并引起了社会反响。近日拜读了您寄给我的10多本有关立体教学的专著，深感您在教学理论方面颇有建树，既有继承又有创新，特别是

很多观点符合新课程理念。为此，我想请您谈谈有关“立体教学”的教学观、教师观、学生观、人才观。您作为“立体教学”的创立者，是否先介绍一下您最初为什么将自己的教学实验命名为“立体教学”呢？

孙春成（以下简称孙）： 我最初从艺术上得到了启迪。大凡艺术都具有立体感，课堂教学既然是一门艺术，于是我便推想，课堂教学也应该具有立体感。我进一步研究，终于找到了教学艺术与教育学、心理学之间的内在联系，从而证明：从艺术的角度来探究课堂教学的立体性，具有科学的理论依据。如，艺术的形象性与教育学的“直观性”教学原则相吻合；艺术的审美性与教育学的“美育”原则相一致；艺术的生动性特征符合教育学的“启发性”教学原则；艺术的感染力可增强学生的无意识记忆，符合心理学的基本规律。据说我国桥梁专家茅以升先生早就提出了立体教学的观点，我所做的工作是：从理论上对课堂教学的立体性进行了系统的研究和论证，初步创建了“立体教学系统工程理论体系”，并创建了操作性强的“立体教学模式策略体系”。

王： 你谈了艺术与教育学、心理学之间的内在联系，很有说服力。那么，教学艺术本身的意义在哪里呢？

孙： 意义巨大而且十分丰富，我择要谈几点浅见。首先，艺术可以激发学生的兴趣，使学生进入乐学的佳境；而兴趣又是最好的老师，是学生学习的不竭动力。其次，艺术可以使师生的思维不断产生共鸣，增强无意识记忆，大大提高学生的学习效率。还有，艺术有利于营造平等、活泼、互助、和谐、自由、愉快、民主的教学氛围。教学民主是创新的土壤，也是实现教学艺术的基本条件。试想，没有民主，学生哪敢质疑？而没有质疑，创新岂非空谈？有的教师在自己的学生时代，也喜欢民主型的教师，不喜欢甚至于厌恶专制型的教师。奇怪的是，自己当上老师了，却津津有味地扮演着自己当年所讨厌的角色，像警察或监工一样监管着学生，甚至用对立的眼光审视着学生。结果呢？当然难以得到学生的理解、配合与支持，越教越累。岂知民主并不是学生单方面的需要，从长远意义讲，老师比学生更需要民主。你想，一位学生遇到一位专制型的教师，最多在专制、冷酷、封闭、对立的气氛中生活几年就毕业了，而一位专制型的教师呢？岂不是一辈子都要品尝专制酿就的苦酒吗?!

王： 许多教育家都明确指出教学是一种艺术，但原因何在？很少有人做深入论述，我十分赞同你对教学艺术的深刻思考。那么，你又是如何在自己的教学里贯彻教学艺术性的呢？

孙：我创建了“四环节语文立体教学艺术模式”，把一堂课当作一件完美的艺术作品去设计、去雕琢、去创造，注重教学的“开讲、过渡、高潮和结尾”四个环节的整合处理与系统把握。开讲的艺术大家探讨得比较多，也都很重视，因为大家有一个共识：良好的开头就等于成功了一半。语文教学开讲的艺术形式很多，我总结了切题式、比较式、活动式、悬念式、抒情式、故事式、联系式、提问式、配乐式、表演式、看图式、引用式、演示式、绘画式等十余种。课堂教学过渡的艺术，可使学生思维流畅，可使教学脉络贯通、浑然天成。成功的课堂教学一定是高潮迭起，唯其如此方为立体。“编筐编篓重在收口，描龙绘凤重在点睛”，“收口”和“点睛”便是教学结尾艺术的神圣使命。教学结尾艺术的功能在于综合概括、条理系统、巩固强化。我总结了 14 种教学结尾的艺术方式，即归纳式、迁移式、延伸式、激励式、评述式、解谜式、悬念式、讨论式、抒情式、理序式、结合式、概括式、承启式、回忆式。这四个教学环节，我认为只是教学过程中最重要最基本的几个环节而已，我在拙著《给语文教师的 101 条建议》（南京师大出版社）里，就教学艺术的操作性问题讲了 101 种方法。

王：教学既是一门艺术，也是一门科学。那么，应该怎样理解“教学是一门科学”呢？

孙：教学的科学性比较复杂，因为教学本身是一个大系统。教学是一门信息科学，师生在课堂不断互传信息，在反馈的作用下，逐步提高各自的认知水平；教学是一门控制科学，有信息的传递，自然离不开控制，否则，这种信息的交流必然会陷入无序状态；教学是一门系统科学，讲究整体的设计、把握和效应。但归根结底，我认为，教学是一门思维科学，教学活动的实质是师生的思维活动。

王：那么，“教学是一门思维科学”这一重要立论的意义是什么呢？

孙：这一立论的价值就在于它明确告诉我们，教学的关键是发展师生的思维。我们经常挂在嘴边的“发展智力”，其核心就是“发展思维”。“立体教学”追求发展学生的立体思维。比如一块正方体，假如我们平视它，看到的只不过是一个正方形而已，假如我们改变观察的角度和思维的方式，用立体的影像去再现它的形状时，看到的就是一个正方体了。很显然，一个人一旦形成了立体的思维模式，他就能较完整地把握一个知识领域。“立体教学”的使命就是要培养学生“从不同的角度去看、看到不同样子”的立体的全方位的思维模式和良好习惯。让学生的思想插上翅膀，在思维的时空翱翔吧！

王：从科学的角度，又如何来理解教学的立体性呢？

孙：我从几何学受到了启发，并移植和借鉴了信息科学、系统科学、思维科学、最优化理论等科学理论的成果，从多个角度全方位地审视课堂教学，解释了课堂教学的立体性特征。几何学告诉我们，立体就是三维空间。课堂教学肯定是三维的，关键是如何找到其三维坐标。原来，教师有自己的教学思路，学生有自己的学习思路，教材编者有自己的编辑思路（只不过这一思路是隐性的），这三种思路就构成了课堂教学的三维坐标，它们呈动态式立体型群体信息交流网络结构。而课堂教学的最优化正是这三种思路沿着教学目标，同步运行，不断发生共鸣的时机，此时艺术与科学已合二为一。因此说立体教学是一个时代的产物，没有这些新的科学理论作为基础，要认识课堂教学的立体性规律是难以想象的。

王：在具体的教学中，怎样才能做到发展学生的思维呢？

孙：为此，我创建了“开放性四步骤语文立体教学模式”，注重课堂教学的“导读质疑→立体探究→评价归纳→训练迁移”。所谓“开放性”是指教师充分发扬人文精神，为学生营造一种宽松、平等、民主、自由的学习氛围，便于学生发挥自己的个性，施展自己的才能。“导读”就是教师引导学生阅读文本，在导读的过程中启发学生“质疑”。“质疑”是指发现并提出有思考价值、探究性强、能发展学生思维的问题。学起于思，思源于疑。“小疑则小进，大疑则大进”。创新始于问题，教学的第一要害就是要培养学生发现和提出问题的能力。正如爱因斯坦所说：“提出一个问题往往比解决一个问题更为重要。”如教《詹天佑》，就可以紧紧抓住“为什么说‘詹天佑是我国杰出的爱国工程师’？”这一牵一发而动全身的问题展开教学。“立体探究”，就是针对某一问题，让学生各抒己见，充分发表自己的观点，在激烈的讨论、争辩和探究中，充分发散学生的思维，培养学生的创新精神和创新能力，达到发展学生智力之目的。如《詹天佑》一课的教学，我们通过对“中部凿井法”和“设计‘人’字形线路”的多维探究，使学生真实地感受到了詹天佑的“杰出”才能。“评价归纳”，意在发散之后的收敛，培养学生思维的同一性，帮助学生概括出规律性的知识。“训练迁移”是指教师要善于在思维的发散点设计能够发展学生思维的训练题，从而培养学生的创新能力。如教《詹天佑》，我在最后请学生从课文里找依据，给京张铁路起名字，学生情绪高涨，踊跃发言。有人为纪念詹天佑，故起名“天佑路”；有人因这条路为中国人民争了一口气，故起名“争气路”；有人说京张铁路修筑之成功，是因为詹天佑爱国，故起名“爱国路”；有人根据这是中国人设计修筑的第一条铁路的事实，起名为“中国路”；有人说这条铁路充分体现了中国人民的智慧与力量，故起名“智慧路”，各种各样，不一而足。这一教学环节，使教学再次推向了高潮，既加深了学生对课文主题的认识，升华了学生的思想境界，又进一步锻炼了学生的探究能力，发展了学生思维，培养了学生的创新精神。

王：通过以上我们从理论与实践、艺术与科学层面的探讨，我发现“立体教学”的课堂教学结构是复合型的，具有综合性、系统性、兼容性和全息性的特征。而且符合新的课程改革精神，有利于在课堂教学落实素质教育。新课改的实质就是要培养学生的创新精神和能力，素质教育当然呼唤我们的教育培养出“会思考的一代新人”！

孙：完全正确。就“质疑”这一环节，我还创建了“问题教学策略体系”。就“立体探究”这一环节，我则创建了“探究教学和研究性学习策略体系”。在实际的课堂教学过程中，这些系统不是各自孤立的，而是有机融合在一起的，这正是立体教学有别于其他教学的个性特征，即用立体性克服单一性和平面性，将两种或多种单一或平面排列的教学活动，整合为一种立体的综合性的教学活动，从而使全体学生都能同时在教师的启发引导下，各自从不同的角度、方位或途径自主探究学习，以共同实现学习目标。“立体教学”的构建原则为：教学情境立体化——从需要出发，从整体入手，从低点起步，根据新的教学内容创设新的教学情境，使学生每次都有新感受、新收获、新创造。自主学习立体化——学生根据各自特点，选择各自途径，通过探索或研究，实现目标；并通过同学之间的集思广益，共享群体智慧。启发引导立体化——在教学的始终，同时面向全体学生，即一个教师必须适应全班所有学生。引与学立体化——据学而引，以引促学，引与学双向协同运行。思维方式立体化——对任何内容的教学，都必须引导学生尽可能同时掌握多种思维方式。基础知识教学与创新能力培养立体化——引导学生自我探索、自我实现，使之在学习基础知识的过程中不断创新，在创新意识驱动下更有效地学习基础知识。教学内容立体化——注重发挥知识自身结构的作用，使学生对知识的学习有一个由感性到理性、由模糊到清晰、由大体了解到具体掌握的过程；使复习、新受、巩固、练习、小结等多项教学环节一次或同时进行。现代化教学手段的运用与启迪学生思维立体化——现代教学手段的选取、制作或运用，应以启迪学生思维为目的，并注意与学生的思维同步运行。各学科教学方式立体化——教学环境应从日常生活中模拟，有利于学生将生活中学得的知识和方法用于课堂，将课堂中学到的知识应用于实际工作，从而提高学生的实践能力。

王：事实证明，“立体教学”具有理论的前瞻性和实践的可操作性，是一种崭新的教学方法论。我们是否可以把“立体教学”的主要特点概括为以下六点：一是教学艺术和教学科学有机融合，激发兴趣、语言训练与发展思维同步并举；二是情感培育像一条红线，贯穿于整个教学过程；三是自始至终、时时处处都贯彻了以学生探究为主体，教师点拨为主导的教学思想；四是教学过程已转化为充满“发现问题、分析问题、解决问题”的科研过程；五是极大地调动了学生的积极性、主动性和探索性，有利于学生创新精神和创新能力的养成；六是最终达到学生自研自学的佳境，以实现叶圣陶先生“用不着教”的理想。

孙：没错。传统的教学方法比较单一，实践证明那种只用“一把刀子”“一刀切”的教学模式根本行不通，不利于人的综合素质培养；更有害的是传统的教学方式以“填鸭式”为主，学生处于被动接受的境地，发挥不出自己的主体性、探究性和主动性，不利于创新精神与能力的培养。“立体教学”正是为了克服这些弊病应运而生。我们的语文教育理想是，整合有效课程资源，激活学生探究欲望，张扬学生独特个性，发展学生立体思维，培养学生创新品质，教会学生做人和学习，塑造学生完美人格。没有无教育的教学，遵循教学的教育性规律，我们的“立体教学”正在朝着“立体教育”的方向不断发展。

王：你谈到了问题教学、讨论式教学、自主探究教学、研究性学习、民主化教学、情境教学、创新教学、现代化教学、艺术化教学、科学化教学、发展智力、最优化教学等一系列的重大教学观念，仔细想想，这些与布鲁纳的发现法、苏联的合作教育思想、马赫穆托夫的问题教学、李吉林的情境教学以及启发式教学在本质上是一致的。而你竟通过 18 年的科学实验，用一种科学的方式把它们整合成了一个有机的模式体系，这种整合教学资源的能力难道不是新课改对教师教学素质的一个高水平的要求吗？这一点是难能可贵的。“立体教学”抓住了教学活动的本质，在继承了前人先进的教学理念的基础上，反映了一种时代的新精神，具有极强的解释力和生命力，其光明的前景无可置疑。严格地说，人的素质结构是立体的，因此要求培养人的模式必须是立体的，这必然会对丰富现代教学理论内容作出贡献。现在，你可以给“立体教学”下一个比较完整的确切的定义了吧？

孙：当然。“立体教学模式体系”是根据“立体教学理论体系”创建的。“立体教学”有广义与狭义之分，广义的“立体教学”指所有的教学活动，狭义的“立体教学”指课堂教学，我们侧重探究的是狭义的“立体教学”，其全称为

“立体教学系统工程理论及其模式策略体系”。“立体教学”是对“课堂教学”的本质和规律的高度概括，之所以称“课堂教学”为“立体教学”，是因为“课堂教学”本身就是立体的，是在时空领域进行的一种教育实践活动。课堂教学是艺术与科学的完美统一，具有立体的时空特征：教学艺术在于营造氛围，创造共振，激励乐学，做空间的文章；教学科学在于发展思维，追求创新，提高效率，做时间的文章。通俗地说，“立体教学”就是指教师运用教学艺术，营造开放性的课堂教学环境，激励学生乐学；在开放性的课堂教学环境中，师生相互质疑，通过多角度、多侧面的立体探究，促进学生思维，不断产生共鸣，从而发展学生智力，教会学生思考和探究，培养学生的创新精神与创新能力的教学活动。

第五章

龙岗中专执教将立体教学推向高潮（2002—2008 龙岗中专时期）

一、人生不能没有追求

正当我的小学语文教研搞得如火如荼之际，2000 年 8 月 15 日，也就是暑假末尾，我们提前上班，人事科科长廖远基突然找到我，说："局务会议研究决定，让你去龙岗中专教书。"我十分震惊，更是大惑不解，这究竟是为什么？廖远基科长说："这是局务会议的决定，我只是执行命令而已。"

应该说，自己来龙岗，的确是怀着巨大的热情，想"献身于龙岗的教育事业"，别无他求。可是，当时我明明应聘的是龙岗区"教育科研培训中心"主任一职，可是，龙岗区就根本没有所谓的"教育科研培训中心"这个机构（编制），临时让我做小学语文教研员，我也干得无怨无悔，现在竟然突然让我下学校，我一点思想准备也没有。这一系列的事情，完全违背了我的初衷，对我的精神打击十分巨大，我甚至会感到有点上当受骗的感觉。本来我在老家的生活很平静，工作也挺好，但是，现在我家不像个家，爱人工作调不过来；事业不像个事业。我每天都在反思自己，究竟我有什么过错？我未来的路将怎么走？我觉得，要相信组织，在任何时候，在任何环境下，不管多么艰难，都不能放弃追求，放弃理想。于是，我给自己打气鼓劲，2002 年第 3 期《中学语文教学》发表了我的《追求》：

每当我一个人静思默想的时候，心底总会涌出一个挥之不去的想法：父母给了我们鲜活的生命，该不是让我们把精神浸泡在酒杯里，让灵魂交给享乐吧？哥白尼曾说："人的天职在于探索真理。"没有追求，人生将会荒芜一片，了无生机！你是小草，就将那一点儿绿意，整个地投入春天的合唱；你是秋叶，就将那悲壮的一瞬，为成熟的季节添一份光彩；你是雪花，就将那仅有的冰洁，给人间留下美的永恒。当我们沿着选定的目标，不被那海市蜃楼般的美景所迷惑，不被沿途迷人的风光所羁绊，不被征途的艰难困苦所吓倒，一步一个脚印，坚定不移地去探索，去实践，梦想与期待化作了事业的成功，那是何等的幸福啊！

我出身贫寒。从中学到大学，一直借钱度日。为我求学，父亲几乎阅尽了人间脸色，家里凡是能变卖的东西都打发掉了，连一只小板凳也未能幸免，以致客人到家都找不着合适的座位。那年岁末，家里分了 1 斤食油，母亲指望它过个好年景，但父亲还是把它给卖了，以便凑足我的学费。那酸楚的记忆，一直激励我憧憬未来，追求美好的生活！

上大学时我就从未间断过写作，或诗歌、或小说、或散文、或文学评论，坚持每天一篇；一度热恋过诗歌，曾几乎抄光了山西大学图书馆里的诗集。文稿一次次投出去，又一次次退回来，但我从未气馁。一个偶然的机会，我从《讽刺与幽默》上得到一则消息，中国截至 1982 年，老中青漫画家共 102 个。我们国家占世界人口的五分之一，而幽默艺术家竟然少得可怜。于是，欲当一名漫画家的理想在心田萌发了，我又画起了漫画。曾经受到我国著名漫画家、《文艺研究》杂志美编吴祖望老先生的二十余次书信指导。那时候我每天都要投出两三张漫画习作。大概是由于我的锲而不舍，吴老师曾在给我的退稿笺上激动地写道："你将是中国未来的脊梁。"正在我陶醉于讽刺与幽默的时候，第三次选择竟悄然降临了。毕业分配到临晋中学任教，特定的工作环境逼使我不得不放弃对漫画的追求，大学时代想当诗人、漫画家的理想渐渐变得遥远了。

初就教席，有人瞧不起非师范院校的毕业生，认为我们没有系统学习教育学与心理学，教书恐怕不行。我极不服气，便把学校图书馆所藏有关教育学与心理学的书籍全部借了出来，如饥似渴地学习，并建立了 30 余种教育教学笔记，所记笔记达 2000 余万字。有的教育名著，学校图书馆里没有，我则托人从山西大学的图书馆里借出寄给我，我抄完又寄还给人家。至今我还珍存着《教育过程》《给教师的建议》等教育名著的手抄稿。

我的治学条件很差，父母皆年过七旬，体弱多病，需要照料；家里的责任田需要播种收获；孩子小，每日需要干些家务活儿；再加上教学和班主任工作，困扰得我难喘一口长气。真正属于我思考和总结教学的时间，只是夜深人静之时，妻儿入梦之后。每当这时，静心顺气，进入境界，舒展稿纸，爬格耕耘，将自己的所思、所想、所言、所论，理出头绪，顺成文字；兴致来时，下笔如流，写到酣处，心随笔涌，偶有佳句，苦无知音，只好翘对星辰，其中妙处，自不待言。每年的假日，无疑是我的收获季节。假日里，我总是在校读书、学习、思考和总结。暑假，天气炎热，我则脖挂湿毛巾，身着短裤衩，反锁房门，挥汗笔耕；寒假，我只是大年初一回家同父母团圆半日，下午就返校工作了。1987 年母亲患青光眼，由于自己泡在教研里，没及时为母治疗，耽误了疗期，致母失明。我的论著就是这样，一字字，一行行，一篇篇地在阵痛中分娩出来，在牺牲中诞生，用心血浇铸而成。

自从1985年痴迷于“立体教学”以来，爱人便戏称我为“神经质”。有一次，我走在马路上，边走边思考一个问题，不知不觉竟走到了路中间，忽然“扑通”一声，一辆摩托把我撞出10余米远，我像蛤蟆一样趴在了地下。骑摩托那人走到我跟前，粗声恶气地吼道：“想找死啦?!”没等我反应过来，便一溜烟地跑了。幸好没有伤着我的筋骨。

还有一次，学校有位老师来到我家，我劈头盖脸地就给人家讲起立体教学来，先是说我的哪一篇论文最近获了什么奖，另一篇论文又在哪里发表了，然后就给人家大谈特谈这些论文的观点和内容。我讲得绘声绘色、津津有味、兴致盎然，那位老师只好客气地说：“对不起，我还有事，先走了!”那个老师刚走，我爱人就耐不住了，当头棒喝，把我批判得体无完肤：“你这个人的确神经不大正常！人家来咱家，一定有什么事情，你得先看看人家想做什么吧？这是做人最起码的道理，难道还要我总跟在你屁股后面讲吗？你也不想想，有几个人对你那立体教学感兴趣呢!”这不免令我想起了大学毕业时杨建荣同学给我的留言：“你是诗人，也是画家，有时也是哲学家。热情奔放，不能自已是你的主旋律，深刻的思想，为你的主旋律伴上了迷人的音响，这就是你，一部交响乐。不过，你身上似乎缺少点什么，而这一点‘什么’，致使你在别人眼里显得‘怪’。找出这一点‘什么’吧，你会更完善。”大概，我真的“缺少点什么”吧！

我研究立体教学的处女作是《“立体教学”初探》。写这篇论文，我曾向全县16名教师虚心请教，有的老师则请教数次。我先请每一位老师像给学生批作文一样，给我提出书面意见，然后我将他们的意见详细研究，归纳整理，取舍改正，一直改得文稿密密麻麻，不能再改下去为止，我再重抄一份，继续拜师请教，来来回回，反反复复达13遍，共50余万字，最后定稿仅3000余字，可谓沙里淘金！不料，一投即中。我最先收到的是《语文教学论坛》杂志为我寄来的36元稿费。当时，我兴奋之至，一个人在房间里高举拳头，声嘶力竭地呐喊：“发表啦！发表啦！……”随即便一路小跑，马上赶到爱人上班处，向她报喜。爱人见我气喘吁吁的样子，大惑不解。当我把真情告诉她时，她一点儿也不相信，我只好把汇款单拿给她看。仔细看过之后，爱人微笑着说：“我终于知道天才是怎么回事了!”

我最初的教研是从记教育教学日记开始的，或长或短，从未间断。我记教育教学日记，没有固定的模式，随身带着日记本和钢笔，处处留心，随时随地都记。经常是半夜在被窝里想出某个问题来，就立即拉亮电灯，伏案记写；有时出差，坐在火车或汽车上，忽然灵感来临，有所思考，便随手记下；甚至于上厕所时，忽发奇想，难以自制，也必须记下。这样记的东西，点点滴滴，零零星星，极不系统，尚需回家后仔细回忆整理，找出头绪，顺理成章。

我从 1986 年发表第一篇论文《“立体教学”初探》以来，就像是命中注定，便和“立体教学”结下了不解之缘，立志毕生献身于“立体教学”研究事业，至今已有 17 个年头。成果 40 余次发表或获奖，出版相关专著 10 部达 300 余万字。在各地执教公开课并讲学 100 余场次。成功创立了立体教学理论并构建了操作性较强的立体教学模式体系。《中国教育报》2000 年 5 月 19 日专版介绍了立体教学的成果，向全国推广。

追求如歌。春天，我们播下种子，真诚地用青春的甘露浇灌它，小心地用生命的灵光呵护它，当那绿莹莹的小苗一天天长大，结出果实，有了成熟的嫣红，有了丰收的喜悦，此时此刻，我们的心中油然会奏响一曲成功的凯歌！

二、任教6年出版了11本立体教学研究专著

我觉得，自己就是一颗小小的螺丝钉，放在哪里就应该在哪里发光。在中专任教，反而能够让我静下心来，好好做做学问。

记得在山西省运城行署教育局教研室工作的时候，有人就质疑我："你若有真本事，能不能像你的老师魏书生一样，既有一套理论，还能按照自己的理论上示范课？"当时我听了这话很不舒服，心想："为什么非要叫一个小说家，同时也必须是文艺评论家呢？这不是为难小说家吗？"现在，我觉得人家说得也有道理，魏书生老师能做到的，我为什么就做不到呢？教育理论要有效地指导实践，就必须以"建模"为桥梁，使理论与实践有机地结合在一起。所以，目前我应该做的第一步就是把立体教学理论模式化、可操作化，便于第一线的老师学习和运用。

为了使我的《立体教学论》模式化，我深入研究了查有良老师的专著《教育建模》，从中获得了丰富的教益。尤其是对"建模"的意义有了充分的认识：

现在我们已经形成了一种共识：提高课堂教学效率对于提高教育教学质量举足轻重，因为课堂教学是教育教学的主阵地，学生在校80%的时间都是在课堂上度过的。向课堂教学要效率、要质量是我们的必然选择。所以，研究课堂教学的本质与规律并帮助教师驾驭其工作，就极有价值并日益被人们所重视。尤其是语文课堂教学，向来被"少、慢、差、费"所困扰，很难取得本质性的突破。原因何在？总结我们的经验或教训，主要是因为过去比较注重从微观的角度研究具体的教学方法，而忽视了从宏观的角度去优化语文课堂教学的整体结构，课堂教学的随意性很大。这显然有悖于系统论"整体大于各孤立部分之和"的整体性原理，是不科学的。应该说，课堂教学模式化是语文教学科学化的必由之路；从研究方法到研究模式是一种历史性的进步。

在现代科学方法论中，模式方法是一种重要的研究方法。教学模式是思考课堂教学的一种工具，它用一组精心安排的基本概念，也就是几个主要的变量来解释课堂教学里的师生活动。例如，有甲、乙、丙三人同在课堂里观察一节课的教

学，发现教师提问，学生回答，教师予以赞许。甲看到的是：一刺激，二反应，三强化；乙则认为是教师提出具体问题来集中学生的注意力，从而使得学生更加依赖教师的指导；丙则可能认为这三个行为是教师积累一组事实，然后让学生讨论、分析和归纳。我们可以看到，甲乙丙三人的理论依据不同，注意中心不同，对于同一事实作出的解释也就不同；我们还可以看到，不同的注意中心从这三个行为中所吸取的信息和所忽略的其他许多信息都各不相同。然而这三个人对于教学活动所用的模式都可以作为窥探课堂教学这个黑匣子的窗口，从这些窗口中探知过程和结果之间的关系。这就是模式方法的魅力。

达尔文曾说，最有价值的知识是关于方法的知识。我们经常可以在教师的论文里看到"教学有法""教无定法"的提法，然而，试问语文教学究竟有哪些优良的方法？这些方法又如何优良？你学的是哪一个或哪几个优良的方法？恐怕许多人都难免茫然。至于问及教学模式，则难免知之更少。这不能不说是教师的一种悲哀！很难想象这类教师每天是怎样和学生在课堂上进行教学活动的，也很难想象他们的教学能否取得理想的效果。据我所知，许多师范院校的学生在校期间，并不怎么重视教学法的课程，等到进入学校实习以后，才恍然大悟教学法的确有用。因此，我不免觉得，20 世纪 20 年代美国芝加哥大学著名的心理学家裘德强调师范生应当学习教学方法和教育的科学研究，确有见地。

教学思想是教学模式的灵魂，教学模式受一定的教学思想所支配。没有正确的教学思想做指导，无论采用什么样的教学模式都难以达到理想的教学效果。比如，教师如果以教书为主，则教师的工作只是组织教材，传授知识，帮助学生消化吸收，那么教师的讲授则以内容充实、条理清楚为尚，而学生的学习则以按部就班、循规蹈矩为佳；教师如果以育人为主，则教学重点就从教材转移到了学生，教师的任务首先是了解学生，发挥学生的个性，提倡创新精神，发扬民主作风，与学生平等地参加教学活动。为什么许多教师抱怨自己学习先进的教学经验，总是东施效颦，取不了真经？这很可能与他们没有从教育教学思想的高度去领会和把握其精神实质大有关系。也就是说你仅仅学到了皮毛而已。当前，我国的基础教育课程改革如火如荼，如何理解新课程，领会其精神实质，并创建适宜新课程改革要求的语文课堂教学模式？这应该说是对语文教师的巨大挑战。基础教育课程改革的一项重要任务就是，每位教师要针对所教学科，所教学生的实际，具备课程开发与整合、构建新的教学模式的能力。新课程改革所倡导的新理念，将深刻影响并引导着教学实践的改变，教师将随着学生学习方式的改变，而重新建立自己的教学方式。很显然，新的教育模式的诞生便是创新，旧的教育模式的消亡就意味着发展。而发展需要创新，创新需要继承。

对于处在第一线的广大教师来说，教学模式主要是一个实践问题。毋庸讳言，长期以来，我国的教育理论与教育实践严重脱节，这也是导致课堂教学效率不高的一个主要原因。人们期望加强教育理论的应用研究，把理论层次化、具体化，转变为可操作的程序、方法手段和实施细则等环节，以便能使理论对实践的指导更加直接。而研究语文课堂教学模式恰恰从根本上解决了教学理论与教学实践严重脱节的问题。因为教学模式是教学理论与教学实践的中介。在理论上，教学模式是从宏观上揭示教学活动整体及各要素之间的内部联系；在实践上，教学模式是为了完成教学目标和教学内容而形成的教学程序。教学模式具有可贵的操作品质。

优秀的教学模式是一个相对的概念，实践上并不存在可以解决所有教育问题的教学模式。每一种教学模式都是为了完成特定的教学目标并适用于特定的学生而设置的。既然没有单一的教学模式能够达到一切目的，那么，明智的教师就必须具备掌握足够数量的模式的技能以处理自己所面临的各种特殊的学习问题。所谓教学的进步，就是要不断地掌握众多的教学模式和不断地提高有效地使用这些模式的能力。当然，解决问题的根本则是能够将他人的教学模式融会贯通，从而在自己的教学中创造出新的教学模式，这是更高的一种境界。因为科学的生命力在于创造性，教育科学的生命力同样在于创造性。可以说，能否针对实际建立具有自己独特个性的教学模式，是衡量一个教师教学水平的重要标志。

我在龙岗中专任教6年，潜心研究，共出版了11本关于立体教学的专著：1. 2001年出版专著《语文课堂立体教学模式》（广西教育出版社）；2. 2003年出版专著《中学语文课堂创新教学模式》（中山大学出版社）；3. 2003年出版专著《小学语文课堂创新教学模式》（中山大学出版社）；4. 2003年出版专著《给语文教师的101条建议》（南京师范大学出版社）；5. 2003年出版专著《新语文课堂：探究教学法》（南京师范大学出版社）；6. 2003年出版专著《语文研究性学习：学与教融合的策略》（南京师范大学出版社）；7. 2003年出版专著《初中语文课堂教学艺术》（中国林业出版社）；8. 2003年出版专著《语文课堂问题教学策略》（广西教育出版社）；9. 2004年出版专著《语文立体化教学艺术》（中国林业出版社）；10. 2004年出版专著《语文反思性教学策略》（广西教育出版社）；11. 2004年出版专著《新课程语文教育随笔》（广东教育出版社）。

《语文课堂立体教学模式》从艺术与科学的视角论证了语文课堂立体教学理论，并据之构建了复合性的语文课堂立体教学课型，符合语文课堂教学的本质与规律，有利于激发学生学习兴趣，有利于发展学生智力，有利于培养学生的创新精神与能力，对于实现语文课堂教学最优化、提高语文教师的课堂教学水平和质量皆具现实而深远的指导意义。本成果独树一帜，自成一派，具有理论的创新性和实践的操作性，极具学术价值和实践价值，填补了我国构建语文课堂教学复合性课型的学术空白，是崭新的语文课堂教学方法论，在我国语文课堂教学理论研究领域具有里程碑意义。

三、《中学语文教学》开辟“立体教学”课例研讨专栏

2003年第7期《中学语文教学》开辟“立体教学”课例研讨专栏，推广立体教学。刊登了我的《教会学生思考和创新——〈扔掉可惜〉教学实录》：

课堂教学是艺术与科学的完美统一，具有立体的时空特征：教学艺术在于营造氛围，创造共振，激励乐学，做空间的文章；教学科学在于发展思维，追求创新，提高效率，做时间的文章。“立体教学”就是指教师运用教学艺术，营造开放性的课堂教学环境，激励学生乐学；在开放性的课堂教学环境中，师生相互质疑，通过多角度、多侧面的立体探究，促进学生思维不断产生共鸣，从而发展学生智力，教会学生思考与学习，培养学生的创新精神与创新能力的教学活动。我基于18年“立体教学”的科学实验，创立了“语文课堂立体教学系统工程理论及其模式策略体系”（“立体教学”之全称），其“模式策略体系”包含五大支系统，即“开放性四步骤语文课堂立体教学模式”、“四环节语文课堂立体教学艺术模式”（代表著作《语文课堂立体教学模式》）、“语文课堂问题教学策略”（代表著作《语文课堂问题教学策略》）、“语文课堂研究性学习教与学的策略”、（代表著作《语文研究性学习：教与学的策略》）、“语文课堂探究教学策略”（代表著作《新语文课堂：探究教学法》）等，在实际的课堂教学过程中，这些支系统是有机融合在一起的，不是各自孤立的，也就是说“立体教学”的课堂结构是复合型的。这是立体教学有别于其他教学的个性特征，即用立体性克服单一性和平面性，将两种或多种单一或平面排列的教学方式、方法或活动，整合为一种综合性、立体化的教学活动，从而使全体学生都能同时在教师的启发引导下，各自从不同的角度、方位或途径自主探究学习，以共同达到学习目标，从而实现叶圣陶先生“用不着教”的理想境界。

“立体教学”的核心模式是“开放性四步骤语文课堂立体教学模式”，《扔掉可惜》一课的教学就十分符合本模式之精神。所谓“开放性”，就是课堂要具有人文精神，充分发扬民主和尊重学生个性，营造利于学生创新的最优化的课堂教学环境。为了最大限度地发挥学生的主体性、主动性和创造性，我坚决做到学生

应该做的事一定放权于学生，决不以教师的思维代替学生的思维。这堂课我朝着“提高学生思考问题的能力、教会学生探究性学习的方法、发展学生的想象力、激发学生写作兴趣”的目标开展教学。在整个教学过程中，我始终十分民主，尽量让学生充分展现自己的观点，而且总是以欣赏的、亲切的态度，千方百计地激励、夸奖学生，并三次把竞赛机制引进课堂，我之所以这样做是因为老师和学生是平等的，所以老师必须毫无条件地发扬民主。教师在学生心目中的威信大多是因民主而产生的，而有威信的教师才有条件推动教学的发展。“好孩子是夸出来的！”你只能用激励、表扬等积极的方式去发掘每一位学生的潜能，使之体验到成功的快感！要对学生有爱心，就像对待自己的孩子一样去欣赏他们！学生成功了，我就快乐了；学生快乐了，我就成功了。竞赛机制的引进其实也是激励的一种方式，这种学生相互之间的激励，比教师的激励更有效！

所谓“四步骤”指的是“导读质疑→立体探究→评价归纳→训练迁移”。“导读质疑”是指教师引导学生读书，关键在于发现和提出问题，尤其是要发现和提出那些有思考价值和探究性的问题，因创新始于问题，“学起于思，思源于疑”，“小疑则小进，大疑则大进”。“立体探究”是指针对某一问题，激发引导学生思考和探究，让每一个学生都畅所欲言，充分发表自己的真知灼见，促使学生的思维得到发散。“评价归纳”是指让学生比较评价，归纳概括出规律性的知识，促使学生的思维得到收敛。由发散到收敛，学生便形成了一个完整的思维过程。“训练迁移”是指设计能够培养学生创新精神与能力的思维训练题，使学生的“思考”迁移成为一种“创新能力”。教学之初，我便抛出微型小说《扔掉可惜》，这其实就是抛出了一个问题，属于“导读质疑”的教学环节，因为学生读完之后都会发现小说没有写完，怎么办？当然顺理成章地过渡到了第二个教学步骤“立体探究”，这里掀起了两次高潮：一是让学生想象、探究那个“秘密”；二是让学生猜想原作真正的“结尾”是哪一个。最后我则以鼓励性的语言“评价归纳”，自然而然地完成了第三步教学环节。布置作业让学生“续写结尾”便是第四步骤的“训练迁移”，既符合读写结合的规律，又是在学生浓烈的兴趣驱使之下的一种自觉的学习行为，教学效果自然可以预见。

“立体教学”完全符合新的课程改革精神。有人听了这堂课惊奇地问我：“你为什么硬是不把结果告诉给学生？难道你不怕学生失望吗？”我说，恰恰相反，我给予学生的不是“失望”，而是“欲望”，是进一步探究的欲望！是无限的想象力！老师应该千方百计地教会学生思考，这比什么都重要、都有价值！学生从此在兴趣的驱使下，在课外获得的知识将更多。正如德国教育家第斯多惠所说："兴趣就是最好的老师!"长期以来，我们的教学总是以传授知识为目的，学生在课堂上也习惯了接受性的学习方式，久而久之，学生的创造性就会磨蚀殆尽，这是很可悲的！新的《语文课程标准》明确指出"提倡启发式、讨论式教学"，并倡导"探究的学习方式"，强调特别注重学生"探索和研究的过程"。我们的教学就应该最大限度地实现这些目标，最大限度地使学生的智力得到发展，而想象力就是形成智力的核心因素之一。第斯多惠还有句名言："一个坏的教师奉送真理，一个好的教师则教人发现真理。"我们应努力把课堂教学演绎为引导学生"发现真理"的过程。

我为什么不用"教科书"给学生上课？就是遵循叶圣陶"教材无非是个例子"的理念，要彻底打破教材的神秘感。我觉得从课外为学生选一些健康的、有趣的、有思考价值的、有时代感的文章不是更有利于教学吗？老师应该有这种选择的权力，也应该有这种驾驭和整合教材资源的能力，以适应新课改的要求。教学的艺术在于让学生走进教材，更在于让学生走出教材。

下面是我上《扔掉可惜》第一课时的课堂教学实录。

班级：深圳市教育学院附中（**即现在的深圳市第三高级中学**）九年级某班。

条件：课前老师不接触学生；要求学生上课带一支笔和一个练习本。

孙：我想问同学们一个问题：大家喜欢不喜欢看小说？

学生齐答：喜欢！（**有一两个学生说"不喜欢!"**）

孙：看来咱们班绝大部分同学都爱看小说，这很好，可以扩大自己的知识面。那么，你们平时都看的是长篇小说、中篇小说，还是短篇小说呢？（**学生众说纷纭**）

孙：那你们爱不爱看"微型小说"呢？

生（齐答）：爱看！

孙：好！我今天给同学们带来了日本作家齐藤肇的一篇微型小说《扔掉可惜》，希望同学们能够喜欢。（**马上打开多媒体课件，投映出小说**）都能看清楚吧？（**学生齐答："能"**）好，我们展开一个阅读竞赛，看我们班谁在最短的时间里面能够快速读完这篇小说，读完的同学请举手向我示意。

（在不到40秒的时间有一位学生举手了，孙老师立即表扬了他，称他在第一轮的比赛中荣获冠军！最后在1分钟之内全体学生都读完了这部小说）

孙：咱们班的学生简直是神速啊！竟在如此短的时间里读完了小说，（竖起大拇指）真聪明！那么读完小说之后大家发现什么问题了吗？

生（齐答）：没有写完！

孙：好厉害噢！同学们说得完全正确。这篇小说最后说："院长终于泄露了秘密。"那这个"秘密"究竟是怎么回事呢？其实，小说的结尾是老师有意识地把它删掉了。

法国著名学者帕斯卡指出："人类所有的才能之中与神最相近的就是想象力。"的确，许多科学家往往是靠极其丰富的想象力来发明和创造的。正如伟大的科学家爱因斯坦所说："想象力比知识更重要，因为知识是有限的，而想象力概括着世界上的一切。"同学们想不想与神靠得近一点？想不想当科学家？

生（齐答）：想！

孙：很好！我们的第二轮竞赛就从这里开始吧！现在请同学们在刚才研读的基础上，根据小说的内容、情节，充分展开自己的想象，猜出这个秘密。看谁猜得最快，猜出后同样请举手示意给我。给大家 1 分钟的时间思考。

（1 分钟过去了，没有人猜出来）

孙：再加 1 分钟时间。

（2 分钟过去了，仍没人猜出）

孙：再加 1 分钟。

（3 分钟刚过，有一个女生猜了出来，孙老师立即给予表扬。随后，学生基本上都猜了出来。然后孙老师尽量让每一个学生都把自己猜的结果讲给全班同学听，大家一起交流，资源共享）

生 1：院长告诉他所谓的"克隆"技术其实是块假招牌，那些手术用的肢体，只不过是从医院的死人身上割下的。

生 2：院长告诉他"克隆"技术还不很成熟，"克隆人"的手是给你了，但无法将"克隆人"的手医好，而且无法处置"克隆人"。看来你只有把"克隆人"带回家养起来了。

生 3：院长告诉他"克隆人"在手术期间已逃到你家里，但你太太一点都不知道，和他生活在一起快一周了！

生 4：院长告诉他《克隆法》规定，"克隆人"享有同本人一样的权利，必须和你分享一切，比如，把你的财产的一半要分给他，还需把你家的其他人员也克隆出来，与他组成新的家庭。

生5：院长告诉他克隆人费用极高，算下来还不如将你克隆出来后，就不要移植那只左手了，干脆把原来的你毁掉。

……

（学生的答案五花八门，离奇有趣，孙老师根据每一个学生的特点都给予点评、鼓励和称赞。如对于说得较好的两位同学，他这样表扬鼓励他们，“你极富想象力，说得不错！我看你就是那个与神最近的人！”“太伟大了！你的智慧将会使你成为未来的科学家！”他的赞扬既幽默又充满激情，非常富有感召力）

孙：（跷起大拇指）咱们班的同学一个比一个棒！太富有想象力了，而且超过了我的想象！我非常佩服大家。我今天给同学们带来了我们班同学的十则猜想，想不想知道？

生（齐答）：想！

孙：好！那我就把它展示给同学们。（孙老师用投影仪，一则一则地给学生放；每放出一则，就变换方式地请同学们有表情地朗读，如全班齐读，女生齐读，男生齐读，左边学生齐读，右边学生齐读，第一排学生齐读，第二排学生齐读等等。完毕，孙老师的问题又出来了）

孙：小说原来的结尾就混在这十则结尾里面，请同学们猜猜看哪一则是齐藤肇的结尾？但有一个要求就是：必须说出理由。这是我们今天的第三次竞赛，看谁猜得准，看谁说得道理最充分！

（一些学生相继发了言，并根据微型小说的特点，说得像模像样，很有道理，甚至有的互相之间还展开了争论，孙老师也一一给予了点评、表扬和鼓励。但学生还是想从孙老师的口中知道小说原来的结尾究竟是哪一则，孙老师的回答更让同学们出乎意料）

孙：其实这一点已经很不重要了，重要的是同学们的想象力在这个过程中得到了发展！今天的作业就是把自己的猜想写在练习本上。同时，请同学们根据这十则结尾，进行比较归纳，并概括出微型小说结尾的规律性来。（一些学生还是很执着地要知道小说原来的那则结尾，孙老师就是不告诉他们）

孙：大家完全没有必要迷信齐藤肇，他的结尾并不怎么好。其实，这十则结尾里面就根本没有齐藤肇的结尾，都是学生的作品罢了。我敢说：我们班的学生比齐藤肇强，在座的大家比我教的学生更强！好，今天的课我们就上到这里结束！

孙老师的课虽然结束了，但还是有几个执着的学生恋恋不舍地围在孙老师身边追问作者原来的结尾究竟是哪一个，孙老师皱着眉头，神情俨然真诚而无奈地说道："的确，连我都不知道究竟是哪一个，大家再去好好想一想吧！"一个学生无奈地说："今天最大的收获就是孙老师特别会'骗'人。"

（注：下一堂课的教学内容是，根据学生所概括出的"微型小说结尾的规律性"作业情况，有针对性地进行"微型小说构思特点"的规律性知识介绍，指导学生掌握阅读或尝试写作微型小说的方法。在师生达成共识之时，教师将不失时机地点明齐藤肇本来的结尾。最后让学生明白，齐藤肇毕竟还是齐藤肇，要想赶超齐藤肇，必须发奋学习）

附录：

扔掉可惜

［日］齐藤肇

我左手因事故彻底毁掉了。本来早已死心塌地就这么着终此一生了，可是有一次身边传来了这方面的喜讯。

据云：有个医治伤残的最新式医院，可以将身体失掉的某一部分修复如初。于是我便决定试一下。

医院是座洁白而干净的大厦。院长是个有点神经质、面色苍白而消瘦的男子。

"只要把左手进行移植手术，就能修复得完好如初！不过，这要花费好大一笔费用呢！"

"花多少钱都无所谓！拜托了……可是从哪儿弄到这一只手呢？是假肢，还是什么？"

"别担心！当然是用您自己的手了！'克隆'这玩意儿您知道吗？"

所谓的"克隆"，是通过细胞增殖手段制造"复制人"的技术。在人的基因中因为含有制造人类的信息，所以如将其培养，理论上，是可以制造出同一个人来的……

"咦？这医院就是制造克隆人的？那就是说，从我这只手的切除部位可以重新长出一只新手出来喽！对吧?!"

"不对。那是不可能的。培养的细胞，需要特殊的条件，并不是把您整个身体都浸到那种培养液中去。"

“那，该怎么做呢？”

“使用克隆技术，重新制造左手，然后把它进行移植。反正是自己的肉体，所以移植大多是成功的。”

院长用手术刀采了我身上的细胞。他一边往一只箱子上贴标签，一边说：“好了！制成左手尚需3个月时间。到时候会通知你的，那时请您再来。”

3个月后，手术进行得很顺利，终于成功了。虽然是只多少有点显得白嫩的手，但手的活动自如同前。

“院长，太谢谢你了。不愧是高超的技术啊！”

可是院长却一脸心事重重的样子。

“怎么，有什么问题吗？也许今后会有什么副作用？”

“不，不是因为这个。”

“这不是蛮好吗？这不，左手已经完好如初了嘛！”

“不过，这技术的费用过于巨大呀！照这样下去，不是谁都能负担得起的呀！”

“唔，原来是为了这个呀！不过，过不了多久，费用会逐渐降低的，不是吗？”

“是啊，要是能减少浪费的话嘛，多少还总算是……”

院长那苍白的脸上，眉宇之间皱起一个川字。院长的这番话，勾起了我的好奇心，便刨根问底地询问院长。于是院长终于泄露了秘密。

“是这么回事儿，根据现在的技术是不可能只培养出您的左手的，想尽了办法还是培养出了一个整个儿的您。”

“那其余部分呢？”

“全扔掉了，真可惜！要是把您作了销毁处理就省事多了！”

同时，还刊登了钱梦龙老师的点评《引而不发，跃如也》：

读了孙春成老师的课堂教学实录，立即想到的就是做标题的这句话。尽管我不在教学现场，但从“实录”的字里行间一样感受到了课堂上同学们求知若渴、跃跃欲试的情景，感受到了师生间平等、合作、互动的和谐氛围。

孙春成老师是“立体教学”的倡导者，他认为《扔掉可惜》的教学就是“立体教学”的一个“样本”。什么是“立体教学”？我不太喜欢下定义，也不想引用春成为“立体教学”下的定义。定义对研究学问也许是必要的，但生活中任何鲜活的东西，一经定义的“蒸馏”，提纯出一串抽象的概念，便失去了生活固有的鲜活和灵动（想起了歌德的名言：“理论是灰色的，而生命之树长青”）。我比较喜欢用生活的语言按照生活本来的样子加以描述。我在为春成的《语文课堂教学艺术漫谈》一书写的小序中这样描述我对“立体教学”的理解：“我们听名师或优秀教师的课，常常会感到教学内容的厚实。在这样的课上，知识传授、能力训练、情感陶冶、意志培养、个性发展……浑然交融，汇成一股推动学生积极向上的巨大影响力，学生在这股力量的驱动下，无知者变为有知，少能者变为多能，愚笨者变为聪明，懦弱者变为坚强，懒惰者变为勤奋。听这样的课，既感到教学目标明确而集中，却又无法仅指其一端，只觉得一堂课是一个完美的整体，其功能是综合的、多维的、全方位的。这种感觉，就叫‘立体感’，这样的教学，就是‘立体教学’”。

我认为，春成设计并执教的《扔掉可惜》，就是这样一堂颇有“立体感”的好课。

纵观整个教学过程，确有不少可圈可点之处。“小说的结尾究竟怎样?”作为贯穿教学全过程的一个中心悬念，自始至终牵动着学生一波接一波的思绪，激发着他们浓浓的探究兴趣；直至最后，“吝啬”的教师仍然引而不发，惜“言”如金，不肯宣布答案，把学生求“知”的胃口高高地“吊”到了极点。这似乎有些不合教学的常规，却又不得不承认其匠心独运之妙：这个没有结尾的结尾，使这堂课如一篇含而不露的文章，“终篇接混茫”，给人以更多回味和思索的余地。毫无疑问，学生从这堂课上受到的锻炼、获得的教益，绝不是单一的、平面的。

窃以为，“立体教学”最鲜明的特点是学生的“主体性”和教师的主导作用的和谐统一。在整个教学过程中，学生的自主探究贯穿始终，知识在自主探究中获得，想象力、创造力在自主探究中发展，兴趣、情感乃至意志、性格，等等，无不都在自主探究中得到培养和锻炼，这正是这堂课给人以很强“立体感”的原因所在。但所有这一切，实际上又都离不开教师“引而不发”“导而弗牵”的引导、启发和鼓励。我想，这对我们如何正确处理教学过程中的师生关系也是一个极好的启示。

2004 年第 2 期《中学语文教学》又刊登了徐飞鹏的争鸣文章《扔掉学生的发展才是可惜的!》：

贵刊 2003 年第 7 期刊登了孙春成老师的“立体教学”课例，并在第 7 期和第10期上刊发了几篇“评说”，拜读之后，想对《扔掉什么是可惜的?》的话题，兼及其他“评说”，谈点个人意见，以就教于史绍典诸位老师。

史老师在文章开头的“一向”之论（我一向对某一种或某一类教学冠以的宏大名字，心怀敬畏。因此，一看到孙春成先生“语文课堂立体教学系统及其模式策略体系”，我就有点犯怵，甚至无端想起了远去的时代的某些“封号”），蔡老师“多”“玄”之想（语文教学的花样越来越多了，语文教学的理论越来越玄了……正如有人形容的那样：你方唱罢我登场，各领风骚没几天），可谓极尽揶揄之能事，让人忍俊不禁。虽然史老师不像蔡莱莉老师一样直露，称“这不是针对春成先生”的，但史老师与蔡老师一样，都有一种不管科学与否，拒孙老师语文立体教学理论于千里之嫌。

语文教学之所以长期以来“少、慢、差、费”，效果不佳，或许是语文教学并不缺乏理论，而是缺乏切实可行的理论来指导实践。但既然有理论了，我们不妨学习鲁迅先生的“拿来主义”：不管三七二十一，先拿来！占有，挑选！因为，孙老师十九年如一日，执着于语文教学科学化研究，他的十余部有关语文教学的专著和数以千计的成功课堂教学并非空穴来风。我想，史老师不管出于何种心理的“犯怵”，当然不利于“拿来”，更谈不上“挑选”，却由此得出孙老师的课是“言而不知其可的‘野狐禅’”，就未免让人感到滑稽了。

还是让我们看看史老师的“评说”吧：“‘克隆’。对！……科学与社会、科学与人伦、科学与道德，前所未有地提到每一个人（还有国家）都不得不思考的议事日程。禁止‘克隆人’的呼声、立法，不绝于缕。本文的主旨，就与此有关”“孙先生在‘系统’考虑他的‘立体’策略时，将全文的这一要害给‘扔掉’了。”史老师所说的“要害”是指“克隆”这一内容（蔡老师也有此看法：“如果学生领会了题旨，如果学生对文中有关‘克隆’的内容稍做推敲……”），实在是让人难以苟同。全世界人民关心的事在课堂上就必须大谈特谈吗？这一点，我们只有看看全日制普通高级中学教科书（试验修订本必修）第二册第一单元的学习重点就知道了。《改造我们的学习》《〈物种起源〉导言》《神奇的极光》《空间和时间旅行》四篇文章，体裁不同，内容各异，但“本单元的学习重点是整体把握，筛选信息”，重点在于训练学生筛选信息的能力。所以，窃以为本课的要害并不在对小说本身内容的讲解上，否则课极易落入了传统教学的窠臼，又让语文课担当了救世主的角色。我们必须明白孙老师这一课的设计意图：利用齐藤肇《扔掉可惜》这一篇微型小说的故事情节作为“诱饵”，诱发学生的阅读探究兴趣，发展学生的想象力，培养学生的创新思维与能力。这也是孙老师的高明之处！我认为孙老师这一课型很像苏联著名教育家苏霍姆林斯基所说的“思维课”。也正如史老师所说：“全文的最尖锐之处，正在这里！（‘这里’指‘小说的结尾’，笔者加注）本文的‘牛鼻子’，也就在这里！要说‘立体教学’，就应该在这里‘立’起来！”

孙老师这一课最大的成功就是抓住了“全文最大的矛盾冲突和最本质的‘悬念’”，抓住了小说出人意料而又在情理之中的十分耐人寻味的结尾！他故意将小说的结尾去掉，让学生充分发挥想象力，去想象故事的结局，可谓匠心独运，令人拍案叫绝！遗憾的是，史老师却无心领悟孙先生的匠心，而是近乎武断地说：“舍此，再‘狗尾续貂’出一百个结尾，也无太大价值！”我倒以为，即使学生续写有“狗尾续貂”之嫌，但对于学生本人却意义非凡，绝非史老师所说“也无太大价值”！因为每一个学生的续写都是放飞想象力和创新思维的结晶，这是弥足珍贵的，我们可要倍加爱护和珍惜啊！

“课结束了，但还是有几个执着的学生恋恋不舍地围在老师身边追问作者原来的结尾究竟是哪一个？”这充分说明这一课调动了学生的求知欲，孙老师的课获得了成功。我们看到孙老师始终没有告诉学生“作者原来的结尾究竟是哪一个”，其实，孙老师已经把“谜底”告诉了每一位学生，就是每一位学生自己想象的那个结尾。

回过头来，我们再想一想，学生要将小说的结尾续写好，不深钻小说的情节和内容，行吗？纵然如史老师所言，我看扔掉对文本内容详尽的分析和讲解并不足惜，而扔掉学生的发展才是真正可惜的！

蔡老师《还是实在一点吧》一文的观点与史老师的基本上是一脉相承，不过，史老师不愧为大家，语言含蓄诙谐，蔡老师则直陈其事，风格明快。但我敢说，这两位老师肯定没有读过一本孙老师关于立体教学的著作，所以才觉得其“玄了”。尤其是蔡老师批评“语文教学的花样越来越多了”，我倒以为，语文教学“食不厌精，脍不厌细”，花样越多越好，语文教学只有百花齐放，才能春色满园！孙老师追求“常教常新，堂堂新”，没有“花样”行吗？关键的问题是看你的“花样”符合不符合教育教学规律！蔡莱莉老师还从“语文能力”“人文熏陶”“情感意志”诸方面对课例提出看法，让人感觉是过于求全责备。不言而喻，一堂课是不可能面面俱到把什么问题都解决的。一个课型也只能承担或完成特定的教学任务，本课例也仅仅是孙老师诸多课型中的一个。若每节课都按蔡莱莉老师的评判标准去评判，任何优秀的名家课例都可口诛笔伐的；若按蔡老师的意见去进行教学，语文教学有何创新可言？只能走回老牛拉破车的路上去好了。

至于林振树老师《教师该做的还是要做》一文里所“不敢恭维”的“因为它开放得连教师的引导都成了虚幻的东西”，“根本就不是‘研读’”一说，则更是有悖于事实。若汝不信，请重读一次课例，就会发现凡是孙老师说的话都有“引导”的成分，且整堂课都在引导学生进行研读，只不过这种“研读”方式别开生面，与众不同罢了。谈及“课堂实录中五位同学的发言不到位”，据我所知，是因为杂志版面紧，孙老师将学生的回答有意概括和压缩所致。所以我斗胆恳请主编，将学生的十个回答给予刊登，并附学生的十个结尾习作如后，以飨同人。

四、成功举办中国教育学会“立体教育”课题首届年会

2004 年 5 月 22 日，中国教育学会“立体教育”课题组在深圳市龙岗区实验学校音乐厅召开了首届年会。我们给深圳市所有学校都发了邀请函，有 1400 余人参加了这次盛会，会场座无虚席，人行过道和主席台两侧都坐满了听会的老师。年会得到了深圳市龙岗区职业技术学校领导的大力支持。

我邀请到了魏书生老师，请他在大会上做了学术报告《新课改的语文教育发展趋势》。我在大会上做了学术报告《“立体教学”与新课程改革》，报告结束后，我和现场老师进行了互动交流，回答了老师们的提问。

会上，我上了一堂示范课《事物的正确答案不止一个》。因为许多老师都觉得议论文很难上，所以，我就专门挑选议论文这一文体，一来是挑战一下难点，

二来正好让魏书生老师听听给予指点。魏书生老师还是第一次听我讲课，课后我让他给我的课指导指导，他只说了一句话：“很好!”

《事物的正确答案不止一个》教学实录：

师：同学们，我们今天要学习一种新的文体，就是“议论文”。我们先了解一下有关议论文的常识。

师：(幻灯片)议论文是以议论为主要表达方式，通过摆事实，讲道理，直接表达作者的观点和主张的常用文体。

师：(幻灯片)议论文三要素：1. 论点：作者的主张或观点(中心论点只有一个，其余为分论点)；2. 论据：作者用来证明论点的理由和事实；3. 论证：引用论据来证明论点的过程与方法。

师：(幻灯片)议论文常见的论证方法有两种：1. 举例论证(事实论证)；2. 道理论证。

师：我们今天学习议论文《事物的正确答案不止一个》(**板书课题**)。

师：请同学们默读课文，思考：本文的“中心论点”是什么?

(学生认真默读约3分钟)

师：好，谁来说说自己的思考，与大家分享?

生1：我认为“中心论点”是：事物的正确答案不止一个。

师：哦，这位同学认为文章的标题是“中心论点”，一家之言。还有吗?

生2：我认为“中心论点”是：不满足于一个答案。

生3：我认为“中心论点”是：任何人都拥有创造力。

……

师：同学们的回答都有自己的道理，也都很有见地，很好！那究竟本文的“中心论点”是什么呢？我们先不要轻易地下结论，让我们共同好好探究一番吧！

师：我们先学习下面的文字，看作者表达了什么观点。

【投影】

对于上面这个问题，你是怎么回答的呢？要是你选择的是B，那就恭喜你答对了。因为图形B是唯一一个仅由直线构成的图形。

不过，也许有人会选择图形C。因为非对称性图形只有C一个，所以会被认为与其他图形不同。确实如此，这也是正确答案。答A也是可以的。因为A是唯一没有角的图形，所以A也是正确答案。那么，D又怎样呢？这是唯一一个由直线与曲线构成的图形，因此D也是正确答案。换句话说，由于看图形的角度不同，四种答案全都正确。

“正确答案只有一个”这种思维模式，在我们头脑中已不知不觉地根深蒂固。事实上，若是某种数学问题的话，说正确答案只有一个是对的。麻烦的是，生活中大部分事物并不像某种数学问题那样。生活中解决问题的方法并非只有一个，而是多种多样。由于情况的变化，原来行之有效的方法，到了现在往往不灵了。正因为如此，如果你认为正确答案只有一个的话，当你找到某个答案以后，就会止步不前。因此，不满足于一个答案，不放弃探求，这一点非常重要。

师：谁给咱们朗读一下这段文字?

生4：(读得很正确和流畅)

师：这段文字作者告诉了我们一个什么观点?

生5：解决问题的方法多种多样。

生6：不满足于一个答案。

师：哦！两个答案，究竟哪个正确呢？我们分析一下吧。

师：作者举的“四个图形”的例子应该属于正面的例子，这个例子主要告诉人们什么道理呢?

生7：不满足于一个答案。

师：很正确。那作者还说“‘正确答案只有一个’这种思维模式，在我们头脑中已不知不觉地根深蒂固。事实上，若是某种数学问题的话，说正确答案只有一个是对的。”这是什么意思?

生8：这是说“正确答案只有一个”这种思维模式是错误的。

师：非常好。这是不是举了一个反面的例子来证明一个道理呀?

生（几乎齐声）：是。

师：那作者举出了正反两方面的例子究竟论证了一个什么观点呢?

生9：事物的正确答案不止一个。

师：大家同意这位同学的看法吗?

生（齐）：同意。

师：非常正确。这一部分内容，作者就是运用正反对比举例论证的方法，告诉我们一个颠扑不破的道理——事物的正确答案不止一个。而富有创造性的人，永远不满足于一个答案。

（板书：不满足于一个答案）

师：我们接着研究下面的内容。

【投影】

然而，寻求第二种答案，或是解决问题的其他路径和新的方法，有赖于创造性的思维。那么，创造性的思维又有哪些必需的要素呢？

有人是这样回答的：“富有创造性的人总是孜孜不倦地汲取知识，使自己学识渊博。从古代史到现代技术，从数学到插花，不精通各种知识就一事无成。因为这些知识随时都可能进行组合，形成新的创意。这种情况可能出现在六分钟之后，也可能在六个月之后，六年之后。但当事人坚信它一定会出现。”

我对此完全赞同。知识是形成新创意的素材。但这并不是说，光凭知识就能拥有创造性。发挥创造力的真正关键，在于如何运用知识。创造性的思维，必须有探求新事物并为此而活用知识的态度和意识，在此基础上，持之以恒地进行各种尝试。

这方面的典型代表，首推约翰·古登贝尔克（叫约翰·克登堡）。他将原来毫不相关的两种机械——葡萄压榨机和硬币打制器组合起来，开发了一种新机械。因为葡萄压榨机用来从葡萄中榨出汁，所以它在大面积上均等加力。而硬币打制器的功能则是在金币之类的小平面上打出印花来。有一天，古登贝尔克半开玩笑地自言自语道：“是不是可以在几个硬币打制器上加上葡萄压榨机的压力，使之在纸上打印出印花来呢？”由此发明了印刷机和排版术。

另一个例子是罗兰·布歇内尔。1971 年的一天，布歇内尔边看电视边这么想：“光看太没意思了。把电视接收器作为试验对象，看它产生什么反应。”此后不久，他就发明了交互式的乒乓球电子游戏，从此开始了游戏机的革命。

师：我范读一下这段课文。

师：这段课文作者告诉了我们一个什么观点？

生 10：创造性思维必须具备哪些要素。

生 11：解决问题有赖于创造性思维。

生 12：知识是形成新创意的素材。

师：真是各执己见，互有思考。

师：我让大家思考一个问题：作者在这部分一开始谈了“创造性思维”必需的“要素”。然后举了两个例子，一个是约翰·古登贝尔克发明印刷机和排版术，另一个是罗兰·布歇内尔发明了游戏机，这两个例子都说明了一个什么道理呢？

生 13：发明需要创造性思维。

生 14： 创造性人才都具有创造性思维。

师： 这两个同学说得都不错！都善于动脑筋。老师给你俩点赞！我们是不是可以这样总结这部分的内容：富有创造性的人，有赖于创造性思维？

生（齐）： 可以。

师： 作者主要是运用举例论证法论证这个观点的，是吧？

生（齐）： 是。

（板书：有赖于创造性的思维）

师： 很好。我们继续学习课文。

【投影】

不过，这种创造性的思维是否任何人都具备呢？是否存在富有创造力和缺乏创造力的区别呢？

某心理学专家小组以实际从事创造性工作的人与不从事此类工作的人为对象进行了调查研究，并得出如下结论："富于创造力的人，认为自己具有创造力；缺乏创造力的人，不认为自己具有创造力。"

认为"我不具备创造力"的人当中，有的觉得创造力仅仅是贝多芬、爱因斯坦以及莎士比亚他们的，从而进行自我压制。不言而喻，在创造的宇宙里，贝多芬、爱因斯坦、莎士比亚是光辉灿烂的明星。然而在大多数情况下，即便是他们，也并非轻而易举就能获得如此非凡的灵感。相反，这种非凡的灵感，往往产生于这样的过程：关注极其普通，甚至一闪念的想法，并对它反复推敲，逐渐充实。

由此看来，区分一个人是否拥有创造力，主要根据之一是，拥有创造力的人留意自己细小的想法。即使他们不知道将来会产生怎样的结果，但他们很清楚，小的创意会打开大的突破口，并坚信自己一定能使之变为现实。

师： 谁来朗读一下这一部分？

（学生朗读，读得挺好，正确有劲）

师： 同学们再仔细默读一下这部分内容，看看作者表达了怎样的观点，最好从课文里找出一句原话。

师： 好，这个同学这么快就举手啦，你说。

生 15： 拥有创造力的人留意自己细小的想法。

师： 谁还有不同意见？没有了？大家都同意这个同学的观点？真是英雄所见略同啊！

师：我也同意这位同学的观点。

（板书：留意自己细小的想法）

【投影】

任何人都拥有创造力，首先要坚信这一点。关键是要经常保持好奇心，不断积累知识；不满足于一个答案，而去探求新思路，去运用所得的知识；一旦产生小的灵感，相信它的价值，并锲而不舍地把它发展下去。如果能做到这些，你一定会成为一个富有创造性的人。

师：大家齐读一下这段话。

（学生齐读）

师：谁说说这段话作者告诉了我们什么道理？

生16：这段话是总结全文，告诉大家“任何人都拥有创造力”。

师：不错，一家之言。他还指出了这是一个总结全文的段落。谁还有不同观点？

生17：我认为这段话告诉大家“任何人都会成为一个富有创造性的人”。

师：这两个同学的观点比较接近，那么，谁说得更准确？

师：我们捋一捋作者的行文思路就不难判断了。

师：作者先论述了一个观点：富有创造性的人，不满足于一个答案。

师：紧接着又论述了一个观点：富有创造性的人，有赖于创造性的思维。

师：然后又论述了一个观点：富有创造性的人，留意自己细小的想法。

师：以上三点可以说都是分论点，都是为了证明总论点服务的，那么，大家看看，总论点应该是什么呢？

生（几乎齐答）：任何人都会成为一个富有创造性的人。

师：非常正确。

（板书：任何人都会成为一个富有创造性的人）

师：这是我们第一次接触和学习议论文，更何况这篇议论文本身很深刻，中心论点难确立，大多数老师都认为并教学生文章标题就是中心论点，这对我们的教学挑战性很大。但是，我们今天运用了逐层剖析教学法，把课文以分论点为单位，切割成若干板块，逐层剖析探究，最终达成了共识。非常棒！

师：今天作业：运用举例论证法，写篇小作文。

师：这节课到此结束，同学们下课！

生（齐）：老师再见！

五、成功举办了三届全国“立体教学杯”课堂教学大赛

2006 年“立体教学”正式评审为深圳市教师继续教育课程。

我于 2007 年 12 月 9 日和 16 日对全市 105 名中学语文老师进行了“立体教学”继续教育讲演，获得好评。

我们推广“立体教学”的方式有三种：

一种是举行教学观摩活动。2007 年 11 月 30 日，中国教育学会“立体教育”课题组与龙岗区教师进修校在龙岗区实验学校音乐厅联合举办了“立体教学”（作文专题）观摩研修活动。有 600 余名老师听会。上海市浦东新区阳晨小学周逢雨老师上了六年级的疯狂作文观摩课，深圳龙城小学孙安懿老师上了三年级的《观察与表达》作文观摩课，我给予了现场点评。大会特邀上海市著名特级教师贾志敏为大会上了五年级《谁动了松树的奶酪》示范课并做了《小学作文怎么教》的专题学术报告。龙岗区教育局副局长韩园林出席了开幕式并对大赛给予了充分肯定。

另一种推广“立体教学”的方式就是举办了“立体教学杯”课堂大赛。我们中国教育学会“立体教育”课题组成功举办了三届全国“立体教学杯”课堂教学大赛。

2004 年 11 月 13 日在深圳市东方半岛学校举办了首届“立体教学杯”语文课堂大赛，有十名教师进入决赛，最后有六名教师分别荣获特等奖和一、二、三等奖。龙城小学语文教师尹佳俊荣获冠军。

2005 年 11 月 25 日在龙岗区实验学校举办了全国第二届“立体教学杯”课堂教学大赛决赛。

P7 侨乡新闻　深圳僑報　2005年11月28日 星期一

全国第二届“立体教学杯”课堂教学大赛落幕

龙岗实验学校教师陈理获特等奖

本报讯　记者刘建光报道：由龙岗中专立项，中国教育学会“立体教育”课题组举办的全国第二届“立体教学杯”课堂教学大赛决赛经过2天的激烈角逐于11月25日在龙岗区实验学校圆满落幕。来自全国各地的600余名中小学语文教师参加了此次活动。

来自全国六个省、市的6名实验教师经过预赛从160余名选手中脱颖而出闯入决赛，在经过几轮紧张激烈的课堂现场教学比赛后，有4名实验教师通过了大赛专家评委会评定的特等奖和一等奖。其中江苏省徐州市棠张中心学校赵广锋老师《印度洋上生死夜》一课获得特等奖，并被授予最具教学个性奖；深圳市龙岗区实验学校陈理老师《安塞腰鼓》一课获得特等奖，并被授予最佳教学创新奖；四川师范大学附属学校黄伟老师《“精彩极了”和“糟糕透了”》一课获得一等奖，并被授予最具教学潜力奖；湖北省荆州市新沙路小学舒雪老师《称赞》一课荣获一等奖，并被授予最佳普通话奖。本次比赛本着“赛课是手段，提高是目的”的原则，每堂课后都由专家做了现场点评。全国著名特级教师靳家彦为大会做了精湛的示范课《两小儿辩日》和精彩的学术报告《新课程的语文教学》。大赛精彩纷呈，高潮迭起，掌声不绝，给人以艺术的感染和精神的享受。

教育界专家和学者们一致认为，旨在推广“立体教学”实验成果的“立体教学杯”课堂教学大赛活动，给广大教师提供了一个切磋教学艺术、交流教育思想、探究教育真谛的一个平台，有利于促进新的课程改革。（下图为决赛现场。本报记者　刘建光　摄）

来自全国各地的600余名中小学语文教师参加了此次活动。来自全国6个省、市的6名实验教师经过预赛从160余名选手中脱颖而出闯入决赛，在经过几轮紧张激烈的课堂现场教学比赛后，有4名实验教师通过了大赛专家评委会评定的特等奖和一等奖。其中江苏省徐州市棠张中心学校赵广锋老师《印度洋上生死夜》一课获得特等奖，并被授予教学最具个性奖；深圳市龙岗区实验学校陈理老师《安塞腰鼓》一课获得特等奖，并被授予最佳教学创新奖；四川师范大学附属学校黄伟老师《“精彩极了”和“糟糕透了”》一课获得一等奖，并被授予最具教学潜力奖；湖北省荆州市新沙路小学舒雪老师《称赞》一课荣获一等奖，并被授予最佳普通话奖。本次比赛本着“赛课是手段，提高是目的”的原则，每堂课后都由专家做了现场点评。全国著名特级教师靳家彦为大会做了精湛的示范课《两小儿辩日》和精彩的学术报告《新课程的语文教学》。大赛精彩纷呈，高潮迭起，掌声不绝，给人以艺术的感染和精神的享受。教育界专家和学者们一致认为，旨在推广“立体教学”实验成果的“立体教学杯”课堂教学大赛活动，给广大教师提供了一个切磋教学艺术、交流教育思想、探究教育真谛的平台，有利于促进新的课程改革。

2006年11月10日，全国第三届“立体教学杯”课堂教学大赛在龙岗街道会堂举行。全国1000余名语文老师参加观摩后，赞叹这是龙岗语文教学的盛宴。本次大赛为龙岗教育内涵的发展和提高注入了活力。参加决赛的老师来自四川、安徽和广东深圳，之前经过了全国范围内近700人参加的预选。龙岗新生小学许春萍凭现场课《秋天的雨》胜出，荣获特等奖；四川柳舒老师和安徽高汉孝老师荣获一等奖。评委为专家于永正、孙春成、朱安义。当天下午，全国著名特级教师于永正老师为实验教师上了示范课《卜算子·咏梅》，并做了《语文教学的亮点在哪里》专题学术报告。深圳市教育局副局长唐海海和龙岗区教育局副局长袁学锋出席了开幕式并对大赛给予了充分肯定。

第三种推广“立体教学”的方式就是我送课下校，给老师们上示范课。我的示范课是真正意义的示范课，即都是让学校给我点课，学校要求我上什么课，我就备什么课上；如果我上大型的公开课，一定是比较难上的课，大部分老师都很难处理的课，唯有这样，示范课才具有示范性，才有价值。

我曾应校长之邀，给深圳市布吉镇科城实验学校（民办学校）上过两堂课。2006 年 5 月 5 日，我收到了科城实验学校七（4）班两位同学的来信。一封是罗秀曼同学的来信：

孙老师：

您好！您应该还没忘记我吧！我是您说过有一点勇气的那一位女生！听完您讲的两堂课，我发现您讲课的方式与别的老师不一样。您讲课的方式从这三点带起：“一要我们大胆举手；二能开扩我们的知识；三是抓住我们最想知道的知识来讲，让我们进入正题。”孙老师，您觉得对吗？这不过是我个人的想法。

我们班的人都十分喜欢上您的课，我是从第二天，杨校长让我们给您打分中看出来的，每个人给您打最高分是 10 分，最低分是 1 分。全班 45 位同学，总分是 450 分，给你打了 440 分，还有 10 分是因为有两位同学只给你打了 5 分（各打 5 分），剩下的同学都给您打满分，他（她）们都十分喜欢上您的课。没上您的课以前，我不太喜欢上语文课。上了您的课后，我便渐渐喜欢上了语文课。不知，我还有没有机会再听您的课？您上的课太吸引人了，使人想上您的课，还不会觉得烦！孙老师，您对我们班的印象如何？您喜欢给我们班上课吗？要是您下次有机会给我们再上课的话，我一定欢迎您！

祝您：

工作顺利！开开心心！龙马精神！

七（4）班 罗秀曼

另一封是傅妙芬同学的来信：

孙老师：

您好！

我写信给你，会打扰您吗？如果会请原谅我。我非常喜欢您讲的课。噢！不好意思，忘了自我介绍了。我叫傅妙芬，七（4）班的。

孙老师您会再来吗？我希望您能再来一次。说实话，我是一个比较调皮的女生吧！我上语文课似乎从来没有认真过，总是身在教室，心在外面。但语文成绩没有上也没有下。可我不想处于这种状态，我想提高语文成绩，但课堂上我听不进老师所讲的内容。孙老师，我该怎么办？

上您的课，也许有众多老师在或者您讲课精彩的缘故，那节课我听得很认真，但由于胆小的原因，您提的问题，我好几次想举起手，但最终我还是放下了。您讲的课非常吸引我，我非常喜欢您讲的课，可您只给我们上了两节课，我感到非常遗憾！我欢迎您下次来给我们再上一节精彩的课。

祝：

开开心心！工作顺利！

傅妙芬

六、中国教育学会“十五”规划课题“立体教育”结题

“立体教育”课题是“立体教学”课题研究发展的一个必然结果——随着“立体教学”课题研究之深入，我们发现就教学论、教学法、教学模式来解决教学的问题是有很大的局限性的，尽管你的“论”“法”“模式”很系统、很科学，也不能从根本上解决教学的问题，因为是无无教育的教学。比如，有一个教师教学是一把好手，但就是不懂得教育规律，动不动就批评学生，和学生关系搞得很紧张，学生都讨厌该老师，那么，还有谁愿听他的课呢？所以，你的课讲得再好不是白搭吗？“教育”是宏观的，是大学问，“教学”是微观的，是小技巧；我们必须站在素质教育的高度来研究或进行我们的教学活动。只有二者结合，才能立于不败之地。所以“立体教育”课题的提出就水到渠成了。

“立体教育”全称是“立体教育系统工程理论”，是指以多角度、全方位、立体的思维方式，认识、理解和进行教育教学实践活动的一种全新的教育教学方法论。它包括两大支系统，即“立体教育”和“立体教学”。所谓“立体教育”，是指充分发挥家庭教育、学校教育和社会教育“三位一体”的综合优势和整体系统功能，形成一个良性循环的大教育场，对下一代进行齐抓共管式的全方位多角度的真诚教育。

具体来讲，“立体教学”要充分利用课堂的有效资源，发展学生思维，培养智慧的人；“立体教育”要充分利用校内外的各种教育资源，发展学生个性，培养高尚的人——二者都要以科学精神和人文精神为基础，从而培养具有创新精神与创新能力的人格健全的人。

2003 年“立体教育”列为中国教育学会“十五”科研规划课题，我是课题的主持人。我们在学校首先成立了“立体教学课题小组”，成员有潘斐、王海静、方一川、桂谦、熊华、江怒、王珍等人，在龙岗中专展开教育实验。潘斐老师的立体教学写作教学经验《兴趣想象说写》和我的立体教学阅读教学经验《立体探究，发展创新》同时发表在 2003 年第 6 期的《语文教学通讯》。

下页图是孙春成老师在指导龙岗中专的立体教育实验教师。

“立体教育”课题是从“立体教学”课题发展而来的，符合当前全国新的课程改革精神。鉴于其内涵的广泛性和我们研究资源的有限性，“十五”期间，我们侧重做了几点研究工作：一是继续完善“立体教学”的研究并有效推广其既得成果；二是以“家访”为切入点，研究学校教育与家庭教育的有效结合途径；三是研究人文教育的理论及其在各个学科中的有效渗透策略。由于“立体教育”课题立项时间较迟，两年间我们侧重做了第一项工作，故本次结题以“立体教学”为主。我们推广“立体教学”的方式是：

一是举办“立体教学”学术研讨会或展览会。

2006 年 5 月 19 日在龙岗中专举办了“立体教学”“十五”成果展览会，10 余所实验校都出了展板，展示了他们的实验成果。全国著名特级教师钱梦龙到会并做了《新课标关键词解读》的学术报告。龙岗区教研室主任吴金才到会讲话。全区 500 余名老师参会。

二是举办了“全国‘立体教学杯’课堂教学大赛”之类的大型活动。一可造势宣传，二可展示实验教师的成果，三可使实验教师在这个平台得到锻炼。

“立体教育”课题研究我们主要做了五项工作：一是课题立项后，我们在深圳市教育学会、龙岗区教育局和龙岗中专领导的支持下，2003 年 11 月 12 日在龙岗中专举行了隆重的开题仪式。二是在深圳市教育学会、龙岗区教育局领导的支持下，2004 年 5 月 22 日，在龙岗区实验学校召开了“立体教育”课题研究首届研讨会，我在大会上做了学术报告《“立体教学”与新课程改革》和示范课《事物的正确答案不止一个》，魏书生老师应邀在大会上做了学术报告《新课改的语文教育发展趋势》。四是在深圳市教育学会、龙岗区教育局领导的支持下，2005年4月9－10日在布吉高级中学会堂召开了“立体教育”课题研究等二届研讨会，魏书生老师应邀在大会上做了学术报告和示范课，五名实验教师做了观摩课。

2005年9月5日中国教育学会给我们颁发了结题证书：中国教育学会教育科学研究“十五”规划课题《立体教育》（课题负责人孙春成），报送的结题资料完整，内容充实，通过专家鉴定的手续完备，经研究同意结题。

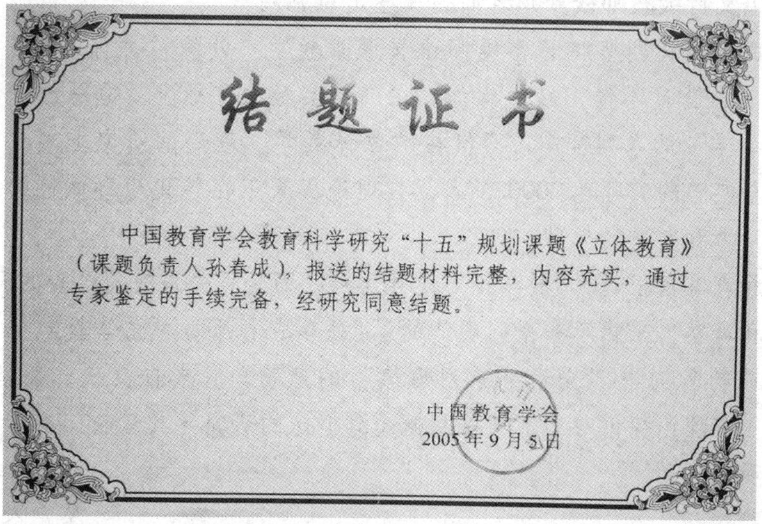
结题证书

中国教育学会教育科学研究“十五”规划课题《立体教育》（课题负责人孙春成），报送的结题材料完整，内容充实，通过专家鉴定的手续完备，经研究同意结题。

中国教育学会
2005年9月5日

下面是5位专家的结题鉴定书。

著名教育改革家魏书生老师的《“立体教育”课题研究鉴定书》：

孙春成教师“立体教学”课题研究，持之以恒，一以贯之，长达20年之久，取得了明显的成果。

第一，引导教师们多角度、全方位地审视、理解和解释课堂教学的规律。提出“课堂教学是师生在时空领域里进行的一种实践活动，它本身就是立体的。”立体教学的全称是“立体教学系统工程理论”。“教学艺术”和“教学科学”是构成其系统的两大支系统。本课题进行了系统的理论上的探索，一些观点很有新意。

第二，注重应用研究。为将“立体教学”的理论应用于实践，孙老师积极构建“语文课堂立体教学模式”，实现了对立体教学认识的第二次飞跃。

第三，课题源于实践，成长于实践，有旺盛的生命力。课题解决了实践中注入式教学效率低，课堂沉闷，师生被动的问题。先后有600多个班级的学生，2000多位教师参与实践，参加实验的师生教得更主动，学得更快乐，成了教与学的主人，形成了互助和谐的人际关系，享受到了研究、探索、实践、创新的自由，明显地提高了教学效率，提升了人格境界。今后每一个真心、细心研究并实践“立体教学”的教师都将会得到明显的益处。

鉴定人：魏书生

二〇〇五年八月十日

著名语文特级教师钱梦龙老师的《鉴定意见》：

孙春成老师长期坚持旨在提高语文课堂教学实效的“立体教学”的探索，20年如一日，孜孜不倦，勤勉有加。在广泛实验的基础上，他总结、出版了有关“立体教学”的系列著作，不仅在“立体教学”理论的研究上颇有建树，而且前后参与实验的教师达2000多人，其理论成果正在转化为群体性的实践，故显得更有活力和发展的后劲。

波兰教育家奥根说：“教学论不是凭思辨，而是凭先进教师经验的理论概括，以及实验和观察，来揭示一系列规律的。”孙春成老师的“立体教学”理论正是从大量的成功教例中“揭示一系列规律”的产物，它来自实践，又指导实践。这就决定了其理论探索与当前某些从概念到概念的研究异其旨趣，有着可贵的实践品格和现实意义。

鉴定人：钱梦龙

二〇〇五年四月二十日

著名语文特级教师靳家彦的《鉴定书》：

孙春成老师的“立体教学”系列成果有四大特点：

一是具有理论的前瞻性。培养创新型人才需要创新教育理论的指导。“立体教学”从科学与艺术的角度，揭示了课堂教学的立体性规律，论证了教学思路三坐标及同步共振论、教学结构二重性论、知识与能力双结构论、教与学主客体双转化论、教学信息双反馈论、系统中心论、教学艺术与科学完美统一论等新颖独到的观点。对课堂教学的本质及运动规律做了透辟而科学的解释，在理论上无疑具有重大的创新和前瞻性。这对于发展学生智力，培养学生的创新精神与创新能力，皆具现实的指导意义。

二是具有实践的操作性。理论的使命就是指导实践。如何使貌似严肃而令人难以接近的理论化为第一线教师行之有效的教学策略呢？孙老师以多年丰富的立体教学改革实验为基础，紧紧围绕“立体教学是艺术与科学的完美统一”的中心论题，分别以“教学艺术”和“教学科学”为切入点，从教学思想、目标、程序、方法、原则及评价诸方面，创建了“语文课堂立体教学模式体系”，使立体教学理论走上了自由王国成为可能。这对传统的语文教学模式无疑是一个大胆的扬弃和挑战性的突破，既便于教师操作与运用，又利于在课堂教学中落实素质教育理论，将语文教学提升到了艺术化、科学化与立体化的新境界。因此，从“立体教学论”到“立体教学模式”，堪称立体教学第二次质的飞跃。

三是具有现实的指导性。当前，我国正在进行的基础教育课程改革，把“研究性学习”纳入必修课之列，这当然是对传统教学方式的挑战。令广大教师棘手的问题是这门既无大纲又无教材的全新课程究竟应该怎么上呢？本书所论恰好对这个问题做了理论与实践上的科学解答。研究性学习旨在改变传统教学学生创新意识与实践能力差的现状，强调培养学生发现问题、研究问题、解决问题的能力，从而使学生学会自主性、探索性、研究性学习。立体教学的学习模式为“发现问题——探索未知——比较认同——获得新知”，正与研究性学习的精神不谋而合。研究性学习通过改变学生的学习方式，为学生的发展创造空间，从而促进每个学生的全面发展，尤其尊重每个学生的独特个性。立体教学的民主化、多角度、鼓励性、创造性诸教学原则，以学生的发展为根本出发点，洋溢着浓郁的人文精神，体现出鲜明的时代特色，为学生的发展营造了最优化的氛围，是培养创新型人才的最优化途径。

四是具有实验的群众性。立体教学理论来源于广大实验教师的反复实验，具有相互实践的品格。作者 16 年来，先后在中、小学语文教学领域的 600 余个教学班进行了 5 轮立体教学实验，到立体教学理论的形成；又让理论回归于实践，再次进行实验，到模式体系的形成，使理论与实践之间架起一座智慧的桥梁——在每一个过程中、每一个环节里，都包含着群众的智慧和力量；而语文课堂立体教学模式体系的建立，也标志着立体教学的日臻成熟。所以说，立体教学具有广泛的群众性和旺盛的生命力，便于推广与普及。

靳家彦

二〇〇五年四月二十四日于西子湖畔

全国中学语文教学研究会会长陈金明老师的《“立体教学”课题研究鉴

定书》：

孙春成老师20年来进行的“立体教学”课题实验与研究，其目标是追求语文教学艺术化与科学化的自然融通，改变多年来语文教学的刻板模式，切实提高语文教学效益。从他第一篇《“立体教学”初探》论文的发表，到一本本专著的出版；从1997年山西省教育科学“九五”规划课题“立体教学论”课题的确立，到中国教育学会“十五”规划课题“立体教育”的立项；从“立体教学理论”的研究，到“立体教学模式策略体系”的形成，每一步都以广大教师的教学实践为依托，因而无论是经验的概括还是理论的提升，都有比较扎实的基础，且具有可操作性。当前，深化课程改革，重在如何提高课堂教学质量。三维目标的交融、师生互动的展现，特别是学生个性才华的发挥，都生动鲜活地展示在具体的教学过程中，需要执教者艺术地加以应对，因而教学技能与艺术已不单是理论问题了，而是课改实验的强烈呼唤。“立体教学”经过许多教师的实践，在教学艺术方面积累了丰富的经验，效果明显，值得参照、借鉴。

陈金明

二〇〇五年五月一日

全国著名语文特级教师程翔的《鉴定书》：

孙春成老师主持的“立体教学”课题，融科学性和艺术性于一体，语言训练与思维培养同步并举，将情感教育贯穿始终，贯彻了新课标关于“自主、合作、探究”的教育理念，调动了学生的积极性、主动性和探索性，有利于培养学生的创新意识，具有推广价值。

鉴定人：程翔

二〇〇五年五月十一日

七、在中国教育电视台“学术报告厅”演讲

继 2003 年 5 月 31 日我在深圳电视台“论道”节目进行了学术演讲《创新教育呼唤人文精神的回归》之后，2003 年教师节前夕我又在中国教育电视台“学术报告厅”节目进行了学术演讲《创新教育呼唤人文精神的回归》，全文如下：

什么是创新教育？

江泽民总书记深刻地指出：“创新是一个民族进步的灵魂，是国家兴旺发达的不竭动力。”创新是我们伟大时代的特征，21 世纪是创新的世纪，21 世纪的教育是创新的教育。教育创新决定着一个国家、一个民族的综合素质与发展前途。离开教育创新，一个民族就难以传承文明、兴盛国家，就难以屹立于世界民族之林。

创新是教育的真谛。21 世纪的教育核心就是要培养和造就富有创新精神和创新能力的高素质人才！

创新教育就是以培养“创新型人才”为目标的教育，是素质教育的灵魂，是建立在文化素质、专业素质、心理素质和思想素质基础上的一种高层次、高水准的素质教育。对于学校教育来说，创新教育是指把壮大生命、提高人的创新性当作重要培养目标之一，并在全部教育教学过程中，有意加强学生各种创新素质的培养，使学生和教师的创新性都得到有效提高。

创新教育既是一种反映时代需要的新思想、新理论，也是一系列“为创新而教”的教育教学活动。

创新教育是对传统教育的巨大挑战。由于教育发展固有的滞后性和久经不退的考试压力，我们的教育仍然是守成有余，而创新不足。难以满足中国特色社会主义建设和民族复兴对大量创新人才的需求。开展创新教育，把创新性培养明确地提出来，作为教育教学的重要目标之一，并要求在所有的教育教学活动中加以培养提高，对传统教育具有巨大的冲击力和创造性。

创新教育是素质教育的一场革命。如果说相对于应试教育倾向提出的素质教育，可以被称为我国改革开放后第一次具有重大意义的教育革命，那么相对于守

成教育特性提出的创新教育，则可以称之为我国改革开放后具有深远历史意义的第二次教育革命。如果说这第一次教育革命确立了中国教育发展的正确方向，那么这第二次教育革命就能够使素质教育得到真正贯彻落实，并成为真正的“兴国教育”。

创新教育具有时代的先进性，其终极目标是培养人的创新品格，帮助人最大可能的发展自我、实现自己！抓住了创新教育就等于抓住了中国教育改革的牛鼻子。

创新教育必然导致教育创新，推进教育创新应以开展创新教育为突破口：这是现代教育发展的正确方向，也是中华民族实现伟大复兴和“科教兴国”基本国策的客观要求。教育创新具有教育改革的“破旧立新”功能，相对于教育改革来说更加强调与时俱进的开拓和首创。

教育创新首要的是观念创新。要树立“以人为本”的教育观念，实现“五个转变”：由知识本位向人本位转变；由重传授向重发展转变；由课程内容以应试为主向体现内容的现代化转变；由重教师“教”向重学生“学”转变；由评价体系的重结果轻过程向重视过程与关注结果相统一转变。

教育创新呼唤管理创新。教育行政领导和教师，要以“人性化”的管理，求得师生的“个性化”发展，努力做到“十多十少”——要多些“平等”，少点“架子”；多些“微笑”，少点“脸色”；多些“关爱”，少点“淡漠”；多些“宽容”，少点“苛求”；多些“合作”，少点“说教”；多些“诚意”，少点“心计”；多些“倾听”，少点“厌烦”；多些“赞赏”，少点“责备”；多些“激励”，少点“刺激”；多些“投入”，少点“应付”。

教育创新呼唤创新型教师。教师在教育创新中承担着重要使命，教师富有创新精神，才能培养出创新人才；教师的道德、品质和人格，对学生具有重要的影响。教师的创造源于教师的人格特征。教育的效果并不是立竿见影的，其效能的证明需要时间；同时，创新难免遇到困难甚至失败，可能还会遭到传统评价者的指责，受到别人的冷嘲热讽，遭遇学生和家长的误解。因此，创新型教师需要具有坚韧不拔、百折不挠的意志品质。

托尔斯泰说：“我们创造，没有激情是不行的。”特鲁斯坦雅克也说：“如果有人认为世界上有什么比教学这一职业更为崇高，那么他们就是一点也不了解这一行。我们热爱教学，热爱学生，热爱自己所教的学科，我们充满了创造的激情。”创新型教师要充满教改激情，要有强烈的责任感、使命感和进取心。

创新的时代赋予了教师创新的机遇，创新的事业为教师提供了创新的舞台，教师的创新需要人文精神的支持。

实现中华民族伟大复兴的基础是教育创新。我国的教育创新不足，已成为今日我国现代化发展的最大阻碍。

人文精神是教育创新的前提和条件，是创新教育的阳光、土壤、空气和水。缺乏人文精神的创新教育是苍白的、贫血的、空洞的，是难以实现的空中楼阁！人的创新性需要特殊的关照和培育。创新教育呼唤人文精神的回归！这是因为我们的教育太缺少人文精神，太需要人文精神了。

所谓人文精神是相对于科学精神而言的，是一种以人道、人生、人性、人格为本位的知识意向、价值意向，是人文文化的核心灵魂。它在本质上强调人的情感，人的体验，总体特征趋向于综合化、整体化、动态化、无规则、无序列、内隐和模糊。其含义比较复杂，具体表现在四个方面：①人与自然；②人与社会；③人与人；④人格发展。

人文精神是现代社会公正、文明、健康、祥和等社会目标的一个根本支撑点，同时也是现代社会进步和发展的一种强大动力，更是一个现代文明人必备的基本素质。

人文精神的本意是指人的精神，即人的真实精神、人的真情实感、人的真实愿望。人文精神能够为学生一生的可持续性发展提供强大的精神动力和不竭的智力支持，使每一个学生都发展自己的才能和创造能力，学会做人，学会求知，学会合作，学会交际，学会健体，学会生存。

我国有着悠久的人文精神的文明历史。1998 年 1 月，全世界当代诺贝尔奖获得者云集巴黎举行会议。会上发表了一项重要宣言，宣言的第一句就明确指出："如果人类要在 21 世纪生存下去，就必须向 2500 年前回首，去吸取孔子的智慧"。孔子的智慧精髓就是人文精神，如重视人与自然、人与社会、他人与自己的和谐等。到近代的五四运动所倡导的"科学与民主"的两大旗帜，其"民主"的思想也不愧为是人文精神的精华。教育家林语堂 1932 年在英国牛津大学和平会的讲演里明确指出"中国文化的精神"，"就是此人文主义的精神"。其"第一要素，就是对于人生目的与真义有公正的认识"。

塑造健康人格是传统教育的精华。中国传统教育的本质是人文教育，使学生温文尔雅知书达礼，成为有文化有教养的人格特征的人。再如仁爱、爱人的人道主义感情，积极入世"以天下为己任"的胸怀抱负和豁达的人生观，"富贵不能淫，贫贱不能移，威武不能屈”的人格气质等，仍可为今天所用。

重视人格培养，是古代传统教育的精华，也是近现代教育的精华。蔡元培说：“教育是帮助受教育的人，给他能发展自己的能力，完成他的人格，于人类文化上能尽一分子的责任；不是把被教育的人，造成一种特别的器具。”（《蔡元培教育论著选》人民教育出版社，1991 年版，转引自《读书》1993 年第 10 期，第 51 页）可以说他是继承和发展了我们古代教育传统的精华，并融合了西方人文主义的教育思想，他把培养新人作为教育的首要任务。他从根本上认识到，国家的命运与国民的素质有“至大之关系”，而国民素质的提高，根本在人格的培养。他指出，教育的目标，是要“养成健全人格，培养共和精神”。

我国《教育法》明确提出：“教育应当继承和弘扬中华民族优秀的历史文化传统，吸收人类文明发展的一切优秀成果。”这个提法，既有现实的针对性，又有前瞻的战略性。

教育，是一项传承人类文明的伟大事业，应当责无旁贷地负起自己的责任，担当起自己的历史使命，将“中国文化的精神”——人文精神，发扬光大！

人文精神的内涵十分丰富，我们都必须努力使自己成为一个具有人文精神的人，并对自己的孩子或学生进行人文精神的教育。那么，在我们的生活和教育实践中，如何实现人文精神呢？其方式和方法是多种多样的，可以不拘一格，大胆创新。

（一）民主：让民主的思想深入学生灵魂

民主是创新的土壤，是由衷的人文关怀。然而，我们的家庭和学校缺的就是民主。

现代家庭缺少民主。

生态系统中，生物与生物之间存在一条生物链，而在一些家庭里，也有这么一条无形的链。一个孩子说：在家里，我怕爸爸，爸爸屈从妈妈，妈妈尊敬外婆，而外婆总是宠着我。因此，我既是最小的，又是最大的。

一个七年级学生这样评价自己的父母：我的父母是权威的象征，使人不敢冒犯。他们常常拿出“镇山法宝”——“大人的事，小孩子别管”回绝我。“没大没小”“没分寸”等压制性很强的话，经常挂在妈妈嘴边。当我真诚地提出要与妈妈做朋友时，妈妈感觉这好像是“天方夜谭”，不可思议。

亲子关系是家庭教育的哲学基础，有什么样的亲子关系，就有什么样的家庭教育，没有平等的亲子关系就不可能有高质量的家庭教育，因为家庭教育是亲子互动的过程。为什么在不少家庭亲子之间难以沟通，缺少共同语言？为什么家庭悲剧时有发生？其根源也许在于家庭中缺少平等的亲子关系，做父母的不能放下自己的架子以低权威的姿态与孩子说话，不尊重孩子的人格，不把孩子当作一个独立的人。

要记住：家长在家庭中的角色不是裁判，不是警察，而应该是与孩子共同成长的朋友。

我们的教育也太需要民主了！我们务必千方百计地为学生营造出民主的教育氛围。

一次我上语文课，有个女学生一直说闲话，经多次提醒仍未改过，反而声音更大，似乎故意要和老师作对，我实在耐不住了，便说："你是不是神经了?"不料那位学生竟当堂大声反击道："你才'神经病'哩!"我立即意识到了自己的错误。在下次上课时，我做的第一件事就是向学生道歉："上一节课首先是孙老师不对，老师应该为人师表，反而骂学生'神经'。我郑重地向陈婉妍同学道歉，并且向全班同学道歉！我建议，我们今后都做文明人，好吗?"学生感动了，被征服了，从此和我建立了友好的合作互助的关系；我也因此尝到了民主的甜头，越教越轻松、越愉快。

有的老师在自己的学生时代，也喜欢民主型的教师，不喜欢甚至于厌恶专制型的教师。奇怪的是，自己当了老师却津津有味地扮演着当年自己所讨厌的角色，像警察或监工一样监管着学生，甚至用对立的眼光审视着学生。结果呢？当然难以得到学生的理解、配合与支持，越教越累。其实民主并不是学生单方面的需要，从长远意义讲，老师比学生更需要民主。一位学生遇到一位专制型的教师，最多在专制、冷酷、封闭、对立的气氛中生活几年就毕业了，而一位专制型的教师呢？岂不是一辈子都要品尝专制酿就的苦果吗?!

中国教育电视台的记者拍我的课，听完课记者问："刚才有一个学生一开始上课在看小说，你却没有阻止他，这是为什么?"我说："学生有权选择，这很正常。'阻止'是强人所难，只能增长学生的逆反心理，是被动的教育行为；唯有启发才是良策，才是正确而积极的选择。学生没有选择听课，很有可能是因为我的启发还没有到位，没有激起学生的学习兴趣。'没有教不好的学生，只有不会教育的教师'，这永远是我信奉的教育理念。"

我们已经产生了一个共识，即"学生是学习的主人"。那么，为什么教师总要霸占课堂的大部分时间呢？为什么教师总是相信自己的讲而不相信学生的学呢？为什么教师总是迷信自己的能力而忽视学生的潜力呢？为了尊重学生学习的主人公地位，我们应奉行“以学论教，以学定教”的理念，坚持为学生服务的思想，凡是学生应做的事和学生能做的事，绝不越权，放手让学生大胆地去做。

新世纪的第一个教师节，我收到了一封特别的贺卡：

最最最可爱的孙老师：

在这2000年的第一个教师节，我衷心地祝福您永远幸福快乐！

说真的，能认识您这位又幽默又懒惰又好说话的语文老师，我开始觉得雨也是有味道的了：酸是惆怅，甜是辉煌，苦是过程，辣则是锻炼。虽然你我只相处了短短的一年，且这一年相处得都不太平，但现在回忆起来，觉得那些日子都是甜蜜蜜的。这辈子我很高兴有您这样的一位老师。

喜欢与您顶嘴的学生：周惠丹

2001年9月10日

这位学生说我“懒惰”是因为我把课堂应该交还给学生的时间归还给了学生，把学生应该做的事放手交给了学生；说我“好说话”，说她“喜欢与您顶嘴”，正是教育民主的体现。

你能够做一个民主型的教师吗？我设计了8个问题，不妨你用这8个问题自测一下：

1. 教师敢于向学生承认自己的无知吗？
2. 教师敢于让学生对自己说“不”吗？
3. 教师敢于承认自己的错误并向学生真诚地道歉吗？
4. 教师乐于让学生对自己说三道四吗？
5. 教师善于倾听学生的意见吗？
6. 教师能坦然面对学生的顶嘴吗？
7. 教师能够宽容学生的错误吗？
8. 学生当众出教师的洋相你能宽容他吗？

民主是一种伟大的思想，是人文的灵魂，是不朽的精神！我们坚信：让民主的思想深入学生的灵魂之日，就是创新教育结出硕果之时！

（二）平等：拉近学生与老师之间的距离

教师对学生要亲切些、自然些。

戴着“人类灵魂工程师”的高帽子，挑着培养接班人的重担子，过着“传道授业解惑”的苦日子，因此，老师们往往严肃有余活泼不足，自信太过谦逊不够。走路则背手，开口就训人。分分计较学生的成绩，沾沾自喜于学生的听话，自我感觉总是良好。其实，如此“师表”已误入“师道尊严”的歧途，只会让学生敬而远之。

正如印度诗人泰戈尔所说：“当你微笑时，世界会爱你；当你大笑时，世界则会害怕你。”（《飞鸟集》）

万世师表之孔子，其孜孜不倦严肃认真的一面人所熟知，这里且不提它，我们来看看他师表风度的另一面：自然亲切，平易豁达。有一次，孔子在去郑国的路上与学生失散了。有两个当地人在寻找老师的学生面前形容孔子是“累累若丧家之犬”。后来学生把这件事报告孔子，孔子说：“而谓似丧家之犬，然哉，然哉！”你看，孔子不仅没有暴跳如雷，凛然作色，反而以狗自命。

又有一次，孔子平白无故地被人拘留了五天，学生颜回赶来，孔子说：“吾以汝死矣！”颜回回答说：“子在，回何敢死？”孔子并非圣人，口里也出脏话，学生也敢在先生面前幽默几句，先生学生都率真自然。

还有一次，颜回的答问使孔子很满意，孔子便高兴地说：“颜回啊，你将来发了财，有了钱，我来帮助你管钱。”在得意门生面前，孔子毫无师长架子，喜悦之情溢于言表。

做学生的良师益友。

亲其师而信其道。一个教师，只有当他受到学生喜爱时，才能真正实现自己的最大价值。良好的师生关系能使学生拥有良好的情绪去面对学习。学生会因为喜欢一位老师而喜欢一门功课，同样，也可能因讨厌一位老师而讨厌学习。一个被学生喜欢的老师，其教育效果总是超出一般教师。

为了给学生营造平等的环境，我容忍甚至鼓励自己的学生直呼自己的名字，这虽然少了一些教师的威严，却多了一些师生间的亲切，让自己和学生之间的距离拉近了。

教育是做人的工作，良好的师生关系是学生接受教育的重要前提。有资料表明：62% 的学生希望老师“很随和，易接近”；52% 的学生“希望教师能理解我们，做我们的朋友”；37% 的学生期望老师“能以幽默、风趣的语言教学”。

这就是学生的心声：老师，亲切些，自然些！

智利大学为残疾人排忧解难。

派拉蒙影业公司首脑谢里·兰辛说：“技术性的革新足以让人兴奋，但对于每个个体的生命来说，唯一重要的仍然是人性的亲近。”

智利教育部门规定，高等教育学院应该具备合适必要的学习条件，使身体残疾的人能够学习他们要求的专业，并保证残疾人的学习和进步。像其他任何学生一样，进入大学的残疾学生可以向学校申请学习贷款资助。他们还享有共和国总统奖学金以及学校提供的特别奖学金。

对那些与残疾人一起上课的同学，专家提出了以下几条建议：如果残疾同学使用轮椅，要帮助他下人行道或椅子。当你和他说话时，最好坐下来，与之保持同等高度。如果他用的是拐杖，千万不要将拐杖从他身边拿开。配合他调整步伐，避免推搡。如果他脑部有问题，尊重他自己的思想和感觉，尽管他在行走或说话上会有一定困难。不要催他快走，如果他没有听懂你的话，不妨向他重复一遍，因为他能够很好地理解别人的话。如果他耳朵全聋或部分聋，把脸凑到他面前，缓慢、清楚地说话，使用简单的、很容易就能从嘴唇上读出的单词。如果沟通困难，就把你要说的话写出来。如果他视力有问题，在他犹豫或前面有障碍时要给他帮助。见面时首先告诉他你的名字，让他用拐杖触摸障碍物，让他挽着你的手臂，而不是你挽着他的手臂。

这一规定充满着平等与人性的光辉！

北大人的“怪”——教授勇于认错。

学生“怪”也就罢了，年轻人，放旷一点是自然的，偏偏老师里边的怪人更多。比如汪丁丁，他写的书很多，文章也漫天飞，但是几乎所有的人都大叫看不懂，因为他不光是喜欢讲经济学，而且哲学书读得多了点，文章写不了几行就奔康德、黑格尔去了。他有一次上课，讲着讲着开始来“玄”的了，只见他一个人在讲台上激动得大汗淋漓，拼命在黑板上写呀画呀的，突然有一个学生站起来说你讲错了，然后走上去就指着黑板教训他，他听了一会儿，说“好”，你是对的，现在请你来讲，说完就到第一排规规矩矩地坐好——当时所有人都惊呆了。

常言说得好，学术面前无权威，真理面前人人平等。

胡适先生认为，北大的这个“怪”，正是中国知识分子的精魂所在；我认为这个“怪”，正是北大传统的人文精神的体现。

教育要关注学生的生命状态。

生命不仅仅是一个活的有机体，生命力的意义更在于它是一种活力的存在，是一个有尊严的个性存在。我们应该经常反省自己：在教育过程中给学生以尊严了吗？珍视学生的存在了吗？平等对待学生了吗？

就学生向老师道谢后老师的反应如何？我做过一个观察：在被观察的40位教师中，有19位以“不用谢”或“不客气”应答学生；有14位以“嗯”应答学生；有7位以点头应答学生。当学生走出老师办公室时，却没有一位教师起身相送的。从这个小小的事例看，教师在习惯中还没有真正把学生作为一个“人”平等对待。

从小学到高中，如果让学生年复一年地接受这种缺乏尊严的生活，必然导致兴趣与信心的失落，进取心的衰退，学习的失败，生命的色彩也会黯淡无光。

爱默森说：“教育成功的秘密在于尊重学生。”教师要尽可能地营造一种氛围，维护每一位学生的自尊，为处于“雨季”中的孩子们撑起一把保护伞，让自信走进他们的心灵世界，使“沉睡的生命得到苏醒”。我们不是让一个个鲜活的生命个体在你的手里“枯死”，而是让他们焕发起更加富有生机与活力的激情；不是在你的训斥中埋葬学生应有的自信与自尊，而是在你的挚爱中丢弃自卑与自悲；不是在你的“教育”中对未来迷失方向，而是在你的指引下对前景充满憧憬。

（三）爱心：架起师生之间心灵的金桥

没有爱就没有教育。

爱是教育的支点。

阿基米德曾说过：“给我一个支点和一根足够长的杠杆，我就能把整个地球撬动。”这是对物理学中的杠杆原理进行的形象描述。只要能找到恰当的位置，用较小的力，就能产生巨大的作用。可见，凡事只要能寻找到恰当的切入口，就能取得事半功倍的效果。作为一名教师，我们不能不思考：教育的支点在哪里？人民教育家陶行知先生用自己伟大的人格魅力给了我们明确的回答——爱。“爱满天下”是陶先生一生的真实写照。他用无声的爱，滋润了学生幼小的心灵；他用无私的爱，塑造了一方爱的天地。在爱的滋养下，他的学生懂得了爱祖国、爱他人、爱自己、爱所有的一切！

每一位老师，对学生都要倾注全心的爱。

教师对待学生要有一颗博爱之心。孔子之所以被誉为万世师表，关键在于他有一颗爱满天下的博爱之心。他的学生来自各诸侯国，出身于不同的阶级和阶层。但他对学生不分智愚，不分长幼，不分勤惰，不分恩怨，一概热心教诲和鼓励。

爱，是一种最基本的情感，是维系人类、民族、家庭和社会的最基本的力量之一，它是一种生命活动。只有爱学生，教师才会在教学过程中尊重学生独立的人格和尊严；才会对他们的真诚回报以同情、关怀、信任、体贴和帮助；才会抚平他们战栗的心灵，并在他们身上镌刻出优美的篇幅。因此，教师需要爱学生，而且这种爱应当胜过爱他们的国家或政治信仰。

教育能够改变什么？

去年12月22日，广东省妇联和省家教协会举行了“小马驹助教”行动，由专家为家长们解答困惑。数百名家长从早上六点多就开始排队等候，不少家长哭着咨询：孩子“太有个性”招老师烦，老师伤害孩子自尊心怎么办？咨询会上有两位家长讲述了这样的事例：

某校老师向家长反映，她8岁的儿子“太调皮了，没法教”。老师很不喜欢这个孩子，经常骂他；班主任常问学生们“喜不喜欢他，不喜欢的请举手”，学生们当然“轰”地一下全都举手了；校长也指着他的鼻梁骨说：“一粒老鼠屎，搅坏一锅汤”；英语教师则跟学生们说：“别理他，他有病。”

还有一个8岁的小女孩，各科成绩比较出色，她喜欢举手发言，老师没看见她举手，她自己站起来就讲；上课看课外书，看到好玩处大笑不停；老师刚走她就在黑板上乱写乱画。老师说“这个孩子很反常”，不喜欢她，有时还打她，父母带她到医院和活动中心做各种检查和测试，结果什么问题也没有。

这仅仅是8岁的儿童呀，看看他们受到了教师怎样的管教。调皮淘气不是孩子的过错，教师动不动就惩罚和伤害他们，结果会怎样？那个男孩回家常对妈妈说：“我盼着我快点老，我老了以后就死了。妈妈，我想自杀。这个小学对我这么不好，我到时候非把它给炸了！”

听着孩子这样骇人听闻的倾诉，我们教育工作者不禁扪心自问：这到底是谁的过错？

孩子的心灵世界本来是纯净的，纯净得就如一方蓝天、一张白纸，他们的眼中本来没有是非善恶，是家长、教师和成人社会在这张白纸上描出五颜六色。孩子的心理和行为有问题，分明都是成人不当言行的反馈和影射，而大人的不当惩罚更加深了这种伤害。

如果学生本来就什么都好，不出任何问题，也不用师长操心，那还需要教育干什么？我们下大力气培养教育人才为了什么？

说到这儿，我就常常被我国著名教育家霍懋征的教育成功案例所感动。她在北京实验二小任教的几十年中，转变过的“坏孩子”太多了，这其中有敢于打骂教师的孩子、有“横行霸道”的孩子、有娇生惯养的孩子、有自私自利的孩子、有淘气逃学的孩子、有偷盗打架的孩子、有坐车不打车票的孩子……结果呢，他们都转变成了爱教师、爱别人、知道上进的好孩子。霍老的教育格言是“没有教育不好的孩子”“没有爱就没有教育”。

不怕孩子偶尔犯错误，不怕孩子身心有问题，关键是我们的教育能够改变什么？如果我们的教育是如此软弱，面对学生种种问题束手无策，只能一味地惩罚，那么这种教育是失败和令人悲哀的。能不能改变什么，这是判断教育成败的一个标准。当我们面对“问题学生”，先不要不假思索地严加惩戒，我们先得问一问自己，我们的教育到底改变了什么，它又到底能不能改变什么。

爱能改变人的一生。

有这样一个真实的事例：一个父母离异、与爷爷一起生活的男孩，在遭受家庭变异的打击后，变得脾气暴躁，不能与人和睦相处，成绩也直线下降，许多老师束手无策，都认为他已无可救药。

然而有一天，一份不经意的爱改变了他：在他生日那天，班主任老师送给他一套新衣服，一盒蛋糕，并和他一起度过了令他终生难忘的一天。此后，他竟脱胎换骨地变了，变得关心班级、关心同学。如今，他已经踏上了工作岗位。然而至今他还牢记着那份情，那份爱！

爱是伟大的！如果每位老师都拥有这样一份诚挚的爱，并把爱无私地献给每一位学生，我想我们也就找到了教育的支点！

关键是会爱！

高尔基曾说，爱孩子是连母鸡也会的事情。为人父母又有谁不爱自己的孩子？但要爱得智慧、爱得切近、爱得有法、爱得让孩子感动，给孩子鼓舞、激励和唤醒，很多父母却难以做到。因为，这需要高屋建瓴，需要细致入微，需要情感智慧。高屋建瓴是洞悉时代对人的发展需要，细致入微是掌握儿童心理发展规律，情感智慧是爱的深刻和艺术。我想，一个真心爱孩子、肯用脑子教育孩子的老师和家长，从爱的教育中得到的收获可能意想不到。或者让你豁然开朗，茅塞顿开；或者让你振聋发聩，惊叹不已；或者让你怦然心动，跃跃欲试。

1994 年 8 月底，上海市建平中学收下了一个名叫巩昌的残疾孤儿，并为之免去了从七年级到高三的所有学费和住宿费，并发给奖学金。另外还有一件事，建平中学发动学生捐款，由建平中学的学生集体认养上海动物园的珍稀动物——黑叶猴。对这两件事，建平中学校长冯恩洪有很深刻的看法：这样做，当然体现了建平人的爱心；然而更重要的是为了培养同学们的爱心，爱人之心，爱大自然之心，让孩子们懂得爱，懂得输出爱，做一个善良的人，一个有健康人格的人。

记住：爱心是架起师生之间心灵的金桥！

（四）人性：让教育闪耀人性的光辉

法国作家沃维纳格在《格言集》里说：“藐视人性是人类理智的一个错误。”

让我们的孩子心中有一朵永不凋谢的玫瑰。

苏霍姆林斯基曾是乌克兰一所乡村中学的校长，早已过世了。他记下过这样一则真事：校园的花房里开出了一朵最大的玫瑰花，全校的同学都非常惊讶，每天都有许多同学来看。这天早晨，苏霍姆林斯基在校园里散步，看到幼儿园的一个4岁女孩在花房里摘下了那朵玫瑰花，抓在手中，从容地往外走。苏霍姆林斯基很想知道这个小女孩为什么要摘花，他弯下腰，亲切地问：“孩子，你摘这朵花是送给谁的？能告诉我吗？”小女孩害羞地说：“奶奶病得很重，我告诉她学校里有这样一朵大玫瑰花，奶奶有点不信，我现在摘下来送给她看，看过我就把花送回来。”听了孩子天真的回答，苏霍姆林斯基的心颤动了，他牵着小女孩，从花房里又摘下两朵大玫瑰花，对孩子说：“这一朵是奖给你的，你是一个懂得爱的孩子；这一朵是送给你妈妈的，感谢她养育了你这样好的孩子。”

这个故事长久地激励着我。为了爱的教育，为了我们的学生能像个真正的人一样地站在这个世界上，我幻想着生活中能有这样的美好。

5年前，我偶然想到，如果用这个故事的前半段出一道材料作文题，让学生续写，他们会想象出什么样的故事。

结果让我大失所望。几百名高中学生，文章的中心内容都是写教育家如何教育小女孩不能损害公物，写了教育家对儿童缺乏良好的道德教育而忧心忡忡，甚至写了教育家对小女孩做出的处罚……那些不遗余力从道德高度教训4岁小女孩的全过程，让我从心底里厌恶。

这件事曾强烈地刺激了我，使我想到，传统的道德说教如此深入人心，让我们的学生耳熟能详。在他们的文章中，似乎只有道德规则（虽然他的内心未必会认为这有多重要），他们可以板着面孔说出一番大道理，他们缺乏对人性美与人情美的感悟，缺乏同情与怜悯之心——在他们的心中，似乎所有的花都已经凋谢了。

又是几年过去了，我认识到，与其叹息，不如把我想说的说出来。我再也不指望有梦，有美丽的幻想，在应试教育已经坐稳了江山的时候，我也不指望再有谁能给我惊喜。我想我只有更多地讲述这样的故事，让我们的孩子能具备美好的人性，能像一个真正的人那样活着，心中有一朵永不凋谢的玫瑰。

法国作家沃维纳格说：“藐视人性是人类理智的一个错误。”（《格言集》）许多时候，我们把学生看作是无知无能的被动的受体，看作是只能接受教师指令的工具，无视、弱化学生的个性特征与主观能动性。其实学生都是一个个极具个性的充满活力的人！

教育要呵护学生的内心情感。

学生的情感世界正在变得越来越复杂，这恰恰说明了时代的发展与社会的进步。我们应该顺应这样的变化，不能用旧的框架与模式来面对今日的学生。教师应走进学生的情感世界，去解读学生的内心，呵护学生的情感。

善良的“笨蛋”。

阿瓜是个智障者。

在三（1）班里，他的成绩是倒数第一。同学们也常取笑他，说头大不中用。每天放学后值日生打扫卫生，他都会主动地留下来帮忙倒垃圾。更绝的是，白天上课，每隔两节课，他就会条件反射性地把垃圾桶拿到洗手台前认真刷洗。原先最脏臭的角落，因为阿瓜的负责变成了教室内最醒目的净土。

他总是微笑着，并纯真地看别人以怪异复杂的眼光看自己。

有一次，老师出了一个脑筋急转弯的问题：世界上最贵的蛋是什么蛋？

有人说是金蛋，有人说是原子“弹”，有人说是脸蛋，这时，阿瓜也举手发言，高兴地说：“是笨蛋，因为大家都叫我笨蛋！”

同学们笑了，老师却没有笑，她走过去轻拍阿瓜的脑袋说：“是的，你最贵！”

阿瓜的母亲每天放学后都会骑摩托车到校门口接他。一个冬天下雨的傍晚，在回家的路上，阿瓜看见一位踽踽独行的同学，他知道该同学的家离学校较远，便央求妈妈顺道载同学回家，可惜因机车后座装了个铁篮子，无法再多载一个人而作罢。

回家后，妈妈忙着在厨房做饭，却隐隐约约听见门外传来一阵奇怪的声音，出门一看，原来是阿瓜正满头大汗地用老虎钳在拆掉铁篮子……

妈妈深深地叹了口气，但眼里却涌出了泪花。

多么笨的孩子啊，又是多么善良的宝贝！是因为笨才善良，还是因为善良才显得笨？

刘海洋伤熊行为引发的思考。刘海洋伤熊事件再次给全社会，给我们的教育敲响了警钟——要注重学生的心理健康！刘海洋缺少的不是学习数理化的能力，而是缺少情绪、性格发展上的成熟度。

日本教育家铃木先生曾用“交换日记”的形式（教师给学生的生活日记加上长长的批语，发给学生，并为学生保密），帮助学生认识自我，摆脱烦恼，走向美好人生。起初学生都准备了两本日记，一本专为留给自己而写的，另一本是专为交给老师而写的。为了使两本日记变成一本日记，铃木先生花了很长时间同学生进行感情交流，真诚地理解学生，最终学生向教师展示了“一个真正的自我”。

可见，教师只要平等地尊重学生，加强情感的沟通，就会拉近师生之间的距离，形成巨大的人格内在感召力和影响力。

教育要遵从学生的思维方式。

学生（尤其是儿童）的思维与教师有着较大的区别，学生的思维是由形象思维向抽象思维、由单线向多向发展的。教师与学生的思维方式的固有差异就要求教师从学生的思维角度来思考问题、分析问题、解决问题。

有位小学语文教师在指导学生读《坐井观天》一文“天不过井口那么大”时，有位学生举手朗读：“天——不——不过，井——井口，那——那么大。”他的结巴逗得听课教师与所有学生哄堂大笑。这时，旁边的一位同学说：“他上课经常捣蛋。”老师愣了一下，问那位故作结巴的学生：“你为什么要这样念?”那位学生说：“我是这样认为的，因为青蛙长时间待在井底，没有人与他讲话，久而久之，它连话也说不好了。”他的回答赢得全场听课教师的热烈掌声。幸亏那位老师多问学生一个“为什么”，不然就会毁灭这个独到的创新思维，也可能会伤害这位学生的创造之心。

最感人的理想。

二年级学生刚学写作文。老师布置的作文题是《我的理想》。一个乡村小学的学生在粗糙的格子本上写道：“阿爸还没走（死）的时候，他对我说，你要好好学习天天向上，长大做个科学家；阿妈却要我长大后做个公安人员，说这样啥都不怕。我不想当科学家，也不想当公安。我的理想是变成一只狗，天天夜里守在家门口。因为阿妈胆小，怕鬼，我也怕。但阿妈说，狗不怕鬼，所以我要做一只狗，这样阿妈和我就都不怕了……”

作文短，刚好一页，字歪歪斜斜的。那一页，老师画了个大大的红叉，没有打分，估计是严重的不及格了。是呀，普天之下有谁的理想是成为一只狗呢？做老师的，一定会斥责这孩子……

然而，我被这个二年级学生的“理想”震撼了，觉得鼻子酸酸的。我敢说，这是世上最感人的理想！记住：请保护学生的童真！

要以孩子的眼光看待孩子。

这就要求我们教师要换位思考，要真正理解学生、关心学生。我们不能总是以成人的眼光、成人的价值观、成人的行为准则和标准去看待学生所做的一切。因为教师和学生之间无论是心理上还是生理上，客观上的差别是存在的。有时候，在老师看来不能支持的事情，站在孩子的立场上你会觉得很正常，应该去关心他们，支持他们。

我听过这样一个实例：“七一”党的生日快到了，幼儿园里要搞个活动庆祝一下，后来老师就灵机一动，设计了一个活动叫《给党过生日》，小朋友们很高兴，都欢呼雀跃。上课后，老师发现这些平时很听话的孩子怎么也坐不住，总有小朋友在下面交头接耳，叽叽喳喳，安静不下来。最后终于有几个小朋友趁老师不注意，偷偷溜到门口，把门打开了往外张望。老师很生气，把他们拉回来，批评他们：你们往外看什么？小朋友都嚷嚷，给党过生日，都这么长时间了，党怎么还不来？在小孩子眼里，给党过生日，党就应该坐在那里，大家要一起唱生日歌，吹蜡烛等。

后来我想，这个活动不能放在幼儿园，如果放在小学和中学去做，可以搞得有声有色。对于幼儿园的小朋友来说，党是一个很抽象的概念。所以设计这样的活动，明显脱离了实际，这是我们成年人一厢情愿的，我们成年人认为好的东西，小朋友不一定喜欢。这就是没有站在孩子的立场考虑问题，这是一个典型的事例。如果从成年人的眼光看，这种活动有什么错呢，一点错没有。在我们现实教学中，这种实例很多。我们很多事情都是一厢情愿的，我们常常认为只要是好的东西，学生就一定会喜欢，其实不是这样的。所以，我们务必以学生的眼光看待学生，以孩子的眼光看待孩子。

让世界更适于儿童生存。

联合国前秘书长安南在第 56 届联大儿童问题特别会议开幕式上发表讲话，要求全世界的成年人不要让孩子们为成人的错误付出代价。13 岁的玻利维亚女孩加夫列拉·阿列塔在大会上发言，代表全世界的儿童呼吁建设一个适宜儿童生存的世界。她说：“我们需要一个适合我们生存的世界。我们希望被关注。”

（五）个性：保护学生的创新萌芽

个性是创新的萌芽，教育要适应学生的个性差异，保护学生的创新萌芽。

学生的个性差异是客观存在的。20世纪初，北京大学前校长蒋梦麟先生就说过，在一所学校一个课堂中，“此个人与彼个人相去甚远：有上智，有下愚；有大勇，有小勇；有善弈，有善射。皆以禀性与环境不同，而各成其才。”现代教育理论也认为，成功的教育制度、成功的教育者，必须根据学生的个性特长、禀赋、优点，因材施教，因时施教，因人施教，因类施教，充分发挥学生的个性特长，让性格各异的学生争奇斗艳，各领风骚，让每一个学生都有施展才能的天地与机会。教育的最大使命就是尊重学生的个性，创设条件促进孩子的发展。

在日本的一堂小学美术课上，老师教孩子们画苹果。老师发现有位学生画的是方苹果，于是耐心地询问：“苹果是圆形的，你怎么画成方形的呢？”学生回答说：“爸爸把苹果放在桌子上，一不小心，苹果滚到地上摔坏了，我想要是苹果是方形的该多好呀！”面对孩子稚气十足的回答，老师没有指责，没有嘲笑，郑重地鼓励他说：“你真会动脑筋，祝你能早日培育出方苹果。”

我敢肯定，有人看了这个材料，一定会如此嘀咕：“真可笑，世界上哪儿找得出方形的苹果？要培育方形苹果，做梦去吧！”莱特兄弟说自己要像鸟儿一样在蓝天上飞翔，招来了多少人的嘲笑？贝尔说要让人在千里之外互相交谈，又引来了多少人的讥讽？后来，这些被当时的人看作荒唐的事，都一一变成了现实，多么令人深思啊！

保护学生的创新萌芽，就要允许学生“胡思乱想”。

据《钱江晚报》报道，王聪（化名）的《春天》与全班其他60名同学的不一样，那些同学的作文大多以“春天好”为主题赞美春天和风细雨、花红柳绿。而王聪理解的春天是：“春天细菌繁殖旺盛，夏季蚊虫都在这时滋生；春天易流行感冒；春天雨水淅淅沥沥下个不停，很烦人，像个爱哭的小姑娘总也止不住；春天冷热不均，忽冷忽热……”

作文交到老师那里，王聪挨了批评。老师不点名地对着全班同学说：“有的同学不停地在作文中写春天不好，是不听老师讲解，胡思乱想，跑了题的结果。古往今来，文人们都夸春天好，说春天不好是动错了脑筋。”

这就是发生在湖北省武汉市新洲区某小学的“一篇作文的故事”。这个“故事”经当地媒体报道后，迅速引起广大读者和教育界人士的重视和反思。

一位家长给《钱江晚报》写信说，王聪同学是位有创新思想、敢于突破传统观念的学生。目前的教育体制，缺少的就是培养像王聪这样思维方式的孩子。没有创新、没有个性、没有特色、照葫芦画瓢。为什么不能启发孩子画出地雷、画出火箭、画出云彩、画出任何可以想象的东西呢？

现在的教学方法与教学模式主要存在着八大弊端，即重负低效、物式灌注、单向传输、主体缺失、重知轻能、重接受轻探究、重智能轻情商、重划一性轻个性。受大环境影响，我们的语言长期以来形成了一套话语标准，学生作文往往“假、大、空”连篇。许多有识之士呼吁：“我们不能再培养‘奴隶’了！”

陶行知先生在《育才学校创办旨趣》中说：“培养人才之幼苗，使得有特殊才能的幼苗不致枯萎，而且能够发展，就必须给予适当的阳光、空气、水分和养料，并扫除害虫。我们爱护和培养他们正如园丁一样，日夜辛勤地工作着，希望他们一天天地生长繁荣。”

（六）陶冶：“教育陶冶人生，这是我深信不疑的教育理想”

教育陶冶人生，这是我深信不疑的教育理想。我们必须把握教学的教育性规律，没有无教育的教学！人生就是一个不断创新的过程，所以教育教学一刻也不能停止创新，教师应该把课堂当作学生思考、认识、理解、体验、演绎人生的舞台，使每一个学生都能展示、锻炼和实现自己个性非凡的创造精神与才能！

为了学生的发展，为了学生的未来，我自始至终地向学生贯彻着“四自教育”，即“自爱、自信、自强、自立”。“自爱”是指只有热爱自己的人，才能热爱他人，热爱学习，热爱生活，热爱人生，并有所作为。“自信”就是力量，就是成功之母。“自强”就是比他人强，比自己的昨天强，天天有所进步。“自立”也即“四立教育”，即“立志、立人、立学、立业”。“立志”就是教育学生要树立远大抱负，立志成才。这一点最重要，因为人永远需要一种健康向上的精神支柱！“立人”就是教学生先要学会做人，再学会做事。“立学”就是教会学生思考与学习，能够自行做学问。“立业”就是希望学生事业有成。

比如，教学生如何面对未来激烈的竞争，我给学生讲了一个童话：“两人在树林里过夜。早上突然从树林里跑出一头大黑熊来，两个人中的一人忙着穿球鞋。另一个人对他说：‘你把球鞋穿上有什么用？我们反正跑不过熊啊！’”我有意中断讲述，启发学生思考：“那个‘忙着穿球鞋’的人会怎样回答呢？”当学生做出了种种猜测之后，我把答案告诉给了学生：“我不是要跑得快过熊，我是要跑得快过你！”我进一步启发和教育学生：“可见，在这个充满变数且竞争非常激烈的世界，跑得快与不快，很可能成为决定成功与失败的关键。所以我建议大家无论是在学习上，还是在其他方面，都要争当第一，勇夺第一!”

又如我教育学生学会“自强”，就给学生讲了一个《重要的是自己强大起来》的故事。

一位搏击高手参加锦标赛，自以为稳操胜券，一定可以夺得冠军。

出乎意料的是，在最后的决赛中，他遇到了一个实力相当的对手，双方竭尽全力出招攻击。当对打到了中途，搏击高手意识到，自己竟然找不到对方招式中的破绽，而对方的攻击却往往能够突破自己防守中的漏洞。

比赛的结果可想而知，搏击高手惨败在对方手下，也失去了冠军的奖杯。

他愤愤不平地找到自己的师父，一招一式地将对方和他搏击的过程，再次演练给师父看，并请求师父帮他找出对方招式中的破绽。他决心根据这些破绽，苦练出足以攻克对方的新招，决心在下次比赛时，打倒对方，夺回冠军的奖杯。

师父笑而不语，在地上画了一条线，要他在不能擦掉这条线的情况下，设法让这条线变短。

搏击高手百思不得其解，怎么会有像师父所说的办法，能使地上的线变短呢？最后，他无可奈何地放弃了思考，转向师父请教。

师父在原先那道线的旁边又画了一道更长的线。两者相比较，原先的那道线，看来变得短了许多。

师父开口道：“夺得冠军的关键，不仅仅在于如何攻击对方的弱点，正如地上的长短线一样，只有你自己变得更强，对方就如原先的那条线一样，也就在相比之下变得较短了。如何使自己更强，才是你需要苦练的根本。”

在夺取成功的道路上，在夺取冠军的道路上，有无数的坎坷与障碍需要我们去跨越、去征服。人们通常走的有两条路：

一条路是侧重攻击对手的薄弱环节。正如故事中的那位搏击高手，欲找出对方破绽，给予致命的一击，用最直接、最锐利的技术或技巧，快速解决问题。

另一条路是全面增强自身实力。就是故事中的那位师父所提供的方法，更注重在人格上、在知识上、在智慧上、在实力上使自己加倍地成长，变得更加成熟，变得更加强大，使许多问题不攻自破，迎刃而解。

挫折教育。

故事一：

一对农村夫妻四十得子，因而宠爱有加，在蜜罐中长大的儿子养成了一意孤行的脾性，做事毛毛糙糙，就连走路也走不好，时常跌进水田里，很是让望子成龙的父母焦心。

儿子 7 岁那年，顺理成章上了小学。顽皮的他走路喜欢东张西望，不是弄湿了鞋子，就是弄脏了裤子，哭鼻子成了家常便饭。做母亲的整日跟在他后面洗，也无法让他能穿得干净。

一天，孩子的父亲带一把铁锹去儿子上学必经的田埂上，在上面断断续续地挖了十几道缺口，然后用棍棒搭成一座座小桥，只有小心走上去才能通过。那天放学，儿子走在田埂上，看面前一下子多出了这么多的小桥，很是诧异。是走过去，还是停下来哭泣？四顾无人，哭也没有观众啊。最终他选择了走过去。当背着书包的他晃晃悠悠地通过小桥时，惊出一身冷汗。他第一次没有哭鼻子。

吃饭的时候，儿子跟爸爸讲了今天走过一座座小桥的经历，脸上满是神气。做父亲的坐在一旁，夸他勇敢。以后，他上学的路上再也没惹过麻烦。

妻子对丈夫的举措有些不解，丈夫解释道："平坦的道路上，他左顾右盼，当然走不好路；坎坷的路途，他的双眼必须紧盯着路，因而走得平稳。"

如果不在孩子成长的路上设置一些障碍，一味地给他们提供顺境，让其想法不经过努力就能实现，等长大后，一旦遭遇挫折，他们必然会经受不住打击，而产生种种令人意想不到的后果。

拖一把铁锹，在孩子前进的道路上设置沟壑，把平坦的大道变成窄道，让孩子勇敢地走上去，这样，他们就会专注于脚下的路，才不至于误入歧途。

挖断孩子前进的路，培养他们脚踏实地的习惯，他们今后的人生就会少些失败多些成功。

故事二：

日本的一家公司要招聘 10 名职员，经过一段时间严格的笔试、面试，公司从 300 多名应聘者中选出了 10 位佼佼者。

发榜这天，一个叫水原的青年见榜上没有自己的名字，悲痛欲绝，回到家中便要悬梁自尽，幸好亲人及时发现，水原没有死成。正当水原悲伤之时，从公司却传来好消息：水原的成绩原是名列前茅的，只是由于计算机的错误，导致了水原的落选。正当水原一家人大喜过望之时，却又从公司传来消息：水原被公司除名了。原因很简单，公司的老板认为如此小的挫折都经受不了，这样的人在公司是干不成什么大事的。

（七）灵魂：教育要引起人的灵魂深处的变革

雅斯贝尔斯在《什么是教育》一书中指出："教育是人的灵魂的教育，而非理智知识和认识的堆积。教育的本质意味着：一棵树摇动另一棵树，一朵云推动另一朵云，一个灵魂唤醒另一个灵魂。如果教育未能触及人的灵魂，未能引起人的灵魂深处的变革，那么它就不能成其为教育。”

在一节美术课上，教师要求学生画太阳。一个羞怯内向的小男孩把太阳涂成了绿色，并给太阳戴上帽子，围上围巾。他的作品引起了周围同学的哄堂大笑：“多可笑的太阳啊，怎么会有绿色的太阳呢？居然还戴着帽子和围巾！”小男孩在同伴的嘲笑中慢慢地低下了头。

这时教师闻声走来，拿起他的画，目光在画上停留了几秒钟后，又深深地注视了他片刻，然后猛地大声说道：“同学们，这幅画是我所见到的图画中最有创意的作品！你们能猜出作者的意图吗？”教师的一番话使孩子们陷入了沉思：

“他画的也许是一个冬天里的太阳，冬天很冷，他就给太阳戴上帽子，围上围巾。”

“他也许希望地球上多一些绿色，所以就把太阳涂成了绿色。”

在同学们的议论声中，小男孩又自信地昂起了头。多少年后，小男孩长大成人，学校中的许多往事都已忘记，唯有这节课深深地印在了他的脑海中。这是因为，是这节课帮他找回了自信，使他体验到了爱，懂得了欣赏与宽容；这是一节让他受益终身的课。

一堂平平常常的美术课，一个偶然出现的小插曲，经过教师的巧妙处理，成为沟通心灵、学会关爱、完善人格、发现美、欣赏美、创造美的契机。能从孩子忽闪的大眼中看到他们的渴求，能从他们“古怪”的行为中读懂他们的天真，能从点滴小事中发掘他们的潜能……这是什么？这就是人文精神的体现。这种教育的人文精神，教会了学生理解与欣赏他人，提升了学生对生活的认识与审美。唯有这样的教育才能在学生的心灵中留下不可磨灭的印记。

（八）质疑：教会学生思考

关注孩子的质疑能力。

据报载，美国和西欧一些国家，学校里的课堂气氛比较活跃，学生对老师的讲课内容会接二连三地提出诸多质疑。在美国的家庭中，许多家长问放学后孩子的第一句话往往是：“你今天在课堂上向老师提了几个有意义的问题?”如果孩子有不理解的事而提不出质疑的话，将会受到家长严肃的批评。而我们的家长则是，孩子放学回来，第一句话往往是：“你今天考了多少分?”这种教育方式对我们很有借鉴价值。

提出问题，是科技发明的起点，是创造的前提。爱因斯坦有关相对论的论文就是问了几个前人没有问过的问题，并且自己做了回答。民族的生命力，需要蓬勃的创造精神，而创造精神的培育，需要从孩子的质疑能力开始。我们必须有这种教育的战略眼光，从小重视培养孩子的质疑能力。其实，孩子本身就具有好奇、探索的天性，孩子用充满好奇的、易被感动的心注视着外界，试图了解某种现象的原因和因果联系，这正是增强孩子求知欲、思考力的大好时机。但我们有些人不懂得这一道理，当孩子发问时常常不耐烦地加以搪塞敷衍，或者不经意地说："你怎么连这也不知道啊！"岂知也许就是这么一句话，导致孩子再也羞于启齿，扼杀了他们的好奇心，埋葬了他们勇于质疑的精神。

专家指出，在家庭教育中，家长应该热忱地鼓励孩子发问，引导他们善于问，帮助他们解决问题，如果家长对某些问题一时弄不清楚，最好和孩子一起研究，并准备一些百科词典和自然科学之类的书籍，有不明之处随时查阅，以支持孩子的新见解、新尝试。这样，孩子在质疑、求知、探索过程中所养成的自学能力、勤奋和富于创造的性格，将使他们终身受益。

教会学生思考。

我的儿子生性好动脑筋，尤其是爱发表意见。上一年级的时候，有一天中午回到家里，我发现他耷拉着脑袋，极不高兴的样子，甚至眼里还闪着泪花，快要哭出来了，我便问："怎么啦？谁怎么你啦？"

孩子嘴里咕哝着："我老师批评我"。

"为啥？"

"她出了一道算术题，说树上有三只鸟，用枪打下来一只，问树上还剩几只鸟？我说还有两只，老师当着全班同学的面高声骂我'坐下'！"孩子越说越委屈。

其实，这个算术题严格说来是一道"脑筋急转弯"题，它的答案大家都知道："事实"上树上不是还剩两只鸟，而是连一只鸟都没有了。因为"叭"的一声枪响，把所有的小鸟都吓跑了。但是，从算术题的角度而言，应该肯定孩子是正确的，因为孩子的回答自有孩子的道理，3 减 1 明明白白地等于 2 嘛。因此，应该首先肯定孩子动了一番脑筋。教师在这个时候不应该呵斥孩子，而应该抓住这个有利时机，进一步深入地引导孩子往深处去想："他回答得对吗？请其他同学再好好想一想。"这时候，不仅其他同学有可能反应过来，也许我的小孩也能够反映出准确的答案来！

学起于思，思源于疑。爱因斯坦指出：“提出一个问题往往比解决一个问题更为重要。”英国学者富勒说：“不问一个为什么，什么东西都学不到。”牛顿发现万有引力，就来源于他在苹果树下的思索：“为什么苹果从树上掉下来，而不飞到天上去?”可见，质疑对于培养创新人才至关重要。

质疑可以“教会学生思考”，培养学生的思维能力；质疑会使学生的注意力处于高度集中的状态；质疑可激发学生强烈的探索欲望。

质疑的方法很多，举几个例子。

在关键处质疑。

所谓的关键处有两层意思：一是指理解课文思想内容的关节点；二是指学生接受语文知识的难点。如教完《阿Q正传》，我向学生提出了一个问题：“剧作家陈白尘将这篇小说编成了话剧。戏演完后，舞台上出现了由演员扮演的鲁迅先生。鲁迅先生对观众说：‘阿Q已经死了，但他并没有断子绝孙。’日本文学界评论说，话剧结尾那句鲁迅并没有说过的话‘意味深长’。请问，‘意味深长’在哪里?”对此，学生们开始了热烈讨论，最终他们得出了结论：阿Q的生命虽然结束了，但他愚昧思想的阴影仍在中国大地上流荡。只有不断清除阿Q的“精神胜利法”，才能振奋民族精神，推动中国社会的不断进步。

如此教学，有利于学生养成思考问题、分析问题、解决问题的良好习惯，培养学生的研究性学习的能力。苏联教育家苏霍姆林斯基在其著作《给教师的一百条建议》里指出“研究性学习法”就是“让学生进行独立的脑力劳动”。

在具有思维价值的细微处质疑。

语文教材的选文大多是经典之作，这些优秀作品的一个标点、一个词语、人物的一个细小动作、一句似乎无关紧要的话，往往都能体现出作者的匠心，蕴藏着深刻的含义。教师可以在这些容易被学生忽略而对表现主题有密切关系的细枝末节设问质疑，启发学生探微发幽，加深对文章的理解。

如鲁迅《秋夜》的开头：“在我家的后园，可以看见墙外的两株树，一株是枣树，还有一株也是枣树。”教师可对此设问：“干脆写‘有两株枣树’岂不更简洁明了？如此重复，多累赘、多别扭?”以之引导学生体会、感悟作者着意用这种单调、重复的语言来表达一种孤独、寂寞、无聊的情绪。

在文章中看似矛盾之处质疑。

“水本无华，相荡而成涟漪；石本无火，相击而发灵光”。艺术的实践告诉我们，矛盾冲突是艺术的魅力所在。教学作为一门艺术，也需要教师善于挑起矛盾，促进学生积极思考。教师应对教材中蕴藏的矛盾加以挖掘，并选择质疑，引导学生积极思考，领会矛盾背后的本质与深意。

如《有的人》开头："有的人活着，他已经死了；有的人死了，他还活着。"这看似矛盾的诗句，不得不引发读者的思考：为什么死了的还会活着，活着的又已经死了呢？那是两种什么人啊？思考之后才知道，前一句的"活"是肉体之活，"死"是精神之死；后一句的"死"是肉体之死，"活"是精神之活。寓意深刻！

在貌似无疑却有疑的地方质疑。

晋人张载说："读书先要有疑，不疑处有疑，方是长进矣。"课文中的许多地方看起来平平常常，学生读后提不出问题。在这些地方，教师要于无疑处设疑，引导学生深入理解课文。如教《张衡传》，我问学生："本课对'六艺'的解释与以前我们学过的《师说》中对'六艺'的解释为何不同呢？"学生翻阅课本，果真不同。学生终于思而有得！

记住：不会质疑的学生不是学习好的学生！不会质疑的教师不是教学好的教师！

（九）做人：学会做人是学生一生立身的根本

鲁迅曾说："争于天下，首在立人"。

学生处世能力最差。

"从外企和民企的角度看，我国学校教育在对学生的社会技能培养上表现最差，外企和民企的人力资源部门反映，我们学校培养的学生缺乏与人合作的能力、尊重他人的能力、顾全大局的能力，缺乏主动性，缺乏对自己行为的责任感，缺乏诚实的能力，必须在监督下认真工作。"

这是北京大学教育学院王蓉教授在研究外企和民企如何看待我国学校教育时得出的一个重要结论。王蓉呼吁，教育是一个国家竞争优势的决定因素，建立具有国际竞争力的教育体系已迫在眉睫。

如果简单地把"学生"比作学校生产的"产品"，那么产品的"消费者——用人单位"对学校的"功过得失"最有发言权。以前对学校教育的评价往往来自校园内部、专家之间，很少有人去追踪学校客户"各个用人单位"的看法和意见。王蓉就企业如何看待我国的学校教育的研究，是联合国教科文组织的一个课题，她走访了几家外企和民企，请访谈人针对学校在学生 52 项能力培养上逐一亮分。我国学校在对学生基本学科知识的掌握、学习态度、开放心态等方面的培养上得分最高，表现最好。

王教授说，培养高素质劳动力和全面发展人的目标是一致的，而目前的教育却把人当作工具来培养的教育模式，最终将导致教育的失败。

诚信——诚信对个人来说，是孕育其他品德的基础，只有心地坦荡，真实地认识自己，诚实地善待他人，才能预防私欲和邪恶的膨胀。对于一个社会来说，诚信是建立一个公正有效、有序运行体系的人格保证。教师对学生要以诚相待，以自己的真情去感动学生。必须丢掉师道尊严的“面具”，不能以虚言欺骗学生。

诚实的孩子才是好孩子。

西安市双水磨小学7岁的小学生涂迁因没完成作业，上课时被班主任老师叫到教室外罚站三节课，致使小涂迁溜出学校玩耍，结果在邻近的人工湖中被淹死。

这是个悲痛的故事。然而在我心中感到更悲痛的是，事故发生后，双水磨小学的校长、班主任老师和涂迁班上的一些同学，都异口同声地撒谎，说涂迁出事那天根本没去学校上学，且众口一词，信誓旦旦，咬得死死的。其中一位女孩子是涂迁的同桌，也斩钉截铁地说那天没见涂迁来上课。

纸终究包不住火，后来终于有一位小学生说出了真相。原来，学校和老师为了推卸责任公然撒谎，而且“教育”小学生，为了学校的“名誉”，就有必要撒谎。小学生们照办了。就这样，全校上下对媒体、社会、法律撒谎。涂迁的父母处于伤心欲绝、孤立无援的弱势地位，多么盼望有人说出真相，但孩子们冷漠地、驯服地照老师的话去做，什么诚实、正义、良心、道德全被老师的教唆扭曲了。这是教育的悲哀，更是教育的畸变和失败，给众多小学生心灵造成的创伤永难弥补。

令人感到欣慰的是，在正义的感召下终于有小学生说了真话。记者问为什么说真话，这位可敬可爱的孩子说：“老师说过诚实的孩子才是好孩子，我要做一个诚实的孩子。”对纯洁的儿童来说，教育的理性光芒毕竟没有被泯灭，社会正在重新倡导和恢复诚信，社会的希望就在这样诚信的孩子身上。这是真正的教育的曙光！记住，陶行知早就告诉我们：“千教万教教人求真，千学万学学做真人。”

学会为别人喝彩。

我曾应邀参加一所小学的运动会。有一个班获得了“道德风尚奖”，我向校长提出心中的疑惑：在整个竞赛过程中，并没有发现那个班的道德风尚比其他班高在何处。校长说：“其实你忽略了一个细节——在同学们都为自己班的运动员取得好成绩欢呼雀跃时，唯有那个班的学生在为自己喝彩的同时，也不忘为别人喝彩。”

“为别人喝彩”，竟值得这样推崇。

由此，我还想起一个外国人为中国人喝彩的场面：2001 年 8 月 22 日在北京举行的“大运会”开幕式上，当法国体育代表团走到主席台前时，人们意外地发现，法国运动员高高举起了一条横幅，上面用中文写着一行字“法国代表团祝贺北京 2008 年奥运会申办成功”。巴黎申办奥运会败给北京，但法国人仍能大度地为竞争对手喝彩，他们赢得了全场观众最热烈的掌声。

“为别人喝彩”，未必说明你就是弱者。

生活中，很多人只知为自己的进步与成功窃喜和欢呼，对别人则常常冷漠得面无表情，无动于衷，很少真心实意地为别人喝彩。其实，为别人喝彩是一种智慧，欣赏别人的时候，也在不断提升和完善自我；为别人喝彩是一种美德，你付出了赞美，这非但不会损伤你的自尊，相反还将收获友谊与合作；为别人喝彩是一种人格修养，赞赏别人的过程，其实也是自己矫正狭隘自私和妒忌心理，从而培养大家风范的过程。

为自己喝彩容易，为别人喝彩难，我们应该学会为别人喝彩。

于漪教育学生学语文与学做人结合。

人文精神的失落是我们时代的现象，它意味着以批判意识和创新意识为主要内容的文化意识的严重弱化，也间接反映了市场经济的负面作用。当不少人被应试教育之风刮得晕头转向时，于漪敏锐地发现了人文教育在语文教学中的缺失和匮乏，并由此引发出对当前语文教学的深层次思考。显然，这缘于她一贯从“人”的培养看“文”的教学，缘于她因“珍惜学生青春”“注重学生个性发展”而产生的忧患意识。这种饱含着强烈的社会责任感和历史使命感、体现了深刻的人文情怀的忧患意识，是人民教师最宝贵的品格。

从先秦诸子到历代名儒，无不强调学语文与学做人要紧密结合。读书要明理，明做人之理，明报效国家之理。“君子之学，必先明诸心，知所养，然后力行以求至，所谓‘自明而诚’也。”（程颐《颜子所好何学论》）读书，要讲求修身养性，讲求品德、胸怀。许多学子身体力行，将此作为奋斗的目标。例如文天祥兵败被俘之后，做到富贵不能淫，威武不能屈，就义后从他衣带里找到一张纸条，上面书写了“读圣贤书，所为何事，而今而后，庶几无愧”16 个大字，用以身许国的实际行动实现了读书明做人之理的准则。写文章也讲究做人，文如其人。“器大者声必闳，志高者意必远。”（范开《稼轩词序》）学习写作应重视浩然之气的积蓄，道德、品德的完善，不能徒劳于辞章之间。总之，于老师主张，读书、作文均应注意自我心灵的塑造，注意培养完美的人格。

（十）赞赏：激发学生积极向上拼搏的勇气和力量

一位朋友笃信棍棒教育，因此，他那上小学五年级的独生子屁股上经常青一块、紫一块。我问朋友：“独生子学习上去了吗？”回答：“零蛋、不及格、50分……品行好吗？”朋友皱着眉头：“在学校里像山上的猴子，在家里像个傻子。”棍棒教育是没有人性的“教育”，危害极大！

两代人的认识差距。

《知心姐姐》杂志公布的3个“知心调查”报告显示，父母与子女在很多问题的认识上相去甚远。

孩子：“我们不想在否定中长大。”

从事不同职业、来自不同地区的父母对子女最常说的三句话是：听话，好好学习，没出息。而同时接受调查的18个省市的6000多个孩子，却表达出强烈的愿望：我们不想在否定中长大！专家们说，“听话”是命令式的语言。的确，父母比孩子懂得多，孩子需要从父母那里获取人生的智慧与经验。但是这一切要建立在非命令的、平等的基础上。父母和孩子的平等沟通，才能营造良好的、适宜孩子成长的家庭教育环境。孩子们对“没出息”的反应最为强烈。有相当多的孩子说父母经常贬损自己。有的孩子说，父母特别爱用“笨蛋”“废物”之类的词刺激我。

专家们说，父母的这些话可能是随口说说，但这些贬损性的词语，对孩子的心灵伤害却很大。在这种语言环境中长大的孩子，可能对他人、对社会产生终生难以改变的畸形心理。小到自暴自弃，大到危害社会。

调查问卷也给孩子们提了一个问题：如果爸爸妈妈给你一个新世纪的承诺，你最希望得到什么？56.82%的孩子希望父母能看到自己的进步，肯定自己。54.67%的孩子希望父母别老说其他孩子比自己强。而只有23.54%的孩子希望玩的时间多一些，11.11%的孩子希望多一些零花钱。调查人员说，即使是孩子，被认可的心理需求也会胜过对金钱和娱乐的渴望！

谁是你最怀念的老师？

记得在学校读书时，老师突然问我们一个问题：“从小学到中学，请问有哪一位老师的教学方式是你到现在还记得的？”

我那时想了又想，结果只记得一位中学的老师，但是我记得她，不是因为她的教学方式，而是因为她不断地关心我，不因为我成绩差就放弃我。

我念中学时的成绩不好，化学常常考不及格，但是我的化学教师却始终没有对我失望，她不时地给予我鼓励。她说，她只是希望我化学考试及格，结果很意外的，常常考不及格的我，最后竟然考及格了。

当时，老师的那个提问实际上让我愕然，为什么从小学到中学，我面对过那么多老师，但至今我仍然怀念的，竟然是那么的少？

这让身为老师的我，不得不深思，对学生而言，到底什么才是最重要的？印象中，教过我的老师几乎都只是知识的传授者，时间到了就踏入课室，然后按时把课教完，下课之后就没有什么联系了。

做老师，到底在乎的是有没有把工作做完，还是学生有没有从我们的教导中受益？

老师有什么样的教学态度，就决定有怎样的教学成果。以成绩为中心的老师可能会要求学生在学业成绩上有所表现；然而以学生为中心的老师，却最在乎学生的健康成长，在乎他们是不是快乐。

我们不能一味地自命清高，而是要从学生的反馈当中去反省，以便我们能够做得更好。把耳朵掩起来的结果，只会使我们故步自封、原地踏步。

或许首先要问自己的一个问题是：如果今天我仍是学生，到底我要怎样的一名老师来教导我？这样我们对一名好老师的要求，也就应当成为我们今天自我追求的目标。

做个好老师从来就不容易，却是最有意义。

如果做老师只是为了混口饭吃，宁可不做。

当一天好老师，好过当一辈子对学生没有影响的老师。

抓准时机对学生进行表扬。苏联著名教育家苏霍姆林斯基说：“要让每一个学生都抬起头来走路。”教师要善于发现每一位学生身上的闪光点，了解他的每一点细微的进步，教师及时而适度的表扬往往是促进学生转变、前进的催化剂。如是教师缺乏对学生的了解和理解，不能及时地准确地进行表扬，那么，对刚起步的学生无疑是一个无声的打击。而如果表扬的时机抓得不准也会使一些处于自负、骄傲的心理状态的学生自以为是，这种盲目的表扬反而会“棒杀”学生。

教师对每一个学生的一次表扬，或者是一次批评，一点温存，或者是一丁点儿的冷淡，这一举一措，都可能决定或改变一个儿童一生的命运！

“四块糖果”的故事。

我国的老一代教育家陶行知先生，有一个“四块糖果”的故事，早在教育界传为佳话。当时陶先生任育才小学校长。一天，他发现学生王友用泥块砸自己的同学，他当即制止了王友，并令他放学时到校长办公室。

放学后陶先生来到校长室，见王友已等在门口。陶行知立即掏出了一块糖果送给他：“这是奖给你的，因为你按时来到这里，我却迟到了。”

当王友怀疑地接过糖果后，陶行知又掏出一块糖果放到他手里：“这也是奖给你的，因为当我不让你再打人时，你立即就住手了，这说明你很尊重我。”

陶行知又掏出第三块糖果塞进王友手里：“我调查过了，你砸他们，是因为他们欺负女学生。这说明你很正直，有跟坏人做斗争的勇气！”

王友哭了：“你打我两下吧，我错了，我砸的不是坏人，是我的同学呀……”

陶行知满意地笑了，他随即掏出第四块糖果递过去：“为你正确地认识错误，我再奖给你一块糖果……我的糖果用完了，我看我们的谈话也该结束了。”

我们的家长、教师当别人把你的子女、你的学生看“扁”的时候，你千万要把他看“圆”。世界上没有教育不好的少儿，就看你会不会鼓励他们，哪怕是一丝一毫的进步。

善语如春。

有这样一个故事：几个年轻小伙去一家饭店就餐，众多菜肴中只差一盘“清蒸蜗牛”迟迟不到，等得久了不免性起，喊过服务员要理论一番。服务员走过来问明原委，微笑着说：“您几位别急，蜗牛爬得慢，我去催它快点。”寥寥数语，化解了一场即将出现的不愉快的场面。

这就是语言的魅力。老话说“良言一语三春暖，恶语一句五暑寒”，想来确有道理。我们从事教育的人，为学生想，为学生忙，可谓用心良苦。如果美好的意愿因为语言失当而失去了意义，那岂不是事与愿违了吗？

也许有人以为慈眉善目、好言好语的老师不是教育严格的老师，不是能多出高徒的老师。持这种观点的人，怕是走进了严师的误区。

我在上中学时，自身也存在着许多小毛病，像上课说话、作业随便涂鸦之类，介于老师可管可不管之列。

我的老师没有正面批评，而是在课间把我找到无人处，耐心地告诉我：英雄有各种各样的，有生来就在英雄的环境中熏陶出来的，有被客观环境逼迫出来的，这两种环境我们都不具备。但我觉得打败别人容易，打败自己最难，能打败自己的人就是英雄，你尝试一下能不能打败你上课说话、作业潦草这两个敌人。如果做到了，你就是英雄。我相信你能成功！

整个课间的谈话，没有厉色严词的训诫，仅仅是几句话就激起了我想当英雄的欲望，我成功了。

真善美的语言就像春风，能滋润温暖所经过的每个角落。

鼓励性课堂用语好。

北京一师附小在教师中规范了一些课堂用语，如促其成功：你想得真好！为大家开了一个好头！你真聪明，想得又快又好！帮其成功：你的想法挺好，能把想法说清楚吗？你理解对了，要是声音再大些就更好了。盼其成功：别灰心，下次还有机会，咱们再争取。

这些课堂用语寄托了老师对学生的期盼，让学生增强了自信。“教育是充满情感、充满爱的事业”。北京一师附小的课堂教学用语正蕴含着教师的深深的情、浓浓的爱。有了这种情和爱，学生就能在关爱中成人、成才。愿这种情和爱也能在我们的教育教学工作中得到充分的体现！

哲人威廉·詹姆斯说过：“人类本质中最殷切的要求是：渴望被肯定。”而赏识、赞扬、鼓励正是肯定一个人（特别是儿童）的良好方法。“赏识教育”正是基于这一点，促使了千万个孩子的健康快乐成长。对待我们那些刚刚学走路的儿童们，虽然他们的缺点很多很多，但是我们一定要竭力去寻找他们身上的“优点”，哪怕是沙里淘金，哪怕是用高度的放大镜。但是要对那些微不足道的“优点”，出自真心地去赞扬、去鼓励。这样你就能撼动他的灵魂，就像绿茵场上啦啦队的呼喊，能激发他们拼搏的勇气和力量。

周弘对自己先天双耳失聪的女孩周婷婷悉心呵护教育，终于使周婷婷成了中国首位赴美留学的聋人大学生。记者采访他教育成功的“秘诀”时，周弘一言以蔽之：学会欣赏。

教师的目光像阳光，照到哪里哪里亮。赞赏是每个孩子生命成长不可或缺的氧气。赞赏导致成功，抱怨导致失败。当孩子小时候不知道什么是赞赏时，我们却给了他无尽的赞赏，而随着孩子的年龄越来越大最渴望赞赏的时候，却发现赞赏离他们越来越远，所以我用生命发出呼唤：每个孩子身上都隐藏着巨大的潜力，需要我们做父母和老师的用赞赏去发现和唤醒。

归来吧，赞赏！

（十一）责任：催生智慧和能力的道德力量

我就亲眼看到过这样的景象，上初中的女儿晚上放学回来，正在麻将桌上鏖战的夫妇不耐烦地一挥手：“自己泡方便面去!”还有一对夫妻，每人拎着一只鞋在屋里追打自己上小学的儿子，惨叫惊得四邻为之不安。而且这些父母当时并不后悔，甚至认为自己做得“很对”。直到多年以后，发现自己的子女并没有成才的时候，他们才会后悔当初没有尽到责任。

培养孩子的责任心。

我们生活中常能见到这样的现象，厨房里烧的水开了，孩子大声喊“妈妈，水开了”，而他自己却自顾自地在玩着什么，不知道动手去关一下煤气灶的开关；上小学的孩子写作文，题目是“我帮妈妈做家务”，一个“帮”字，透出了“家务劳动”本是“不关我事”的意思；孩子上大学，好几位家长前呼后拥地送到学校，妈妈还要帮着整理行李，接着是千叮咛万嘱咐……他们缺少了一种对自己、对家庭、对他人、对社会的强烈的责任心。做家长的要下力气培养孩子的责任心，须知“责任存乎心，终生益无穷”。

如何培养孩子的责任心呢?

布置家务。孩子作为家庭的一员，有义务有责任为家庭尽心出力。家长可以根据孩子的实际情况让孩子做一些轻微简单的家务劳动。“油瓶倒了也不扶”，“水开了也不知闭火”，是不该姑息的。否则孩子们永远会认为家务劳动是爸爸、妈妈的事，他们即使干了，也是在“帮”家长干的。让孩子买油打醋、洗衣擦地等，都会培养他们对家庭的关心和责任。孩子稍大些，可以试着让他们负责双休日的饮食安排或拟订节假日的出游计划，还可以与孩子平等地商议家庭的大事，如应该添置什么东西等。这些做法既可以营造和谐的家庭氛围，更重要的是可以有效地培养孩子的责任心。

自我负责。在孩子逐渐长大时，家长应该及时告诫他们，人生的征途要靠自己去跋涉，不管是狂风暴雨，还是坎坷崎岖，都要自己坦然面对。要让孩子懂得对自己的行为负责，不能游戏人生。在孩子面临生活问题时，要首先鼓励他们自己拿出意见，并尊重孩子们的选择。我们现在不少家长在孩子小时候替他们选择业余爱好，在他们升学时，帮助他们选志愿，这样做的结果不是引起孩子的逆反心理，就是使孩子懒得自我负责。

接触社会。家庭还应该鼓励孩子多接触社会，使孩子在接触社会中体会到被社会、被他人需要的乐趣。因为“被需要”是人的一种基本心理需求。能够在社会中发挥自己的作用，有助于进一步培养孩子的社会责任感。学生身上的独立精神正在增强，他们利用假期争相打工，参加“青年志愿服务”实践活动，深入农村林区，服务街道社区，发挥自己的一技之长。做家长的一定要大力支持，并积极给他们创造条件，鼓励他们更多地参加公益活动。

老师向学生宣誓。

开学的第一天，早上 10 时，成都市科华中路小学全校 56 位教师站立在学校操场高台上，向全校 1200 多名学生庄严宣誓：“教育，我所从事的神圣事业；育人，我所承载的终身使命。要用爱心去塑造，用真情去感化，用榜样去激励，用人格去熏陶，无论面对什么样的孩子，我都能改进他的现状，都能让他受益，都能让孩子成才……”宣誓结束后，操场上响起了 1200 余名学生的热烈掌声。

该小学领导刁荣普在接受采访时说，在如今的教师队伍中，由于受社会上不良风气的影响，很多老师在心理上极不平衡，比工资、比待遇，认为事事不如意，自存卑微之感。学校别出心裁，在开学的第一天，让全体教师当着全体学生的面宣誓，目的是要唤回老师为人师表的自尊心、责任心。同时，用“教师宣誓”的方式，让学生知道、了解我们的老师，以便树立学生的学习信心，更好地配合教师的学习指导。

教师的爱心表现在对待学生的责任感上。有一位老师在回忆自己的教学生涯时，讲了这样一个故事：有一次他在课堂上讲某个问题时，没有讲清楚，他马上就在一个孩子的目光中看到了迷惘，他觉得辜负了孩子的信任，自责自己备课的疏忽。多年来，在他的面前一直浮现着这双迷惘的眼睛，这使他深深地愧疚，暗下决心绝不再出现这样的情况。

责任心——这是一种能催生智慧和能力的道德力量，同时又是对个体行为的一种约束力。

（十二）榜样：榜样的力量是无穷的

榜样的力量是无穷的。

如何实现以人为本？李政道博士讲，他在 20 世纪 40 年代做研究生时，导师是世界著名的物理学家费米。费米对他的影响是很深远的。一天，费米问他太阳的中心温度是多少，他说大概是 1000 万度绝对温度。费米问他怎么知道的，他说是从文献看来的。费米又问他自己演算过没有，他说没有，因为这个演算比较复杂，而文献上讲得也很合理。但费米却说不行，认为一定要通过自己的思考和计算，才能接受别人的结论。那时没有电子计算器，要完成这个演算很麻烦，费米就指导他想办法做个大的计算尺。

费米放下手头重要工作，不惜花费两天宝贵时间与李政道博士一起做计算尺验算文献上的一个数据，完全是为了创设一个活动过程来培养人。李政道博士说："他给我脚踏实地、克服困难的办法，也启发了我研究解决问题的兴趣。这使我一生受益，后来我自己带学生也是这样……"

显然，费米不轻易接受别人结论并大胆质疑的科学精神，不怕困难与努力克服困难的品质风范，热心引导与帮助学生的人格力量，对李政道博士产生了影响。这种影响即榜样作用。

今天，当我们讲以人为本，讲教书育人时，有没有像费米那样真正落实在行动上？是否注重发挥教师人文精神的榜样作用？是否为丰富学生的精神世界着想？一个希望不断进取的教师，一个希望对学生前途产生深远影响的教师，应该学习费米的育人思想和育人精神，不只注重言传，更注重身教。

如果一个教师仅仅获得过或仅仅满足于教学成绩带来的光荣，没能在教书育人中体验到人本意义上的愉快，那是一件很不幸的事情。以人为本，教师在付出人文关怀的过程中也会收获并享受人文关怀。

身教胜于言传的特级教师。

学校好不容易才邀请来的省特级教师将要在这所乡村小学讲一节公开课。

学校里的老师都没见识过特级教师。有的对特级教师不以为然，有的认为特级教师是凭关系混的，是靠年龄熬的……

特级教师来了，谁也没有料到竟是一个十分年轻美丽的女性。特级教师说，上课时她将随便走进一间教室。谁也没有想到她进了一个全校闻名的后进班。

上课铃响后，所有听课的教师都进了教室。这间教室的讲台上散落着乱七八糟的粉笔，桌面上铺着一层白乎乎的粉笔灰。特级教师用目光巡视一周后，迅速收拾好桌上散乱的粉笔，然后走下讲台，转过身去面对着黑板，轻轻吹去了桌上的粉笔灰。片刻的鸦雀无声之后，教室里响起了一片掌声。所有的教师、学生用掌声给她的开场白打了最高分。

讲课的过程中她出了几道题让学生做，之后她又讲解了这几道题的做法。讲完之后，她说了一句："请做对的同学扬一扬眉毛，暂没做对的同学笑一笑。"

所有的老师都知道了什么样的教师是特级教师。

（十三）倾听：学会耐心地听进学生不同的声音

要能听进不同的声音。

教师的微笑给学生创造了一种尊重、民主、和谐、安全的学习环境，在这种环境下，学生敢于讲出自己的看法，发表不同的意见，这就要求教师不仅要善于引导和鼓励学生多思，而且要学会倾听不同的声音，学会面对不同的“正确答案”。

例如：在一节数学公开课上，教师在讲台上放了两个鱼缸，每个鱼缸里有 5 条鱼。教师的本意是想让学生说出“5 +5 =10”这个算式，但是有个男生提出了“4 +6 =10”这个算式，那个学生说，因为在这两个鱼缸里，有 4 条小鱼，6 条大鱼，因此可以得到“4 +6 =10”这个算式。教师听后对他给予表扬。之后，学生们又根据鱼的颜色、鱼的种类等列出了许多算式。

在这节课中，教师虽然没有完成预想的进度，但却培养了学生的创新意识和从多角度思考问题的能力。从这点来看，这节课是成功的。

学生给老师做报告。

2002 年，一场特殊的报告会曾在山东省实验中学的老师中引起了强烈的反响，6 名即将毕业的高三学生结合自己的学习体会从不同角度做了以“我心目中的好老师”为主题的报告，向老师表达了自己的心声。

据了解，这 6 名学生全部是今年该校的保送生，已分别被保送到北大、清华、复旦等名校。由于没有高考的压力，加之位置超脱，6 名同学的报告言辞犀利、发自肺腑，让老师听到了平时听不到的声音。

有的同学提醒老师要注意学生的差异性，不要只以成绩高低来衡量学生的好坏；有的同学希望老师能有自己的个性，不要千人一面；有的同学则认为老师除了业务知识外更应注重思想修养，以自己的人格魅力赢得同学的尊重。

老师们表示，听了学生的报告自己很受启发，今后的教学会更有针对性，有利于提高教学水平。

沉默是金——只是倾听。

在我因学术讲演过度被迫噤声后，一天，孙超放学回家，进门就嚷着：“我恨老师！再也不到学校去了！”

听到孩子这么一说，在我声带没病时，我就要严厉地回敬他了。但是，那天我没有那样做，我要看看下步会发生什么？我那愤怒的孩子，蜷伏在我身边，把头摆在我的膝盖上，伤心地哭了，他说：“爸爸，今天老师叫我们写一篇作文，我拼错了一个字，老师指出了这个错字，引起哄堂大笑，我难堪极了！”

我用手搂着他，他沉默了几分钟，接着他挣脱了我，平静地说：“我想出去一下。谢谢爸爸!”

我的沉默换来了孙超的信任和理解，使他能向我吐露他的内心痛苦，实际上，他不需要我的教训与忠告，他受到了伤害，他需要有人听他诉说内心的痛苦。

（十四）自信：自信是孩子成才与成功的主宰

培养孩子的自信心——自信是孩子成才与成功的主宰。

现在不少父母存在一个共同的苦恼，就是孩子缺乏自信心。有的教师也反映，不少孩子常常是事情还没开始做，便先提出一大堆担心，或是尚未进行实践活动，就自以为不行而放弃尝试。有的学生代表本校外出参加学科竞赛，准备了很长时间，却在临赛前打了退堂鼓；有的学生参加学校的运动会，本来明明可以取得更好的成绩，却因事先在心理上认定对手比自己强，因而从主观上放弃拼搏。

目前，不少家长非常重视培养和提高孩子的智力因素，把孩子的学习成绩看得比什么都重要而忽视对孩子非智力因素的培养，忽视挫折教育，忽视培养孩子正视问题、处理问题和解决问题的实际能力，所以造成了不少孩子“高分低能”或是“低分低能”，这事与愿违的结果令不少家长困惑不解、苦恼不堪。

良好的个性品质是应该从小培养的。作为父母，在重视孩子智力因素的同时不能忽视孩子的非智力因素和心理素质。实际上，大多数孩子智力差别并不是很大，所受教育程度也基本相当，那么，为什么有些孩子却令人很失望呢？其中很重要的一点就是取决于他们是否有积极的进取心和顽强的意志力，是否有敢于正视困难的勇气和信心，是否有现代人应具备的社会责任感和义务感，而这所有的一切，均与人文精神的培养有密切关系。因此，您若是希望自己的孩子将来能够有所作为、有所成就，就应当注意从小培养孩子的自信心和意志力，提高其心理素质与抗挫力，如果只是一味地重视孩子的文化学习和考试分数，对孩子的全面发展是远远不够的。

自信心是孩子成才与成功的前提条件，很难想象一个缺乏自信的人能够真正做成什么事情。一个缺乏自信、充满自卑的孩子，即使脑子很聪明，反应灵敏，但在学习中稍遇困难和挫折就会发生问题。孩子智力因素的优势往往会被其非智力因素的劣势所削弱，最终的结果也常常是不尽人意。因此，父母在关心孩子文化学习的同时，还要教会孩子正确地认识外界事物；在关心孩子学习成绩的同时，还应该注意培养孩子的自信心，锻炼孩子的意志力，让孩子的潜能得到最大限度的发挥。这对孩子的整体提高和全面发展是至关重要的。

纵观古今中外的成功者，他们之所以能够攀登事业的高峰，与其拥有高度的责任感、强烈的进取心、百折不挠的毅力、锲而不舍的精神以及难以动摇的自信心是分不开的。上述这些优秀品质不是生来俱有的，而是从小一点一滴培养出来的。栽培者除了学校老师之外，父母也是其中之一。父母希望自己的孩子能够成才，那么，千万别忽视培养孩子的自信心，因为自信将有助于孩子成才！

“小能人”表演让学生更自信。

4 根导线、2 个电池夹、4 个电池、1 个小发动机……这些小玩意儿在六年级学生杨金的手里不到一分钟就组装成了一个小飞碟器。这是北京市石景山区古城第二小学正在进行“小能人”挑战赛。这样的挑战赛该校每周二下午 1：30 到 1：45 都要进行。

同学们在介绍、表演自己的小发明的十几分钟里，学校的摄像机一直对着他们，全校 29 个班 1200 多名学生都坐在教室里通过闭路电视观看现场直播。校长李霞介绍说，学校每周二都利用下午上课的几分钟进行一次“小能人”挑战赛，每次一个班，目的是提高学生的科技意识和动手能力。学生们非常喜欢，每个人都能发挥自己的强项，每个人都可以做“小能人”，这样做增强了大家的自信心。

所有成功者最初都是从一个小小的信念开始的。

罗杰·罗尔斯是纽约州历史上第一位黑人州长，他出生在纽约声名狼藉的大沙头贫民窟。在这儿出生的孩子，长大后很少有人获得较体面的职业。然而，罗杰·罗尔斯是个例外，他不仅考入了大学，而且成了州长。在他就职的记者招待会上，罗尔斯对自己的奋斗史只字不提，他仅说了一个非常陌生的名字——皮尔·保罗。后来人们才知道，皮尔·保罗是他小学的一位校长。

1961 年，皮尔·保罗被聘为诺必塔小学的董事兼校长。当时正值美国嬉皮士流行的时代。他走进大沙头诺必塔小学的时候，发现这儿的穷孩子比“迷惘的一代”还要无所事事，他们旷课、斗殴，甚至砸烂教室的黑板。当罗尔斯从窗台上跳下，伸着小手走向讲台时，皮尔·保罗说，我一看你修长的小拇指就知道，将来你是纽约州的州长。当时，罗尔斯大吃一惊，因为长这么大，只有他奶奶让他振奋过一次，说他可以成为 5 吨重的小船的船长。这一次皮尔·保罗先生竟说他可以成为纽约州州长，着实出乎他的意料，他记下了这句话，并且相信了它。从那天起，纽约州州长就像一面旗帜。他的衣服不再沾满泥土，他说话时也不再夹杂污言秽语，他开始挺直腰杆走路，他成了班主席。在以后的 40 多年间，他没有一天不按州长的身份要求自己。51岁那年他真的成了州长。

在他的就职演说中，有这么一段话。他说：在这个世界上，信念这种东西任何人都可以免费获得，所有成功者最初都是从一个小小的信念开始的。

（十五）宽容：宽容是一种很伟大的教育力量

宽容是一种很伟大的教育力量。

美国有这样一个故事：汤姆给妈妈写了一张账单：汤姆给妈妈到超市买食品，妈妈应付5美元；汤姆自己起床叠被，妈妈应付2美元；汤姆擦地板，妈妈应付3美元；汤姆是一个听话的好孩子，妈妈应付10美元，合计20美元。汤姆写完后，把纸条压在餐桌上，便睡觉去了。忙得满头大汗的妈妈看到了这张纸条后，只是宽容地笑了笑，随即在上面添了几行字。

醒来的汤姆，看到了这样的一张账单：妈妈含辛茹苦地抚养汤姆，汤姆应付0美元；妈妈教汤姆走路、说话，汤姆应付0美元；妈妈以后还将继续为汤姆奉献，汤姆应付0美元，合计：0美元。

这张纸条，至今仍被汤姆珍藏着，它记录着一个孩子从懵懂走向懂事的经历。

读了这个故事，我被汤姆妈妈卓有成效的教育所折服。我反复体味着她们超然的心境和博大宽宏的胸怀。这种无言的教育方式远比大声训斥、讽刺挖苦高明得多。我们姑且把这种“不露痕迹”的教育称为教育无痕。

是的，你轻描淡写的一句鼓励；你看似简单的一个爱抚；你富有深情的一眼热望；你看似不着边际的问寒问暖；你讲一个感人肺腑的故事；你反其道而行之的榜样力量；你不露痕迹的一个暗示……这些，都会给学生留下刻骨铭心的记忆，都会荡起学生心中的涟漪，这不就是教育无痕的魅力所在吗？

教师的爱心应表现在对待学生的宽容上。无数成功的教育教学实践证明：宽容是一种很伟大的教育力量。有时宽容引起的道德震动，比惩罚更强烈。曾经有个学生因个人愿望没有得到满足，顶撞了老师。而这位教师没有做任何解释，只给她写了一首小诗：“土地宽容了种子，拥有了收获；大海宽容了江河，拥有了浩瀚；天空宽容了云霞，拥有了神采；人生宽容了遗憾，拥有了未来。”学生看这首诗，沉思良久，终于悟出了自己的缺点。后来这个学生把老师赠给他的诗改为：

土地宽容着种子，并以养分无私奉献，才迎来金色的秋天；

天空宽容着云霞，并用风雨涤荡尘烟，才展开明媚的笑脸；

大海宽容着江河，并靠巨浪淘尽泥沙，才拥有碧蓝的胸怀；

人生宽容着遗憾，并谨慎着不蹈覆辙，历史车轮才滚滚向前！

（十六）期望：在老师的眼里没有不好的孩子

“皮格马利翁效应”这一名词来自一次真实的测试。早在 1968 年，罗森塔尔和雅各布森公布了他们的一个经典研究“课堂里的皮格马利翁”。这个旨在纠正教师偏见的研究中，研究者在一项预测未来发展的智力测验基础上，随机抽取 20% 的学生，并把他们称为“学术有为，有巨大的学习潜能和冲击力，是未来的花朵”。一个学期后，再以这批学生进行测验，结果发现，分数有明显的提高。研究者认为，在这一项研究中导致学生成绩提高的原因是由于这些所谓“学习有为者”名单所引起的教师对学生的良好期望。据此，罗森塔尔和雅各布森提出了“罗森塔尔效应”，即教师对学生的爱、关怀和期望将在教学效果上产生相应于这种期望的良好作用。在这个试验中，老师在获取某些学生有潜力的信息后，产生了期望，而期望化作了对学生的关注、鼓励，学生则因老师的鼓励增强了自信心、求知欲，从而产生了向上的巨大动力。这种现象也被教育学家称作“皮格马利翁效应”。

我则认为：教师良好的期望与教学效果在一般情况下成正比。让每位学生都享受到教师的关爱、信任、鼓励、期望，那么无论哪种层次的学生都会获得心理上的满足，从而产生一种积极向上的原动力。学生生龙活虎的潜能将被激发，期望效应就能产生巨大的作用。这个道理今天又在孙维刚的科学的教学法里体现出来。

北京 22 中数学老师孙维刚在多年的教学中创造了惊人的教学奇迹，有力地驳斥了当今到处泛滥的所谓神童教育、精英教育，正是皮格马利翁效应的最佳体现。他把曾经是捣蛋鬼的学生改造成了北大的高才生，是源于他在重病中给这位学生写了真诚的鼓励的五封短信。据学生家长说，孩子在读信时的眼神是“从来没有见过的”。是他对学生的高度的期望、饱满的激情和全身心的投入改造了原本普通的学生。在现行教育中“教育要面向全体学生”的原则虽已列入教育学的典章，但这种信念并没有在每个教育者的头脑里扎下根。孙维刚的成功在于他眼中没有不好的孩子。

原来“分数”才是父母最疼爱的孩子？

当前，家庭面临最大的威胁是家庭的稳定性愈来愈受到挑战，离婚率逐年上升，上海已有 10 万儿童生活在单亲家庭之中。上海社科院的一项调查结果显示：

夫妻之间的争吵原因十年前大多数是“经济生活”，十年后的今天，夫妻争吵原因中46.8%导火线为“子女教育”。一个八年级学生说：我每一次考到第一名，父母很高兴，带我去了肯德基。后来我做了班干部，成绩一直很好，我发现成绩能带给父母最大的满足。一次，我考砸了，拿着一张“惨不忍睹”的卷子回到家，父母的脸上露出了疑惑的神情，原来“分数”才是父母最疼爱的孩子……

父母对子女成长的期望是可以理解的。但如果把这种期望局限在“分数”上，那么这种期望是片面的。如果父母抛弃自身的发展，把全家的“宝”押在孩子一人身上，孩子稚嫩的肩膀是难以承受的。父母与孩子都应该有自己的发展空间和人生远景。

作为孩子，多么希望生活中父母能拍拍他的肩以赞赏的口吻对他说：“好样的，真是一个男子汉!”多给孩子一点自信和勇气，多给孩子一点支持和鼓励，这是孩子精神力量所在，是父母责任和义务所在，也是父母健康心态的具体表现。情感支持是家庭稳固的基础，是家庭生活幸福美满的源泉，是孩子健康成长的阳光。这种情感支持是双向的、互动的，父母应该成为孩子的情感支持者，孩子同样也是父母的情感支持者。

（十七）自主：自主是自由的第一要求

有一份调查表明，有近70%的学生希望父母能够尊重他们的个人爱好，给予自主空间。一些父母由于自己童年的不幸，希望能在孩子身上得到补偿，因此对孩子百依百顺，结果造成了孩子的不自信，动手能力、自理能力、心理承受能力都差的状况。更有甚者，一些父母将孩子看成“私有财产”，随便干涉孩子的隐私，偷看日记，监听电话，让孩子们感到万分难受。一些父母心中是关心孩子，怕孩子学坏，可效果却适得其反。现在的孩子接受新信息很快，有自己的思维方式和价值标准，他们不需要父母“母鸡式”的教育模式，而崇尚独立自主的生活方式。

促进生命的自主成长。

人的生命不仅是全面的，而且是自由的。自由是生命的灵魂，而自主是自由的第一要求。儿童发展的自主性，要求我们高度尊重儿童，遵循他们身心发展的内在本性，而不是用成人的世界，用成人的眼光去过滤他们的生活，使他们被迫服从。

“大自然希望儿童在成人之前就要像儿童的样子。如果我们打乱了这个次序，我们就会造成一些早熟的果实，它们长得既不丰满也不甜美，而且很快就会腐烂；我们将会造成一些年纪轻轻的博士和老态龙钟的儿童。儿童是有他们特有看法、想法和感情的，如果想用我们的看法、想法和感情去代替他们的看法、想法和感情，那简直是最愚蠢的事情。”卢梭近两个半世纪之前说的这些话，至今还令我们无数教师读来汗颜。

家长和教师总以“考试要考的”“将来用得着的”等为理由，逼迫儿童学这学那，而从来不问他们对此感不感兴趣，他们的真正兴趣何在，一味地把教育当成儿童未来的准备，当成成人生活的模仿，使今日的儿童没有成为儿童就成为大人，这是教育的悲哀。

其实，儿童不只是一个未来的存在，他更是一个当前的存在。我们的老师，不仅要为儿童的未来做准备，更要关心他们的现在。关心儿童的现实，就要关心儿童的兴趣、需要，从他的需要兴趣出发，造就一个适合他们的教育，而不是削足适履，使他们适合教育。

为此，我们现在要做的就是把儿童身上失落的东西——自主还给儿童，把精神、生命、发展、主动权还给儿童，使他们拥有自我选择和自我决定的权利，使教育凸显生命的灵动，使课堂充满生命的活力，使班级充满成长的气息。

我们的老师要牢记和做到陶行知先生的“六大解放”：解放儿童的头脑，使之能想；解放儿童的双手，使之能干；解放儿童的眼睛，使之能看；解放儿童的嘴巴，使之能说；解放儿童的空间，使之能接触大自然和大社会；解放儿童的时间，使之能学习自己渴望学习的东西。

（十八）生命：生命是教育的原点，也是教育的终点

生命是教育的原点，也是教育的终点。

教育是人的一种生存方式，源于生命发展的原始需要。人只有受过教育，才能成为人。教育是生命的特别需要。现代社会，教育不仅是人的生命的原始性需求，而且具有提升人的生命价值和创造人的精神生命的意义。

生命的潜能是无限的，教育要创造条件，去激活、去展示生命的灵动与飞扬，促进每个儿童创造性地、富有个性地发展。

伟大的教育家陶行知先生说过：“你的冷眼里有牛顿，你的歧视里有瓦特，你的讥讽里有爱因斯坦。为人师者首先要爱自己的学生，爱他们的优点，也爱他们的缺点，亲近他们。少一点审查责备的目光，多一些欣赏鼓励的热情，帮助他们在成功和失败的体验中不断努力，这种教育至关重要。”生命教育正是这样一种教育。可以说，生命教育的教学过程即教师对学生的爱的展开或显露的过程；

或者说，教育是生命与生命交流的过程。

忽视了生命的教育，把人作为知识的容器，并把人的认知从整体的生命活力中隔离出来。这时的课堂教学既忽视了作为独立个体的学生和教师在不同情况下的不同需要，也忽视了师生间人性的交流与交往；最终使教学变得机械、沉闷，缺乏生机与活力，缺乏对智慧的挑战和对兴趣的刺激，缺乏生命力。这种教学所教出的学生常会“有智商没有智慧、有前途没有壮志、有文化没有教育、有知识没有思想、有青春没有热血、有个性没有品行、有理想没有实践”。有人说，我们在制造像人一样的机器的同时也制造了像机器一样的人，但我认为这种人比“机器人”更糟糕，因为“机器人”至少不会有意识地去危害社会。

生命教育的教学过程不单单是传授知识的过程，更倾向于是一种人格塑造的过程。这种教学是建立在以信任为基石的爱的基础之上的。正如苏霍姆林斯基所言：“只有当教育建立在相信孩子的基础之上时，它才会成为一种现实的力量。如果对孩子缺乏信心，不信任他，则全部教育智谋，一切教育教学方法和手段都将像纸牌搭小房一样定然倒塌。”

人的生命最宝贵，保护自己最重要。

这是一个近乎荒谬但又真实的故事。

一个13岁的女孩子到澳大利亚留学。第一节课，她的班主任拿来一盒避孕套，给每个女生发了一只。老师说：“建议女孩子随身带一个避孕套。澳大利亚是一个安全的国家，但不等于没有意外。万一碰到强暴，使用避孕套至少有3个作用：第一，你不会怀孕；第二，你不会染上性病、艾滋病；第三，也是最重要的，那就是无论出现什么意外与不幸，请记住，保护自己最重要，生命最重要。”

自此，女孩子每天携带的物品当中，多了一只避孕套。

在被强奸的时候，还要记得使用避孕套。我把这个故事告诉一位资深教育家，她唏嘘半天，忽然拍手称绝。

西方人教育孩子、教育国民，再安全的国家、再太平的环境，都难免会有意外，会有不测。人可以主宰很多东西，但不可以主宰自己绝对一生平安。

让13岁的女孩（或许更小）随身携带避孕套，让她们懂得“不会怀孕”的最直接方法，还懂得防止性病、艾滋病。

一位英国朋友曾就我们一份大报登载的一件被强奸女子跳楼自杀的事情，大呼小叫地打电话质询我：“强奸犯都没有杀她，她为什么要跳楼、要自杀呢？”

“宁为玉碎，不为瓦全”是西方人最难认同的观念。他们认为，女性遭遇强奸，在某种意义上，与遭遇车祸一样，断手断脚甚至高位截瘫的人都要生存，为什么要“宁为玉碎，不为瓦全”？他们的最大理由是：人的生命最宝贵，所以，保护自己最重要。

（十九）环境：营造适宜教育创新的人文环境

美国诗人桃乐斯诺特这首《人这样成长》的诗词，精辟地揭示了孩子的成长与环境的密切关系：

一个孩子在充满批评挑剔的环境下成长，他学会了吹毛求疵谴责他人；
一个孩子在充满敌意的环境下成长，他学会了争论反抗；
一个孩子在充满恐惧的环境下成长，他学会了忧虑害怕；
一个孩子在充满被怜悯的环境下成长，他学会了自哀自怨；
一个孩子在充满嫉妒的环境下成长，他学会了贪得无厌；
一个孩子在充满耻辱的环境下成长，他学会了自觉有罪；
一个孩子在充满宽容的环境下成长，他学会了有耐心；
一个孩子在充满鼓励的环境下成长，他学会了自信；
一个孩子在充满赞美的环境下成长，他学会了赏识他人；
一个孩子在充满认同的环境下成长，他学会了爱惜自己；
一个孩子在充满被接受的环境下成长，他学会了爱惜这个世界；
一个孩子在充满被肯定的环境下成长，他学会了立定志向；
一个孩子在充满了分享的环境下成长，他学会了慷慨；
一个孩子在充满公正诚实的环境下成长，他学会了正义真理；
一个孩子在充满安全感的环境下成长，他学会了信任他人；
一个孩子在充满友善的环境下成长，他学会了热爱人生；
一个孩子在充满安宁的环境下成长，他学会了平安。

从教育的细枝末节入手。

什么是素质教育？比尔·盖茨在接受采访的时候，有一个记者问：你认为在哪个时期给你的收获是最大的？他说是在他幼儿园的时候，在那时他学到了平等，学到了尊重别人，学到了谦让，学到了礼貌，学到了许多做人的原则。什么是素质教育？我认为这就是素质教育。

山东省淄博世纪英才外语学校刚开学时，准备了两只足足 1 米高的大桶盛学生吃剩的饭菜。高 1 米、直径 80 厘米的两个大桶盛得满满的，地上一片狼藉，桌上的饭渣到处都是。校长张文俊育人的过程就从这里开始了。

开学第一周的升旗仪式，她让人把这装满了剩饭的两个大桶抬到国旗下，孩子们一片哗然！她给孩子们讲，全世界还有8亿人吃不饱饭，在亚洲，每年有500万的孩子死于营养缺乏，死于贫困，死于饥饿。所以我们的粮食，如果节约的话会间接供应给他们。如果中国的十几亿人口，每个人都懂得节约，每个人的盘子上都没有剩饭，世界上将没有饥饿存在！第二次升旗仪式上，大桶就换成了小桶。现在，400多个孩子加88个教职工倒在桶里的剩饭不到一寸，全是鱼刺、骨头和一些菜汤。她觉得这就是一个里程碑式的成功！

创新教育需要一个创新的环境——还教师一个人文化的工作环境。

江泽民总书记在第三次全国教育工作会议上为我们规划了创新教育宏伟而光明的蓝图，他语重心长地指出："每一个学校都要爱护和培养学生的好奇心、求知欲，帮助学生自主学习、独立思考，保护学生的探索精神、创新思维，营造崇尚真知、追求真理的氛围，为学生的禀赋和潜能的充分开发创造一种宽松的环境。"

但是，教育的现实离教育的理想差距较大。这几年"下岗"成了时髦的词儿，有的校长动不动就威吓老师："成绩再上不去，下学期就让你下岗。""现在生源少，学校要兼并，教员是挤在门外等上岗。"有的教育局局长也在全县教师大会上说："现在工作不努力，将来就要努力找工作"等话语。教师的心理压力很大。在这种环境中如何创新？创新教育呼唤给教师创造一个宽松的人文化的工作环境！

新的课程改革与人文精神。

呼唤人文精神，首先要做到"以人为本"。

学生时代苦短，但不幸却使它显得漫长。一位中学生质疑："为什么素质教育还是令我们如此疲惫?"调查证明，我国学生的创新能力随着年级的提高呈下降趋势，这和我们的教育大有关系。下面有一个八年级学生的作文，很能说明应试教育对学生身心的摧残和扭曲：

莫名其"惧"

孙　超

课堂上，无一人讲话，教室里十分寂静，连一根针掉地上都能够清晰地听到，甚至可以辨别出在什么方向，什么位置，离自身有多远……

现在，课堂上可以说只有两种人：一种是等待上"拳击"场的，他们跟我一样都考得很差，等待我们的将是一个残酷的现实——低分，到家里将会得到父母的“下马威”，那道“菜”是绝顶的难以入口；另一种人将属于“刑满释放”者，他们将获得“自由”，到家里还有美味的、上好的、真正的“美食”。妒忌、羡慕、哀叹，搅得我心里乱七八糟。

开始发卷了，一个个“心惊胆战”的人从我身旁走过，回来都是垂头丧气。唉，我也没啥希望了，想着想着，“孙超！”一个声音突然把我从噩梦中唤醒。轮到我了，我胆怯地、慢慢地站了起来，脸色苍白，豆大的汗珠从头流到脚跟，从没间断。我缓缓地向讲台蠕动，不知怎的很快就走到了讲台边，老师毫无声息地把卷子递给了我，那眼神，令人难以揣透。我颤抖地把手伸了过去，紧闭双眼，两手打战足有二十余秒，终于经过复杂的“思想斗争”，脚一跺，手一伸，触摸到了距我似乎足有“二万五千里”之远的试卷，我的脸绷得紧紧的，一咬牙“扯”走了试卷，默默地回到了座位上，两眼在桌面上直发愣。

我使出浑身的解数，把试卷努力地托到我的眼前，不吱声，用九牛二虎之力才将试卷打开。我紧闭双眼，不敢也不愿意去看它。但我终于睁开了双眼，一个高分竟然映入了我的眼帘，顿时，我更懵了，一种莫名其“惧”的感觉立即令人莫名其“妙”起来。

（摘自《龙岗日报》2003 年 1 月 16 日）

培养学生的人文素质就是培养他们具有人所应有的健康人性，就是培养他们对人类的一种崇高感情，就是为了培养和造就他们的健康人格。为此，新的基础教育课程改革十分注重学生人文精神的培养。

重建学生完满的精神生活。

过去的课程设计只关注理性生活，局限于认知，不重视学生的情感与感悟，而认知、情感、感悟是人生生活的三大要素，缺一不可。因而，过去的课程把人类生活都定格于科学的世界中，导致远离生活世界，偏注科学世界；脱离现实生活，缺乏对学生可能生活的合理构建；趋向单一的理性生活，不能满足学生完满的精神生活的需要，从而造成学生生活的“殖民化”。重建学生完满的精神生活，是学生全面发展的内在要求，也是深化课程改革的迫切需要。课程设计应从理性生活、道德生活和审美生活等方面重建学生精神生活，注重认知、体验、感悟等生活形式的统一，现实生活与可能生活、科学世界与生活世界的结合，通过课程设计真正赋予学生生活意义和生命价值，把学生培养成为学习活动的主体、个体生活的主体和社会活动的主体。

创造适宜学生创新的人文性教育环境。

人文性教育环境是学生创新的土壤。有一位校长曾经意味深长地说过一句话："有一千个学生，就应有一千张课表"，这是一句极具穿透力的话语，深刻提示了课程与学生个性之间的关系。同时，学生的个性又与创新精神紧密地联系在一起，创新精神是学生健康个性内涵的应有之意，个性是创新的策源地，一个没有个性的人何谈创新。在张扬个性的同时，学生的创新精神也得以凸显。我们应该在培养学生个性的同时，关注学生创新精神的迸发。

个性与创新是21世纪的"通行证"，我们要通过这次课程改革，以学生与课程的共生为载体，顺利地把这张"通行证"交到每一位学生的手中。课程成功与否的关键，是看学生的个性和创新精神在课程中有没有得到充分张扬，而不是在课程中被磨平了棱角，变成了一个个毫无生气的标准件。

目前中小学的课程重点往往集中在升学科目上，升学科目又集中在考试内容上，课堂里被动灌输知识成为一种普遍现象。知识记忆的正确程度依然是学习水平高低的标记。我们正处在知识大爆炸的时代，知识以几何速度增长，是我们死记硬背一辈子也记不完的。

从单一的课堂到回归生活。

这是一件真实可笑而又引人深思的事例。一位法国教育心理专家曾给上海的孩子出了一道题目：一艘船上有86头牛，34只羊，问："这艘船的船长年纪有多大?"结果有90%的学生给出的答案是86－34＝52岁，10%的学生认为此题非常荒谬，无法解答。当然，这10%的同学是答对了。

法国专家在对这90%同学调查后发现，他们之所以会做出答案来，是因为觉得"老师出的题总是对的，不可能不能做"，"老师平时教育我们题目做了才能得分，不做的话一分也没有。"法国专家感叹：中国学生很听老师的话，因为同一道题在法国小学做试验时，超过90%的同学提出了异议，甚至嘲笑老师的"糊涂"。

出现这么高的答错率，这充分表明我们的学生离社会生活太远了，学习生活太封闭了，越学越笨了，如果稍微有一点生活常识和社会经验，这样的结果是完全可以避免的。

多年来，我国的基础教育课程指向抽象的应然世界，而不是学生生活在其中的实然世界，课程目标的设计不是把学生看成一个活生生的人，不能满足学生现实生活需要，缺乏对学生可能生活的塑造。课程内容设计脱离现实生活和社会实际，成为分门别类的各成系统的知识，把学生面对的生活世界分解得支离破碎，抽去了学生生活的厚重基石，课堂生活没有现实感，更没有生活意义和生命的价值，无法领略人生过程的丰富内涵和心物统一世界的深刻意义，难以使学生对他所生存的世界进行整体的理解和把握。

课程局限在校园的围墙内，把学生规定在刻板的课堂之中，把课程抽象化为几本教材、几门课程，学生的课程空间过于狭窄，忽视对人生有意义的且人生在其中的世界，学生丧失了生命的活力，课程成为脱离生活的乌托邦教育，一些空洞的说教与时代精神格格不入，难以培养学生的综合实践能力和社会责任感，这是一种贻害无穷的偏颇做法。在这样的“教育围城”中长大，将导致学生生活意义的丢失，学生的整个精神生活被定格在既定的课堂上，我们的孩子就像生长在温室中的花草，周围的氛围过于孱弱，自身的根基流于疏浅，经不起自然的风雨，缺乏生活和生存的基本能力，意志品质不能受到有效的磨砺。

随着社会的不断发展，人类面临的基本矛盾逐渐由人与自然的较量，转化为人与人之间、国与国之间如何同生共存的问题，社会发展的中心任务由征服和改造自然、获取物质财富转为为所有的人提供高质量的生活服务，这就要求课程的视野要相应发生变化，课程设计应该从理性世界和科学世界返回到人类的生活世界，要更多地关注平凡人的日常生活，关注一个以人的价值、意义为根本的丰富世界，找回失落的课程本义，给学生体验生命的冲动。

试想一下，这种“培养少数，淘汰多数，制造大量失败者”的陈旧的教育模式，公平吗？合理吗？有效吗？

让学生在生活中体验。

生活是一个大课堂，蕴含着丰富鲜活的课程资源；远离生活就意味着让学生们失去课程的另一半世界。

自然是一间大“教室”，在这间“教室”中，学生们才能真正长大成人。

大家还记得 1992 年那场沸沸扬扬的让国人深思的“夏令营事件”吧。中日两国学生在内蒙古进行了一次艰苦的野外旅行，在坎坷的长途跋涉中，对比是那么明显，中国家长把孩子拉上车，驶过最艰难的路段，日本家长却只把鼓励留给发烧的孩子。面对恶劣的自然，我们的孩子失败了，更何况他们都是挑选出来的好孩子，也正因为如此，失败才更让人心痛，也让我们不得不认真反思一下我们的教育和我们的课程，孩子们仅有学校这个生活空间是远远不够的。

日本的孩子之所以取得成功，与日本注重课程向校外的拓展有着必然的联系。自然教室和修学旅行是日本非常成功的课程，在这一课程中学生们与自然亲密接触，他们既领略了湖光山色，也看到了大自然凶险的一面，感受到了自然的伟力，接受了自然给他们的洗礼，人性中内在的坚强的一面被激发出来，受到磨砺和锤炼，这种人格意志和情感力量的形成，不是课堂中空洞的说教就能起作用的，是在自然这块土壤中浑然长成的，“不经历风雨，怎能见彩虹”，正是在“风雨”的冲刷下，这些孩子们变得更坚强了，变得成熟了。

现今，我们的学生都是些独生子女，从学校到家庭，从家庭到学校两点一线，他们生活的空间太狭窄了，他们在试卷上纵横驰骋的能力强了，他们的眼镜度数不断地深了，他们的身体变得柔弱了，他们离活生生的世界远了，高山、飞瀑、大河、森林……已经从他们的视野中消失了，他们的生存能力和生存意志不断地弱化。我们应该把广阔自由的空间还给他们，让他们找回失落的另一半世界，体验浪花拍打在身上的感觉，倾听和感受北风的怒号，让他们在与自然的交接中，感受到作为一个完整的人的感觉，体会到生命的崇高价值，成为意志坚强、情感丰富的真正意义上的人。

自然与生活就是一本好书，是在学校中不可能读到，也不可能学好的生活之书。

让学生们放飞自己的心灵，与周围世界进行真切的交流，全身心与世界对话，会得到与在学校中学习完全不同的学习体验。在世界的博大胸怀中，这种体验绝不仅仅是知识的简单获取，更多的是灵性光辉的闪烁、身心素质的提高和情感态度的升华。

（二十）创新：创新才是硬道理！

课堂是学生创新精神成长的主要园地，学校教育的任务主要是通过课堂教学来完成的，所以推动课堂教学的创新对于学生创新精神的培养是至关重要的。教师在教学中能经常从创新的角度去思考，就会有很多新的想法。教师的一点变革，都会引起课堂里更大范围的变革。

没有想象就没有创新——你是否在剪掉孩子的一只翅膀？

不久前读报时见到这么一则故事：

1968 年美国内华达州一位叫伊迪丝的 3 岁小女孩告诉妈妈：她认识礼品盒上的字母“O”。妈妈非常吃惊，问她怎么认识的。伊迪丝说：“薇拉小姐教的。”这位母亲表扬了女儿之后，一纸诉状把薇拉小姐所在的劳拉三世幼儿园告上了法庭，理由是该幼儿园剥夺了伊迪丝的想象力。因为她的女儿在认识“O”之前能把“O”说成苹果、太阳、足球、鸟蛋之类的圆形东西，然而自她识读了 26 个字母，伊迪丝便失去了这种想象力。她要求该幼儿园赔偿伊迪丝精神伤残费 1000 万美元。3 个月后，法院审判结果出人意料，劳拉三世幼儿园败诉，因为陪审团的 23 名成员被这位母亲在辩护时讲的一个故事感动了。

伊迪丝的妈妈说：“我曾到东方某个国家旅行，在一家公园里曾见过这么两只天鹅，一只被剪去了左边的翅膀，一只完好无损。剪翅膀的被收养在较大的一片水塘里，完好的那只被放养在一片较小的水塘里。管理人员说，这样能防止它们逃跑。剪去一只翅膀的因无法保持平衡，一飞起来就会掉下来；小水塘里的那只虽然没有被剪去翅膀，但因起飞时没有必要的滑翔路程，只好老实在待在水里。今天我感到伊迪丝变成了劳拉三世幼儿园里的一只天鹅。他们剪掉了伊迪丝的一只翅膀，一只幻想的翅膀，他们早早地把她投进了那片小水塘，那片只有 ABC 的小水塘。”

不知你看了这个故事有何感想？身为家长和教师的我可是感慨颇多：我们是不是也在剪掉孩子的一只翅膀？

为学生提供创新的机会。

例如，一个美术老师在教学生画画，原来的题目是《画太阳》，就是要求学生按照课本的要求照着画就行了。可是这个老师在设计和准备这节课的时候把题目变成了《我心中的太阳》。这样一调整，整节课的思路就不一样了，因为学生想象的空间被打开了：首先我心中的太阳是什么样的？不同的学生对太阳的感受与体验肯定是不一样的。如有的学生把对不同季节的太阳的感受画下来，表现出了独特的想象。他把夏天的太阳画成一个面目狰狞的恶魔，因为他认为夏天的太阳烤得大家无处可躲，汗流浃背，像恶魔一样；把秋天的太阳画成一个慈祥的母亲，因为它像母亲一样在呵护着我们，把我们照得暖洋洋的；把春天的太阳画成一个公主，因为春天的太阳像一个美丽的公主催生了大地，使大地复苏，使大地变绿。

这个例子给我们一个启示，教师如何设计教学，在设计时能不能给学生留下一个创新的空间，想象的空间，这是至关重要的。学生能不能创新，在很大程度上取决于教师是否为他们提供了创新的机会。

不妨换个角度思考或提问。

我在网上看到一则文章，题目是《一只老鼠之死!》，很有意思：

某日，路边有死鼠一只。八方人等，皆来观之。

诗人：诗云，羌笛何需怨杨柳，春风不度玉门关。啊！它去了，它去了，它去了……

小说家：这只老鼠的生平一定有着不为人知的故事，它一定有着辛酸的过去。

经济学家：从这只老鼠的死，我们可以发现一个严重的问题，那就是我们国家的农业经济还不够发达，粮食产量供应不足，导致死亡事件。

物理学家：从它趴在地上的姿势来看，是完全符合力学原理的。

化学家：其实它也和我们一样，都是碳水化合物的结合。

环保学家：我们不要再屠杀小动物了，我们要注意生态平衡！

考古学家：从它牙齿的结构来分析，我敢肯定它是近代生物！

数学家：从此刻算起，世界上的老鼠数量为 N－1 只。

哲学家：它死了吗？它没有死。它只是睡着了而已。

高僧：生即是死，死即是生。其实生死都只是虚无的，就好像天上的浮云。

小偷：司徒雷登去了。

警察：很明显，这是一起谋杀。我们要立即成立专案组，以便早日破案。

演员：它的表演是多么逼真，就好像真的死去了一样。

政客：大家要警惕，不要掉以轻心，这是阶级敌人的障眼法。

律师：谁是它的家属？我可以帮你们胜诉。

医生：它好像真的的确端的是死了。

老师：同学们，你们谁能告诉我从这件事上学到了什么？

学生：从这只老鼠的死上，我们学到了很多方面的知识，有文学的、经济学的、物理学的、化学的、环保的……

商人：不要看了，要收费的。

小孩：妈妈，那里为什么那么多人啊？

母亲：不要看！里面是只大灰狼！

这则故事告诉我们一个道理，对一个问题可以全方位、多角度地审视它，看的角度不一样，得出的结论也会不同。

一般教师讲《失街亭》，都是在讲马谡如何不可取，从批评的角度来谈。有位教师感觉到这样讲把学生的思路给框住了，他给大家做了新的提示：我们是不是可以考虑一下，马谡有这么多不是的地方，有没有值得肯定的地方？提出这样一个问题后，大家的思路就放开了。

有个学生写出了很好的文章，题目叫《壮哉！马谡》，他从另外一个角度分析，觉得马谡这个人有很多可取的地方，比如说勇于承担责任，失了街亭后，他没有推卸责任，自己承担责任并负荆请罪。另外觉得他是一个可以慷慨赴死的大丈夫，街亭失守后，他完全可以投奔到敌方去，保全自己的一条性命，说不定还可以混个一官半职，但是他没有，他立下了军令状就决不违约，主动去见诸葛亮，请求一死。这样一种气概，是值得肯定的。再就是对国家的忠诚，他临死的时候，把自己的儿子托付给诸葛亮，请求抚养成人后，继续报效祖国。

对于马谡，戏曲也好，小说也好，都是从反面来说。但是换一个角度，从人性的角度，可以挖掘出他诸多可取的地方。这就要求我们打破传统思维定式的约束，解开捆绑学生思维的绳索，把学生真正解放出来，解放他们的头脑，解放他们的双手，这样的教学才可以产生真正意义上的创新。

课堂教学创新一定要讲求开放。

课堂教学创新一定要讲求开放，这种开放是全方位的，从教学目标的确立、教学过程的设计、教学方法的使用、教学内容的处理，师生关系的建立、时间空间的安排到教学成果的呈现都应该是开放式的。这种开放就要求教师一定要根据现实教学过程中学生此时此刻的真实状态及课堂中现实的情况，在遵循预定目标和任务的基础上，不断调整教学状态，在互动、生成、创造、发展的过程中来推进教学。

有些观摩课，我觉得设计得过于精致、过于精巧，过于机械和程式化，表面上给人无懈可击的感觉，实际上一点生气也没有。学生完全在老师的控制之下，非常被动地配合老师进行演出。课堂中真正应该有的创造、应该有的生气、应该有的创新精神都在这种精巧的设计、严格的控制和严密的程序下被牺牲掉了。

我听过一节语文课——《小小的船》，可以说教师的表演达到了一个登峰造极的地步。在这节课里，整个教学过程和教师的表现，就像我前面所讲到的，事先进行了精心的设计。比如，要三个学生发言，绝对不能出现第四个，多出一个学生可能时间上就会出现问题。所以老师完全在按照设计好的环节控制和掌握这节课，整节课在教师设计、诱导之下，学生很乖地配合老师的演出，双方配合得非常好。从表面上看来，一节课进行得非常流畅，一个环节一个环节衔接得非常紧密，环节之间的转换也非常明显。

应当说这个教师是个高水平的老师，教学的基本功、水平是很高的，一切挑不出问题，达到了完美精致的程度。但是问题只有一个：机械僵化、目中无人。一节课学生完全在老师的掌握之中，不给他们任何自由放开、去想象、去实际感悟的机会，完全由老师领着一路小跑，问题点到之后，马上转题，学生始终处在很紧张的状态之下。虽然课堂气氛很热烈，但是很压抑，好像一个被老师紧紧捂住的火山。

在这节课的中间教师曾提过一个问题，应该说问题不错，给学生留下了丰富的想象空间。黑板上有一个挂图，是一个小女孩在月亮上荡秋千，他的问题是假如你是这个小女孩，你在月球上荡秋千，你会看见什么？这是一个激发想象的问题，但是，学生还没展开的时候，老师估计设计的时间已经到了，在让两三个学生简单谈了几句后就马上打住，转入了下一个问题。结果在快下课时出现了一个小插曲。在老师提出另外一个问题，一个男生站起来回答完问题后，老师示意他坐下，但是他不坐，却突然用手指着挂图，说如果我是那个小妹妹……这时教师很紧张，已经发现这个男孩把问题倒回去了，所以赶快打手势示意他坐下，但他不坐，坚持要说。这说明这个小男孩半节课的时间都沉浸在这个问题里，沉浸在月空中看到了什么。因为老师没有给他机会，想象没有发挥出来，他就感到很难受，所以好不容易有一个机会回答问题，他就说：如果我是那个小妹妹，我会看到天空中晚点的飞机、发射的火箭、划过的流星……接着还要往下说，这时老师已经是忍无可忍，几步走过去，把他一把摁了下去。教师所以不能容忍这样的行为，是因为这种行为打乱了既定的程序，影响了表演过程的精确性。

这实际反映的是教师的观念问题。我认为课堂的生命力是在动态、变化、创造的过程中实现的，教学的价值、教学的目标、教学的任务也都是在师生互动、变化发展的过程中不断生成和实现的。在课堂教学方面，我们以一种什么样的理念来看待它，是让教学服从于死的程序和人为的条条框框，还是服从于学生真实的需要和变化的过程，这是至关重要的。从创新的角度来说，教学的开放是实现创新的一个基础，只要我们在认识上不断转化并采取有效的策略，课堂教学的创新就一定能够不断深化下去，学生的创新精神也一定会在不断创新的课堂中得到成长。

创新才是硬道理！

到目前为止，我共创建了10余个语文课堂教学模式，形成了立体教学的模式策略体系。但是我自始至终认为，新的教育模式的诞生便是创新，旧的教育模式的消亡就意味着发展；而发展需要创新，创新更需要继承。创造性地借鉴经验，就是在发展自己的教育思想，也是在形成自己的教育信念。我一方面经营着自己的“立体教学模式体系”，另一方面却在极力地否定它；我主张追求教学模式，但反对模式化！

新课改的精神实质就是创新！不破不立。“改”什么？“革”什么？——改革旧的教育教学思想和方法！从而创立新的教育教学思想和方法。当今世界，知识更新异常迅猛，昨天还是新的东西，也许过一夜就是旧的必须淘汰的东西了，因此每一个教师在天天洗脸的同时也要洗一洗自己的脑子，随时更新自己的教育观念。我喜欢不断地否定自己，不断地创新！竭尽全力地在课堂教学上“求新、求实、求活、求精”：“求新”就是追求课堂教学的个性，努力做到常讲常新，堂堂出新，即每一堂课都要有一个新颖的创意，都要出奇制胜，都要不一样，都要发人深思；“求实”就是要实事求是地因材、因地、因时、因类施教，坚决反对“一刀切”；“求活”就是教学方式、方法要灵活多样，充满机智；“求精”就是要树立精品意识，没有最好，只有更好！

在人们对“可操作性”都取得认同并使用泛滥的今天，我要毫不留情地质疑教学的“可操作性”，认为这种意识大大地扼杀了广大教师的创新能力——人们都在寻找现成的拿来就能使用的“教学法”，那还有谁去思考和创新呢?!“法”是死的，“人”是活的，即使是学习一种“可操作性”极强的教学方法，也要进行一个再创造的过程才能奏效。创新是教育的生命和动力，创新需要智慧，创新才是硬道理！

创新教育呼唤人文精神的回归！

教育的人文精神，源于我们对生活的热爱、发现与感悟，源于对学生有着超越父母般的情怀，源于对自我永不停止的思考和追问。教育的人文精神，是无条件地尊重每一个学生的尊严，并通过教师的教育行为去挖掘和张扬学生鲜活的生命价值；教育的人文精神，是对学生沉睡着的潜能的唤醒，是对学生封存记忆的激活，是对学生禁锢情感的释放；教育的人文精神，使学生体验到人类心灵的博大与深邃，感受到人类文明的灿烂与辉煌，洞察到知识在时代发展中的理性之光，激发学生对生活的热爱和美好明天的向往。

呼唤人文精神的回归是 21 世纪创新教育的智慧宣言：

我们需要关于生命和心灵的智慧；

我们需要一种以人类作为终报关怀目标的智慧；

我们需要行知合一的实践智慧，能将“良知”转化为真正的内在力量；

我们需要不断超越的创新智慧，去勇敢地开拓未来。

让我们的教育成为人生质量的优化过程，精神资源的开发过程，生命品位的提升过程。

我们坚信：当我们的课堂、学校、家庭、社会及教育到处都享受到人文精神的光辉照耀之时，必然是我们伟大的中华民族的复兴之日！

八、《中国教育报》专版全面介绍“立体教学”科研成果

2003 年 1 月 10 日《中国教育报》第 3 版专版介绍、宣传和推广了“立体教学”科研成果。

中国教育报

18年教研实践执着追求 13部教学专著心血凝成

他挑战语文课堂教学

——记“立体教学”的创立者孙春成

王增昌

一、艺术与科学的精彩演绎

二、以“问题”为核心的立体探究

三、让民主的思想深入学生灵魂

四、在继承的基础上发展和创新

五、引导学生走上研究这条幸福的道路

六、“语文陶冶人生，这是我深信不疑的教育理想”

七、钱梦龙老师说：“孙春成的舞台在全国”

《中国教育报》高级记者王增昌撰文，肩题是：“18 年教研实践执着追求，13 部教学专著心血凝成”，正标题是：“他挑战语文课堂教学”，副标题是：“记‘立体教学’的创立者孙春成”，力度之大，可谓空前。全文如下：

课堂教学是教育教学的主阵地、主渠道，要提高教育教学质量，必须千方百计、想方设法地提高课堂教学的效率。然而，长期以来我国的语文课堂教学投入多效率低，怎么办？孙春成怀着一个普通教师应有的强烈的责任感与使命感，从1984年开始勇敢地向语文课堂教学发出挑战。他先后在中小学亲自主持了5轮“立体教学”课题实验，建立联系点（县、镇、校）42个，实验点74个。实验中，孙春成听课、评课达1500余节次，记教育教学笔记30卷达2000余万字，做学术报告和公开课350余场次，指导教师近千人。全国共有25个省、市、自治区的2500余名中小学语文教师进行这项实验。实验教师反映立体教学是一项具有实际操作价值的创新性极强的教改实验；我国著名语文特级教师魏书生、钱梦龙等认为立体教学有利于在课堂教学中落实素质教育。孙春成汲取实验之营养，总结实验之成果，有60余篇论文发表或获大奖，现已出版相关学术专著7部，尚有6部正在出版。代表作为《立体教学论》《语文课堂立体教学模式》《语文课堂问题教学策略》《语文课堂反思性教学策略》《语文研究性学习：教与学的融合策略》《给语文教师的101条建议》《语文课堂教学艺术漫谈》等。18年来，他指导培养的国家级学科带头人有5名，省级学科带头人有10余名，市、县级学科带头人50余名；有两名实验教师在全国课堂教学大赛中获一等奖；实验教师发表和获奖的论文与实验报告不计其数。18年教研实践执着追求，13部教学专著心血凝成。根植于长期的立体教学科学实验，孙春成创立了独具一格且具有前瞻性的“立体教学系统工程理论”，并创建了操作性强的符合新的课程改革精神的“立体教学模式策略体系”，从理论与实践上，正本清源，基本根治了我国语文教育“少、慢、差、费”的顽症，是学界公认的“立体教学”的创立者。

（一）艺术与科学的精彩演绎

人们都说“教学是一门艺术，也是一门科学”，为什么？很少有人去深究，孙老师在他的专著《语文课堂立体教学模式》里做了精辟的论述：“课堂教学是艺术与科学的完美统一，具有立体的时空特征：教学艺术在于营造氛围，创造共振，激励乐学，做空间的文章；教学科学在于发展思维，追求创新，提高效率，做时间的文章。”孙春成孜孜以求的立体教学就是，要求教师运用教学艺术，营造开放性的课堂教学环境，激励学生乐学；在开放性的课堂教学环境中，师生相互质疑，通过多角度、多侧面的立体探究，促进学生思维，不断产生共鸣，从而发展学生智力，培养学生的创新精神与创新能力，教会学生思考与学习，实现

“用不着‘教’”的理想。为此，孙春成从艺术与科学的角度，创建了两种相辅相成的语文教学模式。新的《语文课程标准》（以下简称《课标》）强调：“语文课程应该是开放而富有创新活力的。”孙老师则指出教学的艺术性正是课堂“开放而富有创新活力的”沃土。《课标》还强调应考虑汉语言文字的特点对“学生思维发展”方面的影响。孙老师则认为教学归根到底就是一门思维科学，因为教学活动实质是师生的思维活动。孙春成的课堂教学将教学的艺术性和科学性演绎得淋漓尽致。如他教《孔乙己》，先从课题入手启发学生思考：“本文的标题是主人公的名字吗？为何自认为满腹学问的人竟然连个正规的名字都没有呢？”正当学生对孔乙己的身世追根究底的时候，孙老师又不失时机地抓住文中“孔乙己是站着喝酒而穿长衫的唯一的人”这句话进行点拨，立片言以居要，引导学生深刻认识到孔乙己是一个可怜、可笑、可悲、迂腐寒酸而又正直善良的旧时代的小知识分子。一般教师教学至此就算完成任务了，孙老师却不同，他又向学生抛出一个极具创新性的问题，使教学达到了新的高潮：“假如孔乙己能够活到今天，他的命运又会怎样呢？”孙老师进一步启发学生畅想孔乙己现在的幸福生活，让学生各抒己见。最后要求学生写篇小作文《孔乙己的幸福生活》，学生兴趣盎然。最后孙老师又让学生比较新旧社会孔乙己的不同命运，启迪学生珍惜今天的幸福生活，好好学习，将来报效祖国。这一教学，思接千载，读写结合，极大地发展了学生的联想力和想象力，有效地培养了学生的创新品质。

（二）以“问题”为核心的立体探究

《课标》“倡导自主、合作、探究的学习方式”，“提倡启发式、讨论式教学”。那么，究竟用什么来启发？讨论、探究什么？

孙春成在他的专著《语文课堂问题教学策略》里指出：“创新始于问题。思维活动从问题开始，并在寻求问题的解答中深入和发展。纵观我们的一切教学活动，可以说都是以问题为出发点又以解决问题为归宿的。”孙老师认为，教学的有效性提问直接决定着教学的质量和水平，在提倡创新教育的今天，每一位老师都应大胆创新，设精妙之疑问，育创新之英才！在孙老师的教学里，富有思考价值的创新性问题俯拾即是。如教《我的叔叔于勒》，他问学生：“假如于勒真的发财回来了，那会出现怎样的情景呢？”引导学生从相反的方面思考，着意培养学生的求异思维能力。再如教《愚公移山》，他问学生：“孩子这么小的年纪就去挖山，他的父亲会同意吗？请大家发表一下自己的意见。”提问切合学生的生活实际，有利于发展学生的想象力。孙春成断言：“不会提问的学生不是学习好的学生，不会提问的教师不是教学好的教师！”

孙老师在《新语文课堂：探究教学法》这部专著里，深刻论述了“探究性学习的核心思路——通过问题解决来建构知识”的观点。他以挖掘学生的思维潜能、培养学生的科学精神与态度、提高学生的探究性学习能力为宗旨，创建了“语文课堂探究教学策略体系”。孙老师认为，学生是天生的探究者，学习本来就是一个自主探究的过程。教师是学生探究的促进者和合作者，尤其要转变教育观念，充分相信学生的探究能力，要激发学生参与探究的意识，教给学生探究的方法，培养学生的自主探究能力。孙老师尖锐地指出：“低估学生的潜能比高估更可怕！”孙老师的课堂就是学生自主探究的乐园。如他教鲁迅的《祝福》，要求学生围绕“祥林嫂究竟是怎么死的?”这个问题进行充分探究。有学生认为：这个问题与课文的三次肖像描写有关，肖像的变化反映了祥林嫂生理上的衰老。有学生反驳：生理上的衰老是反常的，祥林嫂不过中年，她怎么会变得老态龙钟了呢？与心理压力、精神打击有关。有学生对此怀疑：和心理与精神上的打击有关吗？祥林嫂是如何看待自身命运的？再嫁，本来有利于新生，她为什么撞香桌？所以，我认为祥林嫂是穷死的。有学生反对：是穷死的吗？我看不是。祥林嫂对生活容易满足，她丧夫之后来到鲁家，不是有了“笑影”，也“白胖”起来了吗？总之，这堂课围绕这一“牵一发而动全身”的问题，使学生的思维处在激烈的较量之中，不仅培养了学生的探究性学习能力，而且教会了学生思考。

（三）让民主的思想深入学生灵魂

孙春成强调，任何教学原则都没有“民主的教学原则”重要，这是因为我们的教学太需要民主了！他指出，民主是创新的土壤，课堂教学民主则活，专制便死。在民主面前，一切优秀的教学方式、方法或模式都显得微不足道，因为缺乏民主它们就难以实行！因此，孙春成总是用心营造平等、活泼、互助、和谐、自由、愉快、民主的课堂教学氛围。一次，有个学生在他讲课的时候一直说闲话，多次提醒仍未改过，反而声音更大，似乎故意要和老师作对，孙老师实在耐不住了：“你是不是神经了?”不料那位学生竟大声反击道：“你才‘神经病’哩！”孙老师似乎意识到了自己的错误，他并没有批评这个学生。在下一次上课时，孙老师做的第一件事就是向学生道歉：“上一节课首先是孙老师不对，老师应该为人师表，反而骂学生‘神经’。我郑重地向××同学道歉，并且向全班同学道歉！我建议，我们今后都做文明人，好吗?”孙老师的气度和民主精神，感动了学生，征服了学生，他和学生建立了良好的合作互助的新型师生关系，他尝到了民主的甜头，感觉越教越轻松、越愉快。孙老师十分赞同魏书生的观点，有的教师在自己的学生时代，也喜欢民主型的教师，不喜欢甚至于厌恶专制型的教师。奇怪的是，自己当了老师却津津有味地扮演着当年自己所讨厌的角色，像警察或监工一样监管着学生，甚至用对立的眼光审视着学生。结果呢？当然难以得到学生的理解、配合与支持，越教越累。其实民主并不是学生单方面的需要，从长远意义讲，老师比学生更需要民主。一位学生遇到一位专制型的教师，最多在专制、冷酷、封闭、对立的气氛中生活几年就毕业了，而一位专制型的教师呢？岂不是一辈子都要品尝专制酿就的苦果吗?!

孙老师上课坚持一个教育信念：应该学生做的事和学生能够做的事，老师绝不越权，放手让学生大胆地去做。如他的语文课基本不讲字词，学生遇到不认识的字或不明白的词，都是靠查工具书自行解决。为了尊重学生学习语文的主人翁地位，孙春成倡导“以学论教，以学定教”的理念，坚持为学生服务的思想，要求自己在课堂做到“五少五多”：少分析多朗读，少提问多点拨，少灌输多训练，少统一多分类，少听讲多参与。

中国教育电视台的记者为孙春成拍专题片，反映他的课堂教学当然是重头戏，于是孙老师借了一个班上课，在上课之前从未接触过学生。听完课记者问：“刚才有一个学生一开始上课在看小说，你却没有阻止他，你怎么看待这个问题?”孙老师说：“学生有权选择，这很正常。‘阻止’是强人所难，只能增长学生的逆反心理，是被动的教育行为；唯有启发才是良策，才是正确而积极的选择。学生没有选择听课，很有可能是因为我的启发还没有到位，没有激起学生的学习兴趣。‘没有教不好的学生，只有不会教育的教师’，这永远是我信奉的教育理念。”有的学生说：“我们最初是因为喜欢孙老师才喜欢上他的课。”也有的学生说：“我们是因为喜欢孙老师的课才喜欢孙老师的。”学生在孙老师的课堂上享受到了自由和快乐，都爱听他的课。每当学期末的时候学生的忧虑就爬上了心头，只害怕孙老师下一个学期不上他们班的课。有的学生说：“如果不让孙老师给我们班上课，我们就联名向校长请求!”也有的学生说：“孙老师不给我们上课我们都会变老的。”班里最调皮的一个学生竟说：“假如孙老师不上我们班的课，我就要跳海!”他的课学生爱上，老师也爱听，凡是听了孙老师课的老师都有一个共同的感慨：“听孙老师的课简直是一种享受!”

孙春成坚信：让民主的思想深入学生的灵魂之日，就是创新教育结出硕果之时！

（四）在继承的基础上发展和创新

孙春成认为语文教学是有规律可循可依的，驾驭规律就能应付自如。《课标》强调“正确把握语文教育的特点”，这里所说的“特点”就是指语文教育的规律。孙春成认为，新课改并不是无源之水，也不是无本之木，要在继承的基础上发展和创新。孙老师博采众家之长，对当代语文界具有较大影响的先进教师的成功的教学经验，进行了系统而深入的研究，撰写了《小学语文课堂创新教学模式》和《中学语文课堂创新教学模式》两本专著，不仅丰富了他的立体教学，而且为我们提供了良好的借鉴。应该说，课堂教学模式化是语文教学科学化的必由之路；从研究方法到研究模式是一种历史性的进步，也是一个创新。

孙春成指出：“新的教育模式的诞生便是创新，旧的教育模式的消亡就意味着发展；而发展需要创新，创新更需要继承。创造性地借鉴经验，就是在发展自己的教育思想，也是在形成自己的教育信念。”新课改的精神实质就是“创新”！因为21世纪的教育是创新的教育！孙春成指出：“创新教育呼唤创新型的教师。不破不立。‘改’什么？‘革’什么？——旧的教育教学思想和方法！从而创立新的教育教学思想和方法。当今世界，知识更新之快异常迅猛，昨天还是新的东西，也许过一夜就是旧的必须淘汰的东西了，因此每一个教师在天天洗脸的同时也要洗一洗自己的脑子，随时更新自己的教育观念。”孙春成总是在不断地否定自己，不断地创新！他竭尽全力地在课堂教学上“求新、求实、求活、求精”：“求新”就是追求课堂教学的个性，努力做到常讲常新，堂堂出新，即每一堂课都要有一个新颖的创意，都要出奇制胜，都要不一样，都要发人深思；“求实”就是要实事求是地因材因地因时施教，坚决反对一刀切；“求活”就是教学方式、方法要灵活多样，充满机智；“求精”就是要树立精品意识，没有最好，只有更好！迄今为止他创造的教学方法达百余种、教学模式五种并自成一家，但他从不满足，他一方面在创立和经营着自己的“立体教学模式体系”，另一方面却在极力地否定它们；他追求教学模式，但反对模式化！在人们对“可操作性”都取得认同并使用泛滥的今天，他却在质疑教学的“可操作性”，认为这种意识大大地扼杀了广大教师的创新能力——人们都在寻找现成的拿来就能使用的“教学法”，那还有谁去思考和创新呢?！即使是学习一种“可操作性”极强的教学方法，也要进行一个再创造的过程才能奏效。他提醒人们：“法”是死的，“人”是活的，运用他的立体教学一定要加上自己的“智慧”才成。他的教育教学思想充满着辩证法！

（五）引导学生走上研究这条幸福的道路

《课标》强调学生的“研究性学习”。什么是“研究性学习”？苏联教育家苏霍姆林斯基在其名著《给教师的建议》里指出“研究性学习法”就是“让学生进行独立的脑力劳动”。研究性学习为语文教学提供了一个更为广阔的发展空间。孙春成及时推出了他的《语文研究性学习：教与学融合的策略》一书，对近几年来我国语文研究性学习的新理论新成果做了科学总结，为在摸索中组织开展研究性学习的学校和教师提供了比较系统的理论依据与操作性强的实践范例，十分有利于促进或指导当前如火如荼的语文研究性学习教学，有利于提高学生的研究性学力和教师的研究性教学水平。孙老师认为，如果你想让学习成为学生一件快乐的事情，使天天上课不至于变成一种单调的责任或负担，那你就应当引导每一位学生走上从事研究的这条幸福的道路上来。如果学生会思考了、会学习了、会研究了、会做学问了，也就会达到叶圣陶先生的“用不着‘教’”的境界。

事实上，研究的过程即是学生自主地获取知识的过程，也是综合运用知识进行创造的过程。孙老师习惯于指导学生对课文进行拓展研究。如指导学生进行“老舍作品的‘京味儿’”“《雷雨》中周朴园人物形象的丰富性”等课题的专题研究，引导学生拓宽阅读视野，去阅读与教材内容有关的文学原著、作家创作谈、文学评论、文学史、文学常识等课外读物，努力将课文内容向纵向和横向拓展。例如，关于“周朴园人物形象的丰富性”，孙老师引导学生在课外阅读《雷雨》原著，通过整体阅读，全面领会人物语言的个性化和人物性格的复杂性，品味戏剧台词的丰富内涵，了解它们的言外之意。如“周朴园怀念鲁侍萍的原因”，就有初恋难忘说、年轻貌美说、内心平衡说等多种解释。孙春成每接一个班，他给学生上的第一堂课都是语文教学方法和语文学习方法课。他认为，教学相长，教学互动，教学一致，教给学生“教法”有利于学生熟悉教师的教学特点，最快地适应教学；教给学生“学法”则是交给了学生研究性学习的一把金钥匙，有利于实现“用不着‘教’”的理想。

（六）“语文陶冶人生，这是我深信不疑的教育理想”

《课标》明确指出：“工具性与人文性的统一，是语文课程的基本特点。”孙春成认为：“我们必须把握教学的教育性规律，没有无教育的教学！不解决好‘语文教育’的问题，‘语文教学’必然会陷入盲目，甚至寸步难行！”他说：“面对先进的教育思想，一切教学方式、方法或模式都只是雕虫小技而已。”不容置疑，孙春成的“立体教学”已经不是一般意义上的教学方法或模式，正在向着“立体教育”的光辉道路实践、延伸和发展！孙春成坚定地说：“语文陶冶人生，这是我深信不疑的教育理想。”他认为，人生就是一个不断创新的过程，所以教育教学一刻也不能停止创新，语文教师应该把课堂当作学生思考、认识、理解、体验、演绎人生的舞台，使每一个学生都能展示、锻炼和实现自己个性非凡的创造精神与才能！他自始至终地向学生贯彻着“四自教育”，即“自爱、自信、自强、自立”。“自爱”是指只有热爱自己的人，才能热爱他人，热爱学习，热爱生活，热爱人生，并有所作为。“自信”就是力量，就是成功之母。“自强”就是比他人强，比自己的昨天强，天天有所进步。“自立”也即孙春成的“四立教育”，即“立志、立人、立学、立业”。“立志”就是教育学生要树立远大抱负，立志成才。孙老师认为这一点最重要，因为人永远需要一种健康向上的精神支柱！“立人”就是教学生先要学会做人，再学会做事。“立学”就是教会学生思考与学习，能够自行做学问。“立业”就是希望学生事业有成。孙老师认为前两点是基础、是关键、是“因”，后两点则是一种自然而然的“果”。孙老师语文教育的特点是寓教于乐，“动之以情，晓之以理”，没有空洞的说教，因此很容易打动或震撼学生。如他教学生如何面对激烈的竞争，便给学生讲了一个童话：“两人在树林里过夜。早上突然从树林里跑出一头大黑熊来，两个人中的一人忙着穿球鞋。另一个人对他说：‘你把球鞋穿上有什么用？我们反正跑不过熊啊！’”孙老师有意中断讲述，启发学生思考：“那个‘忙着穿球鞋’的人会怎样回答呢？”当学生做出了种种猜测之后，孙老师把答案告诉给了学生：“我不是要跑得快过熊，我是要跑得快过你！”孙老师进一步启发和教育学生：“可见，在这个充满变数且竞争非常激烈的世界，跑得快与不快，很可能成为决定成功与失败的关键。所以我建议大家无论是在学习上，还是在其他方面，都要争当第一，勇夺第一！”有人说孙春成的语文课是“思维课”，也有人说是“人文课”，还有人说是“生活教育课”，孙春成则说：“就是原创的语文课。”许多专家认为，孙老师的教学十分符合新课改的精神，而实验教师却说“是新课改的理念与孙老师的教学十分吻合。”他的“语文陶冶人生”的教育理想，确实把语文教育升华到了一个更高的崭新境界！孙春成作为“立体教学”实验的主持人，其可贵之处就在于，他的教育教学是充满着探索和思考的丰富而高尚的精神生活！

（七）钱梦龙老师说：“孙春成的舞台在全国”

人生不能没有追求，孙春成18年执着忘我的追求像一首动人的歌。

孙春成最初的教研是从记教育教学笔记和日记开始的，或长或短，从未间断。至今他还珍存着《教育过程》《给教师的建议》等教育名著的手抄稿。他研究立体教学的处女作是《“立体教学”初探》。写这篇论文时，孙老师曾向全县13位教师虚心请教，向有的老师则请教数次。他先请每一位老师像给学生批作文一样提出书面意见，然后将他们的意见详细研究，归纳整理，取舍改正，一直改得文稿密密麻麻，不能再改下去为止，反反复复达13遍，最后在50余万字里沙里淘金，仅淘出3000余字。

孙春成对教研的热爱和痴迷达到了忘我的境界。1987年他母亲患青光眼，由于自己泡在教研里，没及时为母亲治疗，耽误了疗期，致母失明，至今回忆此事他仍扼腕叹息！长期的研究工作使孙春成得了三种职业病，有三种药他一天也离不了：一是“润舒”，因用眼过度，他的眼睛经常发炎，时不时得点一下；二是“桂林西瓜霜”，除了上课他经常出去义务讲学，嗓子发炎，时不时得喷一下；三是“西比灵”，因思考问题经常失眠导致脑偏痛，时不时得吃一粒。朋友说他搞教研“一点也不实惠！”亲戚说他“纯粹是一个失败者，四十来岁的人啦，官没当上，钱也没挣下，糟蹋了一肚子的学问！”但孙春成从来就不关心别人的看法，他铁了心要“走自己的路”，并这样一路风雨无阻、义无反顾地走了过来！孙春成的事迹也得到了组织上的肯定：早在1988年，他就被评为临猗县“先进教育工作者”，1999年被评为运城地区首批“跨世纪学术技术带头人”。

近年来，孙春成凭着自己的执着与智慧又获得了新的成功，他的6本著作会在短短的4个月期间全部出版，将有望创造一项吉尼斯世界纪录，即在最短的时间内出版学术专著最多的人。在成功之际，孙春成最感激的就是那些曾经鼓励、支持和帮助过他的人们。张复芳老师在他小有成就之时告诫他：“搞科研要冒着下地狱的危险才有望成功。有的人研究了一辈子也是默默无闻，等到他死了人们才发现和认识到了他研究的价值。”孙春成心想：我不入地狱，谁入地狱？当时他就矢志把立体教学科研坚持到底，从根本上解决我国语文教学效率不高的大问题。魏书生老师从给孙春成的第一本专著《“立体教学”初论》作序开始，一直以来都是他最坚定的支持者。孙春成最珍爱2000年魏老师给他的贺年卡上的赠言：“潜心工作处处可成净土，忘我科研时时能在天堂。”并视之为座右铭。钱梦龙老师则鼓励他：“后生可畏，后生可爱，后生可敬。”并预言“你的舞台在全国。”

是的，孙老师主持的“立体教学”实验已遍布全国各地，他在全国各地做学术报告和执教公开课已达350余场次，并引起强烈反响。我们深信，孙老师将永远实践并发展着他的立体教学思想，他今后在全国的发展前景必将会更加引人注目！

九、接受中国教育电视台“中国教师”节目专访

2003 年年初，我接受了中国教育电视台“中国教师”节目的专访。

2003 年 2 月 25 日 19：40 中国教育电视台首播了专题片《孙春成和他的“立体教学”》（刘毅根据电视原始资料整理）：

主持人：您好，观众朋友们，欢迎收看“中国教师”节目。孙春成是深圳市龙岗中专的语文教师。他从 1985 年开始致力于“立体教学系统工程理论”的研究和推广，被誉为立体教学的创始者。这些年来，孙老师先后撰写和出版了 13 本立体教学的相关著作。他把立体教学的讲台从一所学校推广到全国，甚至国外。很多校园里都流传着孙老师义务讲学、免费赠书的佳话。有些老师在他的指导和培养下成为省市级和国家级的学科带头人。有的老师还在全国课堂教学大赛中获奖。在今天的中国教师节目里，就让我们一起走近孙老师和他的立体教学。

孙春成：立体教学就是我的生命。我把它看得甚至于比我的生命更重要。所

以在这个过程中，遇到任何的困难、障碍我都会一往无前。为什么呢？我乐在其中，这就是我最大的快乐！

主持人：只要谈起立体教学，孙春成总是显得异常的激动，就像一个父亲为自己的孩子茁壮成长而充满了惊喜。孙老师和立体教学结缘开始于这篇论文。当时他请教了 16 位老师，修改了 13 遍，终于完成了这篇《“立体教学”初探》。将近 20 年过去了，孙春成完成的立体教学著作已经有 13 本了。这 13 本书就像他的 13 个孩子。他深深地爱着他智慧的结晶。

常爱珍（孙春成妻子）：他一见人，不管人家是干什么职业的，他拉起人家就讲那个立体教学。你要不告诉他今天换衣服，他根本不知道换。你要给他把干净的衣服拿出来，而且把旧的衣服拿走，他才知道。要是旧衣服不拿走，他第二天照样把那个旧的衣服又穿上了。他写到高兴的地方，半夜经常把我推起来，就开始给我读。我对立体教学不是特别懂，听着听着我就睡着了。

主持人：孙老师是可爱的，更是可敬的。他对事业、对理想的追求感动着每一个熟悉他的人。他孜孜以求了大半生的立体教学究竟是什么样的教学体系呢？

（字幕）：立体教学就是指从教学艺术和教学科学两个角度所揭示的课堂教学高境界的时空特征，是教学艺术和教学科学的完美统一。教学艺术在于营造氛围，创造共振，激励乐学，做空间的文章。教学科学在于发展思维，鼓励创新，追求效率，做时间的文章。

主持人：在孙老师的立体教学中一堂课是由四个教学环节组成的。导读质疑是第一个环节。孙老师认为每个学生都有着强烈的好奇心和求知欲。他们喜欢提出各种各样的问题，而且常常为自己能够发现问题而感到愉快。因此，教师应该充分利用学生的这一特点，培养学生主动钻研、获取知识的能力。

孙春成：导读质疑这个步骤的要害是什么呢？就是老师在课堂上第一步就要引导学生阅读课文。引导只是一个手段，目的是让学生能够质疑，就是提出问题来。学生提出的问题当然很多了，老师就要有一个引导、指导。教师在里面要对学生提出的问题进行筛选。要挑选哪个是有思考价值的，有探究性的问题。对于这个环节，主要就是要发现问题、提出问题。

主持人：立体探究是立体教学的实质和精华。它主张教师要鼓励学生不迷信老师，不迷信书本，不迷信权威。教师要侧重培养学生的想象能力和求异思维。

孙春成：立体探究就是把问题提出来以后，让学生充分地发表意见。所谓的立体探究就是让每一个学生充分地发表意见，课堂就立体起来了。每一个人把他自己的意见发表完了，发散完了，那也就立体了，整个就立体了。不管学生说的对与错，只要每一个学生愿意讲，愿意把自己脑子里面想的东西表述出来，这就达到我们的目的了。

主持人：评价归纳是立体教学的收束环节。这一环节是师生通过比较评价来整理思维的过程。概括、归纳、总结出规律性的知识，并且提出新的学习目标。教师要有意识地引导学生总结科学地思考问题的方法。

孙春成：评价归纳。学生思维发散了，发散不是思维的一个完整的科学体，由发散还要到收敛。这个环节就是由发散到收敛的一个过程，就是评价归纳。谁评价呢？老师可以评价，学生互相也可以评价。最好是让学生评价学生。因为我们就是要以学生为本，发挥他们的主体作用。学生评价了以后，老师也可以评价一下。但是老师只能表明，这仅仅是老师个人的看法，不代表最终的所谓的标准答案。

主持人：立体教学的最后一个环节是迁移训练。这个环节要求教师在一堂课的尾声，精心设计具有启发性的课堂问题进行训练。一方面使学生通过迁移获得新的知识，另外一方面也有助于发展学生的思维。

孙春成：最关键的就是训练迁移的步骤。教知识不是目的，要把知识化为能力。什么能力呢？思考的能力。因为我的立体教学就是要发展学生的思维，教会学生思维。

主持人：立体教学是艺术和科学的有机融合。它倡导在教学的教程中自始至终、时时处处以学生探究为主体，教师点拨为主导的教学思想。教学过程已经转化为发现问题、分析问题、解决问题的科研过程。由此激发学生的学习兴趣，调动学生的学习积极性、主动性和探索性。最终要达到培养学生的创新精神和创新能力的目的。

孙春成：教学是为学生的发展而教的。学生是课堂教学的主体，所以课堂教学效率的提高就是看你课堂教学上，学生本身的发展量、发展度高不高，学生的思维发展了没有。我们经常说发展智力，说白了，它的核心就是发展思维。

主持人：随着立体教学的不断推广，邀请孙春成讲课的学校越来越多了。这次他应邀到深圳市南开大学福田分校讲课。尽管开课的时间还没有到，很多老师已经在走廊里等候孙春成了。像今天这样的立体教学讲座，孙春成总共讲了有三百多场。有的人形容他的生活是白天跟着学生转，晚上跟着老师转。由于长期过度使用嗓子，孙老师每天都把西瓜霜一类的润喉药带在身上，缓解嗓子的不适。

孙老师讲课有个规定，不管时间长短，无论听众多少，他都坚决不收任何报酬。他还常常把自己写的书赠送给那些渴望了解立体教学的老师。现在全国已有 21 个省市和自治区的两千多名中小学语文教师参与了立体教学的实验。有的地区还成立了研究立体教学的课题组和专业委员会。这些年来，孙老师通过这样的方式指导和培养了国家级学科带头人 5 名，省级学科带头人十几名，市县级学科带头人 50 多名。其中有两名实验教师在全国课堂教学大赛中获得了一等奖。

孙春成：台下只要有一个听众，我就会精神饱满地给他认真地讲课。这是我个人的追求。

主持人：孙春成所在的深圳市龙岗区是全国立体教学实验的重要基地。全区有 34 所学校的教师在进行立体教学的实验。覃亮是龙岗区沙西小学的语文教师，也是立体教学的实验教师。他和孙老师的友谊开始于他和孙老师对立体教学共同的研究和兴趣。

覃亮：1999 年的时候，第二届立体教学研讨现场会在我们学校举行，我在这个研讨会上就讲了一堂课，课题叫《詹天佑》。当时孙老师指导我，特别帮助我设计了这样一个小环节，就是整篇课文学完以后，给詹天佑设计的这条铁路取一个名字。

孙春成：学生的积极性可大了，有的说这条铁路的名字应该是叫人字路。

覃亮：还有争气路、中国路这样一些名字。课堂气氛非常活跃。我觉得这个环节虽然小，但是它的作用却是非常大的。它起到一个什么作用呢？就是让学生在课堂里面学到的语文知识发生了迁移。通过学语文、用语文，达到了一个从学习知识到运用知识的一个过渡。

孙春成：这就是我们新课标上所说的要让学生进行自我的探究性学习。老师的作用就是提出挑战性的问题，让学生自己探究。

主持人：孙老师在自己的教学中努力和学生建立起平等、民主、亲切、和谐的关系。他说民主可以促使学生心情舒畅、思维敏捷，使他们的创造性思维处于最佳的活动状态。民主两个字说起来简单，但是做好、做足就不那么容易了。在孙老师的课堂上曾经发生过这样一件事。

孙春成：我本身课堂教学中，我自己讲的时间就很少，大部分时间都是调动学生积极性，让学生自主地去探索。但是一个女孩子可能是有什么特殊的原因，一直在和她的同桌说话。我已经提醒了她三次，她都不听。很坦白地说，我当时确实有点恼火了，我就说："陈婉彦，你今天是不是神经了？"她马上反驳道：

“你才神经了!”我就再没有吭声。把这堂课教学完成以后，那天晚上确实是没有睡着觉。

主持人： 第二天，孙老师做出了一件让所有同学都感到意外的事情。

陈婉彦（学生）： 他刚进教室就说：“我今天第一件事，最重要的事就是向陈婉彦道歉，还有向全班同学道歉。”我从来没有想到他会向我道歉。我觉得一个老师向一个学生道歉，挺那个的吧。因为老师年纪那么大了，还向一个学生道歉，挺丢脸的吧。

主持人： 孙老师以平等和真诚感动着学生，也征服了学生。那件事之后，陈婉彦和班里的其他学生都比以前更喜欢和孙春成在一起了。孙老师和学生建立起了合作互助的新型师生关系。

孙春成： 民主太重要了，我们现在的课堂最缺乏的就是民主。教育教学如果没有民主思想的贯彻，再好的教育教学方法都是空谈的。民主能够给学生创造一个愉悦、和谐、宽松的氛围。这样的话，学生就能在这个优良的氛围里，使他们的创新思维得到发展。

主持人： 孙春成的立体教学越推越广，因此他结交的朋友也就越来越多。老师们经常写信，或者直接到学校或家里和孙老师交流立体教学实践的体会。有时候，一些关心爱护他的老师常常会带一些眼药水和镇脑宁送给他。孙老师因为常常加班熬夜，眼睛总离不开眼药水，长期作息时间不规律和过度用脑使他患有偏头疼。老师们的精心呵护总是让孙春成感动不已。对生活中的事，孙老师总是那么不在意，可他对自己的工作却是极为细致。在孙老师的家里，我们看到了他多年以前记下的教学笔记和教育著作的手抄稿。

孙春成： 这些都是我在临晋中学时代记的教育教学笔记，总共有三十卷，两千多万字。因为刚开始，大学毕业从事教育工作的时候，在山西大学中文系没有系统学过教育学、心理学。当老师就必须补上教育学和心理学这两门课。所以我就把学校图书馆里面所有的关于教育学和心理学的书籍全部借出来进行研究。

主持人： 孙春成至今仍保持着记笔记的习惯。他总是随时随地把点点滴滴、零零碎碎的想法记下来，回到家后再找出头绪，理成文章。几十年来，孙春成就是这样埋头于学问，专注于讲台。这个小小的立体书屋见证了孙春成无数个笔耕不辍的夜晚。这个看起来并不豪华的居室藏满了一幕幕往事，一幕幕真情。孙春成的妻子为了方便他写书，曾经停薪留职半年学习电脑打字，毫无怨言地包揽了所有的家务活。

常爱珍：当初找他的时候，就是看到他比一般的年轻人有那种事业心。刚毕业，搞漫画以后，好多退稿信他都让我看。我就觉得给了一般人就放弃了，但是他坚持不懈。退了我再重新来，我相信我会成功。

孙春成：提起她，我真的很激动，很对不起她，我不是一个很称职的丈夫。我觉得对他们的关心非常不够，不管是生活上，甚至是精神上。我作为一个教育工作者，很少和我的孩子去谈心、交流。你说这不是一个失职的父亲吗？并不是说我不会和孩子交流，不懂得和孩子交流。严格意义上讲我的确是一个太专注教育的人。

常爱珍：他要是没有这么执着，哪能够取得今天这些成果，这是真的。

主持人：人生不能没有追求。十几年来，孙老师执着构筑着立体教学体系，追求着他深爱的教育事业。一路走来，无论是酸甜苦辣，对他而言都是一种幸福。感谢您收看今天的“中国教师”，下期节目我们再会。

十、接受深圳电视台“人物”节目专访

2003年4月14日20：47深圳电视台播放了“人物”节目对我专访的专题片《人物——立体教学的创立者孙春成》（刘毅根据电视原始资料整理）：

孙：应该说小时候我所走过的孩提时代的道路，培养了我的自信和坚强。从能够记事的时候开始，都是生活在一种酸楚的环境里。家里非常贫穷。我们孙吉村是一个很大的行政村。我们孙家祖祖辈辈都是以给人扛长工、打短工为生的，就到了我这一辈人里面，出了我这么一个大学生。

孙：每天早上和晚上，我在键盘上任意地敲打，任自己的思想飞扬起来。我说这简直就是一种享受，一种快乐，哪里会觉得累呢？

画外音：孙春成，一位执着追求语文立体教学研究的教育工作者。1985年开始语文课堂立体教学实验，记录教学笔记30卷，2000多万字。

记：您研究了18年的立体教学，立体教学的核心内容是什么呢？

孙：课堂教学是在时空领域进行的一种实践活动，它包含时间和空间。时间就是40分钟一堂课，课堂就是空间，它本身就是在立体的空间里面进行的实践活动，它就是立体的。语文课堂教学具有艺术性和科学性。艺术主要是营造氛围，创造共振，也就是让学生和学生、老师和学生的思维发生共鸣，达到激励学生乐学的佳境，是在做空间的文章。另外，教学它是一种思维活动，在于发展思维，追求创新。我们所有的创新都是靠思维创新，靠智慧创新。

画外音：他苦心研究立体教学18年，教学研究论文多次在全国荣获大奖，已经撰写学术专著19部，其中13部已经出版，成为学界公认的立体教学创立者。

孙：追求创新，还要提高效率。因为你是在单位时间里进行的实践活动，所以，课堂教学必须要解决一个效率的问题。而且，从科学思维的角度来说，它可能就是这样的。那么在整个的课堂教学过程中，艺术性和科学性是一个完整的化合体，也就是结合体。所以，我们从这个基本的，也可以说是哲学的支点，发现课堂的本质规律以后，我们对课堂教学的整个理论进行探讨，就可以是多视角的。

画外音：1961 年，孙春成出生在山西临猗县一个普通的农民家庭。因为母亲生他时是坐生，当有人问新生儿是男是女时，接生婆随口说了句“是个皇上”。于是“皇上”就成了他的乳名。长大后，孙春成当然知道自己不可能成为“皇上”。但是他从小就立志做一个不平凡的人。

记：我听说您小时候特别调皮，经常跟同学打架。好像后来就不打架了，学业又好了。是不是跟您的几位老师对您的影响有关？

孙：我有一个符顺才老师，因为打我，几乎把两根教鞭都打坏了。我小时候就这么淘气。因为我淘气，别人欺负我，我又打别人，老师批评我，我心里又逆反，所以就培养了我这种叛逆的性格、叛逆的心理。三年级之前我非常淘气，三年级以后我一直都是好学生，成绩总是前五名，当班长。有一次，我无意中坐得很端正，孙满存老师发现了，说：“你们都看，你们看春成坐得多端正啊！”

记：表扬你。

孙：是啊，表扬我。学生眼光“唰”地都集中到我脸上来了。哎呀，受宠若惊，从来没有受过表扬，老是被学生骂被老师打。当时我就拿着一股劲儿，老师越表扬，我就越争气。之后，孙老师也是有意发现我的闪光点来表扬我，我也就想着一定要表现好。从那以后，就完全脱胎换骨变成一个好学生了。

孙：我善于发现学生的闪光点。只要看到学生在他的基础上有所进步，我就及时地表扬他。我的语文课很灵活，统编教材我都不上的，因为对我们中等职业学校的学生来说，高中统编教材难度大，不切合学生实际。我都是自己从课外挑一些学生感兴趣的、健康的、能够陶冶学生情操的文章来上。比如，我给学生讲课文，谈到未来要怎样面对竞争时，我就讲了《读者》上的一个小故事。有两个人在森林里面宿营，早上起来以后忽然发现一个黑熊朝他们跑来了，有一个人就急着穿衣服穿鞋，另一个人说：“你穿那个干什么呀，咱们俩都跑不了了。”结果那个穿鞋的人说：“你以为我要跑过狗熊吗？”我就问学生：“你们说那个人说的话是什么意思呢？”让学生去发表议论。到最后，就是说，很简单嘛！这个人只要跑过另外一个人，狗熊不就会吃那个人，他不就挣脱了吗？这就是未来的竞争。

画外音：1999 年，孙春成以学术带头人的身份，从山西运城调到深圳龙岗区任教，成为深圳市远近闻名的语文教师。

记：您的这个立体教学推广达到最高潮的时候，也正是当地政府、当地教育部门非常支持的时候。那时候为什么要来深圳呢？

孙：那时候根本没来过深圳，谁知道深圳是个什么样子。就是看到了他们招聘“教育教学管理精英”。龙岗区在《中国教育报》打了广告，招聘教育科研培训中心主任。说实在的，我就是来应聘这个职务的，目标就是想发展自己的事业，更好地推广立体教学思想。深圳这个域名不光是具有全国性，更是具有国际性。我在深圳把我的立体教学研究会办起来，那不更便于在全国推广吗？你让人家都到你山西运城来，首先运城就没有号召力；你让人家都到深圳来，人家都想到特区参观学习啊，就有号召力。所以我想我们可以借着深圳这个域名的知名度，来传播我们的立体教学的思想是怎么构想的。

画外音：初中毕业后，孙春成在临猗县艺术学校读了两年美术。1980 年他又转学到孙吉高中，最后考取了山西大学中文系。毕业后分配到临晋中学，当上了一名语文教师。在当年发表的漫画中，我们似乎可以感受到立体教学的艺术基础，同时也能看到孙春成立志破旧创新的愿望。

记：是什么原因让您开始研究这个立体教学呢？

孙：当年临晋中学分配了 8 个大学生，有 5 个是山西大学毕业的，3 个是临汾师大（即山西师范大学）毕业的。结果人家临汾师大毕业的就看不起我们这些山西大学毕业的，认为我们在学校里没有系统地学过教育学和心理学，当老师行吗？我们毕业于综合性大学，不是师范大学。但是，我就不服气。我把学校图书馆里所有关于教育学和心理学的书籍都借出来做了笔记。有的书，比如教育名著，图书馆里没有，我就让考到山西大学的学生从山西大学图书馆借出来，再寄给我，我把那书抄一遍，然后再把书寄回去。来来回回的邮费早都超过书价了。我曾抄完了布鲁纳的《教育过程》和苏霍姆林斯基的《给教师的 100 条建议》两本书。

孙：一个老师不研究课堂教学，怎么能够期望你的课堂教学有效率啊？老是拿着一套教材，年复一年、日复一日地这么教，不是误人子弟吗？你要研究规律啊，按规律办事呀。

孙：教学既是艺术又是科学。后来我觉得教学是一门艺术，而且是综合性很强的艺术，因为教学是语言的艺术，教学的思维活动也是思维的艺术。教师在讲台上，好像还有点舞台艺术的味道，所以我说教学是综合性艺术。我读过美术，学习过很多关于美术方面的理论书籍。我觉得凡是艺术都有立体感，所以说教学也应该有立体感。最初我写第一篇论文的标题就是《语文教学要有立体感》，然后我就拿着这个论文，请那些老教师给我指点。要求他们一定给我写出眉批和总评，像给学生批改作文一样。我来来回回请教了 13 位教师的 16 次意见，因为有的人是请教两三次。最后，我的第一篇教学论文题目由《语文教学要有立体感》改为《“立体教学”初探》。五十多万字，来来回回，反反复复，沙里淘金，变成三千六百字，一投即中。我投到全国中学语文研究会会刊《语文教学论坛》上之后，马上就发表了。发表的时候我记得非常清楚，在一个月之内，我先收到的是稿费，盖着一个红章子。我一看，我说我就给那里投过稿，肯定是我这个《“立体教学”初探》发表了。当时我爱人在临晋镇百货大楼当售货员，学校离百货大楼起码有五华里的路程。我马上拿着这个汇款单，一口气跑到她那里。到了她那里已经是汗流浃背了。我爱人大惑不解，问：“今天怎么了？”我说我那篇论文发表了。她摇头不相信。我把稿费拿给她看。她仔细端详了一会儿后，就说了一句话：“我终于知道天才是怎么回事了。”

孙：有的人说，你出了十多本专著，你是印书的啊，这么快？他根本就不知道有这么一个漫长的 18 年的研究和积累的过程。

孙：立体教学就是我的生命，我是把所有的精力都投入到了这个上面。我觉得一生中只要把这个立体教学研究透了，就做这么一件事，就行了？因为人一生，生命很短暂，你能做多少事情，对社会能贡献多少？我说这就够我一辈子做了。

画外音：立体教学的主要模式是鼓励学生质疑，引导学生讨论、争辩和探究，充分激发学生的发散性思维。通过学生的积极参与，完成教学目的。

孙：我说我们龙岗职中就是一个大海，我们在座的每一个学生，包括孙老师，都是打鱼的人。请你们想一想，你们都是海边的孩子，你们的父母出海的时候，是不是都能够按他设想的满载而归呢？有时候还可能是空手而归呢。所以咱们这些读书的学生，也是一种竞争。就像在大海里，鱼是在海里呢，就看谁能捞得多，谁能捞到鱼，有的人可能鱼都捞不到。这完全取决于你怎么去捞，这就有个学习方法问题。

记：那么传授知识在您的教学当中占了多大的比例呢？

孙：你想一想，现在的知识呈几何性倍数增长。每一个人即使在自己研究的那个领域里，专业书也读不完！所以我就经常说“教学是让学生变聪明的艺术”。也就是说教学要解决让学生聪明，学会思考，学会学习。学会学习的概念就是学生离开学校离开老师以后，会自行做学问，这是学生受用一辈子的，也才能达到叶圣陶老先生说的“用不着教”的那种境界。教育是让人高尚的艺术，教育一定要解决让学生高尚，解决学生人格完美的塑造这么一个大问题。那么教育和教学结合起来就是让学生既是一个聪明的人又是一个高尚的人，这不就得了吗！

画外音：1999年，孙春成经过“过五关斩六将”似的考试，以教育教学专家的身份调入深圳龙岗区，但是，他的妻子至今还在调动之中。

记：您专心研究这个立体教学，您太太能理解你吗？

孙：在临晋中学的时候，我的确不是一个称职的父亲，也不是一个称职的丈夫。我孩子当时还小，我每天搞研究，也不管孩子，有时候孩子玩得出事了，比如说被水烫了或者怎么样了，她当然很生气。后来和我爱人交谈过，在临晋中学时代，差一点她就想和我离婚，只是没有跟我张口，觉得跟着我很无聊。为什么呢？我又根本不可能去和她交流什么她关心的家常。我是一心地爱上了这个立体教学了，我甚至把立体教学当成我的情人，她自己就觉得很没有味道。我每天都是在思考这个东西，写那个东西，说实在的，家务活也不干，你看我18年来是饭没做过，卫生没有打扫过，衣服没有洗过。可笑的是那个全自动洗衣机，我至今都不知道按钮在什么位置。

画外音：作为一名教师，孙春成全身心投入立体教学研究。他勤勉治学的精神始终洋溢在家中那个小小的立体书屋中。同时作为一个父亲，他用在教育自己儿子的时间却不多。

记：您是一名教师，同时您也是一位父亲，那您教育自己的孩子是用什么方法呢？

孙：我爱人一直对我们孩子未来的发展忧心忡忡。我说不用担心，首先要学会做人。懂得文明礼貌，只要他有这么一个素质，他以后做什么都有作为。他学一种技能就可以谋生啊。现在很多教育只是注重学生的分数，不注重学生的精神、品格和完整的人格的塑造和提升，这是捡了芝麻丢了西瓜。

记：现在这个时代，竞争非常激烈，许多家长也非常苦恼，他们非常希望孩子多学些东西，但是有些小孩根本就不喜欢或不感兴趣，这个时候应该怎么办呢？

孙：每一个孩子或每一个人在他出生以后，他就有一种本能，愿意学习，愿意接受周围的事物。但是我们也确实在教学中遇到这种情况，有些孩子厌学，对学习没兴趣。所以这里边肯定有一个教学的方法问题。教师的教学方法肯定存在问题，搞得学生对学习望而生畏、望而生厌。那么怎样才能够让学生热爱学习呢？关键还是老师要千方百计地调动学生学习的兴趣。你比如吧，咱们就说作文。作文在语文教学中也算一个难点，学生都不愿意好好地写作文。那么我在作文上就有所改革，就能够激发学生的兴趣。以前的作文都是命题作文，给学生出一个题目，然后要求所作文章最少不得少于八百字或一千字。学生一见那八百字或一千字就怕了。我对学生的要求是随便写多少字都可以。有的学生写两句，只要你这两句话写得很好，都可以。就是这样，我的课堂教学结构经常就是读写结合。我们读一个段子，完了以后就要求学生去写。读的时候，我故意把这个故事的结尾去掉，让学生去想象那个结尾，或者中间有个关键的环节或过程去掉，让学生发现这里有问题，然后把那个去掉的东西，通过他们的想象填充出来。这样搞呢，就能够激发学生的探索欲望，他就有兴趣了，因为你设计了悬念。

画外音：孙春成说“语文陶冶人生”是他深信不疑的教育理想。而让民主思想深入学生灵魂，营造平等、自由、愉快的课堂教学气氛更是他多年教学经验的总结。

孙：我爱人说我的小孩考试成绩不行的时候，我就说清华大学那个叫什么洋的，那个给狗熊身上浇硫酸的，那不都是清华大学研究生了吗？仅仅是在试卷上纵横驰骋的能力强了，这算什么？太可怜了！是不是这样？作为一个人，要成为一个健全的人，真正的大写的人，人格完善的人。

画外音：山西老家运城地区的领导在《中国教育报》等媒体上看到他的研究成果后，特意来到深圳看望孙春成，并且希望他重返山西，给他副县级的待遇。孙春成对此一直没有答复。

记：但是也有人说做学问做研究不实惠。您看您现在 40 多岁了，是官没当上，钱也没挣着，对这种说法您怎么看呢？

孙：去年暑假的时候，我和爱人回到老家。哥哥、嫂嫂还有我爱人，在我哥家里那个大门胡同里纳凉，说起我的事情。我哥说，三十而立，四十不惑，按他的口才，按他的笔杆子，按他这能力，你说他现在是挣了多少钱？官也没当上，他纯粹就是一个失败者。我哥哥就是农民见识嘛！弄得我很尴尬。不过我爱人那个人涵养比较高，没吭声。最后呢，离开我哥哥家的时候，我爱人情绪很大，意见很大。我说你看，他讲这个话也有他的道理，是不是。但是我们自己有我们自己的追求，他不懂得我们这种更高的追求。应该说人的追求就是两种，一个就是追求物质，比如说金钱，也属于物质的范畴。一个就是精神追求。我觉得我们这些做学问的人，就算作侧重于很追求精神东西的人。我在这上面也获得了极大的满足感和成就感嘛。

画外音：孙春成三十岁就出版了语文立体教学研究专著。十八年来孜孜以求的探求和钻研精神，激励和鼓舞着他周围的学生和教师们。从山西到深圳，他的讲学遍及东南西北。他指导过的教师也有多名在全国教育研究中获得大奖。

记：孙老师，刚才听您讲啊，我觉得您这十八年来研究立体教学已经达到了痴迷和忘我的境界。这十八年执着的追求，您应该是付出了很多吧？

孙：很多人都把教改当作另类，一开始很多人也把我当另类，甚至是神经病。你说我们知识分子都是自尊心很强的人，听别人在背地里说你是一个神经病，你说心里怎么想？我后来听多了也就麻木了，不理会这些事情。1987 年的时候，我母亲患了青光眼，我自己在学校正好在写一个很重要的论文。别人捎话说你母亲的眼睛生病了，看不见了，让你赶快回来。我一直没回来，耽误了。后来到了医院，医生说你怎么不早来啊，青光眼这个东西是随时发现，随时做一个小手术就重见光明了。咱们不懂这，结果耽误了我母亲的治疗期。我母亲直到去世的时候都是失明的。这件事情想起来都觉得对不住父母。这是一生的遗憾。聊以欣慰的就是我现在还做了一点事情。但是这些事情毕竟我的父母没有看到。我父亲这个人的精神以及他自己的那种勤劳善良给我留下了深刻的印象。而且到现在，我也相信这永远是我前进的一种动力。我一看到我父亲的相片，我都想流眼泪。当时我父亲，他最大的愿望就是当一个民办教师，或者是当一个生产队的会计。所以我现在很自豪地告诉他，我不仅考上了大学（这是他在世的时候见到了的），而且我当了一个很好的教师，还研究了一套理论。很遗憾，他看不到这些东西。而且我在告诉我的父母，同时也在告诉我自己，我说我认定了这条路，绝对要一往无前，义无反顾地坚持走下去。多好的事业啊！教育是传承人类文明，能够增强我们中华民族的整体素质，这么一个伟大的事业。我在这里面作为一分子，我觉得很光荣。正如有一个外国教育家不是说教师是人类灵魂的工程师，是太阳底下最光辉的事业吗？我觉得我最起码是品到了那其中的一点点味道。我觉得当教师无上光荣，搞教学研究何其神圣！

画外音：教育的本质意味着一棵树摇动另一棵树，一朵云推动另一朵云，一个灵魂唤醒另一个灵魂。

记：您在一篇文章中提到“教育陶冶人生”是您深信不疑的教育理想。

孙：教育是陶冶人生的一种生命的运动或活动。这是我对教育的整体的理解。那它的意思是什么呢？就是说没有无教育的教学，要把握教学的教育性规律。就是你的教学的一切方式、方法、模式要奏效，首先你要解决教育这个大智慧，这个宏观的问题。教学是微观的东西。所以我们基于这个理念和基本的精神，每一个老师都应该把自己的语文课堂变成学生体验、体会、演绎、锻炼人生的一个大课堂。

画外音：老师就是蜡烛，燃烧自己照亮别人。孙春成目前最大的愿望是成立立体教学研究会，普及和推广他的立体教学理论。

记：您有没有想过这个问题——在当今我们国家这种教育体制下，您推行这种立体教学，这种模式，这种研究成果难度会不会非常大？

孙：不能说没有难度，但是也不能说很大。为什么这样讲呢？就是因为新的课程改革给我提供了机遇，我多年研究的成果到现在可以说是十月怀胎一朝分娩。现在新的课程改革的精神，我研究的这些立体教学都是符合这个精神的，符合素质教育的，利于在课堂教学中落实素质教育，利于在课堂中培养学生的创新精神与创新能力。新课程改革就是国家自上而下必须落实的，必须执行的东西。新的大纲变了，教材变了，各个学科的课程标准都变了。我搞的这个研究恰恰就适合这个东西，所以应该说给我们创造了前所未有的良好机遇。

画外音：尽管山西老家在向他招手，呼唤他回去发展，但是我们希望在深圳创新教育的舞台上依然能够看到孙春成的身影。

孙：当然有很多事业可能比我的立体教学还重要。但我就认为我这个事业是非常重要的，是需要我用一生去做的事业。

下图是我和深圳电视台“人物”节目组成员的合影。

第六章

初中语文教研铸就立体教学辉煌
（2008—2019 龙岗区教学研究室时期）

一、将语文教师从繁重的作文批改中解放出来

2008年9月，龙岗区教育局领导决定，让我接任初中语文教研员一职，9月26日我正式走马上任。这可以说是我人生命运的第5次转折。可以毫不夸张地说，在这11年的初中语文教研员生涯里，我们将语文“立体教学”研究推向了辉煌，达到了巅峰，为龙岗区的教育事业做出了自己应有的贡献，也兑现了我应聘“教科研培训中心”主任时的庄严承诺：“我愿献身于龙岗的教育事业。”

我上任的第一件事情就是：将语文教师从繁重的作文批改中解放出来！30年前，也就是1989年，我的《指导学生互相批改作文的理论与实践》经验就在全国中学语文教学研究会会刊《语文教学论坛》上发表了，而且获得了全国优秀论文大赛一等奖；新的《初中语文课程标准》也明确规定：“根据表达的需要，借助语感和语文常识，修改自己的作文，做到文从字顺。能与他人交流写作心得，互相评改作文，以分享感受，沟通见解。”

当时，我召开全区初中语文教师全员大会，首先做了一个《将语文教师从繁重的作文批改中解放出来》的讲座，简明扼要地论述了指导学生互相批改作文的理论依据和我20年前的实践经验，阐明了指导学生互相批改作文的可行性和重要性。然后，我亲自上了一堂示范课《一件小事》。要求全区老师从这一刻起，贯彻指导学生互相批改作文的精神和做法。这可以说是掀起了龙岗区初中语文作文教学的一场革命。

《一件小事》教学实录：

时间：2008年11月21日上午9：00—9：40

地点：深圳市龙岗区实验学校音乐厅

学生：七年级（5）班

主题：教研员示范课

执教：孙春成

整理：刘毅

第一课时（9：00—9：40）

师：同学们，上一周我们写了作文《一件小事》，今天我们学习互相评改作文。

师：同学们看大屏幕，老师先给你们介绍几种作文批改的基本方法。

【屏显】作文批改基本方法：

1. 错字，在其上画“×”；

别字，在其上画“|”。

2. 优美的句子，在其下画波浪线“～～～～”。

3. 精彩的句子，在其下画圆圈“。。。”。

4. 不通顺的句子，在其下画横线“＿＿＿＿”。

5. 旁批。

6. 眉批。

7. 总体评价。

8. 打分。

师：怎么打分呢？

【屏显】作文评分标准（百分制）：

一类卷（100～90 分）

1. 立意明确，中心突出，材料具体生动，有真情实感。
2. 结构严谨，注意照应，详略得当。
3. 语言得体、流畅。

二类卷（90～80 分）

1. 立意明确，中心突出，材料具体。
2. 结构完整，条理清楚。
3. 语言规范、通顺。

三类卷（80～70 分）

1. 立意明确，材料能表现中心。
2. 结构基本完整，有条理。
3. 语言基本通顺，有少数错别字。

四类卷（70～60 分）

1. 立意不明确，材料难以表现中心。
2. 结构不完整，条理不清楚。

3. 语言不通顺，错别字较多。

五类卷（60～0分）

1. 没有中心，空洞无物，严重离题。

2. 结构残缺，不成篇章。

3. 文理不通，错别字较多。

加分（符合如下条件之一，可酌情加1～3分，加至本题满分为止）：

1. 立意深刻。

2. 构思独特。

3. 语言优美。

4. 富有个性。

5. 文面整洁，书写优美。

扣分：

1. 无标题扣2分。

2. 不足500字者，每少50字扣1分。

3. 错别字每3个扣1分（重复的错别字不计），最多扣3分。

4. 不能正确使用标点扣1～3分。

5. 文面脏乱，字迹潦草、难以辨认者扣1～3分。

6. 出现暴露身份的真实校名、地名、人名的扣1～3分。

师：下面老师介绍一下同学们“互相评改作文”的步骤。

【屏显】学生“互相评改作文”之步骤：

第一步：统一评改标准。

第二步：把握评改方法。

第三步：选择评改方式。

第四步：进行互相评改。

第五步：交流评改作文。

师：好啦，大家就根据老师讲的这些标准或方法“同桌交换互相评改”或“四人小组合作互相评改”！

生（齐）：互相评改作文《一件小事》。

第二课时（9：50—10：30）

师：这一节课老师讲评一下作文《一件小事》。

【屏显】记叙中的议论和抒情——《一件小事》作文讲评。

【屏显】榜上有名：倪子斌、陈茵琳、卢悦香、连哲旋、伦月娥、胡建中、黄瑞嘉、聂佩登、卓怡雯、林炜、钟瑜、林嘉霓。

师：首先，老师要特别表扬这 12 位同学，他们的作文整体上来说都写得比较好！

【屏显】“记叙中的议论和抒情”优秀习作展评。

【屏显】故事梗概（作者：胡建中）：

写一个小女孩和一名男青年素不相识，两人一起到面包店买奶油面包，但店里只剩下一个奶油面包了，那个小女孩就毫不犹豫地把奶油面包让给男青年，结果男青年也没买那个奶油面包……

精彩片段——“意味深长”式议论与抒情。

善良宝贵如金，善良博大如海，但又蕴于简单而平易的细节之中。有时，它是风雨中悄然撑开的一把伞；有时，它是黑暗中倏然点亮的一盏灯；有时，它是寒冬里熊熊燃烧的一盆火，更多的时候，善良是一句亲切的问候，一个善意的微笑，一声真诚的祝福，一个善意的行动……

我走到橱窗前，买下了那一个奶油面包，我小心翼翼地捧着它，舍不得吃了它。因为它珍藏着小女孩那颗善良的心。

【屏显】故事梗概（作者：黄瑞嘉）：

写上学遇到大雨，搭了邻居的顺风车，下车时遇到一女生主动打伞为她挡雨。

精彩片段——“形象感人”式议论与抒情。

她笑了笑，如冬日里的阳光，融化了积雪，给予万物温暖。看着她渐渐远去的身影，心中滑过一丝感动。

雨还在淅沥地下着，地面上溅起的水花亦如她灿烂的微笑。我抬起头，看了看天空，笑了笑，然后朝学校走去。

有人说过，每个人都是天使。真的，像我家楼上的叔叔，像那位女生。现在我才明白，只要心存善良，谁都可能成为天使。我们的身边不乏天使存在，天使就在你、我、他之间。

一件小事，一个天使，一阵温暖。

【屏显】故事梗概（作者：伦月娥）：

写一个小男孩帮打扫楼道的清洁工按电梯按钮。

精彩片段——“简洁明了”式议论和抒情。

原来一直迷惑的4楼按钮之谜背后，是如此令人感动的一面。

那一按，是善良的。

那一按，是美丽的。

【屏显】知识卡片：什么是记叙文中的议论与抒情？

议论：指记叙文在描述事件、塑造形象的过程中，穿插进作者对人物、事件的评价和态度。

抒情：是作者的主观感受和思想感情在作文中的抒发和倾吐。

【屏显】知识归纳：记叙文中的议论与抒情的作用是什么？

一、点明题旨（如胡建中的习作）

也即画龙点睛，用议论抒情点题，揭示事件的深层意义。

二、阐明感悟（如黄瑞嘉同学的习作）

表达作者对人物、事件的看法、评价，阐明自己对生活的感悟。

三、表达心愿（如伦月娥的习作）

抒发一种情感，表达一种心愿。

师：下面进行“记叙中的议论和抒情”不当习作展评。

【屏显】故事梗概：写看到一个小男孩滑倒后又爬起来。

文末议论：世上没有不弯的路，人间没有不谢的花。

问题类型：离题万里。

【屏显】故事梗概：写暑假自己打工“穿珠子”。

文末议论：以后，我看到辛苦工作的工人们，应该给他们道一声“辛苦了”。城市就是因为有这些辛劳的工人们，而变得美丽。

问题类型：抒发不当。

师：我们共同欣赏一下倪子斌同学的作文。

【屏显】《一件小事》（作者：倪子斌）

一个脚跟踩扁了紫罗兰，而它却把香味留在脚跟上，这就是宽容。

——安德鲁·马修斯

宽容，多么神奇的两个字。人们会因为宽容而变得温暖；生命会因为宽容而更加精彩；整个世界，会因为宽容而倍加美好，和平！

“哗哗哗”，大雨连绵，狂风咆哮，雷电交加。街道上水泄不通。我撑着伞，急急忙忙地向补习班跑去。到达之后，全身已经变成了落汤鸡一样，衣服湿得能拧出水来，心情也更加郁闷……

上个星期五（**倒叙**），学校因为台风的缘故而停课一天。我的邻居来到我家，和我一起玩电脑。正当我们玩到最关键的时刻，邻居因为太过激动而把手往右边一挥，正好碰到玻璃架上的一个花瓶，“啪”的一声，花瓶在空中做了一个美丽的后空翻，转眼化成碎片。我的火一下子就冒上来了，这可是我最珍爱的花瓶。怒火烧光了我的理智，随手抓起电脑前的网球，用尽力气投射出去，重重地打在邻居的脸上……

虽然，邻居并没有受伤；虽然，我事后向他道了歉；虽然，这在我的生活中只是微不足道的一件小事（**照应文题**），但是我还是反省到我犯了最严重的错误。为什么我没有宽容他呢？我怎么会对自己的朋友出手呢？我真是太狭隘了……

现在，我在补习班里，望着连绵不断的大雨。忽然，我注意到窗边有一条窗帘绳被绑了起来。这个绳结由两个死结组成，每个大结上都有十个小结。于是，我下决心解开它。当我把 21 个死结都解开时，望了一下计时器：三分二十八秒。解开 21 个死结只需三分二十八秒，那为什么不去尝试解开狭隘的心结呢？把狭隘之心扔掉，用宽容去面对一切。（**从生活细节得到启发**）

如果天空不宽容，容忍不了风雨雷电，何来它的辽阔之美；如果大海不宽容，容忍不了惊涛骇浪，何来它的浩瀚之美；如果宇宙不宽容，容忍不了星辰裂变，何来它的神秘之美；如果时间不宽容，容忍不了兴衰更迭，何来它的延续之美……

我的朋友，我把我的宽容——神奇的两个字送给你，既希望你能拥有，也希望你能给予。让我们告别狭隘之心，用宽容之心包容一切，学会做那朵赠人清香的紫罗兰（**照应题记**）。

【屏显】“记叙、议论和抒情相结合”的两种方式：

在记叙文里，记叙、议论和抒情总是融合在一起使用，它们有两种相结合的方式：

一是文章的主体部分是记叙，而开头或结尾是议论或抒情。

二是边叙述边议论或抒情，即夹叙夹议。

以上两点在倪子斌同学的习作里体现得都比较明显。

【屏显】作业：针对自己和有关长辈（如父母或老师）顶嘴的一件小事写一段“议论和抒情”的话，字数不限。

二、上海全国“两岸语文教学研讨会”一鸣惊人

2010 年 12 月 4 日我应“全国第三届两岸同课异教中学语文课堂教学研讨会”组委会之邀，在上海为与会代表上了《外婆的掌纹》（沪教版）的示范课并做了一场学术讲座《语文教学艺术的意义》。于漪老师在现场听了我的课和讲座，给予了充分的肯定和鼓励。这是我和于漪老师的重逢，很有纪念意义，于是，我在小会议厅和于漪老师合影留念。

后来，有人把我的课放在了土豆视频网上，更是好评如潮，引起了强烈的反响。

《外婆的掌纹》是作家李汉荣先生的一篇纪实性回忆散文。作者通过对儿时回忆的描述，向我们生动刻画了外婆的心灵手巧和朴实勤劳，展现了外婆对生活的热爱和对晚辈的关爱之情；表达了作者对过去情怀的留恋和珍惜，也寄托了作者对外婆深深的思念和深深的爱。

（一）《外婆的掌纹》教学实录

时间：2010 年 12 月 4 日

地点：上海

学生：初一 28 名学生。

主题：全国第三届两岸同课异教中学语文课堂教学研讨会

执教：孙春成

获奖：一等奖

1. 歌曲导入，切题激趣

【屏显】外婆画像。

师：（播放《外婆的澎湖湾》音乐）这是一首什么歌，你能听出来吗？

生：《外婆的澎湖湾》。

师：有的人听出来了，看歌词。（屏显）我们齐唱一下好吗？

（师生齐唱歌曲《外婆的澎湖湾》）

师：正像歌词里面所说的，外婆这个名字对我们来说，多么熟悉的名字，多么亲切的名字，多么慈祥的名字！外婆，可以让我们对童年许多美好的事情产生许多美丽的怀想。今天，就让我们和李汉荣笔下的外婆进行一番穿越时空的对话吧！

2. 朗读指导，感情示范

师：课前我嘱咐大家朗读一下这篇文章，大家都朗读过了吗？

生：朗读了。

师：好，朗读了的话，我就来检查一下大家朗读得怎么样。谁给咱们朗读一下，有没有毛遂自荐的？没有的话，那我就要点名了。我看有一个同学长得像刘德华一样，很帅。不难为你，请你把课文的最后四个自然段来给大家朗读一下，从第 17 自然段到第 20 自然段。

生 1：（朗读课文到第 17 至第 20 自然段）

师：请坐。大家觉得他读得怎么样啊？

师（齐）：读得很好。

师：读得很好，好在什么地方啊？

生（齐）：很流畅。

师：嗯，很流畅，正确吗？

生（齐）：很正确。

师：还有吗？

师：关于朗读有三个层次，第一个层次就是要读正确，这是基本的，刚才这个同学做到了。第二个层次就是刚才那位同学说的，要读得很流利，我觉得他读得也是很流利，是不是啊？

生（齐）：是。

师：那么朗读的最高境界是什么呢？

生（齐）：深情。

师：对了，要读出感情来。所以，还是这四个自然段，请同学们默读，听孙老师朗读一下好不好啊？

生（齐）：好。

师：（范读第 17 至 20 自然段）

生（齐）：（鼓掌）

3. 立体探究，外婆做人

【屏显】知识卡片一：记叙就是用文字叙述。

师：看大屏幕，齐读一下这句话。

生（齐）：记叙就是用文字叙述。

师：记叙的概念就是这么简单，用文字叙述就是记叙。齐读一下屏幕上的这句话。

【屏显】研读课文之一：请从文中找出记叙“外婆的针线活做得好”的段落或句子。

生（齐）：请从文中找出记叙“外婆的针线活做得好”的段落或句子。

师：文章开篇第一句话就是“外婆的针线活做得好”。怎么个好法呢？请找出外婆做得好的段落或者句子。赶快，谁找出来就举手示意，我们展开一场竞赛，看谁找得快。

生（齐）：（默读课文，思考问题）

师：你从哪里看出外婆的针线活做得真好？

师：我发现个别同学在从头至尾地仔细阅读全文，现在应该采用略读、粗读、浏览的办法。谁找出来就举手示意。

师：老师抛砖引玉一下，看第 7 自然段。有没有谁来把第 7 自然段给大家有感情地朗读一下？

师：刚才帅哥读了，这次找个靓女。这个戴眼镜的女孩，你来把第 7 自然段给大家读一下。我来帮你拿话筒。

生2：（读第7自然段）

师：你觉得这一段里面哪一句话最重要？

生2：“把补丁衣服做成了好看的艺术品。”

师：把这句话读得完整一点，谁把补丁衣服做成了好看的艺术品？

生2：外婆。

师：读一下。

生2：外婆把补丁衣服做成了好看的艺术品。

师：好，你真聪明，请坐。

师：是啊，外婆把打着补丁的衣服都做成了好看的艺术品。那还不是说外婆的手艺活做得好吗？相当高超，是不是啊？继续找能说明外婆的针线活做得好的段落。

（板书：手艺好）

师：看老师抛了个砖能不能引来玉。还有哪里能说明外婆的针线活做得真好呢？找出来的就举手示意。

师：不要着急，慢慢地找。

师：有没有找出来的？

（依旧无人反应）

【屏显】研读课文之二：请从文中找出叙述外婆的针线活为何做得好的段落或句子。

师：这样吧，老师再换一个话题，从另一个角度在文章中搜索重要的信息。请齐读屏幕上这一句话。

生（齐）：请从文中找出叙述外婆的针线活为何做得好的段落或句子。

师：外婆的针线活为什么做得好？找这样的段落或句子。看谁能找出来。这样的段落或句子在文章中有不少。

师：好，后面这位男同学。首先老师要表扬你，你是第一个举手发言的人，起码你是一个勇敢的人。

生3：第5段，外婆做衣服是那么细致，那样耐心。还有后面，她好像用心体会布的心情。

师：老师请你把第5自然段给大家有感情地朗读一下。我给你拿话筒。

生3：（朗读第5自然段）

师：停一下，老师希望你胆子大一点，一字一句地读，声音大一点，好不好啊？我相信你能读得很好。

生3：（重读第5自然段）

师：嗯，读得好多了嘛。你觉得这一段话里面哪一句话很重要？

生3：第一句话“外婆做衣服是那么细致、耐心。从量到裁到缝，她好像都在用心体会布的心情”。

师：你认为第一句话很重要是吧？好，请坐！我觉得你不仅勇敢，而且很聪明。这一段话的段眼就是第一句话。“外婆做衣服是那么细致耐心。”细致、耐心属于什么感情范畴呢？是不是一种做人做事的态度啊？

生（齐）：是！

（板书：细致，耐心）

师：细致、耐心，请在这四个字底下画上着重号。我们国家足球队的前外国教练米卢有句名言，大家知道吗？

生（齐）：不知道。

师：“态度决定一切！”齐读一下。

生（齐）：态度决定一切！

师：我们现在正处于青少年时期，要好好地学习，学习需不需要一种好的态度啊？

生（齐）：需要。

师：要好好地反省一下自己，学习态度究竟端正了没有？比如课堂上积极动脑，我看大家都做到了。但是还要勇敢发言，这个也是一种态度。好，继续找，刚才这位同学找得不错。

师：好，这位女同学，你说。

生4：第6段。

师：请你读一下。

生4：（读第6自然段）

师：我还是同样的问题，你认为这一自然段哪一句最重要？

生4：最后一句。

师：请你读一下。

生4：“她特别喜欢坐在院场里，在高高的天空下面做小小的衣服，外婆的神情显得朴素、虔诚，而且有几分庄严。”

师：你回答得很正确。我再问你。在这一句话里面，你认为哪几个词最重要？

生4：朴素、虔诚。

师：还有吗？

生4：庄严。

师：请坐，你很会筛选重要的信息。外婆做衣服的神情显得是那么的朴素、虔诚，还带有几分庄严。朴素、虔诚、庄严。

（板书：朴素、虔诚、庄严）

师：谁来说一下虔诚是什么意思？

生5：虔诚的意思是恭敬、真诚。

师：很棒。虔就是恭敬的意思，诚就是真诚的意思。请坐，老师要表扬你，回答问题是如此的准确。虔诚就是很恭敬，很真诚。你看外婆做衣服的神情那么的朴素，那么的恭敬，那么的真诚，又那么的庄严，这是不是也是一种态度啊？她细致、耐心，她朴素、庄严，我们是不是也应该向外婆学习啊？

生（齐）：是！

师：继续找，为何外婆的针线活做得好？这样的段落还有。谁找出来，举手示意，个别发言。

生6：在第 10 段。

师：好，请你读一下。

生6：**（读第 10 自然段）**

师：你非常棒，请坐。外婆的手艺活做得那么好，就是因为她有艺术灵感，她的艺术灵感来自哪里呢？

生7：大自然。

师：还有呢？

生8：还来自内心。

师：噢，来自内心，又来自大自然。这一段描写真是太精彩了！我们把这一段齐读一下好不好啊？

师领读：外婆的“艺术灵感”来自她的内心……

生（齐）：**（读第 10 自然段）**

师：读得真好。你看外婆的手艺达到了何种境界？

生9：出神入化！

师：嗯，你说得太好了，这个成语用得很好，你的语文学习得肯定很棒。外婆的手艺达到了出神入化、炉火纯青的境界。这真应验了一句俗话，世上并不缺少美，而是缺少——？

生（齐）：发现美的眼睛！

师：对，缺少发现美的眼睛。继续找。这里面有一个很重要的段落，是说外婆的手艺为什么这么好，非常重要，同学们还没有找出来，我感到小小的遗憾，赶快，看谁能把这一段找出来？找出来就举手示意。

师：好，又是这个男孩，不错。你说。

生6：第13自然段。

师：你读一下。

生6：**（读第13自然段）**

师：你认为是这一段吧？请坐。还有不同意见吗？

师：好，这个女孩，你说。

生10：是第3自然段。

师：第3自然段，是吗？你来读一下。

生10：**（读第3自然段）**

师：读得真好，请坐。还有没有不同的意见。

生11：我认为是第8自然段。

师：请读一下。

生11：**（读第8自然段）**

师：你能不能谈一下，你是怎么理解这一段话的？

生11：外婆一直是以她内心的样式，用心地缝补着衣服。

师：我认为她找得很准确。大家一齐来读一下这一段。

生（齐）：（读第8自然段）

师：大家说这一段里面哪个词最重要？

生12：朴素。

师：还有呢？

生13：样式。

师：还有呢？

生14：坚持。

师：坚持，坚持太重要了，有一个广告词就是——

生（齐）：坚持就是胜利！

师：嗯，坚持就是胜利！在那些打满补丁的岁月里，就是说那个岁月非常的艰苦，但是外婆依然坚持着她朴素的美学。她以她心中的“样式”缝补着生活。外婆用自己精彩的手艺裁剪着人生，缝补着生活，同时也书写着自己美丽的人生。但是这一段还不是最最重要的。还有最最重要的一段，谁来说说？这位男同学。

生 15：第 10 自然段。

师：第 10 自然段？别人已经说过了。好，请坐。凡是说过的不重复，我们把握住这样一个原则。

4. 挖掘主词，升华主旨

生 16：我认为是第 4 段。

师：第 4 自然段，是吧？请你读一下。

生 16：（读第 4 自然段）

师：老师不得不佩服你，这么一个段落，这么 20 几个学生都一直找不出来，而你慧眼识珠，终于找出来了！同学们，这一句话太重要了，齐读一下。

生（齐）：（读第 4 自然段）

师：要读得有底气，像一个做正正当当人的样子。能不能再读一遍？读出精神来，好不好啊？

生（齐）：（再读第 4 自然段）

师：很棒，老师的问题来了。作者说无论做衣或做人，心里都要有一个“样式”，才能做好。那么，做人的话，心中要有个什么样式才能做好？你是怎么理解这个样式的？谁来说说？

师：好，还是这个同学，你是第三次发言，我没记错的话。你很棒，很优秀！

生 6：心中要有个样式是心中要有理想和梦想。

师：你认为是要有理想和梦想。我觉得你回答的具有一家之言，请坐，继续发言。有没有不同的意见，做人心中要有个样式，这个样式究竟是什么？

师：好，这位同学。你好像也是第二次发言。

生 10：做人要有原则。

师：我觉得你的回答也不错。请坐，继续发言。做人心中要有个样式，照着这个样式去做才能做好，这个样式究竟是什么呢？有没有人能够说出比较标准的答案。现在不是都在搞标准考试吗?

师：原来就是这么简单嘛，就是你们都在追星嘛，就是心中要有偶像嘛，是不是啊?也就是心中要有什么呢?

生4：榜样!

师：对，很聪明，就是心中要有榜样!还是刚才那位女同学，长得漂亮，人又聪明!做人心中要有榜样，你们心中有没有做人的榜样啊?

生(部分)：有。

师：究竟有没有?

生(齐)：有。

师：那就好办了，来交流一下，看看你们心中的榜样是什么?举手发言，说说自己心中的榜样。

师：刚才不是底气都很足吗?谁来说一下，你做人的榜样是什么，或者是我心中的偶像是谁?

师：刚才都说有，那我就随便叫人发言了，先从第一行开始，你先说。

生17：我心中的榜样是——(**支支吾吾，答不上来**)

师：是不是刚才虚伪啦，其实心中并没有偶像?要做一个诚实的人，如果真的没有，你就真诚地告诉大家，说我现在心中没有做人的榜样。有没有?

生17：没有。

师：老师首先表扬你，你做回了诚实的人，请坐!还有谁心中没有榜样，刚才也起哄了，举手。

生18：(**一生举手**)

师：好，那老师就不会向你提问了。

师：你说说你心中的榜样是谁?(**指向另一位学生**)

生19：是成龙。

师：成龙!为什么?

生19：因为他武术练得很好。

师：你也想成为一个武术明星?很棒，你是这20几个人里面第一个说出了心中榜样的人!心中有榜样，做人做事就会心明眼亮。不错，老师为你点赞!请坐。

生20：那个——那个——，李连杰。

师：他说成龙，你就紧跟着说李连杰，是不是有点雷同啊?为什么?

生 20：因为他武术练得很好。

师：好，毕竟是心中还有偶像的人，老师也应该肯定你，好，请坐。

生 21：鲁迅。

师：为什么？

生 21：因为他为人类写出很好的作品。

师：好的。请坐。

生 22：我认为好的榜样就是我们班主任。他一向都是工作很认真，一丝不苟。如果以他为榜样的话，做什么事都能成功。

师：说得好听一点，你们班主任就像这个外婆，做事很认真，很细心，很有耐心。请坐！你的回答很有特点，因为你回答的榜样是你身边的人，我们都要从自己身边寻找自己的榜样。还有谁发言？

生 22：（举手）

师：允许第二次发言。

生 22：我还有一个榜样就是孙老师。

（全场哄笑）

师：我们才认识几分钟呢？

生 22：孙老师有一个特点就是讲课非常幽默。我觉得以后在社会上与人交流也要风趣。

师：我谢谢你对我的恭维，请坐！

（全体大笑）

师：孩子们啊，可不敢迷糊啊，问起你们的榜样，一个个都哑口无言。刚才这个同学还有那个女同学诚实地说自己是瞎说的，自己根本就没有榜样。心中没有榜样是很可悲的！是很可怕的！心中没有榜样，做人没有榜样，人生能够有正确的方向吗？你们现在正是青少年时代，你们就是祖国的未来，你们都没有人生的方向，我们国家的前途在哪里啊？有没有前途啊？

生（齐）：有！

师（激情澎湃）：有什么前途啊?！日本和美国现在老搞军演恫吓我们，我们就应该有榜样，以英雄为榜样，向英雄学习，保家卫国！你们要为民族的振兴，中华的崛起，发奋读书，以后做国家的栋梁之材！你们是不是应该这样啊？

生（齐）：（鼓掌）

师：榜样的力量是无穷的！大家可不敢迷糊啊！今天听了孙老师的这节课，

起码要懂得，做人心中要有榜样，明白了吗？

5. 议论抒情，学会感恩

【屏显】知识卡片二“议论与抒情”：议论是对事物的认识、感想和评价。抒情是对所记事物抒发感情。记叙中的抒情和议论常常是并存的。

师：齐读一下。

生（齐）：议论是对事物的认识、感想和评价。抒情是对所记事物抒发感情。记叙中的抒情和议论常常是并存的。

师：这里的议论指的是记叙中的议论。记叙中的议论就是对事物的认识，或者是感想，或者是评价。这三个词是关键词，也就是它的概念。抒情，顾名思义就是抒发感情。议论和抒情常常是并存的，也就是有些话既是议论同时也是在抒情，既是抒情同时也是在议论。关键要把记叙的概念弄清楚。我们的竞赛又要开始了。

【屏显】请从文中找出属于议论或抒情的段落或句子。

师：看清楚，赶快找，看谁找得快，看谁找得准。我希望在这个环节里面，大家的思维能够敏捷一点，反应速度能够快一点。看谁能够拔得头筹？

生23：第15段。

师：请你读一下。

生23：（读第15自然段）

师：说它过时了，这显然是属于记叙中的什么呢？是感想，还是评价，还是？

生23：评价。

师：嗯，属于评价。找得不错，继续发言。

生24：我觉得是13段。

师：请你给大家读一下。

生24：（读第13自然段）

师：好，请坐。你很聪明，找得太好了。同学们把这一自然段齐读一下。

生（齐）：（读第13自然段）

师：感情不够浓烈，听孙老师读一下，大家默读。

师：（范读第13自然段）

师：同学们能不能再读一遍，读得更好，读得感情充沛？

生（齐）：能。

师：好，老师给你们起个头。

生（齐）：（**再齐读第 13 自然段**）

师：怎么理解密密的手纹，密密的心情？谁发言？

生 25：这是无私的。

师：什么是无私的？无私的什么？

生 25：爱。

师：噢，无私的爱，你很聪明。老师读到这里，就油然想起了孟郊的《游子吟》。（**师生齐诵，声音响彻教室**）“慈母手中线，游子身上衣。临行密密缝，意恐迟迟归。谁言寸草心，报得三春晖。”

师：噢，原来这两个“密密”就传达了一个字，就是刚才这个同学说的，外婆对他的深深的爱。继续找，哪些是抒情或议论的句子？

生 26：第 16 段。

师：请读一下。

生 26：（**读第 16 自然段**）

师：说说你为什么找这一段。

生 26：最后一句话是他在议论。

师：议论什么？

生 26：议论外婆在绣针线时的那种心境。

师：非常棒！请坐，老师要表扬你。你的朗读水平真像中央电视台的播音员，回答时的那个思维，比孙老师还聪明，真棒！

师：我请同学们把从第 17 自然段到结束，这四个自然段齐读一下。有感情地朗读。

生（齐）：（**读最后四个自然段**）

师：这四个自然段表达了作者对外婆的什么感情？

生 27：思念。

师：思念。在思念之外呢？还有没有其他的感情？

生 27：爱。

师：爱？太抽象了。文章就讲了一件很小的事情，在他上小学的时候，外婆送了他两件礼物。文章中写了作者对外婆的好了没有？

生（齐）：没有。

师：那么作者在怀念自己外婆的时候还有一种什么心情啊？

生28：愧疚。

师：愧疚之余还有什么？

生28：后悔。

师：（板书：感恩）同学们啊，做人还要学会感恩。我们是不是应该悟出这么一个道理啊？同学们，作者留下了深深的遗憾，他的外婆远去了。他没有为外婆做一件好事。在座的你们愿不愿意也留下这种遗憾啊？

生（齐）：不愿意！

师：那就好了，同学们，乖孩子，回去以后，为你们的外婆、外公，或者是爷爷、奶奶、爸爸、妈妈做一些好事，为他们捏捏背，或者为他们洗洗脚，等等。能不能做到啊？

生（齐）：能！

师：真是好孩子！

师：外婆是个怎样的人呢？

【屏显】手艺好，细致耐心，朴素，虔诚，庄严，仁慈，安详，宁静，热爱美，追求美。

师：请大家大声齐读这句话！

【屏显】这个外婆真像我的外婆啊！……

（生大声齐读：这个外婆真像我的外婆啊！）

【乐声想起，隐隐约约】翁倩玉《爱的奉献》。

师：李汉荣曾说："在人群之外，我们还需要一种高度，一种空旷，一种虚静，去与天地对话，与万物对话，与永恒对话。"——追求美就是人类一个万古不朽而永恒的话题！作者在文中给我们刻画了一个热爱美追求美的外婆的完美形象，外婆用精巧的手艺，剪裁着人生，缝补着生活，也书写着自己美丽的人生！这也许正是作者与永恒对话的成果。让我们继续"与天地对话，与万物对话，与永恒对话"吧！

师：同学们，今天的课就上到这里。

6. 读写结合，训练迁移

师：布置个作业——

【屏显】写作训练：请以《外婆的爱》为题，采用"记叙加议论抒情"的手法，写一个100字左右的片段。

师：下课！

生（齐）：老师再见！

师：同学们再见！

如果说我这一课还比较成功，大概是因为运用了我所构建的“语文课堂立体教学课型”的理论与方法，最大限度地做到了教学结构和程序的最优化。本课是由“四环节语文教学艺术课型”和“四步骤语文立体教学课型”复合构成的。

（二）四环节语文教学艺术课型

开讲的艺术。教学开讲采用了图片和歌曲导入法。教学课题的展示配以外婆的肖像图片，然后播放歌曲《外婆的澎湖湾》，与学生共同歌唱，这既切合教学内容，又利于激发学生的学习兴趣。

过渡的艺术。为了使教学过程气血贯通，教学结构浑然一体，本课教学的过渡性语言俯拾即是。如由歌曲《外婆的澎湖湾》导入正课的过渡语就很有感染力：“正像歌词里面所说的，外婆这个名字对我们来说，是多么熟悉的名字，多么亲切的名字，多么慈祥的名字！外婆，可以让我们对童年许多美好的事情产生许多美丽的怀想。今天，就让我们和李汉荣笔下的外婆进行一番穿越时空的对话吧！”又如提问过渡到朗读的最高境界的探究：“那么朗读的最高境界是什么呢？”再如，学生不知道如何速读课文时，我则提示学生：“我发现个别同学在从头至尾地仔细阅读全文，现在应该采用略读、粗读、浏览的办法。”再如，在学生探究“从文中找出记叙‘外婆的针线活做得好’的段落或句子”比较艰难时，我则抛开话题，另辟蹊径，运用教学机智，灵活处理，转换教学思路：“这样吧，老师再换一个话题，从另一个角度在文章中搜索重要的信息。请从文中找出叙述外婆的针线活为何做得好的段落或句子。”还有，和学生探讨心目中的“榜样”，学生空空如也，我则激情演讲：“孩子们啊，可不敢迷糊啊，问起你们的榜样，一个个都哑口无言。刚才这个同学还有那个女同学诚实地说自己是瞎说的，自己根本就没有榜样。心中没有榜样是很可悲的！是很可怕的！心中没有榜样，做人没有榜样，人生能够有正确的方向吗？你们现在正是青少年时代，你们就是祖国的未来，你们都没有人生的方向，我们国家的前途在哪里啊？有没有前途啊？”此过渡语起到了激发学生思考人生的效果。

高潮的艺术。本课堪称高潮迭起。一开始我饱含感情地范读第 17 到 20 自然段，充沛的激情感染了师生，掌声四起，便掀起了一个小高潮。在“挖掘主词，升华主旨”这一环节，探究“作者说无论做衣或做人，心里都要有一个‘样式’，才能做好。那么，做人的话，心中要有个什么样式才能做好？你是怎么理解这个样式的?”时，可以说学生的状态渐入佳境，发言掀起了高潮。再到“议论抒情，学会感恩”这一环节，学生更是热情高涨，尤其是我谈到了孟郊的《游子吟》，师生共鸣，不约而同，高声齐诵，响彻教室，高潮之至，意境全出。

结尾的艺术。结课时，我屏显了“外婆是个怎样的人?”后，让学生大声齐读：“这个外婆真像我的外婆啊！……”然后我伴随着《爱的奉献》的乐曲，激情演讲：“李汉荣曾说：‘在人群之外，我们还需要一种高度，一种空旷，一种虚静，去与天地对话，与万物对话，与永恒对话。’——追求美就是人类一个万古不朽而永恒的话题！作者在文中给我们刻画了一个热爱美追求美的外婆的完美形象，外婆用精巧的手艺，剪裁着人生，缝补着生活，也书写着自己美丽的人生！这也许正是作者与永恒对话的成果。让我们继续‘与天地对话，与万物对话，与永恒对话’吧!”更是把教学高潮推向了极致！令人回味无穷。

（三）四步骤语文立体教学课型

导读质疑。导入正课以后，我就指导学生有感情地朗读课文，尤其是我的范读饱含感情，示范作用极强。整节课都贯彻了“以读代讲，以读代析，以读代悟”的教学理念。然后就抓住文眼，即课文开头那句话进行质疑：“文章开篇第一句话就是‘外婆的针线活做得好’。怎么个好法呢？请找出外婆做得好的段落或者句子。”

立体探究。教学围绕“外婆是个怎样的人呢?”这个主要问题，探究了许多值得思考而有意义的“人文性话题”，如“细致”“耐心”“朴素”“虔诚”“庄严”“艺术灵感”“坚持”“榜样”“诚实”“爱”“感恩”“美”，这些都是教育学生如何做人的真理。同时，教学还探究了“工具性话题”，即“记叙、议论和抒情”。工具性与人文性两条红线贯穿教学始终。整节课由一开始没人敢发言，到最后全班28名同学全员积极参与了探究讨论，实现了立体探究。

评价归纳。教学中评价归纳的句子随处可见，这里可以分为三类。一是鼓励性评价。如：“首先老师要表扬你，你是第一个举手发言的人，起码你是一个勇敢的人。”如：“我觉得你不仅勇敢，而且很聪明。”如：“老师不得不佩服你，这么一个段落，这么20几个学生都一直找不出来，而你慧眼识珠，终于找出来了!”如：“非常棒！请坐，老师要表扬你。你的朗读水平真像中央电视台的播音员，回答时的那个思维，比孙老师还聪明，真棒!”二是鼓励性归纳。如：“你很会筛选重要的信息。外婆做衣服的神情显得是那么的朴素、虔诚，还带有几分庄严。”如：“那就好了，同学们，乖孩子，回去以后，为你们的外婆、外公，或者是爷爷、奶奶、爸爸、妈妈做一些好事，为他们捏捏背，或者为他们洗洗脚，等等。能不能做到啊？”三是鼓励性评价与归纳兼容并蓄。如：“你说得太好了，这个成语用得很好，你的语文学习得肯定很棒。外婆的手艺达到了出神入化、炉火纯青的境界。这真应验了一句俗话，世上并不缺少美，而是缺少——发现美的眼睛！”如：“坚持太重要了，有一个广告词就是——坚持就是胜利！在那些打满补丁的岁月里，就是说那个岁月非常的艰苦，但是外婆依然坚持着她朴素的美学。她以她心中的‘样式’缝补着生活。外婆用自己精彩的手艺裁剪着人生，缝补着生活，同时也书写着自己美丽的人生。”如：“对，很聪明，就是心中要有榜样！还是刚才那位女同学，长得漂亮，人又聪明！”如：“很棒，你是这 20 几个人里面第一个说出了心中榜样的人！心中有榜样，做人做事就会心明眼亮。不错，老师为你点赞！”如：“说得好听一点，你们班主任就像这个外婆，做事很认真，很细心，很耐心。请坐！你的回答很有特点，因为你回答的榜样是你身边的人，我们都要从自己身边寻找自己的榜样。”

训练迁移。读写结合：请以《外婆的爱》为题，采用“记叙加议论抒情”的手法，写一个 100 字左右的片段。读是为了学，写是为了迁移为能力。

三、三次荣登深圳市初中语文“名师课堂”献课

2014 年 4 月 24 日，深圳市初中语文教师在福田区外国语学校初中部举行“名师课堂”活动，我应邀执教了《孤独之旅》一课，全市 1000 余名初中语文教师听了我的课，掌声不绝，反响强烈，大获好评。2015 年 5 月 15 日，我又应邀在深圳市初中语文“名师课堂”活动执教了《秋天的怀念》。2019 年 4 月 17 日，我在深圳市初中语文名师教学活动中执教了《丑小鸭》。

（一）《秋天的怀念》教学实录

时间：2015 年 5 月 15 日

地点：深圳市罗湖区松泉中学会堂

主题：深圳市“名师课堂”活动

执教：孙春成

原载：《中学语文教学参考》2016 年第 6 期中旬刊。略有改动。

1. 问题导入，引起悬念

师：同学们，上课！

生：（全体起立）老师好！

师：同学们好，请坐！

师：什么是“母爱”？

（学生思索，有学生举手）

师：哦，不需要讨论和回答，我们今天学完了史铁生的散文自然就明白了。

师：学习之前，我们先了解一下作者。

2. 简介作者，知晓成就

投影“史铁生简介”：

（1951—2010）北京人，当代作家。曾为插队知青。1972 年双腿瘫痪。著有小说《我的遥远的清平湾》，散文集《我与地坛》等。其作品 10 余次荣获各种文学大奖。2002 年荣获华语文学传媒大奖“年度杰出成就奖”。

（教师强调双腿瘫痪时的年轻和文学成就）

师：作者几岁双腿瘫痪？

生（齐）：21 岁。

师：21 岁！这是一个什么数字？正值花季的年龄，就像一只刚刚羽翼丰满的小鸟，正怀揣梦想，要展翅翱翔的时刻，却突然折翼了（**老师展开双臂做折翼状**），可想而知，这对一个年仅21 岁的孩子有多大的打击！但史铁生没有被命运打垮，没有向厄运屈服，他坚持文学创作，屡获大奖。今天我们共同学习他的散文佳作《秋天的怀念》。

3. 示范朗读，整体感知

师：下面我给同学们范读一遍课文，同学们同步默读。

（**配悲伤音乐感情朗读**）

师：（**读完课文**）这篇散文写得好吗？

生：（**异口同声**）好！

师：对！写得非常成功，非常感人！为什么写得这样好呢？

4. 研读细节，感受母爱

师：俗话说：细节决定成败！这篇散文之所以很好，就在于成功地运用了“细节描写”的手法！

投影“细节描写”概念：

细节描写是指抓住生活中的细微而又具体的典型情节，加以生动细致地描绘。细节描写具体渗透在外貌描写、语言描写、动作描写、心理描写、环境描写等等之中。细节描写是刻画人物最生动、最有表现力的写作手法。

师：请同学们齐读一遍“细节描写”的概念。

（**教师强调“细微而又具体的典型情节”“生动细致的描绘”和“渗透在”其他描写之中**）

师：同学们，概念弄清楚了吗？

生：清楚了。

师：这就好办了！请快速默读课文，找出文章里的细节描写，看谁找得快找得准。比速度，比质量！

（**大约 3 分钟过后，有学生举手**）

师：好，你说说。

生 1：我找到的是“母亲就悄悄地躲出去，在我看不见的地方偷偷地听着我的动静。当一切恢复沉寂，她又悄悄地进来，眼边红红的，看着我”。

师：请找出“主词”，找出关键的词语。

生1：“悄悄地躲出去”“偷偷地听着我的动静”“眼边红红的”。

师：很好！史铁生暴怒无常，把家里的东西摔坏了，母亲为何不制止儿子，反而“悄悄地躲出去”？透过这个“躲”的细节，你读出了什么？

生1：她不想让孩子看见她。

师：非常棒。继续说，她母亲为何不想让发脾气乱砸东西的孩子看见她？

生1：她不想打扰他，想让孩子好好地发泄一顿。

师：哦！你刚才用了“发泄”这个词，用得特别好！这说明母亲对儿子很怎么样？

生1：说明母亲“理解”儿子。

师：真聪明！再说说。

生1：因为孩子年龄小，需要发泄呀！

师：你太有智慧了！

师：不过，她母亲心疼她家里的家具吗？

生：（全班齐声）心疼！

师：既然如此，那她母亲为何还让自己的孩子尽情地砸东西呢？如果是你像作者这样做，你妈妈会是什么态度呢？（老师盯着学生1）

生1：肯定会骂我。

师：肯定会阻止你教育你吧？

生1：（点点头）嗯！

师：那你说说，作者母亲为何一反常态，让儿子尽情地砸东西，自己不阻止不教育，反而“悄悄地躲出去”，这一个“躲”字背后包含了些什么内容呢？

（学生都在思考）

师：这又说明母亲对儿子很怎么样呢？

师：好，你说。

生2：说明母亲很“包容”她儿子。

师：好极了！你真是一个富有爱心的孩子！“理解”“包容”是不是“爱”？

生：（异口同声）是！

（板书：理解包容）

师：刚才那位同学还找到了“眼边红红的”这一细节描写，谁来说说，你从母亲“眼边红红的”的细节读出了什么？好，你说！

生3：母亲心疼儿子，呵护儿子！有泪不在儿子面前流，怕刺激到儿子，增加儿子的痛苦。

师：你真是个心理学家啊！这样理解这位母亲！（板书：心疼呵护）继续发言，还有谁找到了细节描写？好，你说！

生4：我找到的是“她侍弄的那些花都死了”。他母亲喜欢花，可自从他的腿瘫痪后，母亲为了照顾得病的儿子，可以说是牺牲了她的爱好，再也无暇侍弄她的那些花了，所以花“都”死了！

师：嗯，有水平。继续说，这说明母亲怎样啊？

生4：说明母亲体贴照顾儿子达到了“无微不至”的地步！

师：精辟！“无微不至”这个成语用得很到位！

（板书：体贴照顾）

师：刚才这几个同学发言质量很高！好，继续，你说。

生5：我找到的是：“我狠命地捶打这两条可恨的腿，喊着：‘我可活什么劲！’母亲扑过来抓住我的手，忍住哭声说：‘咱娘儿俩在一块儿，好好儿活，好好儿活……’”

师：说说关键词语。

生5：“狠命地捶打”“我可活什么劲！”

师：这说明作者想怎么啦？

生5：说明作者不想活了！

师：对！儿子都不想活了，要寻短见，做母亲的会怎么样呢？对！那还不上火着急？

师：“扑”“抓”“哭”这几个动词说明什么？

生5：说明母亲心疼儿子，怕儿子寻短见！

师：母亲疼爱儿子的心情跃然纸上，真心可鉴啊！

师：母亲这句话“咱娘儿俩在一块儿，好好儿活，好好儿活……”表达了什么意思？

生5：母亲在安慰和鼓励儿子！

师：对！母亲“心疼儿子”“安慰儿子”“鼓励儿子”，是不是母爱的具体表现？当然是了！

（板书：安慰鼓励）

师：这个同学很聪明！继续找细节描写。好，你说。

生6：我找到的是："可我却一直都不知道，她的病已经到了那步田地。"这说明母亲在一直隐瞒自己的病情。

师：母亲为什么要一直隐瞒自己的病情？这说明母亲很怎么样呢？

生6：母亲怕儿子知道自己病得厉害，会更加痛苦。说明母亲很爱儿子。

师：母亲完全不顾个人的安危，却对儿子牵肠——

生（齐）：挂肚！

师：你能不能说说母亲这种表现体现了母亲什么品质呢？

生6：母亲很无私！

师：对啊！无私是不是爱？

生：（异口同声）是！

（板书：**牵肠挂肚，无私奉献**）

师：还有谁发言？

生7：我找到的是："母亲进来了，挡在窗前。"这里的"挡"字。

师：客观上，母亲挡住了什么？

生7：挡住了窗外凄凉的景色。

师：母亲为什么要这样做？要挡住窗外凄凉的景色？

生7：母亲怕儿子触景伤怀，心情更加不好。

师：实际上母亲挡住了儿子的绝望，给儿子留下了——

生（齐）：希望！

师：这个细节描写说明了母亲是在用心呵护儿子呀！呵护是不是爱？

生（齐）：是！

师：继续发言。好，你说。

生8：我找到的是："她憔悴的脸上现出央求般的神色。""憔悴"说明母亲照料儿子已经积劳成疾。

师："积劳成疾"说得太精辟了！你很有想象力。

（板书：**积劳成疾**）

生9：我找到的是："她昏迷前的最后一句话是：'我那个有病的儿子和我那个还未成年的女儿……'"

师：昏迷前的最后一句话相当于什么？

生9：遗言。

师：遗言！也就是他母亲活了一辈子了，最后说的一句话。这句话当然重要了！你给大家读读这句话。

师：他母亲都“昏迷”得快要离开人世了，这时候所说的话还能像你读得这样字正腔圆、铿锵有力吗？

（其他学生发笑）

师：那你说会是怎样的情境呢？应该怎样读呢？

生9：声音小。

师：声音小到什么程度呢？

生9：小到几乎听不见。

师：那语速是快还是慢？

生9：慢。

师：慢到什么程度呢？

生9：越慢越好，断断续续。

师：好，按照你的理解，你再读一遍。

师：（指着离这个朗读的学生距离最远的那个学生）他刚才读的什么你听到了吗？

生10：听到了。

师：（眼盯着生9）失败了！再来一次。

师：这次读得好多了！不错！母亲在自己积劳成疾，病入膏肓，生命垂危，泥菩萨过河自身难保之时，还对儿子牵肠挂肚、生死相依！这说明什么？说明母亲爱儿子，达到了忘我的境界！

（板书：病入膏肓，生死相依）

师：继续发言，还有没有同学找到细节描写？

（学生面面相觑，似乎没有了）

师：好吧，那老师还找了一处。“你要是愿意，就明天？”这句话为何不用句号而用问号呢？

生11：用问号说明母亲很民主，在征求儿子的意见。

师：遇事不专断，而是征求儿子的意见，这又说明什么？

生11：说明母亲尊重儿子！

师：“尊重”是不是爱？

生11：是。

（板书：尊重有加）

5. 以诗作结，深化理解

师：我们再回头思考课前老师提出的问题：母爱是什么？母爱从来就不是什么抽象的概念，都是具体的行动和真实的情感！

投影老师原创诗歌：

母爱是儿子暴怒无常时，
母亲对儿子的理解与宽容；
母爱是儿子自暴自弃时，
母亲对儿子的心疼与呵护；
母爱是儿子双腿残疾时，
母亲对儿子的体贴与照顾；
母爱是母亲积劳成疾时，
对儿子的牵肠挂肚；
母爱是母亲病入膏肓时，
对儿子的生死相依。
母爱是无私与忘我，
母爱是奉献与牺牲，
母爱是一种高尚的品格和伟大的精神！

师：请同学们齐读一遍这首诗歌。

（这首诗的内容，和细节描写探究的每一个环节都丝丝相扣，前后照应。读完，教师再次激情朗诵，将教学再次推向新的高潮）

师：今天的课就上到这里。下课！

6. 质疑探究，升华主旨

师：作者在文章结尾写道："我懂得母亲没有说完的话。妹妹也懂。我俩在一块儿，要好好儿活……"文章末尾作者使用了省略号，说明作者有许多话没有说完，为什么作者不把自己的话说完呢？作者究竟省略了什么内容？

师：为什么作者不把自己的话说完呢？这个问题很简单啊，就是因为作者想说的话太多了啊，实在是说不完啊，所以只能够用点、点、点、点、点、点，把它省略了啊！文章至此，戛然而止，就给我们读者留下了广阔的想象空间！

师：那作者究竟省略了什么内容？文章的标题是《秋天的怀念》，那首先作者表达了对母亲的"怀念"之情。越怀念就越如何？

生："惭愧""悔恨"。

师：对。那越感到惭愧悔恨就越怎么样？

生：越“悲伤”，越“痛苦”！

师：然后呢？

生：越“感激”母亲！

师：最后作者活明白了吗？

生：活明白了。要“好好儿活”，要“坚强”！

师：谁能替作者把没有说完的话说完整，尽量表达完整作者的心声？

师：我替写了一首悼词《祭母》，用我们家乡的蒲剧给大家唱一下，大家愿意听吗？

生：（异口同声）愿意！

老师饱含感情配乐演唱：

娘啊！……
我肝胆欲裂，
痛彻心扉，
祭告你母亲大人……
可怜你为儿积劳成疾，
四十九载离人寰，
没享人间清闲福，
咱母子别离太匆匆……
恨之恨孩儿不孝母受苦，
恼之恼老天不公母早去，
悲之悲树欲静而风不止，
悔之悔子欲养而亲不待……
只盼今世好好活，
只盼来世报母恩，
只盼母亲九泉之下得安宁！

（歌毕，掌声四起，教学已至高潮）

师：谁知道“树欲静而风不止，子欲养而亲不待”这句古语的意思？

师：这个同学说的基本正确。树想静下来，风却刮个不止！比喻时间的流逝不以人的意志为转移！在座的同学们一天天地长大，而你们的父母却一天天地在老去。如果你不想留下史铁生的遗憾，就应该趁父母还健在时就好好地孝敬他们！

7. 读写结合，巩固所学

师：今天的作业是：运用“细节描写”的手法，写一篇歌颂母爱的小故事。

有一个网名叫“教海学艺”的老师听了我讲的《秋天的怀念》一课，在微信朋友圈里说：“孙春成老师讲的《秋天的怀念》是我听过的最动情的课！会场多次响起掌声和笑声，像在看喜剧又能体会到人物内心的悲凉！我多次笑，也多次泪湿眼角，最后听孙老师唱《祭母》并给学生讲‘子欲养而亲不待’的道理时，会场非常安静，我更是泪流不止……”如果说我讲的《秋天的怀念》还比较成功的话，这完全取决于我的教学理念。我执教《秋天的怀念》一课的理念是“追求原创，返璞归真”。所谓“追求原创”，就是指教学是对原作的一种再创造，教学是教师在对教材深入钻研并个性化理解基础上的一种创作活动。所谓“返璞归真”，就是指要遵循语文教学的规律进行语文教学。语文是人文学科，贵在追求个性，追求创新。

（二）二维设计教学目标

现在，很多老师设计教学目标都千篇一律为“知识与能力、过程与方法、情感态度与价值观”三维目标，错误地将新课程的课程目标作为一堂课的课时目标，这很不科学。我认为语文教学目标的设计要“二维化”，即依据语文学科的性质，从“工具性”和“人文性”两方面来制订。也就是要针对每一篇课文，深入挖掘教材，吃透每一篇课文，从“工具性”（知识教学）和“人文性”（做人教育）两个视角思考，学生最应该学得什么。《秋天的怀念》一课，从“工具性”的视角思考，我认为“细节描写”很精彩，是本课的最大亮点，从“人文性”的视角思考，我认为“感受母爱，传承孝道”很重要，所以，我的教学目标就设计为：1. 工具性：学习“细节描写”；2. 人文性：“感受母爱，传承孝道”。这两点也就是本课教学的重点所在，同学们在研读每一个细节描写的时候自然而然地就会深深地感受到母爱的伟大，一举两得。

（三）教学模式读写结合

散文教学应采用“‘读—探—写’现代文阅读教学模式”，“读”是基础，以读悟情，以读明理，以读代讲。“探”是核心，以探促思，以探破的，生本课堂。“写”是关键，以写促读，读写结合，能力迁移。

“研读细节描写，感受伟大母爱”是本课的教学重点，所以必须用墨如泼，重点教学。在此，我主要采用了“以读代讲、以读代析、以读代悟”的教学方法。

语文教材的选文大多是经典之作，这些优秀作品的一个标点、一个词语、人物的一个细小动作、一句似乎无关紧要的话，往往都能体现出作者的匠心，蕴藏着深刻的含义。教师可以在这些容易被学生忽略而对表现主题有密切关系的细枝末节处设问质疑，启发学生探微发幽，加深对文章的理解。教学最后，我问学生：作者在文章结尾写道："我懂得母亲没有说完的话。妹妹也懂。我俩在一块儿，要好好儿活……"文章末尾作者使用了省略号，说明作者有许多话没有说完，为什么作者不把自己的话说完呢？作者究竟省略了什么内容？这一问题，引发学生深思。

最后，读写结合，布置作业：运用"细节描写"的手法，写一篇歌颂母爱的小故事。

（四）追求原创教出新意

我认为，要上好一节课，教师必须独立思考，自主备课，追求原创，教出新意，达到"常讲常新堂堂新"的境界，这正符合人文学科的特点。很多地方搞"同课异构异教"，大家觉得有趣，就是因为同一篇课文，不同的老师教，各有各的思路，各有各的风格，各有各的味道，然后听课的人通过比较就可以获得其中的学问，但前提是每个人的课都是原创的。现在，很多年轻教师总喜欢从网上下载别人的东西并不加思考地为己所用，这是极其有害的！这种行为固然可以得到一时之便，但长远看来，极其不利于钻研教材，获得真知，求得发展。刚就教席的青年老师，必须过三关，才可以胜任语文教学，即"教材关、教法关、课标关"，这三关里过"教材关"是最艰难的，但也是最最基础的，六册书过三轮就得坐九年冷板凳，而且没有捷径可走！我一直在推销我的一个观点，第一线的老师应当"把每一篇课文作为一个课题进行认真研究"，研究其重点、难点与亮点，研究适合他的教法学法与课型，从而大胆地不断尝试，做到精益求精，这才是教师的本分。

教学开始，我则提问导入，引起悬念：母爱是什么？收束教学，我就让学生回头思考课前老师提出的问题：母爱是什么？一方面前后照应，使整课浑然一体；更重要的是解释悬念，升华主旨。我创作了一首诗歌，这诗歌的内容和教学重点的内容"探究细节描写，感受伟大母爱"都是互相照应和环环相扣的。我让学生有感情地朗读这首小诗，学生读完，教师再次激情朗诵，将教学再次推向新的高潮。针对教材特点，我还创作了戏词《祭母》。把握作者失去至亲的悲痛欲绝的感情基调，高歌一曲，荡气回肠，将教学与情感再次推向了高潮，让学生在艺术的感染力中潜移默化地接受了人文教育。

（五）返璞归真生活课堂

教育的本质意味着：一棵树摇动另一棵树，一朵云推动另一朵云，一个灵魂唤醒另一个灵魂。如果教育未能触及人的灵魂，未能引起人的灵魂深处的变革，那么它就不能成其为教育。我把课堂变成了学生体验和演绎人生的舞台。真正做到了语文学习生活化。打造了寓知识教学和人文教育为一体的生活课堂，接地气，撼灵魂！

下图是孙春成上课的现场照片。

四、“全国初中语文名家精品课堂”华彩呈现

1995 年成立于泰山脚下的“全国青年语文教师联谊会”，为培养中国跨世纪的语文教育人才做出了极为重要的贡献。当年全国青语会的领头人，都是一群才华横溢的热血青年，他们“筚路蓝缕，以启山林”，成就了我国语文史上一段激情燃烧的传奇。他们各有建树，成就斐然，为广大同行树立了光辉的榜样！这群人里面有韩军、黄厚江、张玉新、肖家芸、张国生、李凤平、孙春成……22 年之后，他们来了，在深圳献课论道，与慕名来自全国各地的一千余名语文教师欢聚一堂，进行了一场空前的精神盛宴！同期来的还有我国语文教坛的常青树，年过 70 还叱咤风云在语文教学第一线的余映潮老师！这就是 2017 年 5 月 27－28 日在深圳如期隆重举行的由陕西师范大学基础教育研究院和《中学语文教学参考》编辑部主办，广东省深圳市龙岗区实验学校承办的“全国初中语文名家精品课堂教学展示活动”。

27日《中学语文教学参考》主编葛宇虹女士的欢迎词拉开了活动的序幕，她热情洋溢，回顾了“全国青年语文教师联谊会”的峥嵘岁月，配合着大屏幕上不断闪现的8位专家的个人介绍，点燃了全场一千余名语文老师们的热情。真是廿载教改谱华章，八贤齐聚显高招。

这次“全国初中语文名家精品课堂教学展示活动”有一个最大的特点，就是上课的老师，除了我以外，全部都是初中语文特级教师，唯独我只是一名高级教师。我在会上上了一堂名著导读课《骆驼祥子》。

（一）《骆驼祥子》教学实录：

时间：2017年5月27日

地点：深圳市龙岗区实验学校音乐厅

主题：全国初中语文名家精品课堂教学展示活动

执教：孙春成

师：同学们好！上课。

生：老师好！

师：同学们，今天我给大家上一堂名著导读课——《骆驼祥子》。小说就是讲故事的，课文说《骆驼祥子》讲了“旧北京人力车夫的辛酸故事”。

（板书：旧北京人力车夫的辛酸故事）

师：什么是“人力车夫”呢？我们看一段由张丰毅和斯琴高娃主演的同名电影视频就明白了。

【播放《骆驼祥子》电影里1分钟视频】

师：刚才的视频内容看明白了吗？老师把视频内容的台词整理出来了，大家看看，我叫两个学生分角色朗读一下：

祥子：小姑娘，车份。

虎妞：瞧你这旱鸭子，都淋出水来了！

虎妞：呵，瞧瞧……

祥子：今买卖不赖，车没闲着！

虎妞：车没闲着，可人受得了啊?！嗯！（递水喝）

祥子：哎——

虎妞：你要是这么玩命，吐了血可是你自个儿的事！

祥子：不玩命？几时才能买辆车啊！

虎妞：你呀，买车也得悠着点啊！当你是铁打的啊?！

祥子：就这么着，还得两年！

师：从这段对白中大家读到了什么重要信息？

生1：祥子拼命拉车挣钱，想买一辆属于自己的车。

生2：祥子拼命拉车挣钱，需要3年时间的奋斗才能攒足买车的钱。

师：太棒了！说得很好！

【投影小说片段】

祥子的衣服早已湿透，全身没有一点干松地方。隔着草帽，他的头发已经全湿了。地上的水过了脚面，已经很难迈步；上面的雨直砸着他的头与背，横扫着他的脸，裹着他的裆。他不能抬头，不能睁眼，不能呼吸，不能迈步……他要把车放下，但是不知放在哪里好。想跑，水裹住他的腿。他就那么半死半活的，低着头一步一步地往前拽。坐车的仿佛死在了车上，一声不出的任着车夫在水里挣命。

雨小了些，祥子微微直了直脊背，吐出一口气："先生，避避再走吧！""快走！你把我扔在这儿算怎么回事？"坐车的跺着脚喊。

病了，他舍不得钱去买药，自己硬挺着；结果，病越来越重，不但得买药，而且得一气儿休息好几天。这个困难，使他更咬牙努力，可是买车的钱数一点不因此而加快的凑足。整整三年，他凑足了一百块钱！

师：谁来读一读这一段文字？（**生读**）

师：不错！读得很正确，也很流畅。只是感情不够充分。要朗读出人物的思想，朗读出人物的情感，朗读出人物的心理，朗读出人物的态度。

师：谁来读读祥子说的这句话？——"先生，避避再走吧！"

生3：（**读得很大声**）

师：这句话的本意是什么？

生3：祥子求坐车的歇会儿。

师：这个"求"是怎么个求法？

生3：乞求。

师：既然是乞求，那还能像你刚才读得那样大声，显得理直气壮的样子吗？你再试着读读。（**这次学生读的声音压得很低，而且语速也稍微拉长了一点，比较到位。掌声**）

师：这次读得很棒。你看原作是说祥子"吐出一口气"而不是说出一句话呀，拉车是自己的本分，坐车的人肯定想赶路，你却乞求坐车人歇会儿，那肯定理亏，肯定怕挨骂，所以祥子都不敢正常说话，而是“吐出一口气”。

师：谁来读读乘客说的这句话？——“快走！你把我扔在这儿算怎么回事?”

生4：（这个学生初读很平实，但还是跺了两脚）

师：刚才祥子是低声下气，不敢大声说话，而客人则是“跺着脚喊”，盛气凌人，形成鲜明的对比。先探讨一下“跺着脚”，大家想想坐车的会跺几次脚?对，一次，而且这一次就胜过千万次，坐车的把自己的愤怒、反感和抱怨之情都裹挟在这一脚上了，狠狠地跺了一脚。然后我们看坐车的是怎么说话的？对，是“喊”！其实就是“吼”出这句话：“快走！你把我扔在这儿算怎么回事?”

师：带着这样的理解，你再读读看。

生4：（他使劲跺了一下，用浑身解数大吼道：“快走！你把我扔在这儿算怎么回事?”果然读出了愤怒。掌声）

师：谁来给这段文字起个小标题?

生5：祥子拼命拉车挣钱。

师：意思对，但不够简洁，谁来用四个字概括一下?

生6：祥子挣钱。

师：已经不错了！谁能更简洁一些，用两个字概括?

生7：挣命。

师：很好。大家看看，把“挣命”改成“挣车”是不是更好啊?

生（齐）：是!

（板书：挣车）

【投影小说片段】

祥子的手哆嗦得更厉害了，揣起保单，拉起车，几乎要哭出来。拉到个僻静的地方，细细端详自己的车，在漆板上试着照照自己的脸！越看越可爱，就是那不尽合自己的理想的地方也都可以原谅了，因为已经是自己的车了。他坐在了水簸箕的新脚垫儿上，看着车把上的发亮的黄喇叭。他忽然想起来，今年是二十二岁。因为父母死得早，他忘了生日是哪一天。自从到城里来，他没过一次生日。好吧，今天买上了新车，就算是生日吧，人的也是车的，好记，而且车既是自己的心血，简直没什么不可以把人与车算在一块的地方。

师：谁来读一读这一段文字?

生7：（读得很好，还很有感情）

师：谁给咱们表演一下：“祥子的手哆嗦得更厉害了，揣起保单，拉起车，几乎要哭出来。拉到个僻静的地方，细细端详自己的车，在漆板上试着照照自己的脸！越看越可爱。”

生 8：（只专注于“试着照照自己的脸”，对着“漆板”看来看去，再无所事事）

师：祥子为何“手哆嗦得更厉害了，揣起保单，拉起车，几乎要哭出来”？

生 8：祥子很激动。

师：祥子为何要将车“拉到个僻静的地方”？

生 8：祥子很珍爱自己的车，只怕被谁蹭坏了他的车。

师：祥子“在漆板上试着照照自己的脸！越看越可爱”。是谁可爱？

生 8：车可爱！

师：作者明明说祥子“在漆板上试着照照自己的脸！越看越可爱”啊？

生 8：祥子这会儿“照照自己的脸”的主要的目的是在欣赏自己的新车呀！

师：你真是太聪明了！22 岁的祥子，父母双亡，来到北平，当人力车夫，挣命攒钱，整整三年，才凑足一百块钱，买了辆新车，用现在时髦的话讲就是，祥子当上“老板”了呀！可以说他的事业、他的人生都到了一个高峰，他怎能不激动？基于这样的理解，你再给大家表演一下好吗？要表演出祥子的“激动”和对车的“珍爱”之情。

生 8：（这次表演很成功，他不仅尊重了原作，而且还有自己的发挥和再创作，他一边“细细端详”，还自言自语道：“哇，你看这漆板亮堂得简直是一面镜子，真是太漂亮了，太美了！我可得好好拉它挣一大把钞票啊！”——掌声）

师：谁来给这段文字起个小标题？

生 9：买车。

师：很好！

（板书：买车）

【投影小说片段】

还没拉到便道上，祥子和光头的矮子连车带人都被十来个兵捉去了！……

他的车，几年的血汗挣出来的那辆车，没了！自从一拉到营盘里就不见了！以前的一切辛苦困难都可以一眨眼忘掉，可是他忘不了这辆车！

吃苦，他不怕；可是再弄上一辆车不是随便一说就行的事；至少还得几年的工夫！过去的成功全算白饶，他得重打鼓另开张打头儿来！祥子落了泪！他不但恨那些兵，而且恨世上的一切了。“凭什么把人欺侮到这个地步呢？凭什么？凭什么?”他喊了出来。

师：谁来读一读这一段文字?

生10：(读得很流畅，只是缺乏情感)

师：天有不测风云，人有旦夕祸福。祥子辛苦三年，攒钱买车，不料竟被宪兵抢走，理想横遭破灭。真是乐极生悲，万念俱灰！可以说他的事业、他的人生由高峰一下子又跌到了谷底。祥子此时此刻，由愤怒到痛苦，由痛苦到绝望，再由绝望到无奈，再由无奈化为仇恨——他“恨世上的一切了”。要读出他这复杂的心情，尤其要读出他的仇恨。

师：我给你们示范一下。(示范)我用了两种读法：一是深沉法。带着哭腔，声音低沉沙哑，语速较慢，咬狠“欺侮”俩字，最后绝望地瘫痪在地上。二是激情法。带着哭腔，声音高亢沙哑，语速较快，后一句“凭什么?”读得调子比第一句更高，咬狠“欺侮”俩字，最后绝望地呼天抢地面对黑板捶打墙壁！两种读法，相映成趣，殊途同归。(掌声!)

师：你再来一下!

生10：(进步很大)

师：谁来给这段文字起个小标题?

生11：丢车!

师：妙!

(板书：丢车)

师：你想知道为什么“祥子”叫“骆驼祥子”吗?你想知道“祥子的爱情和婚姻”吗?你想知道祥子的“命运”吗?你还想知道小说里其他人物的故事吗?

生(齐)：想!

师：那就请你阅读《骆驼祥子》吧!

师：今天的作业——发挥想象，续写《丢车之后》。

师：今天的课就上到这里。下课!

生：老师，再见!

《中学语文教学参考》2017年第7期刊登了龙岗区外国语学校王芹老师的课评《牵一匹祥子的骆驼，引学子走向绿洲——观孙春成老师〈骆驼祥子〉名著导读课有感》：

名著，因其厚重的人文思想和极高的艺术价值让它成为经典，然而，已经习惯了“碎片化阅读”的当代初中生在它面前却望而生畏。让学生了解经典，爱读名著，成为初中语文教师一份沉甸甸的责任。作为一种全新的课型——名著导读课应运而生。名著导读课导什么？怎么导？在名著导读课的探究之路上，在多少初中语文教师仿佛置身于沙海，觉得前途朦胧而渺茫之际，远方传来了激动人心的驼铃声，只见孙老师牵着他的“骆驼”——《骆驼祥子》的导读课，从从容容地走来，带着大家穿越广漠无垠的沙漠，走向一片辽阔的绿洲！

（二）导入：心随“课本”去

语文特级教师于漪说过：“课的开始好比提琴家上弦，歌唱家定调，第一个音定准了，就为演奏或歌唱奠定了基础。”怎样给《骆驼祥子》的名著导读课定调？依从知人论世的原则，从作家简介入手，学生没有第一手的资料，难免产生距离感；从作品的主要人物、故事情节讲起，一部中篇小说的人物和故事又岂是三言两语能说得清的？但凡研究过名著导读课的教师往往都会纠结在导入环节的设计上，且看孙老师是如何导入的：

孙老师：简单点说，你认为读一部小说就是在听一个作家在干什么？

生：讲故事。

孙老师：对啊，今天，我们就要一起来看一个故事，这个故事读来让人有辛酸之感。（说完，大屏幕出示“旧北京人力车夫的辛酸故事”的字幕）

孙老师：同学们能猜一猜这个故事的主人公是干什么的吗？

生：人力车夫。

孙老师：真聪明！他是什么时候的人力车夫呢？

生：旧北京！

孙老师：旧北京时的人力车夫，相当于我们现在看到的什么人？

生：司机。的士司机！（学生争相回答）

李白在《赠何七判官昌浩》有诗云“心随长风去，吹散万里云”。在寻找名著导读课的突破口时，孙老师没有任何花哨的铺垫，心随“课本”去，吹散万里云。孙老师以语文课本中《骆驼祥子》名著导读的标题为抓手，带着学生迅速拨开迷雾，马上走进作品，整体感知全书内容，亲近小说中的人物，了解时代背景和故事情节。学生完全没有那种要读“大部头”的畏难之感，一句“相当于我们现在的的士司机”让时代的距离感也消失殆尽。如果没有对初中语文课本的万分熟悉，没有对初中生学习现状、学习心理的深刻洞察，是很难有如此言简意赅、深入浅出的创造性设计的。

（三）主线："大漠孤烟直"

一节仅四十分钟的课堂，当老师的该如何在极其有限的时间里把一部十几万字的小说介绍给学生？就像行走在沙漠中的人总是担心找不到扶摇而上的狼烟一般，语文教师在名著导读课上总是容易迷失方向，找不到线索。而孙老师的这堂课都被教学"线索"贯穿着，内容紧凑，活动充分，表现出立体教学的明显特点。

就祥子而言，车是他的命，有车时，他是自尊好强，吃苦耐劳，凭自己的力气挣饭吃的；没了车，他便丧了命般，成了自暴自弃的行尸走肉。小说的线索是"祥子三次买车，三次丢车"，孙老师这堂课的主线也是"祥子与车的故事"。孙老师尊重作品，潜心揣摩，删繁就简，没有停留在理清蛛网式的人物关系和主题思想的挖掘上，而是将"祥子与车的故事"提炼出来作为贯穿课堂始终的主线，继而探讨人物命运，思考作品主题，一方面带动整部小说的阅读理解，另一方面又牵动课堂导读活动生动有序地进行。

李渔说："不效美妇一颦，不拾名流一唾。"即便是在故事情节的教学处理上，我也不得不佩服孙老师的勇气和独特视角。很多参考书，包括语文课本上在介绍小说的情节时只是简单提出了祥子买车时的"三起三落"，即三次买车和三次丢车，而孙老师不唯权威，不唯课本，创造性地提出了在"买车"前得加入"挣车"这一情节。"挣车"？听起来新鲜，但细思又顺理成章，且觉得它特别重要，因为于小说而言，没有祥子的"挣命"式的拉车，他根本无法买到车；于课堂教学而言，不重点引导学生读"挣车"部分，学生也就无法认识到起初祥子如骆驼一般的健壮、坚忍。孙老师有了对小说深度剖析的基础，围绕祥子"挣车—买车—丢车"这一主线展开教学，环环相扣，抽丝剥茧，使小说情节的分析更加完整合理，使课堂有了很强的张力。

（四）朗读：不破楼兰终不还

老舍是语言大师，他创造性地运用北京市民的口语，给通俗朴素的文字又增添了"亲切、新鲜、恰当、活泼的味儿"，老舍说："《祥子》可以朗读，它的语言是活的。"孙老师十分擅长朗读，又是指导学生朗读的大师，他也一直提倡语文教师以读代讲，以读促悟。因此，在指导学生读《骆驼祥子》时，孙老师更是运用各种技巧激发学生的朗读兴趣，指导学生读出感情和韵味，有着"黄沙百战穿金甲，不破楼兰终不还"的执着。

配音式朗读激趣。在学习祥子"挣车"时，孙老师先让学生观看了电影视频短片，然后让三组学生模仿电影中的男女主角，对这一片段中祥子和虎妞的对话作了配音式朗读的处理。这样的朗读指导比较准确地对接了文学作品与电影视频，又准确地把握了初中学生的年龄特点。学生在配音式朗读的过程中走入主人公内心世界的欲望被激发，心扉被拨动，祥子“挣车”时的吃苦耐劳、积极乐观在学生一次又一次的朗读中被感知体会。整个训练的角度新颖，形式活泼，重点突出，时间减省。

表演式朗读入境。祥子终于有了自己的车了！祥子将自己的生日干脆定为自己真正拥有洋车的这一天，这其中的无法抑制的辛酸、兴奋、激动该怎样让学生领悟到呢？在学习祥子“买车”时，孙老师引导学生抓住“手哆嗦得更厉害了”“在漆板上试着照照自己的脸”“越看越可爱”等细节进行深化，让学生走上讲台尝试表演祥子当时“喜欲狂”的样子。同样，在感受坐车人不顾祥子的死活，“跺着脚”呵斥祥子，要他快走这一片段时，孙老师让朗读的学生把自己当成坐车人，表演“大声呵斥”“跺一脚”。在阅读、写作的体验上，学生在平时积累更多的是一种停留在文字上的间接经验，而孙老师的这一设计从文本中来，又跳出文本，将学生引向直接体验生活，直接感受生活中的人与事的路上，极大地丰富了学生的情感体验。

示范性朗读指导。祥子的车丢了，祥子再没有生活的出路了！祥子丢车连呼两声“凭什么？凭什么？”难“逃”孙老师法眼。学生齐读、个别读都没有读出祥子的悲怆时，孙老师及时示范，指导朗读。孙老师先用一种低沉的、悲痛的哭腔颤抖地朗读了一遍，这一遍，读得深沉，如泣如诉，学生可以从老师的范读中看到祥子的垂头丧气，进而体会到他此时的麻木、潦倒；第二遍，孙老师完全放开了读，只见他化身为祥子，向着苍天，向着那个“吃人的社会”大声呐喊：“凭什么？凭什么？”声嘶力竭地呐喊后，无力地“倒”在一旁。孙老师的示范，给予学生强烈的艺术感染力。

以前听孙老师讲古文，讲诗词，讲寓言，每次都觉震撼如雷霆，酣畅淋漓，余味无穷。这次孙老师作《骆驼祥子》的导读课，其眼光之独到，剪裁之精致，设计之巧妙让人不禁击掌称快，为之叹服！一节四十分钟的课，观课教师的掌声、笑声二十余次，结束后，老师们仍沉浸在课堂氛围之中，久久不能自拔。

五、指导青年教师参加课堂教学大赛蝉联全省三届冠军

2010 年指导刘洋参加“文言文课堂教学大赛”，荣获深圳市和广东省双料冠军。2012 年指导刘洋参加“全国第二届初中语文教师教学基本功展评活动”，荣获一等奖。2012 年指导赵查参加“古典诗词课堂教学大赛”，荣获深圳市和广东省双料冠军。2014 年指导赵查参加“全国第三届初中语文教师教学基本功展评活动”，荣获二等奖。2014 年指导刘毅参加“童话寓言课堂教学大赛”，荣获深圳市和广东省双料冠军。2016 年指导刘毅参加“全国第五届初中语文教师教学基本功展评活动”，荣获二等奖。

在指导青年教师上，我们有许许多多的故事，这里我想谈谈刘毅。客观来说，在我们龙岗区初中语文教师队伍里，刘毅基础不是最好的，起点也不是最高的。记得我第一次听他讲课，印象特别深，教学设计前紧后松，虎头蛇尾；教学内容，散乱无章，没有重点；教学态度，大大咧咧，比较随便。说实话，我当时并没看出他会有多大的奔头。可是，起点并不等于终点，基础并不代表努力，成功往往属于那些永不服输、永不懈怠、永不放弃、永远努力的人。

2008 年我接任龙岗区初中语文教研员后，就开始了语文教学课型的专题探究，结合深圳市和广东省两年一届的初中语文课堂教学大赛主题，大致两年一个周期，一个周期探索一种课型。在课型探究过程中，我率先拿出课型方案试教，经过反复试教，寻找规律，究竟怎样的教学结构和程序是最优化的？所以，送课下校对我来说就是家常便饭，我每次送课下校，都会在我区初中语文中心组成员 QQ 群里发个小帖子，刘毅几乎一次不落地跟着听我的课，并做详细的笔记。后来，他干脆扛着摄像机，摄录我的课；问他原因，他只是笑笑说：“这样便于我回去反复学习研究。”

2017 年我生日之际，他递给我一本名为《语文教学艺术的精彩演绎——孙春成语文课型理论写真与欣赏》（山西教育出版社 2017 年出版）的书稿呈我审阅，说山西教育出版社要正式出版，并要求我为之作序，我不得不震撼了！他告诉我，这本小书就是他这几年追随我学习的结晶，也是给我最好的生日礼物。于

是，我感动了！这本书无疑是对我的拙著《语文教学十大创新课型》的丰富和补充，课例从数量上而言比我的还多5课；又是对我的拙著《语文教学十大创新课型》的发展，课型比我的还多2个课型！刘毅做了件我想做但还没有来得及做的非常有意义的研究和总结工作，从这个意义上来说，我的确应该感谢刘毅的付出和辛劳。刘毅给我的生日礼物太珍贵了！仿佛让我获得了重生，我必须用我的生命好好珍藏！

我经常和刘毅等年轻老师在一起互相探讨语文教学，互相启发，从中也获益匪浅。在探讨童话寓言教学的规律时，我们总结出了“童话寓言三析法课型”规律；在探讨语文课堂教学的标准时，我撰写发表了论文《语文课堂教学评价需要“标准化”》。

2014 年，刘毅在深圳市童话寓言教学比赛中脱颖而出获得冠军，随后又在广东省初中语文童话寓言教学优秀课例观摩活动中执教童话《谁是最幸运的》一举夺魁，2016 年他代表广东省参加全国第五届初中语文教师教学基本功比赛获得二等奖的好成绩。这一路“过五关斩六将”地拼搏过来，收获的其实就是他的努力！功夫不负苦心人！人的努力和收获总是成正比的，这是世界上最公平的法则。

唐宋八大家之首的韩愈有句治学名言：“书山有路勤为径，学海无涯苦作舟。”意思是，如果你想要成功到达高耸入云的知识山峰的顶端，勤奋就是那登顶的唯一路径；如果你想在无边无际的知识海洋里畅游，耐心、竭力、刻苦的学习态度将是一艘前行的船，能够载你驶向成功的彼岸。在读书学习的道路上，没有捷径可走，也没有顺风船可驶，如果你想要在广博的书山学海中汲取更多更广的知识，勤奋和刻苦是必不可少的，也是最佳的条件。这句诗作为座右铭激励了一代又一代的年轻人，学习上哪怕有些笨，但是只要勤奋，就会有所收获，走向成功。教学何尝不是如此呢？刘毅老师的成长岂不很好地证明了这一点？实践证明，在我们龙岗区初中语文教师队伍里，刘毅的确是一个特别努力特别勤奋的人。他的努力和勤奋令人感动！他的努力和勤奋收获累累！

在参加广东省初中语文童话寓言教学优秀课例观摩活动中，刘老师和学生探讨“怎样才能成为一个最幸运的人”时达成了共识：越努力，越幸运！我看此话就很适合刘毅老师。试想，一个三十来岁的小伙子，能在教学上取得如此佳绩，不努力何来幸运？我必须要为刘毅点赞！我觉得年轻教师非常值得学习刘毅的钻劲、韧劲和拼劲！我和刘毅的师徒之情，在他的《语文教学艺术的精彩演绎——孙春成语文课型理论写真与欣赏》一书的后记里可见一斑：

至今我依然记忆犹新，孙春成老师2008年接任深圳市龙岗区教育局教研室初中语文教研员时，第一次召开全区全体初中语文教师大会，在讲坛上给我们展示了两样东西：一捆是他大学刚毕业初就教席所记的30本教育教学笔记本，大16开，合计两千余万字；一捆是他撰写出版的16本关于语文课堂“立体教学”的专著。这让听会的老师无不感到震撼！我当时立即被孙春成老师征服了，暗下决心，要拜孙老师为师，做一个有所作为有所成就的语文老师。

后来才发现，孙老师不只是理论有一套，还经常身先士卒，给老师上示范课，而且课上得有板有眼，十分精彩，令人拍案。其实，孙老师以前也没教过初中语文，初中语文教材他根本不熟，但是，孙老师只要听一次你的课，就等于备课了，可以直接在下一节给我们上示范课了，而且课上得举重若轻，驾轻就熟，行云流水，令人心悦诚服。能做到这一点，无不令每一位语文老师佩服和感动！我又想，如果真能成为孙老师的徒弟，那该多好啊！

时光如梭。一晃孙老师给我们当教研员都5个年头了，拜孙老师为师我还是缺乏勇气。我曾经精心准备了一节语文课，主动邀请孙春成老师来我校给予指导，希望能给孙老师一个好印象。谁知，孙老师听了我的拜师课以后，评课令我大失所望，甚至心灰意冷。孙老师说我的课像东北乱炖，没个章法，没有重点，而且批评我教态不够端正，有点老油条的感觉。孙老师的评课，给我当头棒喝，警醒了我！我深知自己的先天不足，必须急起直追。为了虚心向孙老师学习，力争学到真经，我总是紧跟孙老师的步伐，一刻也不敢懈怠。一开始，我只是拿本听课本，孙老师到哪里讲课，我就跟到哪里听他的课，做非常详细的笔记。后来，我发现光做听课笔记还不行，因为孙老师的课需要不断地反复研究，才能悟出其中的奥妙，于是，我就提着摄像机，孙老师到哪里讲课，我就跟到哪里摄录，回去再反刍再研究再琢磨再学习再慢慢地感悟，天长日久，日积月累，我就掌握了孙老师的很多第一手教学资料，同时，也从中获益良多。这也就是这本书诞生的一个基础和简单的过程吧！

庆幸的是，2013年11月，在扬州我们和孙老师一同参加全国中学语文第四届“圣陶杯”中青年教师教学观摩活动，午饭之间，孙老师居然同意收我为徒。后来，也许是师父见我诚心可嘉，就把他曾经读过的一些古今中外的教育教学名著都赠送给了我，并谆谆告诫我说，要想有所大成，必须站在巨人的肩膀上成长，要先学习先哲的教育教学智慧，然后再谈创新，没有继承就不可能有发展有创新。师父还说，没有深厚的教育教学理论功底，就没有敏锐深刻的理论思维，就永远做不了大学问，甚至连别人的成果都吃不透。

在做人上，师父对我们的要求十分严格，甚至可以说比对自己的孩子的要求都严格。在和师父的交往过程中，我听他说得最多的两句话就是："先做人再教书！""你的课一定要有型！"这两句话几乎成了孙春成老师的口头禅。孙老师告诉我们，教师是全世界最高尚的职业，做老师要为人师表，所谓"教书育人"应该是"育人教书"，育人是目的是关键是核心，"育人"在先，"教书"在后，尤其是语文老师，因为语文本身就是教学生做人的一门课程。语文课本里收录的课文，都是古今中外的经典之作，教语文就等于每天在和这些文学家、思想家在交朋友在聊天在接受教育、熏陶和洗礼，所以，做一个语文老师应该感到很幸福，应该享受这个职业。至于上课，一堂课就像一篇优美的文章，课一定要有一个整体的系统的设计，一定要有灵魂，语文课堂教学是艺术，要给人一种美的熏陶和享受；同时语文课堂教学又是科学，要有章法，讲不同的文体都要有其课型，不能信马由缰。

师父所说的"你的课一定要有型"就是他这 10 年来引领我们研究的每一种文体的课型，也就是山西教育出版社出版的他的专著《语文教学十大创新课型》，书中对每一课型从概念、结构和程序、使用的教学方法、适应的教学内容及特点诸方面都做了简明扼要的阐释，并配一典型课例加以具体介绍，而且理论与实践有机结合相辅相成，符合语文课堂教学规律与新课标精神，操作性强，有利于教师优化语文课堂教学结构，提高语文课堂教学效益。只是书中的"典型课例"比较少，对于老师理解师父的每一种课型课例比较单一，如果能够增加一些课例，岂不更加有利于第一线的老师理解师父的"课型"学说，也更加有利于老师的学习掌握与运用？尤其是结合我跟随孙老师多年的学习经历，深知孙老师的语文课堂教学的艺术性和科学性是实实在在的学问，实实在在的经验，具有划时代的先进性和可学习可操作性，非常值得第一线的语文老师学习和借鉴！我敢说，凡是看了孙老师《语文教学十大创新课型》一书者，就没有不为这本书的精彩而叫好的！就没有不为这本书的创新而折服的！就没有不为这本书的实用而珍藏的！基于这样的思考，我便把我近几年跟随师父学习的课例整理成书，付梓出版，以飨读者，希望广大语文老师不吝赐教。

需要特别强调的是，本书除收录了《语文教学十大创新课型》里的 10 种课型的教例之外，我还增加了孙老师的另外两大课型，即"指导学生互相评改作文课型”和“专题性复习课型”，共15个课例。尤其是“指导学生互相评改作文课型”必须加入本书，因为它对我们龙岗区初中语文作文教学的影响实在是太大了。2008年孙老师接任我区初中语文教研员之后，他率先在全区上“指导学生互相评改作文”示范课，并做专题报告，面向全区推广他二十多年前的指导学生互相评改作文经验（1989年第3期《语文教学论坛》发表的孙春成获得全国一等奖论文《指导学生批改作文的理论与实践》），因为这些经验与新课标精神不谋而合。全日制义务教育《语文课程标准》明确指出：“养成修改自己作文的习惯……能与他人交流写作心得，互相评改作文，以分享感受，沟通见解。”其目的就是还作文批改权于学生，将语文老师从繁重的作文批改中解放出来，可谓胆识过人，魄力非凡！至今效果很好。

本书在成书的过程中，孙老师不仅给我提供了宝贵的第一手资料，如教学设计、教学课件等，而且还对本书提出了许多合理的意见或建议，甚至对部分书稿还进行了审校、修改与润色。在此，我要特别感谢孙春成老师给予我真诚、无私的大力支持与帮助！正是孙老师如此多的精彩课例，才给我和大家提供了如此好的学习机会！

我更要特别感谢孙春成老师对我的精心培养和无私帮助！2014年我先后代表龙岗区参加深圳市和广东省初中语文“童话寓言”教学大赛，一举夺得双料冠军；2016年又代表广东省参加全国第五届初中语文教师教学基本功比赛获得二等奖。

这一路走过来，每一次都离不开孙老师的陪伴、指导和帮助！这一路走过来，让我收获了许多经验、成长和自信！这一路走过来，孙老师让我感动的故事有许多许多！最难忘的还是参加广东省的教学比赛，那的确是一场硬仗！

赛前准备特别煎熬人，也特别考验人。广东省的“童话寓言”教学比赛，是在比赛前一周给参赛教师提供课外的5篇童话寓言，然后到比赛的前一天抽签，在这5篇童话寓言里，你抽到哪一篇，比赛时就讲哪一篇，赛制非常严格。也就是说，如果想在省里比赛取得优异的成绩，必须在一周之内对大赛组委会提供的5篇童话寓言全部有一个精心的准备。尤其是童话寓言教学，平时都不够重视，究竟如何教学才高效？如何教学才出彩？谁心里都没底。孙老师安排我一天一篇，晚上备课，次日试教。每一天，孙老师自驾私车早早就到我们学校来了，第一件事就是看我的课件，看我的教学设计，然后又拿出他的教学课件和设计，与我共同磨课。课磨好了，我就试讲，试讲完了，接受孙老师的具体指导；然后再观摩孙老师亲自给我的示范课；然后我再试讲。如此这般，这般如此，折腾了几天，觉也睡不好，饭也吃不香，几乎小死了几次；到最后那一天，我站在讲台上都打哈欠。我一个30出头的年轻人都吃不消，更何况孙老师已是接近六旬的人了呢？可是，孙老师的确没显得丝毫的疲惫，反而是精神矍铄、兴致盎然地和我磨课。支撑他的无非就是一份责任心和事业心！他告诉我，什么是“凤凰涅槃，浴火重生”。自己是过来人，体会更深。传说中，凤凰是人世间幸福的使者，每五百年，它就要背负着积累于人世间的所有痛苦和恩怨情仇，投身于熊熊烈火中自焚，以生命和美丽的终结换取人世的祥和与幸福。同样在肉体经受了巨大的痛苦和轮回后它们才能得以重生。垂死的凤凰投入火中，在火中浴火重生，其羽更丰，其音更清，其神更髓，成为美丽辉煌永生的火凤凰。此典故寓意不畏痛苦、义无反顾、不断追求、提升自我的执着精神。任何人，在成功的道路上，都没有捷径可走。要想比别人优秀，就得比别人付出更多，付出越多，收获越多，成长越快，这就叫越努力，越幸运！

2014年12月7日，到珠海了，我抽的签是最后一天早上第二节课，属上上签。即比赛是8－10日，我是10日参赛。也就是我在比赛前还有两天的备课时间。比赛已迫在眉睫，孙老师当然不会放过这样的好机会，他托人给我联系了两所学校，让我每天试教一次，并给以点评指导。他说，课不怕多上，多上一次就熟悉一次，就进步一次；语文课要常讲常新堂堂新，这是永无止境的！从来没有绝对的尽善尽美的语文课，只有对尽善尽美的语文课的绝对努力！用一句广告语说就是：没有最好，只有更好！我抽的课是一则安徒生的童话《谁是最幸运的》，是讲五朵玫瑰花都经历了不同的人生，但都认为自己是最幸运的那一朵。它告诉我们一个道理：“每朵玫瑰花相信，同时也认为自己是最幸运的，而这种信心也使得它们幸福。”比赛当天一大早，我还没起床，孙老师就敲我房门了。孙老师捧着一朵鲜艳的玫瑰花，告诉我：“你讲课时，把这朵花藏在你西服左边的口袋里，讲课中间，如果哪位女同学朗读得好，你就突然拿出这朵花赠送给她，并表扬她‘你朗读得就像这朵玫瑰花一样漂亮！老师将这朵幸运的玫瑰花赠送给你！’”原来，孙老师一晚上都没合眼，一直在琢磨这堂课如何讲得富有新意，如何能讲出最佳的效果。他早早起床，去早市专程买了这朵玫瑰花！孙老师敬业爱岗的精神、追求完美的精神、爱徒如子的精神，无不令人动容！可以说，我在语文课堂教学上的每一步成长和进步，几乎都是孙老师手把手亲自教给我的。

无独有偶。我在参加广东省“童话寓言”教学比赛中讲的是安徒生的童话《谁是最幸运的》，课后我布置作业，请以《第六朵玫瑰花》为题续写童话。现在我感觉我就是那朵最幸运的“第六朵玫瑰花”！只是我并非童话里的主人翁，而是真实的童话故事里的那一个最最幸运的人！幸福之感油然而生！感恩之情油然而生！

六、创建语文“课型”填补了国内学术空白

在教学第一线听课，我发现了一个普遍现象：许多教师上课，胸无全局，时间分配失调，前松后紧或前紧后松；教学内容轻重倒置，结构松散，导致教学目标难以落实，教学效率不高。究其原因，就是因为课堂教学没有一个合理的结构和程序，缺乏整体优化。如何才能克服此类弊端？那就必须学会创建语文课型。

课型是指课堂教学中最具有操作性的教学结构和程序。现代教学理论认为，教学过程的结构是课型分类的主要依据之一，特定的课型必然有特定的教学过程结构。对课型的研究与创建，有助于教师更好地掌握各种类型课的教学目的、教学结构、教学方法等方面的规律，提高教学设计、实施和评价的能力，提高课堂教学效率。能否针对教学实际创建具有自己独特个性的课型，是衡量一个教师教学水平高低的重要标志。

课型具有很强的可操作性。课型是将教学方法、教学手段以及教学组织形式融为一体的策略体系。它可使教师明确应先做什么，后做什么，先怎样做，后怎样做等一系列具体问题。教师可根据教学的实际需要选择运用。

苏联教科院院士马赫穆托夫认为：“课的结构是作为一种有益的组织知识，作为一种指示和标准理论而被人们理解和运用的。”树立教学结构和程序意识，注重课的“组织知识”和“标准理论”的研究，对于克服教学的随意性、优化课堂教学结构与过程举足轻重。

每种课型都有其适应性和局限性。因为不同的课型所完成的教学目标、使用的操作程序不同，评价的标准和方法也不尽相同。正如苏联教育家巴班斯基所说：“每一种教学方法，从本质上看，都是辩证的。就是说，每一种方法都有自己的优点和不足之处，都能有效地完成某些任务，而不能有效地完成其他任务，都有助于达到某些目的，而不利于达到其他目的。”课型亦然。

显然，笔者所论课型并非一般意义上的单一课型，诸如新授课、练习课、复习课、讲评课、实验课等，而是指教学模型。长期以来，语文教学少、慢、差、费，效率低下，人所共知。教学实践迫切呼唤创建科学的课型，以优化课堂教学

结构，提高教学效率。

怎样根据语文教学内容来创建适合各种文体的教学课型？这是个理论性与实践性都很强的重大课题。如散文、小说、文言文、古典诗词、寓言童话、名著导读、作文、说明文、议论文等，究竟怎样教学才会高效？这一系列问题是最现实、最迫切需要解决的教学难题。

2017 年 3 月，山西教育出版社出版了我的《语文教学十大创新课型》。本书所创建的十个课型，正是笔者多年语文教学课型理论研究和实践探索的结晶，创造性地解决了这些问题。书中对每一课型都从“概念”“结构和程序”“适应的教学内容”及“特点”诸方面做了简明而具体的介绍，并配一典型课例分五大块具体介绍，即“教学设计”“教学课件”“教学实录”“教学板书”“教学构思”。纵观书中每一课例，都有如下共性：一是“教学目标”定位二维化，兼具“工具性”与“人文性”，确保了语文性质的实践意义。二是“教学内容”安排量力而行，一课一得，40 分钟干 40 分钟的活。三是“教材处理”突出重点，突破难点，体现亮点。四是“教学设计”追求创新，突出主旨；环节清楚，环节之间具备科学合理的逻辑联系。五是“教学方法”注重启发、点拨、引导、发散学生思维，更重视朗读，以读代讲，以读促析，以读悟情。六是“教学语言”除了准确、简明、风趣、有激情外，更注重鼓励性。七是“教学提问”要有探讨价值，让学生“跳起来能摘到果子”。八是“教学结构”读写结合，浑然一体。九是“教学板书”简明扼要，符合纲要的信号原则。十是“教学过程”师生互动和谐有效，能激发学生学习兴趣，启发学生独立思考。

本书所涉课型理论与实践有机结合，既符合新课标精神，又符合语文教学的本质和规律，实用性强，便于操作，有利于语文课堂教学的最优化，有利于语文教学质量的提高，有利于语文教师教学水平的提升。本书所涉课型完全属于独创，填补了我国语文教学以教学内容为基点构建课型的学术空白。

《语文教学十大创新课型》很受第一线的老师好评和热爱，出版不到两年，已经再版 3 次。

七、“立体教学”荣获国家级教学成果奖

功夫不负苦心人。继 2017 年“语文课堂立体教学策略体系”荣获广东省教育教学成果奖（基础教育）一等奖之后，2018 年“语文课堂立体教学策略体系”又荣获基础教育国家级教学成果奖二等奖（中华人民共和国教育部官网 2019 年 1 月 21 日“教师〔2018〕21 号”文件《教育部关于批准 2018 年国家级教学成果奖获奖项目的决定》之“附件：2018 年国家级教学成果奖获奖项目名单”里第 288 项为孙春成之获奖成果“语文课堂立体教学策略体系”）。

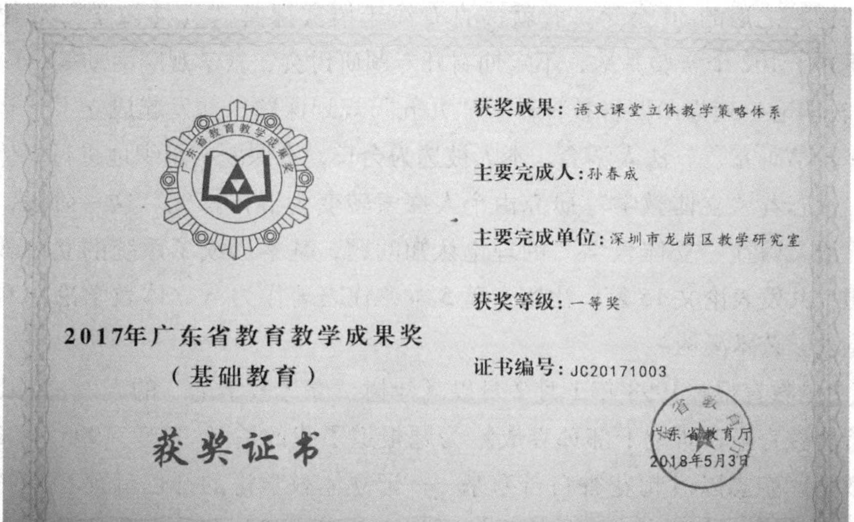

现将《“语文课堂立体教学策略体系”成果报告》刊发给大家，欢迎批评指教。

（一）问题的提出

国家 2001 年全面进行新课程改革之前，先行在两省（山西省、江西省）一市（天津市）的高中学段进行新课程改革试验，当时我就在山西省运城地区教育局教研室做高中语文教研员，已经是一名冲锋在新课改前沿的“战士”了，

35 年如一日，坚守至今，执着于语文课堂教学规律的研究，出版专著 22 本，发表论文 46 篇，创建了系统、科学、完整和操作性强的“语文课堂立体教学策略体系”，以期在语文课堂教学中实现新课程的终极目标：培养学生的创新精神和能力。

（二）解决问题的过程与方法

35 年的教研实践，大致经历了三个阶段，即从实践到理论→再从理论到实践→再从实践到理论，创建了独具特色的“语文课堂立体教学策略体系”，有利于培养学生的创新精神和能力，有助于提高语文教师的课堂教学水平，有利于大面积提高语文课堂效益。

第一阶段（1986—1998 年）：从实践到理论，属“立体教学”理论形成时期。是我在临晋中学和运城行署教育局教研室工作时期。从 1986 年全国中学语文教学研究会会刊《语文教学论坛》第 6 期发表了我的第一篇论文《“立体教学”初探》之后的 30 余年，我就一直专注于语文课堂“立体教学”规律的研究。建立了 102 个实验基地，不定期召开专题研讨会、教学观摩活动等。1997 年“立体教学论”列为山西省教育科学“九五”规划课题，并发起成立了“运城地区立体教学研究会”法人学会，本人被选为会长，有课题有组织地进行立体教学实验，标志着“立体教学”研究由个人探索转变为群体探究。这一阶段，主要解决了语文课堂“立体教学”的理论认知问题，基本形成了系统的立体教学理论思想，共发表论文 15 篇，出版专著 5 本，代表著作为《立体教学论》和《语文课堂教学艺术漫谈》。

《中国教育报》1998 年 1 月 2 日以《建树“立体教学论”的人——记山西省运城行署教育局教研室干部孙春成》为题报道了我的治学事迹。1995 年《中学语文教学》杂志以《梅花香自苦寒来——记立体教学论的开创者孙春成》为题报道了我的研究事迹。1998 年第 5 期《语文教学通讯》杂志封面人物，并辟专栏介绍了立体教学经验。

第二阶段（1999—2008 年）：从理论到实践，属“立体教学模式与方法体系”形成时期。是我在龙岗区任小学语文教研员的 2 年和在龙岗中等职业技术学校任教的 6 年时间。侧重进行了《立体教学论》的可操作性研究，解决了好理论能够让第一线的老师一看就会用、一用就有效的问题。自学研究教学模式理论，创建了语文课堂立体教学模式策略体系。共发表论文 9 篇，出版专著 11 本，代表作有《语文课堂立体教学模式》《语文课堂问题教学策略》《新语文课堂：探究教学法》《语文研究性学习：学与教融合的策略》《语文反思性教学策略》等。2003 年 12 月“立体教育”列为中国教育学会“十五”规划课题，我们举办了三届全国“立体教学杯”课堂教学大赛，影响较大。

《中国教育报》两次整版专题介绍立体教学经验，“中国教育电视台”和“深圳卫视”也拍专题片报道了我的治学事迹。《中国教育报》于 2000 年 5 月 19 日加“编者按”整版专题介绍了立体教学在深圳龙岗区小学语文学科的实验经验。《中国教育报》于 2003 年 1 月 10 日以“18 年教研实践执着追求，13 部教学专著心血凝成”为肩题，以“他挑战语文课堂教学”为正标题，以“记‘立体教学’的创立者孙春成”为副标题，整版专题介绍了“立体教学”在深圳市龙岗区的实验经验。中国教育电视台“中国教师”栏目 2003 年 2 月 25 日专题报道了《孙春成和他的“立体教学”》。2003 年 4 月 14 日深圳电视台“人物”栏目专题报道了《立体教学的创立者——孙春成》。2003 年 4 月 12 日《深圳特区报》以《孙春成：高声喊出“立体教学”》为题报道了我的治学事迹。《中学语文教学》杂志 2003 年第 7 期开辟“立体教学课例”专栏。在《中国教育电视台》“学术报告厅”节目和深圳电视台“论道”节目做了《创新教育呼唤人文精神》学术讲座。

第三阶段（2008 年 9 月至今）：从实践到理论，属“语文教学课型体系”形成时期。是我任龙岗区初中语文教研员时期。我继续研究和解决“立体教学”的操作化问题。基本上两年一个专题，研究各种文体的课型，研究如何优化各种文体教学的结构和程序问题。主要方法就是我上示范课，手把手教老师。创建了单一性和复合性相结合的语文教学课型体系，共发表论文 16 篇，出版专著 2 本，代表作为《语文教学十大创新课型》（单一性课型，根据不同文体或教学内容创建的课型）和《语文课堂立体教学课型》（复合性课型，根据教学的艺术性和科学性创建的二维课型）。

解决问题的方法是通过“课题研究，群体实验，教学观摩，问题研讨，经验总结，理论阐释”等。

（三）成果的主要内容

本人 35 年执着于语文课堂教学规律的研究，出版专著 22 本，发表论文 46 篇，系统论述了立体教学思想（代表作《立体教学论》），构建了系统、科学、完整的“语文课堂立体教学策略体系”。“语文课堂立体教学策略体系”包括：问题教学策略（代表作《语文课堂问题教学策略》）、教学艺术策略（代表作

《语文课堂教学艺术漫谈》《给语文教师的101条建议》）、探究教学策略（代表作《新语文课堂：探究教学法》）、研究性学习策略（代表作《语文研究性学习：学与教融合的策略》）、教学模式策略（代表作《语文课堂立体教学模式》）、教学课型策略（代表作《语文教学十大创新课型》和《语文课堂立体教学课型》）、反思性教学策略（代表作《语文反思性教学策略》）和教学评价策略（代表作《语文课堂教学评价须要“标准化”》），等等。

所谓“立体教学”，就是指从教学艺术和教学科学两个角度所揭示的课堂教学高境界的时空特征，是教学艺术和教学科学的完美统一。通俗而言，“立体教学”就是指教师运用教学艺术，营造开放性的课堂教学环境，激励学生乐学；在开放性的课堂教学环境中，师生相互质疑，通过多角度、多侧面的立体探究，促进师生思维，不断产生共鸣，从而发展学生智力，培养学生的创新精神与能力的教学活动。

“立体教学”主要有五大特点：一是教学要素立体化。语言、思维与情感呈立体相互交流状态。二是问题探究立体化。开展以问题为核心的多角度、多侧面的立体探究。三是思维活动立体化。教材编者的编辑思路、学生的学习思路和教师的教学思路如同教学的三维坐标，呈教学相长的三维运动变化状态。四是信息交流立体化。全班讨论，形成一个多向立体式群体信息交流网络。五是教学策略立体化。创建了问题教学策略、教学艺术策略、探究教学策略、研究性学习策略、教学模式策略、教学课型策略、反思性教学策略和教学评价策略等等多元化、立体性的教学策略体系。

语文课堂立体教学策略体系			
教学弊端	教学弊端的具体表现	对应策略	追求效果
教学目标欠精准 教学问题没质量	教学目标繁多，重点不明确 问题不切要害，没讨论价值	问题策略	一课一得 突出重点
教学思路太单一	一讲到底，满堂灌； 一练到底，满堂练； 一问到底，满堂问； 一看到底，满堂看	模式策略	模式多元 针对性强 结构优化

教学方法很陈旧	重知识传授轻能力培养， 重工具性轻人文性， 重教师讲解轻学生自主探究	艺术策略 探究策略 研究策略	方法灵活 艺术性强 探究性强
教学结构不合理	一没条理性，二没逻辑性， 三没完整性	课型策略	结构合理 程序优化
教学评价不科学	面面俱到，缺乏代表性； 泛泛而谈，缺乏针对性； 莫衷一是，缺乏科学性	评价策略	客观科学
总效果：激发学生兴趣，发展学生思维，培养学生的创新精神和能力			

“立体教学”理念完全符合新课改精神，有利于培养学生的创新精神与能力，有利于帮助教师提高教学水平与效益。

“立体教学”操作性极强。比如，本人根据立体教学理论，创建了《语文课堂立体教学课型》。

“立体教学”是指从教学艺术和教学科学所揭示的语文课堂教学高境界的时空特征，是教学艺术和教学科学的完美统一：教学艺术在于营造氛围，创造共振，激励乐学，做空间的文章；教学科学在于发展思维，鼓励创新，追求效率，做时间的文章。语文课堂立体教学课型的“内在机理”如下表所示：

教学程序	第一步骤	第二步骤	第三步骤	第四步骤
教学艺术	开讲艺术	过渡艺术	高潮艺术	结尾艺术
情感培育	激发情感	推动情感	迸发情感	升华情感
教学活动	导读质疑	立体探究	评价归纳	训练迁移
语言训练	偏重于读	听说并重	听说并重	偏重于写
思维活动	启动思维	发散思维	收敛思维	发展思维
学习活动	发现问题	探索未知	比较认同	获得新知
教学效果	激发兴趣，发展思维，培养学生的创新精神与能力			

语文课堂立体教学课型主要有五大特点：一是教学艺术和教学科学有机融合，激发兴趣、语言训练与发展思维同步并举。二是情感培育像一条红线，贯穿于整个教学过程。三是自始至终、时时处处都贯彻了以学生探究为主体，教师点

拨、引导、启发为主导的教学思想。四是教学过程已转化为充满“发现问题、分析问题、解决问题”的科研过程。五是极大地调动了学生的积极性，有利于学生创新精神和创新能力的养成。

再比如，本人根据不同的文体或教学内容创建了 10 种语文教学课型，即“长文短教主旨段落教学课型”“文言文四步骤教学课型”“古典诗词四环节教学课型”“现代文阅读教学三板块课型”“童话寓言三析法课型”“名著导读课型”“议论文逐层剖析法课型”“指导学生互相评改作文课型”“说明文三学课型”“四环节语文教学艺术课型”“专题性复习课型”，等等。

这些课型皆大大优化了语文课堂教学结构和过程，对提高语文教师的课堂教学水平和效益起着非常重要的作用。下面以《孤独之旅》典型课例加以说明。

2014 年深圳市初中语文“名师课堂”活动中，我为与会代表上了《孤独之旅》一课。仔细剖析便会发现，本课是由多个教学模式有机融合才构成了它的立体性特征：一是“四环节语文立体教学艺术课型”；二是“开放性四步骤语文立体教学课型”；三是“长文短教主旨段落教学课型”。

1．四环节语文立体教学艺术课型

“所谓‘四环节语文立体教学艺术课型’，就是指在课堂教学的开头、过渡、高潮和结尾四环节上，要系统设计，艺术处理，优化整合，启思开智。”《孤独之旅》一课较好地演绎了这四个教学环节。

课始就扣题导入，让学生解释“孤独”是何意。然后则用了三个排比句循循诱导：“假如你一个人在广袤的大沙漠，你会感到孤独吗？航天英雄杨利伟一个人在神舟五号飞船上遨游太空的时候，他孤独吗？鲁滨孙一个人在荒无人烟的小岛上，他孤独吗？”

课尾照应开讲，紧扣“孤独”，向学生提出了发人深思的问题：“杜小康的‘孤独之旅’孤独吗？”将学生的思维引向了纵深，让学生明白了杜小康的孤独主要是精神的孤独。

教学中的过渡语言更是自然天成，使得课堂气韵流动，脉络贯通。如，我和学生探究了杜家父子所遭到的暴风雨天灾后，就自然地引用了谚语过渡到了下一个环节：“这真是‘天有不测风云，人有旦夕祸福’！杜小康是怎样面对如此大的天灾的呢？”起到了穿针引线、画龙点睛之效。

我示范朗读“暴风雨”一段文本，极富感染力，获得掌声一片，将教学推向了高潮。我先是指导学生感情朗读杜家父子对获得鸭蛋的惊喜语句，然后又播放电影《草房子》里杜小康手捧鸭蛋喜极而泣仅仅 20 秒的精彩视频，最后则魔幻般地拿出来一个鸭蛋，让学生角色表演杜小康的“喜极而泣”，对学生的情感体验和人文教育达到了感同身受的佳境。这一细节可谓意料之外情理之中，给课堂教学增添了艺术的魅力！

《孤独之旅》一课恰好印证了我的教学理念：“我们不仅要以每一篇‘教材’为研究对象，而且要把每‘一堂课’当作一件完整的艺术作品来看，并加以研究和创作。成功的单位时间里的教学，本身就是一件完整的艺术作品。”

2. 开放性四步骤语文立体教学课型

“开放性四步骤语文立体教学课型”的课堂教学结构为四大步骤，即“导读质疑、立体探究、评价归纳、训练迁移”。《孤独之旅》一课对这四个步骤发挥得也十分显著。

整堂课，我选择文本佳段，指导学生感情朗读，让学生在读中感悟作品与人物的感情，在读中理解人物的思想，在读中体验人物的遭遇，在读中收获做人的真谛，可谓高潮迭起。读的引领事半功倍。本课真正做到了“以读代讲、以读代赏、以读代析、以读代探、以读代悟”。课堂教学最大的亮点是根据学生的认知和领悟程度不断地点拨、提示、引导，把朗读的技巧巧妙地传达给学生，并很好地指导学生学习了作品的语言。在学生的演读中，把本课推向了高潮。

在熟读的前提下，在学生熟知作品内容的基础上，我则启发学生质疑：面对父子俩最大的敌人“孤独”，杜小康选择了什么？作者为什么这样说：“杜小康注定了要在这里接受磨难。而磨难他的，正是这些由他和父亲精心照料而长得如此肥硕的鸭子。”杜小康是怎样面对如此大的天灾的呢？杜小康“他说不明白自己为什么想哭”。你能替他说明白吗？杜雍和与儿子为什么对“鸭下蛋了”特别的惊喜？杜小康的“孤独之旅”孤独吗？杜小康的“孤独之旅”，收获了什么？质疑让学生对文本的理解深入了，质疑让学生学会了思考。

整个教学过程都渗透着师生对教学活动的即时评价和归纳。在教学评价上，我贯彻了鼓励性教学原则，努力做到每一句对学生的个性化表扬鼓励和客观评价都特别的真诚感人。如：“你真是个天才，回答的比老师讲的都好！我要拜你为师。”“太精彩了！表演得饱含情感，惟妙惟肖，十分传神，你简直就是杜小康！说不定将来你就是一个大明星！相信你会成为孙老师和在座的师生们的骄傲的！”“你读得太好听了，简直像个百灵鸟！”“你的发言太走心了！你已经走进了作品人物的精神世界。”老师每一句真挚的评价都会印在学生的心里，成为学生以后学习和生活中的动力。

课后作业，我安排了一个命题小作文《面对挫折》，更加强了对学生的挫折教育。结合文本，我对学生的作文进行了拓展辅导，我从课外选择了一篇短文《招聘》："日本的一家公司要招聘 10 名职员，经过一段时间严格的面试笔试，公司从 300 多名应聘者中选出了 10 位佼佼者。发榜这天，一个叫水原的青年见榜上没有自己的名字，悲痛欲绝，回到家中便要悬梁自尽，幸好亲人及时发现，水原没有死成。正当水原悲伤之时，从公司却传来好消息：水原的成绩原是名列前茅的，只是由于计算机的错误，导致了水原的落选。正当水原一家人大喜过望之时，从公司却又传来消息：水原被公司除了名。原因很简单——公司的老板认为：'如此小的挫折都经受不了，这样的人在公司是干不成什么大事的。'"小文，可谓点石成金！

3. 长文短教主旨段落教学课型

《孤独之旅》是篇小说，小说都篇幅较长，究竟应该如何取舍教材，如何摘其精要进行教学才最有效呢？我采用了"主旨段落教学模式"。所谓"主旨段落教学模式"就是指围绕本课之"教学主旨"选出文本里最能体现教学主旨的句子或段落，用蒙太奇的手法重新编排整合成一个完整的有意义的教学链条，师生共同品读、赏析和探究。我围绕对学生进行"挫折教育"的主旨，撷取文本里最精彩的段落展开教学。精选的段落，把握了本文的精要，充分体现了教师处理教材和运用教材的能力。这对学生今后阅读和学习长文有很大的帮助，对老师把握长文的教学提供了有益的借鉴。

小说，我们一般人都会纠缠在小说三要素上，对"人物、环境、情节"进行连篇累牍的大量分析和讲解，孙老师则不同，他大刀阔斧，敢于教材为我所用，对教材再整合、再创造、再利用、再出新。在情节的处理上，我几乎不到一分钟时间就结束了教学，的确比较高效。我给学生出了一道排序题：按小说情节开端、发展、高潮、结局的顺序排列以下内容——A. 收获坚强；B. 孤独之旅；C. 失学放鸭；D. 经历磨难。结果学生都说对了！实践证明，我们的教学要了解学情，学生会的就没必要在那里纠缠了。《孤独之旅》里的环境描写还是不少的，但是这节课几乎没有涉及，因为这些内容不符合他这节课的主旨而已，所以就大胆略过了。人物也没纠缠在讲解分析上，而是注重对重点段落的朗读感悟，让学生体会作品人物的思想和感情，把小讲坛变成了学生体验人生的大舞台。

长文短教主旨段落教学课型很好地实现了叶圣陶先生"教材无非就是个例

子”的理念，避轻就重，突出重点，突破难点，一课一得，长文短教，独具匠心。

4. 效果与反思

（1）成果丰硕，形成体系

35 年执着钻研，出版专著 22 部，发表论文 46 篇，创建了“语文课堂立体教学策略体系”，有助于在语文课堂教学培养学生的创新精神和能力，有助于广大语文教师提高语文课堂教学水平与效益。

（2）教学指导，成绩骄人

指导青年教师参加语文课堂“教学比赛”获得市级以上一等奖荣誉达 39 项。4 届蝉联深圳市冠军，3 届蝉联省冠军，其中指导刘洋、赵查和刘毅在全国初中语文青年教师基本功大赛中荣获一等奖和二等奖。培养了一大批优秀教师，培养了刘洋等 40 余名骨干教师和刘毅等 44 名教坛新秀，培养了赵查等 5 名名师工作室主持人，尤其以 2018 年深圳教育年度人物赵查、特级教师尹庆华和邓蝴梅（特级教师、正高级教师）最为出色。

（3）教学实验，惠及全国

2000 年 5 月 19 日和 2003 年 1 月 10 日《中国教育报》两次整版专题报道了“立体教学”的实验经验。2003 年中国教育电视台“中国教师”节目和深圳电视台“人物”栏目相继播放了“立体教学”专题片。曾在《中国教育电视台》“学术报告厅”节目和深圳电视台“论道”节目做过立体教学讲座。

全国 21 个省、市、自治区的数以万计的语文教师实验，普遍反映其有利于培养学生的创新精神与能力，有利于提高语文教师的课堂教学水平，有利于大面积提高语文课堂教学效益，对改进语文课堂教学方法有重大突破，具有理论的前瞻性和实践的操作性。

八、成功举办了“广东省深圳龙岗立体教学经验交流现场会”

2018年4月19－20日，广东省中语会、深圳市龙岗区教育局主办了“广东省初中语文深圳龙岗立体教学经验交流现场会”。会议在深圳市龙岗区龙城初级中学举行，全程网络直播。来自全国各地的800余名老师齐聚一堂，现场一睹了“立体教学”的风采。

广东省中语会黄淑琴理事长、冯善亮副理事长，深圳市教育科学研究院潘希武副院长，龙岗区黄惠波副区长，龙岗区教育局程悦安副局长，龙岗区教学研究室吴金财主任，龙城初级中学卢新华校长等嘉宾出席了开幕式并讲话。

会上，我携七名徒弟轮番登场，共同演绎了语文立体教学的八大课型：长文短教主旨段落教学课型、童话寓言三析法课型、名著导读课型、现代文阅读三板块课型、说明文三学课型、指导学生互相批改作文课型、文言文四步骤教学课型、古典诗词四环节教学课型。会上，我做了“立体教学研究与实践综述”的实验报告，向与会老师汇报了我34年如一日，不忘初心、潜心研究、坚忍执着、潜心研究立体教学的奋斗历程，把会议推向了高潮，大家发自内心地为我追求真理的精神所感动。会议给每一位与会老师都赠送了有关立体教学的三本专著：《语文教学十大创新课型》《语文课堂立体教学课型》《语文教学艺术的精彩演绎——孙春成语文课型理论写真与欣赏》。

这次会议，是对我们立体教学研究成果的一个很好的展示，也是对我们34年立体教学研究的一次很好的总结，更是为我们提供了向与会老师学习的一次良机。

这次会议的成功举办，我们必须感谢语文泰斗于漪、钱梦龙、魏书生先生。全国中语会理事长顾之川先生，《新作文》和《中学语文教学参考》编辑部均发来贺信表示热烈祝贺，并高度评价了我们的研究成果“语文课堂立体教学策略体系”。《语文教学通讯》杂志主编刘远先生在百忙之中亲临现场予以指导。我们还要感谢龙岗区教育局丁左发局长，是他亲自督战这次会议，亲自到龙城初级中学现场办公，在丁左发局长的大力支持与领导下，取得了会议的成功。我们还必须感谢龙城初级中学卢新华校长，对本次大会的举办提供了人力和财力等全方位的支持，确保了大会的顺利和成功举办。《语文教学通讯》在 2018 年第 6 期封三全面介绍了这次盛会的详细情况。

南粤杏坛春意浓
立体教学放异彩
——广东省初中语文深圳龙岗立体教学经验交流现场会掠影

4 月 19-20 日，广东省中语会、深圳市龙岗区教育局主办的“广东省初中语文深圳龙岗立体教学经验交流会”在深圳市龙岗区龙城初级中学举行。来自全国各地的 800 余名老师齐聚一堂，一睹了“立体教学”的风采。

广东省中语会黄淑琴理事长、冯善亮副理事长，深圳市教育科学研究院潘希武副院长，龙岗区黄惠波副区长，龙岗区教育局程悦安副局长，龙岗区教学研究室吴金财主任，龙城初级中学卢新华校长等嘉宾出席了开幕式并讲话。语文泰斗于漪、钱梦龙、魏书生先生，全国中语会理事长顾之川先生，《语文教学通讯》《新作文》和《中学语文教学参考》编辑部均发来贺信表示热烈祝贺，并高度评价了孙春成老师的研究成果。

会上，孙春成老师携 7 名爱徒轮番登场，共同演绎了初中语文立体教学的 8 大课型：长文短教主旨段落教学课型、童话寓言三析法课型，名著导读课型、现代文阅读三板块课型、说明文三学课型、指导学生互相评改作文课型、文言文四步骤教学课型、古典诗词四环节教学课型。孙春成老师“立体教学研究与实践综述”的实验报告，更是把会议推向了高潮，大家无不为孙春成老师 34 年如一日，不忘初心，潜心研究，坚韧执着，追求真理的精神所感动。正如钱梦龙老师在贺信里说：“孙春成老师作为教研员，坚持身先垂范，经常亲下课堂展示立体教学的各类课型，便于基层教师观摩借鉴；三十多年来更是带徒无数，不仅言传，更重身教，他的不少徒弟在全国、省级、市级的教学大赛中屡屡获奖，成绩骄人。‘立体教学’已经从无形的精神财富转化为群众性的田野行动。”

（王芹）

广东省中语会黄淑琴理事长讲话

教科院潘希武副院长致辞

区教育局程悦安副局长致辞

孙春成老师上《孤独之旅》示范课

龙岗区副区长、中国当代十佳诗人黄惠波在听课

《语文教学通讯》杂志2018年第6期封三

《中学语文教学参考》编辑部发来贺信：

广东省教育学会中学语文教学专业委员会：

喜闻由贵学会主办的广东省初中语文深圳龙岗立体教学经验交流现场会即将召开，《中学语文教学参考》特表诚挚而热烈的祝贺！

孙春成老师的立体教学具有理论的前瞻性和实践的操作性，享誉全国，值得广泛推广。

预祝本次盛会圆满成功！

《中学语文教学参考》编辑部

2018 年 4 月 8 日

《语文教学通讯》编辑部发来贺信：

广东省教育学会中学语文教学专业委员会：

欣闻贵会将在深圳举办“广东省初中语文深圳龙岗立体教学经验交流现场会”，推广孙春成先生的“语文课堂立体教学体系”，我们特对大会的召开表示诚挚而热烈的祝贺！

孙春成老师几十年如一日，孜孜以求，执着于立体教学的探索，形成了一套日臻完善的理论体系和切实可行的实践方略，对推动和引领当地语文教育的发展起到了巨大的作用。相信贵会的这次活动一定会让更多的语文人爱上“立体教学”，投身于“立体教学”！

预祝本次活动圆满成功！祝各位与会代表不虚此行，收获多多！

《语文教学通讯》编辑部

2018 年 3 月 26 日

《新作文》杂志社发来贺信：

广东省教育学会中学语文教学专业委员会：

值此广东省初中语文深圳龙岗立体教学经验交流现场会召开之际，我们欢欣鼓舞。

如果说，教学是师生共舞创造的佳话，那么，孙春成老师的立体教学就是生命写就的教育诗篇。立体教学的研究，让课堂精彩看得见，让课型丰富看得见，让技艺精湛看得见，为语文教研论坛书写了一部走心力作，为大面积提高语文课堂教学效益提供了科学的理论支持和丰富的实践经验。我们深信，立体教学的研究与推广，会进一步在全国语文教学园地结出丰硕的果实！

祝孙春成老师再创辉煌！

祝大会圆满成功！

《新作文》杂志社

2018 年 3 月 25 日

魏书生老师为大会题词：“立体教学沐改革开放春风春雨，师生推广为中华振兴成人成才”。

于漪老师亲手写了祝贺信：

广东教育学会中学语文教学专业委员会同志：

你们好。

欣闻贵会在深圳市龙岗区举办广东省初中语文深圳龙岗立体教学经验交流现

场会，展示龙岗区获奖教研成果“语文课堂立体教学策略体系”，我这名耄耋之年的老语文教师特致以热烈的祝贺。

40 年前，全国中语会在上海成立，吕叔湘先生是首任会长，张志公、苏灵扬、陈哲文、刘国盈先生等专家学者任副会长。建会的宗旨之一是对中学语文教学开展学术研究与实践研究，重现教学第一线教师创造的经验，助中学语文教学质量的提升，恩泽莘莘学子。由于市场经济的介入，多元价值取向的冲击，有一阶段真正研究教学、研究学术的气氛淡化，功利炒作甚嚣尘上，乱一线教师耳目。而今，贵会秉承建会初衷，倾听一线教师所思所想，开展教学经验交流，令人尊敬。

提升学生语文核心素养，使学生具有必备品格、关键能力，树立正确的价值观念，绝非一蹴而就的易事，须广大语文教师群策群力，奉献智慧，特别是进行一点力所能及的教学实验，探索规律，积累经验，推动语文教学改革深入发展。孙春成老师的语文课堂立体教学策略的实验就是其中的一项成果。

这项实验的可贵之处在于孙老师带领他的团队 5 年、10 年如一日坚持不懈地进行实践，不是三天打鱼两天晒网。这是一种教学的坚韧，碰到困难、沟坎，仍然振奋精神向前进。韧劲从何而来？源于语文自觉。有一份责任担当，总想把自己从事的工作做好，比较符合学生认知规律和语文学科教学的特有规律。还在于孙老师及其团队不懈探索的精神。在教学实践中不断地总结正反两方面的经验，提高认识，改进做法，逐步完善。人对事物的认识不可能一次完成，更何况语文学科具有如此的综合性、实践性。不断探索、调整、修正，方能在理论与实践结合的高度接近事物的本真。此次贵会举办经验交流现场会，既是对孙老师数十年来执着语文教改的肯定、支持与鼓励，更是给他们搭建广为学习的平台，集思广益，更上层楼。为此，特向你们扶持第一线老师的举措致以敬意，也向坚持课改、不忘初心的孙老师致以敬意。祝愿展示交流获得成功。祝愿能涌现许多关于提高初中语文教学质量的真知灼见。

群策群力，万紫千红才是春。

说得不当之处恳请批评指正。

致

敬礼！

首届全国中语会副会长

于漪上

2018 年 3 月 24 日

钱梦龙老师的《祝贺信》：

孙春成老师并转广东省初中语文深圳龙岗立体教学经验交流现场会：

欣悉广东省教育学会将在深圳市龙岗区召开立体教学经验交流现场会，展示龙岗区荣获2017年广东省教育教学成果一等奖的教研成果“语文课堂立体教学策略体系”，这是一次在广东全省范围内展示立体教学成果的盛会，可喜可贺！

孙春成老师从20世纪80年代开始研究语文立体教学，1986年发表第一篇论文《“立体教学”初探》，迄今已32个春秋。32年来，他就认定这个目标，孜孜矻矻，不离不弃，其“立体教学”的理论已日臻完善，课型正日益完备，影响在日渐扩大。尤其可贵的是：孙春成老师作为教研员，坚持身先垂范，经常亲下课堂展示立体教学的各类课型，便于基层教师观摩借鉴；三十多年来更是带徒无数，不仅言传，更重身教，他的不少徒弟在全国、省级、市级的教学大赛中屡屡获奖，成绩骄人。“立体教学”已经从无形的精神财富转化为群众性的田野行动。

三十多年的辛苦不寻常。今天，立体教学的理念已在语文教学百花园中占有了它应有的位置，而且正在愈来愈焕发出生命的活力。现在召开的这个盛会，再一次显示了“立体教学”的生命力。我作为“立体教学”最早的支持者之一，作为在语文教学园地耕耘了一辈子的老语文人，作为孙春成老师的老朋友，自然为此而倍感欣慰。

最后，祝大会圆满成功，祝每一位与会老师收获多多，满载而归，更祝“立体教学”之花遍地盛开，愈开愈美！

钱梦龙

2018年3月26日

浙江师范大学特聘教授，人民教育出版社编审，中国教育学会中学语文教学专业委员会理事长顾之川老师的祝贺信：

广东省教育学会中学语文教学专业委员会：

欣闻贵会将在深圳龙城初级中学举行“广东省初中语文立体教学经验交流现场会”，推广龙岗区语文教研员孙春成老师的“语文课堂立体教学策略体系”，我代表中国教育学会中学语文教学专业委员会向大会表示热烈祝贺，向广东语文教育界同仁表示诚挚问候！

孙春成老师34年如一日，执着探索语文课堂教学的本质和规律，寻求大面积提高语文课堂教学效益的方法和途径，坚持不懈，守正创新，著作丰硕，卓有成效，其研究成果荣获广东省教育教学成果奖（基础教育）一等奖，可喜可贺。

希望孙春成老师再创佳绩，祝愿立体教学在全国各地开花结果！

当前，我国语文教育迎来新的发展机遇。中华民族伟大复兴要求优先发展教育，建设教育强国首先就要建设语文教育强国。中央把语文认定为“意识形态属性较强的学科”，进一步加强了语文在立德树人中的重要地位和作用。语文新课标已正式颁布，语文教材已经实行国家统编，语文新高考在上海、浙江先期成功试点的基础上正在向全国稳步推进。这标志着我国语文教育已经跨进新时代。新时代的语文教育，要求我们语文人更加努力工作，也迫切需要更多像孙春成这样的语文老师，倾情语文，研究语文，提高语文教学效率和研究水平，教学新局面。

深圳位于我国改革开放前沿，经济发达，理念先进，教师素质高，研究气氛浓，语文教育研究具有坚实的基础。希望深圳乃至广东涌现出更多像孙春成这样的语文教育工作者，不忘初心，砥砺前行，凝练语文教育教学的“深圳经验”，繁荣“粤派语文”，为建设语文教育强国做出新的更大贡献！

顾之川

2018 年 3 月 27 日

下面是广东省中语会黄淑琴理事长在“广东省初中语文深圳龙岗立体教学经验交流现场会”开幕式上的讲话：

尊敬的各位领导、各位老师，尊敬的孙春成老师：

大家上午好！

非常高兴今天能够参加这个以孙春成老师的语文教育研究成果为主题的经验交流现场会。

感谢孙老师为我们创造、提供了这样一个具有特殊意义、特殊价值的学习机会。

早在 1999 年我就读到了孙老师的书，那是我从广州购书中心买的《语文课堂教学艺术漫谈》。书中孙老师将语文教学中可能触及的各种教学处理，都上升到“艺术”的层面去研究概括归纳。其中既有丰富的感性材料，又有对教学艺术的深刻体会、理解、认识，使看似日常的各种教学处理具有了普遍的规律性，对语文教师尤其是青年教师的教学行为具有很好的借鉴和指导价值。现在我再读这本书，感觉它很好地体现了孙老师语文教育研究的两大特点：第一，善于对看似日常的教学行为进行“画龙点睛”的概括、归纳、提升；第二，善于将零散的常规性活动、行为聚合成一个体系，做成自己的东西！正如“教学艺术漫谈”，就将70种不同名目的教学处理，统于“教学艺术”！而要做到这两点，当然是基于孙春成老师对于语文教育事业的热爱。

34年来，孙老师将这种热爱化作对语文教育的不断探索、悉心研究和勤奋不懈的追求。所以才有今天孙老师为我们呈现的令人惊异的丰厚成果，正如魏书生老师赞誉孙老师所说“举前贤之未及，启后学于城规”。

我们今天举行的是“立体教学经验交流现场会”。何谓“立体教学”？或许孙老师没有按照我们所希望的那样在逻辑规则上给它下一个精准的定义，但我们可以凭着我们的阅读和实践明确地感知到它的意义。根据孙老师的著作，我个人对语文“立体教学”的理解是：第一，语文教育的功能是综合的；第二，语文教学目标是多维的；第三，语文教学的要素是多元的。关于语文教育功能的综合性和语文教学的多维目标，2001年《义务教育语文课程标准（实验稿）》提出“全面提高学生的语文素养”，并从三个维度提出我们的语文教学目标；2011年版《语文课程标准》与2001年的课标一脉相承，进一步明确语文素养的内涵，明确“语文课程是一门综合性和实践性”课程。由此可见，孙老师的研究成果具有前瞻性和科学性。至于语文教学的要素，我们“语文课程与教学论”的教科书上指的是教师、学生和教材，而孙老师将“语言”“思维”“情感”作为语文教学的三要素，突显了语文学科教学要素的特点。

以上所说是挂一漏万，但可窥斑见豹。了解孙老师的成果，不难看到，其实孙老师的研究及其成果也是立体的，第一，孙老师的知识储备以及他的研究所涉及或隐含的知识门类形成了一个立体；第二，孙老师所构建的研究体系形成了一个立体：有理论有实践，有微观的研究，又有宏观的研究；出版了专著18本，发表了论文43篇，创建了问题教学策略、教学艺术策略、探究教学策略、研究性学习策略、教学模式策略、教学课型策略、反思性教学策略和教学评价策略等多元化、立体性、可操作的“语文课堂立体教学策略体系”；第三，孙老师对语文教育的业绩建树形成了一个立体：不仅个人的研究成果达到令人惊异的高度，而且还将个人的研究成果转化为群体性、大面积、大范围的语文教学实践。

孙老师的研究经验告诉我们：科研方向的选择要早；并且是看准一个总方向，进行不断的持续的研究，在深度、广度上不断挖掘、丰富、拓展、完善，这样才能形成自我体系。

或许我们有人说：语文课堂教学的立体是本来就存在的，不是孙老师发明创设的。但我要说，存在的东西，我们能够不断去发掘提炼出来，并用自己的话语体系进行系统的表述，这就是发现，这就是创新！

所以，谨允许我代表广东省中学语文教学专业委员会再次向孙春成老师致敬！并真诚地希望今后我们广东省语文教学界像这样的专题现场会、研讨会越办越多，越办越好，办出特色、办出水平，更好地推动我们广东乃至全国的语文建设。

最后，祝愿会议取得圆满成功！

2018 年 4 月 7 日

下面是我在现场会上《孤独之旅》示范课的教学实录：

时间：2018 年 4 月 19 日

地点：深圳市龙岗区龙城初级中学

主题：广东省初中语文深圳龙岗立体教学经验交流现场会

执教：孙春成

1. 扣题导入，引起悬念

师：今天，老师和同学们共同学习曹文轩的小说《孤独之旅》。

师：（投影“孤独”二字）“孤独”是什么意思？谁来说一说？

师：假如你一个人在广袤的大沙漠，你会感到孤独吗？航天英雄杨利伟一个人在神舟五号飞船上遨游太空的时候，他孤独吗？鲁滨孙一个人在荒无人烟的小岛上，他孤独吗？

（老师激情提示）

生 1：孤独就是“孤单；独自一人”。

师：正确。

师：《孤独之旅》的“旅”是什么意思？

师：对。旅行：为了游览或办事，从一地到另一地去，多指较远的路程。

师：那杜小康是干什么去了呢？

生（齐）：放鸭——

师：对。是“办事”去了，具体说就是“放鸭”去了。

师：放鸭应该是件好玩的事啊，怎么就“孤独”了呢？我们好好学习一下这篇小说，就明白是怎么回事了。

2. 了解情节，一题带过

师：下面我出示一道选择题，检查一下同学们的预习情况。

（投影：按小说情节“开端、发展、高潮、结局”的顺序，排列以下内容：

A. 收获坚强；B. 孤独之旅；C. 失学放鸭；D. 经历磨难）

师：（大部分学生都及时举手要求发言）好，请你回答。

生2：CBDA。

师：同意这个同学答案的鼓掌。

（全堂掌声如雷）

师：看来同学们预习得都非常不错！值得表扬哦！

（这一环节，仅仅用了不到1分钟时间）

3. 段落教学，探究主旨

（1）面对孤独，选择逃跑

投影展示文段一：

日子一天一天地过去了，父子俩也一天一天地感觉到他们最大的敌人，也正在一步一步地向他们逼近：它就是孤独。

师：请同学们齐读一遍这段文字。

师：同学们都读得很流畅、很准确、很有情感，非常好！

师：杜小康是怎样面对他们最大的敌人"孤独"的呢？就让我们一起与杜小康经历这次"孤独之旅"吧！

【失学放鸭，遭遇孤独】

投影展示文段二：

小木船赶着鸭子，不知行驶了多久，当杜小康回头一看，已经不见油麻地时，他居然对父亲说（带着哭腔的请求）："我不去放鸭了，我要上岸回家……"

投影展示文段三：

杜小康开始想家，并且日甚一日地变得迫切，直至夜里做梦看到母亲，哇哇大哭起来，将父亲惊醒。"我要回家……"

师：谁来给大家读一下这两段话？好，你来！

师：你读得太好听了，简直像个百灵鸟！

师：面对他们最大的敌人——"孤独"，杜小康选择了什么？

生：（几乎齐声）回家！

师：对！杜小康选择了"回家"，选择了逃跑！

（2）经历磨难，收获坚强

投影展示文段四：

那天，是他们离家以来所遇到的一个最恶劣的天气。一早上，天就阴沉下来。天黑，河水也黑，芦苇成了一片黑海。杜小康甚至觉得风也是黑的。临近中午时，雷声已如万辆战车从天边滚动过来，过不一会儿，暴风雨就歇斯底里（精神病。形容情绪异常激动，举止失常）地开始了，顿时，天昏地暗，仿佛世界已到了末日。四下里，一片呼呼的风声和千万支芦苇被风撅（juē）断（折断）的咔嚓声。

鸭栏忽然被风吹开了，等父子俩一起扑上去，企图修复它时，一阵旋风，几乎将鸭栏卷到了天上。杜雍和大叫了一声"我的鸭子"，几乎晕倒在地上。因为他看到，鸭群被分成了无数股，一下子就在他眼前消失了。

师：谁来读一读这一段文字？好，你来。

师：读得很精彩！尤其是这些地方的重读效果很好："最恶劣""滚动过来""歇斯底里""呼呼的风声""咔嚓声""卷到了天上""我的鸭子""一下子"。这些重度就把杜小康遭遇的"最恶劣的天气"的"恶劣"程度展现给了听众。谁来上台"表演"一下：杜雍和大叫了一声"我的鸭子"，几乎晕倒在地上。好，你来！就你一个人举手，老师为你的勇敢喝彩！

师：你能不能使出浑身解数，甚至把吃奶的力气都拿出来，用最大的声音吼出这四个字"我的鸭子"？

师：非常棒！你的表演天赋不亚于刚才那位同学，老师为你点赞！"我的鸭子"读得声音越大，越能表现出杜雍和失去鸭子那撕心裂肺的痛苦心情！

【朗读体验"天灾之痛，磨难之苦"】

师：这真是'天有不测风云，人有旦夕祸福'！杜小康是怎样面对如此大的天灾的呢？

投影展示文段五：

杜小康忘记了父亲，朝一股鸭子追去。这股鸭子大概有六七十只。它们在轰隆隆的雷声中，仓皇逃窜着。他紧紧地跟随着它们。他不停地用手拨着眼前的芦苇。即使这样，脸还是一次又一次地被芦苇叶割破了。他感到脚钻心地疼痛。他顾不得去察看一下。他知道，这是头年的芦苇旧茬儿戳破了他的脚。他一边追，一边呼唤着他的鸭子。然而这群平时很温顺的小东西，今天却都疯了一样，只顾没头没脑地乱窜。

师：谁来读读这段话？好，你来！

师：读得很不错！请你给这段话起个小标题，好吗？

生3：小康追鸭。

师：言简意赅，十分准确。你不仅读得好，而且概括能力这样强，老师欣赏你！

师：小康追鸭容易吗？对，很不容易！他的脸“一次又一次地被芦苇叶割破了”，“芦苇旧茬儿戳破了他的脚”，但他叫苦叫累了吗？

生（齐）：没有！

师：这说明杜小康怎么样？

生：（几乎齐声）很坚强。

【面对天灾，拼死追鸭】

（3）喜极而泣，感同身受

投影展示文段六：

八月的一天早晨，杜小康打开鸭栏，让鸭们走到水中时，突然在草里看到了一颗白色的东西。他惊喜地跑过去捡起，然后朝窝棚大叫：“蛋！爸！鸭蛋！鸭下蛋了！”

杜雍和从儿子手中接过还有点温热的蛋，嘴里不住地说：“下蛋了，下蛋了……”

师：谁来读一读这段话？好，你来。

师：“蛋！爸！鸭蛋！鸭下蛋了！”这句话杜小康是怎么说出来的？

生4：大叫出来的。

师：那你刚才大叫了吗？

生4：没有。

师：那现在大叫吧。只读这句话：“蛋！爸！鸭蛋！鸭下蛋了！”

师：叫得声音还不够大，再来一次。

师：这次好多了。杜小康大叫这句话时，语速是快还是慢？

生4：快！

师：快到什么程度？

生4：非常快！

师：是不是越快越好呀？

生4：是。

师：为什么？

生4：因为可以表达杜小康的兴奋之情啊！

师：真聪明！那请你再试试。语速很快地大叫出这句话来！

师：好多了，你的反应好快啊！请坐。

师：谁来读一读杜雍和这句话“下蛋了，下蛋了……”？好，你来。

师：杜雍和这句话也要像杜小康一样，读得那样快吗？

生：（几个学生齐说）不能。

师：为什么？

师：（指另一学生）好，你说。

生5：他爸爸是大人，激动也在内心，应该沉稳一点的，不像小孩子喜形于色，所以读的语速应缓一点，语音沉重一点。

师：你的发言太走心了！你已经走进了作品人物的精神世界。那你在理解的基础上读读这句话，好吗？

师：你读得很有味道。杜小康为何对“鸭下蛋了”如此的“惊喜”呢？经历了孤独之旅和天灾，父子俩悲喜交加、百感交集、千言万语、万语千言、万千感慨一起涌上心头，都凝结在这三个字上了“下蛋了，下蛋了……”

播放20秒钟视频：《草房子》电影里，杜小康“突然在草里看到了一颗白色的东西。他惊喜地跑过去捡起，然后朝窝棚大叫：‘蛋！爸！鸭蛋！鸭下蛋了！’”的情节画面。画面定格在杜小康双手45度角捧起一颗鸭蛋泣不成声。

师：此情此景此人——请大家用一个成语概括一下这个画面。

生：（几乎齐声）喜极而泣。

师：谁来给我们表演一下“喜极而泣”？我道具都拿来了（**我从口袋里掏出一颗鸭蛋**）。

（**学生喜形于色，纷纷举手，跃跃欲试**）

师：大家这样积极，那么，大家推荐一个最有表演天赋的同学来吧？哦，众望所归啊，好的，那就你来！（**这位男同学走到讲坛，我把鸭蛋交给了他**）给你30秒时间酝酿感情。好，开始吧！

（**表演完毕，全场掌声雷动**）

师：太精彩了！表演得饱含情感，惟妙惟肖，十分传神，你简直就是杜小康！说不定将来你就是一个大明星！相信你会成为孙老师和在座的师生们的骄傲的！

师：哎，别走。鉴于你刚才的出色表现，老师把这颗鸭蛋赠送给你，做个纪念！

（**全场掌声雷动**）

生6：谢谢老师！

师：很有礼貌。很好！

【朗读感悟，视频感知，表演体会“喜极而泣”，把教学推至高潮】

（4）前后照应，解题释疑

师：杜小康的“孤独之旅”孤独吗？

生7：不孤独。

师：说说理由。

生7：孤独就是“孤单；独自一人”，可杜小康并不是独自一人啊！他有他爸爸陪他，还有那群鸭子陪他。

师：很有见地！还有不同意见吗？

生8：孤独。杜小康的精神很空虚很无聊，所以他实质上很孤独。他父亲并不理解杜小康，杜小康想的是上岸回家玩耍或者读书，因为他正是读书的年龄。他父亲却想让他放鸭子。父子俩毫无共同语言，几乎不沟通。至于那群鸭子，根本不懂人话，就更不用说啦！

师：你真是个天才，回答得比老师讲得都好！我要拜你为师。对，杜小康的精神好孤独！

（5）剖析内心，揭示主题

投影展示文段七：

杜小康闻到了一股鸭身上的羽绒气味。他把头歪过去，几乎把脸埋进了一只鸭的蓬松的羽毛里。他哭了起来，但并不是悲哀。他说不明白自己为什么想哭。

师：他说不明白自己为什么想哭，你能替他说明白吗？

（学生们在思考中，有一个学生举手）

师：好。你说。

生9：杜小康感到激动和委屈。激动的是，承受磨难之后自己长大了，坚强了；委屈的是，这样艰辛的生活，本不该让他这样未成年的孩子来承担！

师：大家同意他的观点吗？掌声！（学生鼓掌）太棒了！福田外国语学校果然名不虚传，学生太有思想了！

师：杜小康的“孤独之旅”究竟“收获了什么”？

学生讨论后达成共识：不经历风雨，怎么见彩虹？像杜小康一样，人的一生在成长的过程中难免遭受一些磨难，经历许多挫折，而正是这些磨难或挫折，才能使人经风雨、见世面，得到成长。杜小康由一个娇生惯养的富家“小男孩”，化茧成蝶，蜕变成了一个能够经得起风雨、受得住打击的“大男人”。所以，他经历的是磨难，收获的是成长与坚强。

（板书：经历磨难；收获成长与坚强）

（6）读写结合，深化所学

师：同学们，我们的《孤独之旅》到了尾声，今天的课后作业是：请以《面对挫折》为题，记叙一件自己成长的小故事，字数不限。

九、我的伯乐和导师潘希武博士

2016 年 10 月 3 日晚上，深圳市初中语文教研员端木春晓召集各区的教研员聚会，欢送福田区初中语文教研员陶印宝老师光荣退休。陶印宝老师是深圳市很有影响的语文专家，也是我特别尊重的师长，我肯定要参加这次聚会。

席间闲聊，我左边坐着一位陌生的面孔，他说："现在都听不到好课了。"我马上反驳道："谁说？讲课很棒的人就坐在你的眼前啊！"然后，我就在自吹自擂我的立体教学怎么怎么好，我的语文课讲得怎么怎么好，《中国教育报》两次专版宣传，中国教育电视台和深圳电视台还拍了我的专题片，《语文教学通讯》封面人物……谁知道这个人不但没有反感我，反倒说："你这些成果能获教育教学成果奖。明年广东省就开始评审，你的立体教学肯定能获得一等奖。"说老实话，我搞了几十年的研究，只是埋头科研，两耳不闻窗外事，哪里知道啥叫"教育教学成果奖"？

后来端木春晓老师介绍，这位是我们深圳市教育科学研究院的潘希武副院长，是博士、正教授，是专门负责全市教育科研这一块的领导。我忽然对潘希武博士顿生敬意——不仅是因为他是副院长、博士、教授，而是因为他有宽阔的胸怀，不和自己计较。

我和潘希武博士加了微信。那天，大家都很开心，聊得很尽兴，回到家里就晚上 12 点了，谁知，我和潘希武博士在微信里居然聊到了凌晨两点还兴致颇浓。我俩一见如故，聊教学，聊教育，聊哲学，聊人生，无话不谈。最后，我给他发了我 2014 年在深圳市初中语文"名师课堂"活动上的一节课《孤独之旅》的视频，让他指点，果然让我启发良多，收获极大。我开始佩服他了，我要求拜他为师。

2017 年，广东省举行两年一届的教育教学成果奖评比，潘希武博士第一时间将相关文件发给了我，要求我认真准备，参加评选。果然，在他的亲自指导下，我的"语文课堂立体教学策略体系"荣获广东省基础教育教学成果奖一等奖第三名。《广东省教学成果奖励办法》第十五条明确规定："获教学成果奖，应当记入本人考绩档案，与自然科学奖、科技进步奖同等对待，作为评定职称、晋级增薪的一项重要依据。”

潘希武博士告诉我，明年还可以参加国家级教育教学成果奖的评选，肯定能获奖，至少是个二等奖。我后来在百度查了一下，国家级教育教学成果奖《教学成果奖励条例》于 1994 年 3 月 14 日由国务院发布，是政府设立的我国基础教育教学成果的最高奖项，每四年评选一次，2018 年是第二届，获奖难度可想而知。

据《中国教育报》报道："第二届基础教育国家级教学成果奖参评单位 34 个，参评项目为 1382 项，入围 543 项，获奖 452 项。获奖成果比例最高的是地理和科学学科。上海、广西等 12 个省市地区获奖 326 项，而河北、宁夏、青海以及其他 23 个地区与该奖无缘。”太难了，但是，真的被潘博士言中了，我的“语文课堂立体教学策略体系”真的获得了第二届基础教育国家级教学成果奖二等奖的殊荣。这里面也浸透着潘希武博士的心血。我把潘博士在 2018 年 3 月 23 日到 4 月 22 日这一个月的时间里，他在 QQ 上对我的指导摘录下来（中间删去了我回应的内容）：

2018/3/23 上午 11：01

主体内容都有了。一可能要调整表述的内容结构，每段讲什么，每句讲什么，还要斟酌。二要突出亮点。比如影响力，两次为中国教育报整版报道，中央教育电视台报道以及在全国多少地方实验或推广等应当在“成果概要”部分突现，不能隐藏在诸多文字当中。

2018/3/23 上午 11：05

专家第一眼就看成果概要 500 字。这部分没有写好，即如果专家不能在短时间内明白讲什么就糟糕了。尤其是影响力要写好。

2018/3/30 中午 12：57

有些内容得到了突出和强调。但还有三个问题：一是本成果想要突破和攻克的语文教学难题是什么，不能简单地用语文教学效率不高代替要研究的问题。效率不高太宏观，要进一步追问，初中语文教学的本质特征是什么，现在的教学是否偏离了这一特征。语文教学的问题还要深挖。二是立体教学的内涵还要进一步阐释，不能简单用科学和艺术两个方面代替回答。三是立体教学策略很多，要解释为什么要用这些策略，或者这些策略之间存在什么样的逻辑关系。

2018/3/30 下午 1：03

语文教学在于把学生带到文本或语言的意义世界中去。如果这个可以成为语文教学的灵魂，那么所有的教学策略都要围绕这个灵魂。所谓立体教学也应当是回答这个问题或围绕这个灵魂的一种内涵的解释。比如，朗读教学就是通过声音系统把学生带进文本背后的场景中去，可以更好地体验文本中人物的内心世界。比如角色表演也是这个目的。

所以你要找到语文教学的灵魂，或者你的教学理念。立体教学是中观层面，对教学理念的总体阐释，而教学策略则是立体教学下的举措。整体就构建起完整的框架。

2018/3/30 下午1：11

立体教学是根据不同的教学内容确定的。比如科技类的语文课，可能运用探究式教学可以更好地达到上述讲的这个灵魂。

2018/3/30 下午5：41

还是太宏观。教学目标欠精准，表现在哪里。

立体教学的灵魂性东西是什么？

2018/3/31 下午3：01

你的两句话概括立体教学也是清晰的。

那么紧接着就需要回答何为立体。或者立体的维度是哪几个。

维度之间的逻辑是什么？或者说是按照什么逻辑建立起若干维度的。

比如语言的维度，情感的维度，思维的维度等。

再下去就是具体策略以及课型教学模式了。这样整个框架就清楚了。

2018/4/1 上午8：57

大体上可以。

研究报告也要相应调一调，保持一致。

2018/4/1 中午12：10

这张表可以增加一栏。增加“问题表现”。

教学弊端太抽象，不具体。

字可以小一号

2018/4/1 中午12：47

教学评价缺乏科学性，重知识点学习，评价观察点缺乏代表性。

代替你写的那一点。

教学评价不科学，全国没有权威性的科学论证的统一标准，众说纷纭，莫衷一是。这个表述换成上面那句话。

2018/4/21 下午 7：54

经过 32 年的实践检验，成果被全国 21 个省、市、自治区的数以万计的语文教师实验，普遍反映，其有利于培养学生的创新精神与能力，有利于提高语文教师的课堂教学水平，有利于大面积提高语文课堂教学效益，对改进语文课堂教学方法、方式和课型有重大突破，具有理论的前瞻性和实践的操作性。

这个实践影响可以补充到成果概要里去。

2018/4/22 上午 10：33

宣传报道未必要按时间顺序，

或者把重大的报道宣传字体加粗，突出重点。

或者分为三部分：一、国家报刊和电台；二、省级报道；三、市、区级。

看了上面的内容，你就知道潘博士的敬业精神和专业水平了，更会让你体会到他的良苦用心，何况这只是他指导我的一小部分内容。所以，当国家级教学成果奖公示出来的第一时间，他就给我打电话，告诉我这一特大喜讯，我明显地感觉到电话那头的他比我还激动，这一点想必大家也能够理解了。

潘希武博士还给我的拙著《语文教学十大创新课型》写了书评《艺术活动的写真，科学思辨的结晶——评孙春成〈语文教学十大创新课型〉》（本文发表在《中学语文教学》2017 年第 6 期）：

在深圳市 2016 年中小学“好课程”评选中，龙岗区教育局教学研究室孙春成老师的《语文教学十大创新课型》脱颖而出，一举上榜。近日山西教育出版社已将这一成果正式出版。细读本书，一股清新的学术气息扑面而来。笔者认为本书主要有三大特点。

一是“新”。就是理论具有创新性。苏联教科院院士马赫穆托夫认为：“课的结构是作为一种有益的组织知识，作为一种指示和标准理论而被人们理解和运用的。”树立教学结构和程序意识，注重课的“组织知识”和“标准理论”的研究，对于克服教学的随意性、优化课堂教学结构与过程举足轻重。孙老师根据语文教学各类文体创建了十大课型，有利于实现各类文体教学结构与程序的最优化，有利于提高广大语文教师的课堂教学水平与质量，可谓科学思辨的结晶。本书自成一派，形成了完整的语文教学课型策略体系，这在我国尚属首创。

二是“实”。就是理论很实在，对教师很实用。怎样根据语文教学内容来创建适合各种文体的教学课型？这是个理论性与实践性都很强的重大课题。如散文、小说、文言文、古典诗词、寓言童话、名著导读、作文、说明文、议论文等，究竟怎样教学才会高效？这一系列问题是最现实、最迫切需要解决的教学难题。本书所创建的十个课型，正是孙春成老师多年语文教学课型理论研究和实践探索的结晶，创造性地解决了这些问题。本书揭示了各类文体语文教学的规律，有利于广大语文教师好备课、备好课和课上好、上好课，很接地气，非常实在。尤其是书中的典型课例，堪称艺术活动的写真，给语文课型理论和实践之间架起了一座桥梁，操作性很强，十分难能可贵。

三是“活”。就是教学方法灵活多样。纵观书中每一课例，都有如下共性：1.“教学目标”定位二维化，兼具工具性与人文性，确保了语文性质的实践意义。2.“教学内容”安排量力而行，一课一得，40分钟干40分钟的活。3.“教材处理”突出重点，突破难点，体现亮点。4.“教学设计”追求创新，突出主旨；环节清楚，环节之间具备科学合理的逻辑联系。5.“教学方法”注重启发、点拨、引导、发散学生思维，更重视朗读，以读代讲，以读促析，以读悟情。6.“教学语言”除了准确、简明、风趣、有激情外，更注重鼓励性。7.“教学提问”要有探讨价值，让学生“跳起来能摘到果子”。8.“教学结构”读写结合，浑然一体。9.“教学板书”简明扼要，符合纲要信号原则。10.“教学过程”师生互动和谐有效，能激发学生学习兴趣，启发学生独立思考。

愿孙春成老师有更多更好的语文课堂教学研究新著出版！

所以，说潘希武博士是我的伯乐和导师，名副其实。下图是孙春成和潘希武博士的合影。

十、出版了“孙春成语文课堂立体教学丛书”

2018 年山西教育出版社出版了“孙春成语文课堂立体教学丛书”，共四本，其中三本都填补了国内学术空白。“孙春成语文课堂立体教学丛书”均为我的“语文课堂立体教学策略体系”的代表作。

《语文教学十大创新课型》系我根据语文教学各类文体所创建的十大全新课型，旨在追求各类文体教学结构与程序的最优化。书中对每一课型都从概念、结构和程序、使用的教学方法、适应的教学内容及特点诸方面做了简明扼要的阐释，并配一典型课例加以具体介绍。本书理论与实践有机结合、相辅相成，符合语文课堂教学规律与新课标精神，操作性强，有利于教师优化语文课堂教学结构，提高语文课堂教学效益。本书填补了我国语文教学以各类文体为基点构建课型的学术空白，丰富了师范院校中文系学生的课程资源，对于提高广大语文教师的课堂教学水平与质量皆具现实而深远的指导意义。

《语文课堂立体教学课型》从艺术与科学的视角论证了语文课堂立体教学理论，并据之构建了复合性的语文课堂立体教学课型，符合语文课堂教学的本质与规律，有利于激发学生学习兴趣，有利于发展学生智力，有利于培养学生的创新精神与能力，有利于实现语文课堂教学最优化，有利于提高语文教师的课堂教学水平和质量皆具现实而深远的指导意义。本成果独树一帜，自成一派，具有理论的创新性和实践的操作性，极具学术价值和实践价值，填补了我国构建语文课堂教学复合性课型的学术空白，是崭新的语文课堂教学方法论，在我国语文课堂教学理论研究领域具有里程碑意义。

《语文课堂问题教学课型》借鉴马赫穆托夫问题教学的理论，以培养创新人才为宗旨，以强化问题意识为切入点，以培养学生发现问题、提出问题、分析问题和解决问题诸能力为目标，从教学目标、核心能力、程序结构、提问策略和教学原则诸方面，构建了语文课堂问题教学课型，对于培养学生的创新精神与创造性思维能力，造就创新人才，皆具现实而深远的指导意义。本书兼具理论性与实践性，是问题教学在语文学科应用研究的最新成果，填补了国内学术空白，可谓全国中小学语文教师和师范院校中文系学生的优质课程资源。

《语文课堂教学艺术法宝》是一本实实在在的语文课堂教学“谈艺录”，是作者“语文课堂立体教学策略体系”的核心成果。全书共80篇，涉及语文课堂教学艺术的方方面面，每篇都配以典型教例，理论与实践紧密结合，操作性强，既符合语文课堂教学的本质与规律，又符合新课标精神，有利于激发学生学习兴趣、实现语文课堂教学最优化，有利于提高语文教师的课堂教学水平和质量。

“立体教学”是指从教学艺术和教学科学两个角度所揭示的课堂教学高境界的时空特征，是教学艺术和教学科学的完美统一：教学艺术在于营造氛围，创造共振，激励乐学，做空间的文章；教学科学在于发展思维，鼓励创新，追求效率，做时间的文章。“孙春成语文课堂立体教学丛书”共四册，《语文课堂立体教学课型》《语文课堂问题教学课型》《语文教学十大创新课型》皆是从科学的角度构建了语文课堂系列课型，促进了语文课堂教学结构及程序的最优化；《语文课堂教学艺术法宝》几乎囊括了语文课堂教学的所有艺术方法，是从艺术的视角揭示了语文教学的规律。“孙春成语文课堂立体教学丛书”完整地体现了其语文课堂立体教学思想，是科学性和艺术性的统一，兼备理论的前瞻性和实践的操作性，富有鲜明的时代特色，系当代最崭新的语文教学方法论。

下图是孙春成已经出版的专著中的18本书：

“孙春成语文课堂立体教学丛书”是孙春成“语文课堂立体教学策略体系”的精华。每本书皆由钱梦龙老师题写书名。其中，于漪老师为《语文课堂立体教学课型》和《语文课堂问题教学课型》两本书写了序言，给予肯定。魏书生老师为《语文课堂立体教学课型》和《语文教学十大创新课型》写了序言，给予高度评价。钱梦龙和宁鸿彬老师给《语文课堂教学艺术法宝》写了序言，给予高度评价。

十一、一辈子学做教师

于漪老师说：“一辈子学做教师。”这句话既是她老人家的谦虚，也是给我们千千万万的老师提出的要求。我觉得于漪老师说的“一辈子学做教师”，也是她从事教育工作的切身体会，因为学无止境，教也无止境。《中国教育报》1999年6月11日发表了我的一篇小文《教学的四种境界》，许多老师毕其一生，都是很难企及最高境界的：

教学是科学，也是艺术，按由低到高，可以分为四种境界。

第一种境界即“实践型”。这一境界的教师，重视实践操作。为了提高教学效率，他们深入备课，认真上课，并能组织有效的训练，教学成绩良好。但是，他们缺乏研究意识，对各种有意义的教学现象缺乏总结，更谈不上对这些现象之间因果关系的思考和研究。因此，教学的成败得失难免带有偶然性。

第二种境界即“经验型”。这一境界的教师，重视经验积累，能够积极地总结和积累自己成功的经验，比较自觉地从自身的实践中把握教学现象之间一定的因果关系。因而，他们有时发表文章，内容大多是回顾和介绍教学过程中某些被证明有效的做法或招式。但是，由于个人实践所固有的局限性，他们对教学的理解、把握往往是浅层次和局部的，尚未上升为对教学内在规律的认识。他们的视野还不够开阔，思维还停留在解说事实的层面上。

第三种境界即“科研型”。这一境界的教师重视教育科研，坚持走教学和科研一体化的道路。他们不满足于仅仅如实地描述个人的体验或心得。努力在积累自己和他人经验的基础上寻求其内在规律。他们的教育实践和论文，明显地表现出自觉地对理论的追求，对教学的理解已经达到了相当深的程度。

第四种境界即“专家型”。达到这一境界的教师，已经形成了自己的教学思想、风格或体系，完全进入了教学的自由王国。他们对教学内在规律有深刻的认识，视野开阔，个性鲜明；教学上挥洒自如，游刃有余。从他们全部的教学实践和言论中，可以分明感觉到一个相对完整的教学体系、一种独特的教学风格的存在。这是教学的最高境界。

每一个教师对于自己处于何种境界应该心中有数，以便明确下一步的努力方向，朝更高的境界迈进。尤其是青年教师，是跨世纪的一代，肩负继往开来的使命，理应追求教学的最高境界。

专家型的教师距离教育家已经近在咫尺。那我们首先要搞清楚何为教育家。《中学语文教学》2001 年第 4 期刊登了我的一篇文章《教育家与教书匠》：

何为教育家？何为教书匠？二者的区别是什么？搞清这些问题，对一般教师的进步大有裨益，既能消除对教育家的神秘感，又能为一般教师树立起明确的奋斗目标。通过广泛的观察和思考，我们发现教书匠和教育家的差距，主要表现在职业修养和教学技巧两个方面。

第一，职业修养上的差距。

教师的职业修养主要是指一个教师在知识、教育理论、思想道德等方面所达到的水平。教书匠和教育家在这些方面存在着差异。

1. 知识结构上的差异

知识是对教师的第一要求。没有知识的人不能成为教师。不过，知识的多寡、深浅，与教师教学的成功并不存在着绝对的正比关系。据说，著名数学家陈景润的讲课就不大吸引人。有深广的知识，只是教学成功的必要条件，而非唯一条件。研究表明，教师的知识储备达到一定的水平之后，知识量的多少对教学效果便没有显著地影响了，更重要的是要有一个合理的知识结构。我们知道，尽管一个教师博学，但能对教学直接发生影响的知识是有限的。一个教师要成功，就必须根据教师职业的要求，建立自己的知识结构。教育家正是在这一点上明显地优于教书匠及其中的较优者。教书匠大都把功夫只下在所授学科的知识水平提高上，而不太重视学习教育科学或其他科学的知识，从而造成知识上的缺陷。在教学实践中，真正的特级教师不仅在学科知识上可以帮助一般教师，而且可以在教材处理、教学方法等方面指导一般教师，秘密就在于特级教师的知识不仅在量上显得丰富，还在结构上符合教师职业的要求，所以，他们可以称得上教育家，而不是教书匠。

2. 教育理论修养上的差异

毋庸置疑，教师首先是教学实践家，但这并不意味着教师可以毫不问津教育教学理论。实践证明，一个对教学理论毫不关心的人，很难取得持久的教学成功。现实中的绝大多数教师是谈不上教育理论修养的，即使师范院校的毕业生，一般讲也只掌握了一些抽象的教育学知识。因而，提高教师的教育理论修养是迫在眉睫的事情。

教育家善于把学到的教育理论知识运用到自己的教育实践中去，转化为一种教学实践的能力。教书匠大都只掌握了一些死的教育学科的知识，由于不能运用，这些知识还属身外之物。一个教育家仅有一些教育理论的知识是不够的，还必须有教育理论的修养，这些修养，源于书本，更源于实践。优秀的教师就有优秀的作为，他们已不是一个低级的“教书匠”“孩子王”，在积极参与教学改革的过程中，在学习和运用教育教学理论的过程中，已逐渐成长为教学实践的专家。于漪、魏书生、钱梦龙是教育家，也是平凡的教师。他们之所以成功，除了对教育与儿童的热爱之外，还因为他们是永远的探索者。在探索中，他们有了自己的理论，并成为教育大师。

3. 职业道德水平上的差异

教师的职业道德是教师道德生活中的重要行为准则。其具体内容有：忠诚人民的教育事业；热爱学生、尊重学生、发扬民主、一视同仁；教师要有耐心诚恳的态度；教师要以身作则，为人师表，同志间要团结协作，共同进步，等等。

应当承认，“忠诚”“热爱”“耐心”“为人师表”“协作”等项目，都存在着水平或程度问题。这种水平与程度上的差异，是区分教育家和教书匠的分水岭。师者为范。教育是爱的艺术，是忠诚的产物，因而，教师职业道德水平和教师的教学水平是相伴提高的。没有忠诚就没有献身的精神，就不可能勤于进取、精于业务、为人师表；不热爱学生，教学就不会适合学生的趣味；没有耐心诚恳的态度，教学就不可能精雕细刻，只会敷衍马虎。职业道德水平与教学成功之间存在着必然的因果联系。

教育家与教书匠在职业道德水平上的差异主要表现在两个方面，即量与自觉性上的差异。量上的差异是说教育家在“忠诚”等项目上，均达到了高水平，而教书匠则是一般。自觉性的差异是指教育家的职业道德达到了高度自觉的水平，职业道德准则已化为他们的行动准则。而教书匠的职业道德则多处于“他律”水平，职业道德准则还需继续对他们发挥约束作用。

第二，教学技巧上的差距。

1. 单项与全能

教学是艺术，也是科学，其技巧是多方面的，大而言之，有教学决策的技巧、板书技巧、处理偶发事件的技巧，等等。教育家在每一种技巧上都应是过硬的。只有这样，他的教学才可能成为一个美的艺术的整体。教育家和教书匠在教学技巧是否全面上，就有了差别。多一种技巧，在课堂上就多一分自由。教学技巧是不同类型和不同层次技巧的总和。如果一个教师只在少数一两项技巧上有一定水平，那他就无法取得全面的和持久的教学成功。长于教学决策但缺乏具体课堂教学能力的教师，教学不会如愿以偿；精于表达，但组织技巧欠佳的教师，教学不可能心平气和……总之，缺乏任何一种技巧，教师都会感觉到教学力不从心。教师只有在教学技巧上全面提高，才能在课堂上游刃有余并自由地创造。

2. 零散与系统

也有一些教书匠的教学技巧是全面的，没有偏废，但他们的课堂教学并未因技巧的全面而有所起色，终未成为教育家。原因何在？主要是技巧运用上的问题。他们不能适时地、恰当地运用教学的技巧，不能处理好具体技巧的运用和整个课堂教学的关系。比如，运用语言表达技巧的目的是要讲清知识的脉络或激发学生的思考，但是，有的教师在知识的脉络讲清之后，在学生的思维被激发之后，仍在滥用表达的技巧，这就有卖弄之嫌了，往往容易导致教学的无序或失控。

按照系统论的观点，我们可以把每一种具体的教学技巧看作要素，只有在具体的课堂教学中，以完成教学任务，把各种技巧合情合理地组织起来综合运用，才能形成活的教学技巧系统。我们去听教书匠的课，总能从中找到一些不足；或是提问对象过于集中，不合时机；或是学生机械呆板，课堂没有生气……诸如此类问题，往往反映出教师在教学技巧的运用上尚欠成熟。而另一方面，我们则发现一些被人们公认的优秀教师的课，一般讲是完美的。透过课堂教学的每一个细节，都能见到他们的深厚功底。这功底就是能得心应手，随心所欲地驾驭教学，整个教学过程没有使用技巧的痕迹，真正达到了艺术无技巧的佳境。所谓艺术无技巧，实际上是技巧的成功使用，只是由于他们所使用的技巧是整体系统的，而非零散和勉强的，所以才没有了技巧的痕迹。

3. 一般与独特

我们经常有如下的体验：某某教师的课，挑不出什么缺点，但总觉得还不过瘾，不那么“出神入化”。究其根由，最主要的就是没有特色。没有了特色和个性，即使完美，也属一般。譬如，一个人学书法，临柳公权帖很见功力，甚至可以乱真，但因未能脱胎换骨，终不能独成一家，仍属一般学书者。

教学贵在创新。由教书匠走向教育家，必须经过探索、创新的过程，这是一般教师超凡脱俗的必由之路。明白了这个道理，教师就要在打好基本功的基础上，探索自己的教学特色。以教学语言表达为例，流利、标准和合乎逻辑，是对教学语言的一般要求，凡教师都要达此标准。如果一个教师到此为止，不再努力，那他只是一个一般的教师或教书匠。而如果他能在流利、标准和合乎逻辑的基础上，富有幽默感或充满感情，就有了自己的特色，从而在教学语言表达上高于一般教师。仔细观察，不难发现优秀的教师，在教学上总有自己的一套，总有独秀于林的地方。有无风格也是教育家和教书匠的一个分水岭。

综上所述，我们认为，教育家有高尚的情操、广博的知识、先进的教学观念、多元化的教学技巧和高超的教学机智；他们富有爱心和民主意识，富有创新意识和教学研究能力，是每一个教育工作者都应追求的最高境界。虽然我们所指出的教育家与教书匠是可以讨论的，但是我们期望以上论述对广大教师能有所启发。

读了我的两篇文章后，或许你已经知道于漪老师已到耄耋之年，为什么还要说"一辈子学做教师"了吧？近日《于漪全集》刚刚出版，我在第一时间就网购了一套，认真拜读。在于漪这样的大师面前，在知识面前，在生活面前，我们永远都是小学生。所以，"一辈子学做教师"是我的座右铭，也是我一生的追求。

附录一：孙春成“立体教学”研究大事记

一、出版专著（共 22 本）

1. 1993 年出版专著《“立体教学”初论》（山西教育出版社。魏书生写序，刘国正题写书名）。

2. 1997 年出版专著《“立体教学”再论》（山西教育出版社。魏书生题词：“立体思维沐春风春雨，教学硕果渐成长成熟。”刘国正题写书名）。

3. 1997 年出版专著《“立体教学”三论》（山西教育出版社。陈金明写序，刘国正题写书名）。

4. 1998 年出版专著《立体教学论》（山西教育出版社。魏书生题词：全面发展天地阔，立体教学道路宽。程翔题词：勤奋耕耘，硕果累累。许建国题词：举前贤之未及，其后学于成规。陈金明、景克宁、贺斌写序，刘国正题写书名）。

5. 1998 年出版专著《语文课堂教学艺术漫谈》（语文出版社。魏书生题词：艺术活动的写真，科学思辨的结晶。钱梦龙、宁鸿彬写序）。

6. 2001 年出版专著《语文课堂立体教学模式》（广西教育出版社）。

7. 2003 年出版专著《中学语文课堂创新教学模式》（中山大学出版社。唐海海写序）。

8. 2003 年出版专著《小学语文课堂创新教学模式》（中山大学出版社。唐海海写序）。

9. 2003 年出版专著《给语文教师的 101 条建议》（南京师范大学出版社。魏书生写序）。

10. 2003 年出版专著《新语文课堂：探究教学法》（南京师范大学出版社。章熊题词：只有教师善于探究，学生才能学会探究）。

11. 2003 年出版专著《语文研究性学习：学与教融合的策略》（南京师范大学出版社。李吉林题词：年轻人志在千里，愿立体教学更上层楼）。

12. 2003 年出版专著《初中语文课堂教学艺术》（中国林业出版社）。

13．2003 年出版专著《语文课堂问题教学策略》（广西教育出版社。于漪写序）。

14．2004 年出版专著《语文立体化教学艺术》（中国林业出版社。魏书生写序）。

15．2004 年出版专著《语文反思性教学策略》（广西教育出版社）。

16．2004 年出版专著《新课程语文教育随笔》（广东教育出版社）。

17．2017 年出版专著《语文教学十大创新课型》（山西教育出版社。魏书生写序，钱梦龙题写书名）。

18．2018 年出版专著《语文课堂立体教学课型》（山西教育出版社。魏书生、于漪写序，钱梦龙题写书名）。

19．2018 年出版专著《语文课堂问题教学课型》（山西教育出版社。于漪写序，钱梦龙题写书名）。

20．2018 年出版专著《语文课堂教学艺术法宝》（山西教育出版社。钱梦龙、宁鸿彬写序）。

21．2018 年“孙春成语文课堂立体教学丛书”由山西教育出版社出版，丛书共四本：《语文课堂创新教学课型》《语文课堂立体教学课型》《语文课堂问题教学课型》《语文课堂教学艺术法宝》。

22．2019 年出版专著《立体教学探秘》（山西教育出版社。钱梦龙、魏书生写序）。

二、发表论文（共 46 篇）

1．1986 年第 6 期《语文教学论坛》发表第一篇论文《“立体教学”初探》。

2．1988 年第 5、6 期《语文教学通讯》发表论文《关于“立体教学”理论的再思考》。

3．1989 年第 1 期《山西大学师范学院学报》发表论文《知识积累与能力培养》。

4．1989 年第 3 期《语文教学论坛》发表论文《指导学生批改作文的理论与实践》。

5．1990 年第 2 期《山西大学师范学院学报》发表论文《教学过程中思维的立体性探幽》。

6. 1992 年第 3、4 期《山西大学师范学院学报》发表论文《浅谈提高语文课堂教学效率》。

7. 1993 年第 2 期《山西电教》发表论文《求异思维在作文立意上的运用》。

8. 1995 年第 9 期《新语文》发表论文《不妨试试“存疑法”》。

9. 1995 年第 13 期《运城地区教育学会会刊》发表论文《关于中学语文教学现状的思考》。

10. 1996 年第 5 期《中学语文教学参考》发表论文《也谈“落实”》。

11. 1997 年第 3 期《语文学习》发表论文《一堂课就是一篇文章》。

12. 1997 年第 9 期《中学语文教学》发表论文《提高青年教师素质之我见》。

13. 1998 年第 5 期《语文教学通讯》发表论文《思维的立体性结构及最优化运动》。

14. 1998 年第 8 期《教育理论与实践》发表论文《幽默在语文教学中的功用》。

15. 1998 年第 10 期《中学语文教学》发表《读书是我的责任》。

16. 1999 年 1 月 8 日《中国教育报》发表论文《如何成为“研究型”教师》。

17. 1999 年第 3 期《人民教育》发表《呼唤“研究型”教师》。

18. 1999 年 5 月 14 日《中国教育报》发表论文《怎样写教学后记》。

19. 1999 年 6 月 11 日《中国教育报》发表论文《教学的四种境界》。

20. 2000 年 6 月 9 日《中国教育报》发表论文《贵在发现》。

21. 2000 年第 7 期《中学语文教学》发表论文《语文教学科学化的必由之路》。

22. 2001 年第 4 期《中学语文教学》发表论文《教育家与教书匠》。

23. 2002 年第 2 期《中学语文教学》发表论文《有效开展研究性学习的思考》。

24. 2002 年第 11 期《语文建设》发表论文《走进教学的三重境界》。

25. 2003 年第 1 期《语文建设》发表论文《牵一发而动全身》。

26. 2003 年第 6 期《中国小学语文教学论坛》发表论文《立体探究，发展创新》。

27. 2003 年第 7 期《中学语文教学》发表论文《教会学生思考和创新》。

28. 2015 年第 12 期《中学语文教学参考》发表论文《最优化：打造高效语文课堂教学的尝试》。

29. 2016 年第 6 期《中学语文教学参考》发表论文《我这样教〈秋天的怀念〉》。

30. 2016 年第 6 期《中学语文教学》发表论文《我这样上名著导读课》。

31. 2016 年第 8 期《中学语文教学参考》发表论文《“立体教学”的尝试》。

32. 2016 年第 10 期《中学语文教学》发表论文《有效提问：语文教学的常规武器》。

33. 2016 年第 10 期《中学语文教学参考》发表论文《把每篇课文当作一个课题进行研究》。

34. 2016 年第 12 期《中学语文教学参考》发表论文《学会创建“语文课型”》。

35. 2016 年第 12B 期《语文教学通讯》发表论文《语文课堂教学评价须要“标准化”》。

36. 2017 年第 1 期《作文教学与研究》发表论文《学生互相评改作文的理论与实践》。

37. 2017 年第 2B 期《语文教学通讯》发表论文《关于语文课堂教学十大问题的思考》。

38. 2017 年第 3 期《中学语文教学参考》发表论文《蒙太奇：“名著导读”教学设计的基本方法》。

39. 2017 年第 6 期《中学语文教学参考》发表论文《教学常规里的教学研究及其价值》。

40. 2017 年第 9 期《中学语文教学参考》发表论文《语文教学须要追求原创!》。

41. 2017 年第 10B 期《语文教学通讯》发表论文《辩证法：处理好语文课堂教学的十大关系》。

42. 2017 年第 12 期《中学语文教学参考》发表论文《“课文主旨”与“课堂主旨”之辨》。

43. 2018 年第 3 期《中学语文教学参考》发表论文《重温“驾驭教材”》。

44. 2018 年第 6 期《中学语文教学参考》发表论文《情感教育：贯穿语文教学的一根红线》。

45. 2018 年第 8 期《中学语文教学参考》发表论文《我的“一课一得”观》。

46. 2019 年第 5 期《中学语文教学参考》发表论文《〈秋天的怀念〉里的“言外之意”》。

三、获奖论文（共 11 篇）

1. 1987 年 10 月，论文《论幽默在语文教学中的功用》荣获“中学语文教育理论研讨会”论文奖。

2. 1988 年 4 月，论文《关于“立体教学”的思考》荣获“陕甘晋川冀中学语文研讨会”首届年会优秀论文奖。

3. 1988 年，论文《“立体教学”与思维》被选参加山西省中小学教学改革与实验研讨会。

4. 1988 年，论文《指导学生批改作文的理论与实践》荣获全国青年教改新秀论文评选一等奖。

5. 1989 年，论文《一堂课就是一篇文章》荣获山西省中学语文教学研究论文优秀奖。

6. 1989 年，论文《知识积累与能力培养》荣获全国青年教改新秀论文评选一等奖。

7. 1995 年，论文《于无疑处生疑》荣获第二节中华圣陶杯中青年教师论文大赛一等奖。

8. 1995 年，论文《明确主攻方向，加强作文教学》在“全国青年语文教师联谊会”成立大会上被评为一等奖。

9. 1996 年，论文《关于中学语文教学现状的反思》在当前语文教学突破性改革征文中荣获优秀奖。

10. 1998 年，论文《论提高青年教师素质》编入《如何实施素质教育》大型学术文库。

11. 2000 年，论文《贵在发现》荣获《中国教育报》“教学漫议”征文二等奖。

四、科研课题与兼职

1．1990年被《语文周报》聘为“兼职编辑”。

2．1993年被《山西电教》聘为“特邀编辑”。

3．1995年在山东泰安发起成立“全国青年语文教师联谊会”，任常务理事。

4．1997年被聘为“全国教学艺术研究中心”副理事长。

5．1997年“立体教学论”列为山西省教育科学“九五”规划课题。

6．1997年成立“运城地区立体教学研究会”（孙春成任法人代表），拥有200余名会员（即“立体教学”实验教师），设立试点达42所学校，辐射运城地区13个县市。

7．1999年在人民大会堂被聘为全国中语会青年语文教师研究中心第二届理事会常务理事。

8．2003年“立体教育”列为中国教育学会“十五”科研规划课题。

9．2005年9月，中国教育学会“十五”科研规划课题“立体教育”经专家鉴定结题（鉴定专家：魏书生、钱梦龙、陈金明、靳家彦、程翔）。

10．2006年“立体教育系统工程理论”列为中国教育学会“十一五”科研规划课题。

11．2013年被运城学院中文系聘为兼职教授。

12．2014年被运城幼儿师范高等专科学校聘为兼职教授。

13．2014年被陕西学前师范学院师资培训学院聘为授课专家。

14．2016年被山西省忻州师范学院聘为客座教授。

15．2016年被陕西师范大学文学院聘为教育硕士合作导师。

16．2016年被深圳大学聘为教育硕士导师。

17．2016年被龙岗区教育质量监测中心聘为兼职研修员。

18．2016年被聘为深圳市“尹庆华名师工作室”专家顾问。

19．2017年被陕西师范大学特聘为授课专家。

五、成果获奖（共21项）

1．1990年在福建厦门集美中学“全国第二届青年教师中学语文教学研讨会”上做公开课被评为优秀奖（本次会议两大收获：一是和魏书生老师同台上课；二是将书稿《“立体教学”初论》交给魏书生老师，请他写序获得成功）。

2. 1999年专著《语文课堂教学艺术漫谈》荣获“语通杯”全国语文教研成果大赛一等奖。

3. 2005年12月，“立体教育”系列成果参加“首届全国基础教育课程资源博览会优秀成果展”。

4. 2005年《语文课堂立体教学模式》荣获“中国教育学会奖”一等奖。

5. 2006年11月，“立体教学”被评为深圳市继续教育课程。

6. 2008年“语文课堂立体教学模式策略体系”系列科研成果荣获龙岗区基础教育教学成果一等奖。

7. 2009年《语文课堂立体教学模式》被评为深圳市龙岗区继续教育培训优质课程。

8. 2009年《语文立体化教学艺术》荣获“第五届中国教育学会科研成果”三等奖。

9. 2010年在上海执教《外婆的手纹》一课荣获《中国教育报》主办的“全国第三届两岸同课异教中学语文课堂教学研讨会”一等奖。

10. 2010年指导刘洋参加“文言文课堂教学大赛”，荣获深圳市和广东省双料冠军。

11. 2012年指导刘洋参加“全国第二届初中语文教师教学基本功展评活动”，荣获一等奖。

12. 2012年指导赵查参加“古典诗词课堂教学大赛”，荣获深圳市和广东省双料冠军。

13. 2014年指导赵查参加“全国第三届初中语文教师教学基本功展评活动”，荣获二等奖。

14. 2014年指导刘毅参加“童话寓言课堂教学大赛”，荣获深圳市和广东省双料冠军。

15. 2016年指导刘毅参加“全国第五届初中语文教师教学基本功展评活动”，荣获二等奖。

16. 2016年《语文教学十大创新课型》被龙岗区教学研究室审定为中小学校本教材。

17. 2016年《语文教学十大创新课型》评为深圳市中小学“好课程”。

18. 2016年在苏州“全国初中语文名师精品课堂展示活动”中执教《秋天的怀念》，荣获一等奖。

19. 2017年“语文课堂立体教学策略体系”荣获广东省教育教学成果奖（基础教育）一等奖。

20. 2018年“语文课堂立体教学策略体系”荣获国家级教学成果奖（基础教育）二等奖。

21. 2019年“立德树人：初中语文人文课型体系的创建与实践”荣获广东省教育教学成果奖（基础教育）一等奖。

六、成果推广（共50项）

1. 1992年创办山西省运城地区教育专业杂志《教研向导》。

2. 1995年8月，在“全国青年语文教师联谊会首届年会”上做学术报告，并向与会代表赠书《“立体教学”再论》《“立体教学”三论》500余本。

3. 1997年“运城地区立体教学研究会”召开首届年会，魏书生、钱梦龙、程翔、肖家云为千名与会代表上示范课，运城行署副专员闫存来和运城行署教育局局长梁增华与会讲话，景克宁教授演讲，向与会代表赠送专著《立体教学论》达800余本。

4. 1997年11月21日，山西省交口县教委决定在全县中小学推广“立体教学”，并邀请孙春成上示范课和做学术报告。

5. 1998年在山西省运城地区夏县中学召开运城地区“立体教学”研讨会，皇甫彩虹老师做公开课并演讲。

6. 2000年在深圳市龙岗区龙城小学设立“立体教学”试验点。

7. 2001年在求水山庄召开深圳市龙岗区“立体教学”推广大会，给10所学校颁发“立体教学实验基地”牌匾，给实验老师颁发优秀论文证书，赠送与会代表每人一张2000年5月19日的《中国教育报》（上有专版介绍“立体教学”在龙岗的实践经验），深圳市小学语文教研员肖桂林老师做《小学语文与多媒体》的报告。

8. 2003年3月23日，浙江省青田县教育局教研室组织举办了“立体教学”推广大会，并邀请孙春成上示范课和做学术报告。

9. 2004年4月10－11日，“辽宁省中等职业学校语文教师培训暨经验交流会”邀请孙春成上示范课、做学术报告、评课。

10. 2004年4月21日，“立体教育”课题首届年会在深圳市龙岗区实验学校召开，魏书生做题为《新课改的语文教育发展趋势》的报告；孙春成上示范课《事物的正确答案不止一个》，并做报告《“立体教学”与新课程改革》。

11. 2004年首届“立体教学杯”课堂教学大赛在深圳东方半岛学校举行，龙城小学语文教师尹佳俊荣获冠军。

12. 2005年4月9－10日，“立体教育”课题第二届年会在深圳市布吉高级中学召开，魏书生上示范课并做学术报告。

13. 2005年11月24－25日，第二届“立体教学杯”课堂教学大赛在深圳市龙岗区实验学校举行，龙岗区实验学校初中语文教师陈理荣获冠军，靳家彦上示范课并做学术报告。

14. 2006年5月20日，“立体教育”课题第三届年会在深圳市龙岗中专召开，钱梦龙做学术报告《新课程关键词解读》。

15. 2006年11月10日，第三届“立体教学杯”课堂教学大赛在深圳市龙岗会堂举行，四川师范大学附属实验学校语文老师柳舒荣获冠军，于永正上示范课并做学术报告，深圳市教育局副局长唐海海到会致辞。

16. 2009年在深圳大学教授继续教育课程《语文课堂立体教学模式》。

17. 2010年在深圳大学教授继续教育课程《语文课堂立体教学模式》。

18. 2010年12月4日，参加教育部《中国教师报》主办的“全国第三届两岸同课异教中学语文课堂教学研讨会”执教《外婆的掌纹》一课荣获一等奖。

19. 2013年3月2－5日，到广东省清远市连南、阳山两县支教。

20. 2014年9月，为山西大学图书馆捐赠七种个人专著。

21. 2014年11月，为陕西省市级教学能手国培计划高级研修班上示范课《秋天的怀念》和《孤独之旅》，并做学术讲座《语文教学艺术》。

22. 2014年12月，到广东省茂名市茂南和电白两县支教。

23. 2014年在深圳市“名师课堂”活动中上示范课《孤独之旅》。

24. 2015年在深圳市“名师课堂”活动中上示范课《秋天的怀念》。

25. 2015年11月12日，为龙岗区初中语文教师做了题为《立体教学模式的理论与实践》的讲座。

26. 2015年12月3日，为龙岗区初中语文教师做了题为《骆驼祥子》的示范课。

27. 2016年3月25日，为陕西师范大学2016届教育硕士授课六课时。

28. 2016年11月25日，在《中学语文教学参考》杂志社举办的“全国初中语文名师精品课堂展示活动”中执教《秋天的怀念》一课荣获一等奖。

29．2016 年 11 月 26 日，在“苏浙中学语文教学论坛第二届年会”做学术讲座《怎样提高语文课堂教学效率》。

30．2016 年 12 月 12 日，应邀在广东省初中语文“名著导读”课堂教学大赛上评课《骆驼祥子》。

31．2017 年 3 月，在《新作文杂志社》举办的全国“三新”作文教学研讨会上执教《指导学生互相评改作文》一课荣获一等奖。

32．2017 年 3 月 18 日，为深圳大学 2016 级硕士研究生授课四学时，并向每位学生赠书《语文教学十大创新课型》26 本。

33．2017 年 3 月深圳市龙岗区教育局教学研究室给龙岗区各个初中免费发放《语文教学十大创新课型》365 本。

34．2017 年 3 月 30 日，在深圳市盐田区“深圳市初中语文教学十大创新课型推广活动”中执教示范课《湖心亭看雪》并做学术讲座《怎样提高语文课堂教学效率》，并向与会教师赠书《语文教学十大创新课型》64 本。

35．2017 年 4 月 12 日，为陕西省高中骨干教师研修班上示范课《雨霖铃·寒蝉凄切》并做学术讲座《怎样提高语文课堂教学效率》。

36．2017 年 5 月 11 日，在深圳市坪山区“孙春成语文教学课型推广大会暨坪山区初中语文名家讲学活动”中执教示范课《简·爱》并做学术讲座《语文教学十大创新课型》。

37．2017 年 5 月 17 日，在深圳市直属学校初中语文“同课异构”教学研讨活动中执教示范课《爱莲说》并做学术讲座《语文教学十大创新课型》，并向与会教师赠书《语文教学十大创新课型》96 本。

38．2017 年 5 月 27 日，在《中学语文教学参考》杂志社举办的“全国初中语文名家精品课堂展示活动”中执教《骆驼祥子》一课荣获一等奖。并向与会教师赠书《语文教学十大创新课型》1080 本。

39．2017 年 5 月 28 日，在《中学语文教学参考》杂志社举办的全国初中语文“年轻教师成长”论坛活动中做学术讲座《学会构建语文教学课型》。

40．2017 年 7 月 9 日，为深圳市光明新区初中语文教师暑假培训会做《语文教学十大创新课型》讲座，并向与会教师赠书《语文教学十大创新课型》120 本。

41．2017 年 9 月，为龙岗区民办初中语文科组长培训作《语文教学十大创新课型》讲座，并向与会教师赠书《语文教学十大创新课型》120 本。

42. 2017 年 11 月，为东莞市初中语文国家统编教材研讨会做《如何提高语文课堂效率》讲座。

43. 2017 年 11 月，为东莞市初中语文国家统编教材研讨会做《秋天的怀念》示范课。

44. 2018 年 4 月 18－19 日，广东省教育学会中学语文教学专业委员会在龙城初级中学召开“广东省初中语文深圳龙岗立体教学经验交流现场会”，面向全省推广“立体教学”。

45. 2018 年 4 月 20 日，在“广东省初中语文深圳龙岗立体教学经验交流现场会”执教研讨课《孤独之旅》。

46. 2018 年 5 月 8 日，在佛山禅城区初中语文教师素养提升活动中执教《孤独之旅》观摩课。

47. 2018 年 5 月 8 日，在佛山禅城区初中语文教师素养提升活动中做专题讲座《怎样提高语文课堂教学效率》，并向与会代表赠书《语文教学十大创新课型》100 本。

48. 2018 年 5 月 20 日，在由陕西师范大学基础教育研究院主办的“全国中学语文名师精品课展暨学科综合素养高端论坛”上执教示范课《武陵春》。

49. 2018 年 5 月 20 日，在由陕西师范大学基础教育研究院主办的“全国中学语文学科综合素养高端论坛”上做学术讲座《立体教学的价值》。

50. 2019 年 4 月 17 日，在深圳市初中语文名师教学展示活动中执教《丑小鸭》。

七、获得的荣誉（共 4 项）

1. 1987 年荣获北方七省中学生作文竞赛优秀指导教师奖。
2. 1988 年 9 月，被评为中共临猗县“先进教育工作者”。
3. 1999 年 5 月，荣获山西省“运城地区首批青年学术技术带头人”称号。
4. 2001 年 4 月，荣获第七届中华圣陶杯中学生作文大赛指导优秀奖。
5. 2019 年荣获“深圳市先进教育工作者”称号。

八、媒体宣传与推广（共 22 项）

1. 1990 年 4 月 14 日《山西日报》报道《孙春成任教五年，写论文三十多篇》。

2. 1994 年 11 月 25 日《山西日报》报道《举前贤之未及，启后学于成规——记教育名人孙春成》。

3．1994 年第 11 期《青少年日记》封二人物。

4．1995 年《中学语文教学》第 1 期专题报道《梅花香自苦寒来 ——记立体教学理论的开创者孙春成》。

5．1998 年 1 月 2 日《中国教育报》报道《建树“立体教学”的人 ——记山西省运城行署教育局教研室干部孙春成》。

6．1998 年《语文教学通讯》第 5 期封面人物。

7．2000 年 5 月 19 日《中国教育报》加“编者按”整版介绍、推广了“立体教学”在深圳市龙岗区小学语文的实践经验《发展思维培养创新型人才》。

8．2002 年第 3 期《中学语文教学》封二人物“艺术人生”。

9．2002 年 12 月 4 日《龙岗日报》专题报道《“立体教学”研究者孙春成速写》。

10．2003 年 4 月 12 日《深圳特区报》专题报道《孙春成：高声喊出“立体教学”》。

11．2003 年《记者观察》第 4 期报道《孙春成与“立体教学”》。

12．2003 年在中国教育电视台“学术报告厅”栏目做“立体教学”学术报告。

13．2003 年《中国小学语文教学论坛》第 6 期封面人物。

14．2003 年第 6 期《中国小学语文教学论坛》辟“立体教学观”专栏。

15．2003 年第 7 期《中学语文教学》辟“立体教学课例研讨”专栏，钱梦龙发文点评《启而不发，跃如也》。

16．2003 年 1 月 10 日《中国教育报》整版介绍、推广了“立体教学”的系列成果，肩题为“18 年教研实践执着追求，13 部教学专著心血凝成”，正标题是“他挑战语文课堂教学”，副标题是“记‘立体教学’的创立者孙春成”。

17．2004 年中国教育电视台“中国教师”栏目播 20 分钟，专题报道《孙春成和他的“立体教学”》。

18．2004 年在深圳卫视“论道”栏目做学术报告《创新教育呼唤创新型人才》。

19．2004 年深圳卫视播 45 分钟专题节目“‘立体教学’的创立者——孙春成”。

20．2004 年 5 月 29 日《晶报》专版报道《经历了风雨才能见彩虹》。

21．2017 年第 1、2 期《中学语文教学参考》刊登魏书生老师为《语文教学十大创新课型》所写序言，题为《我与孙春成的师徒情缘》。

22．《中学语文教学》2017 年第 6 期发表《语文教学十大创新课型》书评《艺术活动的写真，科学思辨的结晶》（潘希武，正高级教师，博士，深圳市教育科学研究院副院长）

附录二 孙春成指导教师参加“教学比赛”获奖目录

孙春成于1999年3月至2002年9月任深圳市龙岗区小学语文教研员，2008年9月至今任深圳市龙岗区初中语文教研员。期间指导深圳市龙岗区语文教师参加“教学比赛”，共获得市级一等奖以上荣誉39项，市级二等奖荣誉44项（略）。项目包括：现场课堂教学大赛、基本功大赛、教学技能大赛、微课大赛、录像课大赛、教学设计大赛，等等。

序号	姓名	所在学校	获奖项目	级别与等级	获奖时间
国家级课堂教学基本功大赛（共3项：一等奖1项，二等奖2项）					
1	刘洋	深圳市龙岗区外国语学校	第二届全国中学语文教师教学基本功大赛	国家级一等奖	2012. 4
2	赵查	深圳市龙岗区实验学校	第三届全国初中语文教师教学基本功大赛	国家级二等奖	2014. 5
3	刘毅	深圳市龙岗区平湖中学	第五届全国初中语文教学基本功大赛	国家级二等奖	2015. 5
省级课堂教学大赛（共6项：冠军3项，一等奖4项，三等奖2项）					
4	刘洋	深圳市龙岗区外国语学校	广东省2010年初中语文文言文阅读教学大赛	省级一等奖（冠军）	2010. 12
5	俞晓燕	龙岗区平湖外国语学校	广东省2010年初中语文文言文阅读教学大赛	省级一等奖	2010. 12
6	赵查	深圳市龙岗区实验学校	广东省2012年初中语文古典诗歌鉴赏教学大赛	省级一等奖（冠军）	2012. 12
7	刘毅	深圳市龙岗区平湖中学	广东省2014年初中语文童话寓言教学大赛	省级一等奖（冠军）	2014. 12

（续表）

序号	姓名	所在学校	获奖项目	级别与等级	获奖时间
8	郑冉	深圳市龙岗区龙城初级中学	广东省2016年初中语文名著导读课堂教学大赛	省级三等奖	2016.12
9	王珂珂	深圳市龙岗区龙城初级中学	广东省2017年初中语文青年教师教学能力大赛	省级三等奖	2017.11
10	钟文	深圳市龙岗区龙城初级中学	广东省2018年中学语文青年教师课堂教学展示活动	省级二等奖	2018.12
市级课堂教学大赛一等奖（共29项：冠军5项，教学大赛16项，录像课与微课5项，教学设计8项）					
11	覃亮	深圳市龙岗区沙西小学	深圳市1999年小学生情境作文课堂教学大赛	市级一等奖	1999.12
12	田聪维	深圳市龙岗区实验学校	深圳市2008年初中语文教学大赛	市级一等奖（冠军）	2008.10
13	刘洋	深圳市龙岗区外国语学校	深圳市2010年初中语文文言文阅读教学大赛	市级特等奖（冠军）	2010.10
14	赵查	深圳市龙岗区实验学校	深圳市2012年初中语文古典诗歌鉴赏教学大赛	市级特等奖（冠军）	2012.12
15	刘毅	深圳市龙岗区平湖中学	深圳市2014年初中语文寓言与童话课堂教学大赛	市级特等奖（冠军）	2014.11
16	包望	深圳市龙岗区新梓学校	2012年深圳市初中语文古典诗歌鉴赏教学大赛	市级一等奖	2012.12

（续表）

序号	姓名	所在学校	获奖项目	级别与等级	获奖时间
17	杨乔	深圳市龙岗区南联学校	2012年深圳市初中语文古典诗歌鉴赏教学大赛	市级一等奖	2012. 12
18	方金翠	深圳市龙岗区梧桐学校	2012年深圳市初中语文古典诗歌鉴赏教学大赛	市级一等奖	2012. 12
19	朱海英	深圳市龙岗区福安学校	2012年深圳市初中语文古典诗歌鉴赏教学大赛	市级一等奖	2012. 12
20	刘戬佞	深圳市龙岗区可园学校	2012年深圳市初中语文古典诗歌鉴赏教学大赛	市级一等奖	2012. 12
21	钟文	深圳市龙岗区龙城初级中学	2012年深圳市初中语文古典诗歌鉴赏教学大赛	市级一等奖	2012. 12
22	陈丽蓉	平湖实验学校	深圳市2015年初中语文教师技能大赛	市级一等奖	2015
23	饶晨曦	深圳布吉可园学校	深圳市2015年初中语文教师技能大赛	市级一等奖	2015
24	代小娟	深圳实验承翰学校	深圳市2015年初中语文教师技能大赛	市级一等奖	2015
25	郑冉	深圳市龙岗区龙城初级中学	深圳市2016年初中语文名著导读课堂教学大赛	市级一等奖	2016. 11
26	周东芳	深圳市龙岗区梧桐学校	深圳市首届微课大赛	市级一等奖	2014. 4
27	周东芳	深圳市龙岗区梧桐学校	深圳市初中文言文阅读教学专题教研录像课	市级一等奖	2010. 12
28	赵查	深圳市龙岗区实验学校	深圳市初中语文优质录像课比赛	市级特等奖	2009. 6

（续表）

序号	姓名	所在学校	获奖项目	级别与等级	获奖时间
29	张庆	深圳市龙岗区新亚洲学校	深圳市初中语文优质录像课比赛	市级一等奖	2009. 6
30	徐瑶	深圳市龙岗区平安里学校	深圳市初中语文优质录像课比赛	市级一等奖	2009. 6
31	周东芳	深圳市龙岗区梧桐学校	深圳市初中文言文阅读教学设计	市级一等奖	2010. 12
32	刘毅	深圳市龙岗区平湖中学	深圳市初中文言文阅读教学设计	市级一等奖	2010. 12
33	罗彩萌	深圳市龙岗区天成学校	深圳市初中文言文阅读教学设计	市级一等奖	2010. 12
34	刘洋	深圳市龙岗区福安学校	深圳市初中文言文阅读教学设计	市级一等奖	2010. 12
35	杨琼	深圳市龙岗区平安里学校	深圳市初中文言文阅读教学设计	市级一等奖	2010. 12
36	肖艳君	深圳市龙岗区福安学校	深圳市初中文言文阅读教学设计	市级一等奖	2010. 12
37	孙芸	深圳市龙岗区天成学校	深圳市初中文言文阅读教学设计	市级一等奖	2010. 12
38	盛志勇	深圳市龙岗区新亚洲学校	深圳市初中文言文阅读教学设计	市级一等奖	2010. 12
39	王珂珂	深圳市龙岗区龙城初级中学	深圳市 2017 年初中语文青年教师教学能力大赛	市级一等奖（冠军）	2017. 10

后　记

这本《立体教学探秘》，以比较全面和翔实的资料，记述了我35年来，探究“语文课堂立体教学策略体系”的奋斗历程，里面甜酸苦辣咸，五味杂陈，但更多的是钻研的甜蜜，收获的喜悦，成长的幸福。

从第1篇论文的发表到22本专著的出版，每一部著作都是我教研的里程碑；也是我智慧的结晶，所谓我思故我在。

从“立体教学”课题的结题到其评为深圳市继续教育课程，课题研究就是我们教研的法宝。

从第一所“立体教学”实验学校的建立到“立体教学”在省市及全国范围内的推广，教学实验就是我们教研的丰厚土壤。

从本人多次在全国课堂教学展示活动中荣获大奖到指导多名青年教师在全国课堂教学大赛中荣获大奖，追求高境界的课堂教学一直就是我们的梦想。

从第一篇论文获奖到2017年“语文课堂立体教学策略体系”荣获广东省基础教育教学成果奖一等奖、2018年又荣获国家级教学成果奖二等奖，光荣永远属于不懈追求教育教学真理的人。

魏书生老师在《我与孙春成的师徒情缘》一文里说：“一个人，一辈子，一件事，不动摇，不懈怠，不容易。”35 年的执着，35 年的坚守，35 年的追求，35 年的奋斗，充满着前进的曲折，科研的艰辛，进步的喜悦！

编撰这本书的过程，两种心情互相交织，折腾得我每天辗转反侧，彻夜难眠。一种心情是欣慰，欣慰自己 35 年如一日，没有浪费时光，过得很充实，还是做了一些有意义的事情，算是著书立说了，也可以说，让在人世间饱受苦难的父母在天堂终于可以扬眉吐气地大声呼唤：“谁说我娃值不了大钱?!”

另一种心情是沉痛。因为一个人的能力是有限的，尤其是年轻人，他们每向前迈进一步，都和培养他的师长，关心他的前辈，支持他的领导和同志是分不开的。这本书也算是我人生黄金时代的回忆录，回忆就像重新生活了一次。回忆我这 35 年来所走过的道路，帮助过我的人太多了，值得我感恩的人太多了。没有王克明校长的大度接纳，我就上不了孙吉高中；没有张复方老师的指导，我最初也许会走许多的弯路；没有临晋中学领导的大力支持，我就不可能在教学改革的初期打下坚实的基础；没有魏书生、钱梦龙、于漪老师的肯定和鼓励，我就找不到前进的方向和动力；没有章熊、魏传宪、郭全本等诸多的近乎苛刻的良师益友，我就不可能超越自己；没有媒体记者朋友的辛勤付出、热情报道和大力宣传，就没有立体教学的全国影响力；没有广东省中语会和龙岗区教育局领导的大力支持，就没有广东省深圳龙岗立体教学经验交流现场会的顺利召开；没有潘希武博士的伯乐精神，就没有广东省和国家级教学成果奖的获得；没有山西教育出版社编辑们的辛勤劳动，就没有“孙春成语文课堂立体教学丛书”的问世；没有每一位校长和老师的厚爱，就没有立体教学肥沃的土壤。遗憾的是，许许多多曾经支持过我、帮助过我的前辈，都一一相继离我而去，我不得不陷入无尽的沉痛，在回忆中享受这份沉甸甸的爱。在此，我要深深地感谢在我前进的道路上给过我许多有益的指导、真诚的帮助的人们！没有你们的指导和帮助，就没有我的今天。

我要特别地感谢全国著名教育改革家、语文特级教师魏书生老师，感谢全国著名语文教育家、语文特级教师钱梦龙老师，感谢两位大家在百忙之中，拨冗审阅了全部书稿，并为之写序。

我要特别地感谢中国作家协会会员、首届中国十佳当代诗人、龙岗区副区长黄惠波先生，他在百忙之中审阅了全部书稿并提出了许多宝贵的意见，他兴奋地称赞说："全书充满着正能量。孙老师是教师队伍里一个励志和成功的典型。祝孙春成老师更上一层楼!"

我要特别感谢我的老领导、龙岗区教育局丁左发局长。我在龙岗中专任教时，丁局长就是我们的校长，他给我们创造了良好的治学环境，我在深圳所有的教研成果（专著）都是在他的直接领导下取得的；他多次在全区科级以上领导和校长大会上表扬我的业绩，给了我巨大的荣誉和鼓励，丁局长自豪地说："孙春成老师的立体教学，填补了国内几项学术空白。他所荣获的国家级教学成果二等奖，是龙岗区建区以来教育领域取得的最高成就。"

我深深地感谢我们这个伟大的时代，是改革的洪流推动了我，激励了我；我深深地感谢为教育事业忘我劳动的人们，是他们教育了我，鼓舞了我，催我奋笔耕耘，在教学研究方面取得了骄人的成绩。

2019 年 3 月 6 日于深圳龙岗